浙江省哲学社会科学重点研究基地课题（13JDMG01Z）成果

杭州师范大学人文社会科学振兴计划项目资助

国 | 研 | 文 | 库

# 杭州城市休闲娱乐研究

## （1911－1937）

何王芳　张　屹 ——————— 著

光明日报出版社

**图书在版编目（CIP）数据**

杭州城市休闲娱乐研究：1911—1937 / 何王芳，张屹著 . -- 北京：光明日报出版社，2021.5
ISBN 978 - 7 - 5194 - 5957 - 4

Ⅰ. ①杭… Ⅱ. ①何… ②张… Ⅲ. ①城市—休闲娱乐—文化史—杭州—1911 - 1937 Ⅳ. ①K295.51

中国版本图书馆 CIP 数据核字（2021）第 068196 号

杭州城市休闲娱乐研究：**1911—1937**

HANGZHOU CHENGSHI XIUXIAN YULE YANJIU：**1911—1937**

| | | | |
|---|---|---|---|
| 著　　者：何王芳　张　屹 | | | |
| 责任编辑：刘兴华 | | 责任校对：兰兆媛 | |
| 封面设计：中联华文 | | 责任印制：曹　净 | |

出版发行：光明日报出版社

地　　址：北京市西城区永安路 106 号，100050

电　　话：010 - 63169890（咨询），63131930（邮购）

传　　真：010 - 63131930

网　　址：http：//book. gmw. cn

E - mail：liuxinghua@ gmw. cn

法律顾问：北京德恒律师事务所龚柳方律师

印　　刷：三河市华东印刷有限公司

装　　订：三河市华东印刷有限公司

本书如有破损、缺页、装订错误，请与本社联系调换，电话：010 - 63131930

| | | | |
|---|---|---|---|
| 开　　本：170mm×240mm | | | |
| 字　　数：305 千字 | | 印　　张：17 | |
| 版　　次：2021 年 5 月第 1 版 | | 印　　次：2021 年 5 月第 1 次印刷 | |
| 书　　号：ISBN 978 - 7 - 5194 - 5957 - 4 | | | |
| 定　　价：95.00 元 | | | |

# 目　录
## CONTENTS

# 绪　论

## 一、选题缘起和研究意义

21 世纪是一个休闲的时代。随着我国社会经济的发展、城市化水平的提高、闲暇时间的增多以及人们追求生活质量意识的增强，休闲娱乐已成为我国城镇居民重要的生活方式，也成为我国产业发展的重要方向之一。2007 年，休闲第一次写入政府工作报告，《国民经济行业分类》中也对文化、体育和娱乐业范畴进行了界定。2009 年，温家宝总理在《政府工作报告》中又指出："要把扩大国内需求作为促进经济增长的长期战略方针和根本着力点，加快发展旅游休闲消费，扩大文化娱乐、体育健身等服务消费。" 2013 年，国务院办公厅更是颁布了《国民旅游休闲纲要（2013—2020 年）》。休闲娱乐日益被政府和人民所重视。

当今，人口集聚的城市已经不再仅是满足人们居住、交通和生产的主要场所，休闲功能的打造和提升已经成为城市发展和转型的一个趋势。随着 "休闲时代" 的到来，城市的发展模式及人们的生活方式随之改变，城市空间的分布有了很大改观，其中最重要的就是城市休闲娱乐空间的建构。1933 年《雅典宪章》就提出居住、工作、游憩与交通是城市的四大功能，满足休闲需求是城市的基本功能之一，休闲游憩空间越来越受到重视。1969 年，日本东洋大学矶村英一教授提出都市第三空间理论，认为现代城市除了提供居住空间（第一空间）和产业空间（第二空间）外，还必须提供户外休闲场所（第三空间），供市民自由利用，提高居民的生活质量，所以城市必须有足够的第三空间。时至如今，休闲娱乐空间已成为城市生活中不可缺少的重要生活空间，生活休闲化的趋势也进一步促进人们对休闲娱乐空间的需求，为休闲而进行的各类生产活动和服务活动已日益成为经济繁荣的重要因素。随着城市的发展，当今的人们关注的已不再是大规模的建设，而是审视如何使城市更具有生机和活力，更生态和谐，更宜居宜人。打造休闲城市是许多城市当今的追求。纵观城市发展的历史，面对工业社会出现的各种 "城市病"，城市的发展以关注空间质量为主的 "生态城市" 和关注城市生存质量为根本的 "休闲城市" 为目标，这成为国际性的趋势。

建设休闲城市，打造休闲空间，发展休闲产业是城市可持续发展的重要内容。

杭州自古就是中国休闲色彩较浓郁的城市，杭州城市的休闲气息弥漫在山水之间，浸润在杭州人日常生活的花鸟虫鱼、酒肆茶楼、戏曲娱乐之中。在2001年"中国休闲经济论坛"上，杭州市政府宣布将申办2006年世界休闲博览会，并打造杭州使其成为未来中国乃至世界的"休闲之都"。2006年杭州成功举办了以"休闲——改变人类生活"为主题的世界休闲博览会。杭州"现代休闲之都"的定位，是对杭州城市个性的正确认识。从此，休闲成为杭州的主导功能，在城市经济、文化和社会的发展中起着至关重要的作用。2008年1月，在新浪网主办的年度综合网络评选中，全国网民投票推举杭州市为中国2007年度唯一"生活品质城市"。近二十年来杭州取得的成绩说明了其抢占休闲城市先机的正确性。杭州休闲城市的建设不是一蹴而就的，而是在历史沿革和发展过程中逐步确立和发展的，并通过历代人民的努力和政府的建设才有了今天的成就。在杭州休闲城市发展之路上，有一个非常重要的时期，这就是民国时期。在这一时期，杭州确定了自己"风景都市"的城市发展定位，以市政建设为重点，进行了一系列城市建设，在城市休闲娱乐的发展上取得了长足的进步，这些都深远地影响了当今杭州的城市建设和发展。

社会基本制度是一种制度体系中的核心部分，它是一个制度体系的质的规定性所在，它同时规定了非基本制度的合理性根据之所在，又决定了一个社会的结构范型与公民间的基本交往方式。① 民国时期是中国历史发生"数千年未有之巨变"的时期，是现代化转型的重要时期，政治、经济、文化环境发生巨大的变革：传统政治制度的瓦解，现代政治制度的建立；自给自足农耕经济的消退，商业经济的发展；提倡民主与科学的新文化运动的兴起；封闭的社会环境走向开放；等等。这样的情境下，民众的休闲娱乐生活势必会被波及。民众生活中的休闲娱乐如何在社会转型中变迁和发展？其发展的内在动力如何？面临着何种困境？它的意义和价值何在？这些都值得考量。

"一部民国史，半部在浙江。"杭州这座有着深厚历史文化底蕴的名城，至少从南宋开始，就成为中国经济和文化的中心。同时自南宋以来，杭州"歌舞几时休"的休闲氛围就较为著名。至民国时期，杭州更是旅游城市形成的重要时期。因而考察民国时期杭州这座城市，具有非常典型的意义；考察民国时期杭州的休闲娱乐，具有非常积极的意义。本书从休闲娱乐的角度考量民国杭州城市发展和现代化转型，揭示其在促进杭州迈向现代化的社会转型中的历史意

---

① 宫志刚. 社会转型与秩序重建［M］. 北京：中国人民公安大学出版社，2004.

义，同时期望从休闲娱乐的视角来加深对近代杭州社会演进规律的认识，期望通过休闲娱乐活动来加深对民国杭州社会生活的了解。挖掘民国时期杭州城市居民的休闲娱乐方式，探究居民在城市中的休闲娱乐空间，这种历时性的研究更可以为今天的休闲城市的建设提供经验和借鉴。

此外，晚清以来杭州城市史的研究，城市现代化是其主题，在杭州城市现代化过程中，不仅包含了经济、政治的现代化，也包含了杭州娱乐生活方式的现代化。作为城市现代化进程的一部分，休闲娱乐从传统向现代的转轨与杭州社会的现代化进程相伴随。休闲娱乐具有文化价值和经济价值的双重特点，给测度杭州城市的现代化进程提供了一种独特的考察视角。

**二、研究现状和文献资料**

休闲娱乐是衡量城市社会文明和居民生活质量的标尺，城市的进步伴随着休闲娱乐的发展。近年来对城市休闲娱乐的研究明显呈现出成果数量递增、研究焦点集聚的趋势。

中华人民共和国成立后，民国史在 20 世纪 80 年代初期才被认可为一门学科，长期未受到重视。对于民国娱乐史的研究更是在进入 21 世纪以后才逐渐引起学术界的关注。

**（一）娱乐、娱乐业的概念**

娱乐自古有之，是与人类进化历史相伴随的古老活动，其娱乐方式丰富多彩。《汉书·司马相如传》提到："修容乎《礼》园，翱翔乎《书》圃，师古曰：此以上皆取经典之嘉辞，以游猎之娱乐。"《汉书·疏广传》也提到："请族人故旧宾客，与相娱乐。"至于何为娱乐，当前国内学术界对此缺乏严格意义上的概念界定。《现代汉语词典》的解释是，娱乐是使人快乐或消遣，娱乐是快乐有趣的活动。《辞源》的解释是，"娱乐"即为："娱怀取乐"之意。钟敬文先生也认为"娱乐，顾名思义，就是欢娱行乐。"中国古代的娱乐形式主要由"生产活动"、"军事活动"和"宗教活动"转化而来，具有"集体性、竞技性、智慧性"的特点。① 傅才武（2005）将娱乐概括为"人们为养家糊口而进行的必要工作之外的一切休闲活动"，包括诸如书画等美术作品之类的精神产品，也包括娱乐服务产品。

相比较国内，西方学者对休闲、娱乐的概念探讨更加科学和深入，但也没

---

① 徐海荣. 中国社会生活文库·中国娱乐大典 ［M］. 北京：华夏出版社，2000.

有形成统一的概念。在西方，娱乐有两个词汇，它们是 entertainment 和 recreation。recreation 指娱乐，也翻译成游憩，它作为术语，一般翻译成娱乐。《牛津高级英汉双解词典》中认为 recreation 其含义包含两个方面，一是业余消遣或娱乐，二是身心的放松、休憩。米德（Mead，1958）认为，娱乐代表了一种"态度，它把工作和游戏所带给人们的快乐紧密联系在一起，成为一个整体，其中任何一个人都无法孤立出来。但是，人必须工作，然后疲倦，于是去娱乐，使自己能重新投入工作"。菲尔乔德（Fairchild，1944）认为，娱乐是"在休闲的时间所做的任何事情，无论是一个人做，还是集体做，只要它能使人感到轻松、愉快。并且，做这件事是为了这件事本身，而不是为了事情过后可能得到的报酬"。另有学者霍维斯和瓦格纳（Hovis & Wagner，1972）把娱乐活动概括为：演娱、艺术和手工艺、舞蹈、戏剧、游戏和体育、业余爱好、音乐、户外活动、阅读、写作、谈话、社会娱乐、观演、特殊事件、志愿服务。

与娱乐一词关系密切的是"休闲"，通常人们将两词的意义等同看待。

几千年前的中国圣贤们，对"休闲"二字就有极精辟的阐释："'休'，倚木而休，强调人与自然的和谐；'闲'，娴静，思想的纯洁与安宁。"从词意的组合上，表明了休闲所特有的文化内涵和价值意义。当代著名休闲研究学者马惠娣对休闲的理解是："休闲是人生命中的一种形式，一般意义上是指两个方面，一是消除体力上的疲劳，二是获得精神上的慰藉。"她以"以欣然之态做心爱之事"来概括她对休闲的理解。中国社会科学院张广瑞、宋瑞（2001）认为："休闲是人们在可自由支配时间内自主选择地从事某些个人偏好性活动，并从这些活动中获得惯常生活事务所不能给予的身心愉悦、精神满足和自我实现与发展。"[①]

国外著名休闲研究学者戈比（Godbey，1999）对休闲的定义是："休闲是从文化环境和物质环境的外在压力中解脱出来的一种相对自由的生活，它使个体能够以自己所喜爱的、本能地感到有价值的方式，在内心之爱的驱使下行动，并为信仰提供一个基础。"[②] 瑞典天主教哲学家皮普尔（Josef Pieper）于 1952 年出版的《休闲：文化的基础》（Leisure：The Basis of Culture），被誉为西方休闲学研究的经典之作。他指出，休闲是人的一种思想和精神状态。他认为休闲不能够是游手好闲的。法国学者杜马兹迪埃在 1967 年出版的《走向休闲的社会》一书中，以批判现实主义的观点，探讨了休闲与家庭、工作、社会政策及共同体的关系和意义。他认为，休闲是个人从工作岗位、家庭、社会义务中解脱出

---

① 张广瑞，宋瑞. 关于休闲的研究［J］. 社会科学家，2001（5）：20.
② 杰弗瑞·戈比. 21 世纪的休闲与休闲服务［M］. 昆明：云南人民出版社，2000：15.

来的时间，是为了休息、消遣或培养与谋生无关的智慧，以及为了自发地参加社会活动和自由发展的创造力。他提出了著名的休闲三部曲：放松、娱乐和个性发展，其中个性发展是最重要的，通过阅读、旅行、教育等实现真我，摆脱功利主义。他认为休闲有 3 个要素：摆脱工作的疲乏和压力、尽情发挥个人的创造力、促进个人健全人格的发展。凯利（1980，1983，1987）则试图拓宽人们对休闲的理论理解，他在其专著《走向自由——休闲社会学新论》中提出一个观点：休闲应被理解为一种"成为人"的过程，是一个完成个人与社会发展任务的主要的存在空间，是人的一生中一个持久的、重要的发展舞台。"成为人"意味着物质和精神层面的统一，实现摆脱必需后的自由，休闲是以存在和"成为"为目标的自由——为了自我，也为了社会。

笔者认为娱乐是指欢娱行为，是在闲暇时间里做的使人感到愉悦快乐的活动。它必须是非工作性的，也就是说是在一个人的闲暇时间里进行的，它是一系列的活动，它能让人感到快乐和满足。娱乐和休闲这两个词汇有时可以互换，甚至很多时候，娱乐与休闲是被等同于同义词。它们都是发生在闲暇时间的活动，并都能带来身心的快乐与满足。当然笔者认为这两者还是有区别的。"娱乐"这词比"休闲"更加具体而有限。休闲更强调心灵的满足，娴静的心理状态；追求身心愉悦的同时，会注重自我发展；休闲更强调是一种精神状态和一种生活方式。娱乐作为"社会活动"的含义更明显，娱乐的社会性也更强，通常多为非严肃性的休闲活动。比如志愿者休闲就不能看成是娱乐。笔者更倾向于认为娱乐是指非工作性的，借助一定的场地、设施和服务，为达到欢愉目的而进行休闲性、消遣性的一系列休闲活动。

对于娱乐业，民国时期，租界工部局于 1935 年制定的《娱乐业管理条例》，将电影院、戏院、音乐厅、弹子房、地球房、歌唱、书榭、马戏场、庙会、集市、舞场、妓院等都纳入娱乐业范围。① 楼嘉军提出，虽然 20 世纪 30 年代上海社会局统计资料中未将娱乐业作为一个单独的产业列入 17 个产业门类之中，但其占公共租界工部局执照捐税额 8% 的比例，以及直接和间接就业人数达到约135000 人的数量规模，相对于其他服务业，可以视为一个比较完整或成熟的新兴产业门类。因而他认为从城市娱乐业的角度切入，来研究 20 世纪 30 年代上海城市娱乐的现状和发展过程，是可行的。② 据 1931 年《浙教厅拟订改进民众娱乐计划》中分列了当时的娱乐种类：民众娱乐，种类繁多，性质互异，兹就

---

① 娱乐业管理条例［J］. 电声，1935，4（46）：1010.

② 楼嘉军. 上海城市娱乐研究（1930—1939）［M］. 上海：文汇出版社，2008：3.

各项内容分列如下：甲，戏剧。如昆剧、京剧、地方剧、话剧、傀儡剧等。乙，影片。如幻灯、无声电影及有声电影。丙，说书。如讽刺话、弹词、鼓书等。丁，杂艺。如魔术、双簧、口技、西洋镜、清唱、戏词、歌曲、表演，各种杂耍，各种兽技，各种武艺及陈列各种奇人异物等。戊，赛会。如游行，迎灯、竞渡，各种音乐会、游艺会、展览会、比赛会等。己，游戏。如棋类、谜类、有益牌类、斗动物类、踢毽子、放纸鸢、留声唱片等。① 可以归纳为戏剧业、电影业、演艺业、游乐业、园林游艺业、展览业、休闲体育业等。

当代学者对于娱乐业的界定。王晓华等在 2002 年出版的《百年娱乐变迁》一书中将娱乐分为听戏曲、看电影、玩棋牌、赛马、收藏、养宠物、体育休闲、舞厅跳舞和游乐场游乐等门类。傅才武认为，娱乐业概念有广义和狭义之分。他认为划分广义上的"娱乐业"和狭义上的"娱乐业"的基本标准，就在于"娱乐"所具有的"形式差异"。广义的娱乐业是指，以为人们提供娱乐休闲为目标的职业群体和社会行业组织系统，包括演艺业、戏剧业、休闲旅游业、书刊业、娼妓业、赌博业、园林游艺业、竞技体育业等；狭义的娱乐业主要是指，借助于一定艺术形式所表现出来的非职业生活样式，包括戏剧业、电影业、演出业、茶馆业等。他将研究的范围限定在狭义的娱乐业，并定义为"文化娱乐业"。他认为艺术的特征和类型是文化娱乐业的形式标准，因而按照艺术类型把文化娱乐业分成了戏剧、曲艺、茶馆、电影、游乐场等。② 笔者认为其在广义娱乐业中的"竞技体育业"归纳不妥当，更为妥当的应是"休闲体育业"。"休闲体育业"不以竞技为目的，具有消遣的性质，才是娱乐和休闲。狭义的文化娱乐业的分类也有待更加严谨。但傅才武的划分和定义，具有很强的启发性和建设性。

2017 年国民经济行业分类（GB/T 4754—2017）中将娱乐业分为室内娱乐活动、游乐园、休闲观光活动、彩票活动、文化体育娱乐活动与经纪代理服务、其他娱乐业等几个类型。

西方学者对于娱乐业的界定范围比较宽泛。美国经济学者 Harold L. Vogel 从产业经济学的角度，在庞大的产业构成中，将电影、音乐、广播、因特网、出版、玩具、博彩、表演艺术、主题公园等九大行业均纳入娱乐业。③美国学者埃

---

① 浙教厅拟订改进民众娱乐计划 [Z]. 湖北教育厅公报，1931，2（2）：30－31.

② 傅才武. 近代化进程中的汉口文化娱乐业（1861—1949）[M]. 武汉：湖北教育出版社，2005：12，13.

③ Harold L. Vogel. *Entertainment Industry Economics—A Guide for Financial Analysis* [M]. 北京：清华大学出版社，2002.

尔·李伯曼等人也将电影、广播、电视、图书出版、报刊、音乐、体育、旅游观光、现场娱乐与品牌体验归于娱乐业范畴。①

笔者认为娱乐业是指，主要以满足人们娱乐休闲的需要而提供产品或服务的直接行业，主要有电影业、戏剧业、演艺业、茶馆业、游乐业、园林游艺业、展览业、休闲体育业、旅游业、娼妓业、博彩业等行业。

**（二）城市休闲娱乐研究**

从理论研究的角度看，20世纪80年代至90年代是休闲理论研究初步发展阶段，20世纪90年代晚期至今为逐步深入阶段。近些年来对城市休闲的研究明显呈现出成果数量递增、研究焦点集聚的趋势。据不完全统计，进入21世纪的十多年来发表的有关休闲研究的论文，主要发表在旅游类、哲学类、社会学类、经济类、城市类、管理类学术刊物以及相关高等院校的学报上。研究领域包括休闲基本理论研究，休闲经济与产业研究，休闲消费与行为研究，休闲空间规划设计探讨，休闲旅游研究，休闲文化研究，以及跨越以上领域的综合研究等。从论文的集中度和选题的倾向性看，目前国内休闲理论研究的热点：一是聚焦休闲经济，二是关注城镇居民休闲消费和休闲行为，三是城市休闲空间规划和设计。

通过 Elsevier Science Direct 数据库检索，国外发表的关于城市休闲娱乐相关研究内容包括城市休闲娱乐理论、城市休闲娱乐价值与影响、城市休闲娱乐主体、城市休闲娱乐客体和城市休闲娱乐管理与保障等研究领域；比较集中的研究区域有美国华盛顿、芝加哥，南非开普敦、布隆方丹、德班及英国、新西兰、瑞典、澳大利亚等几十个国家和地区的重要城市，也包括中国香港、中国台湾、上海、广州。对城市休闲娱乐的研究具有跨学科的特征，研究成果的内容、来源或研究者的学术背景，多基于社会心理学、地理学、社会学、生态学、人类学、体育学、生理学、经济学、管理学等相关科学的不同视角。② 国外学者对城市娱乐的研究比较偏向于实证研究，在对实例进行细致深入研究分析的基础上提炼理论模型。

对城市休闲娱乐的研究，中国学者起步较晚。从学科研究上讲，主要集中在地理学、城市规划等领域。从研究内容上讲，涉及对城市休闲系统的建构、城市建成区户外游憩系统、商业性娱乐休闲空间、城市滨水区休闲游憩空间、寒地城

---

① 埃尔·李伯曼，等. 娱乐营销革命［M］. 谢新洲，等译. 北京：中国人民大学出版社，2003.

② 朱杏桃，等. 近10年国外城市休闲研究：特征、比较与启示［J］. 旅游学刊，2011（9）：67.

市户外休闲空间、城郊休闲空间、街巷休闲空间、公共文娱休闲场所、城市社区休闲空间、休闲街等的规划和研究，主要集中对于当代城市休闲的研究。21世纪以后，以休闲空间为选题的学术论文开始增多，并以地域研究为主，集中在当代重庆、成都、昆明、广州、哈尔滨、上海、宁波、武汉等城市。

在中国，对于民国时期城市娱乐的研究，民初以来，学术界很少将娱乐作为一个完整的研究领域，但也不乏一些学者对于"文化娱乐""休闲教育"等进行研究。并随着娱乐和休闲的一定发展，民国时期学术界对这一领域已有所重视。晚清至民国，中国学者对以戏曲为代表的传统大众娱乐的研究是非常丰富和广泛的。据傅晓航等学者统计，从1840年至1949年，共出版有关戏曲的专著474种，各类论文共计近6000篇。① 杨荫深在1935年所著的《中国游艺研究》，对中国古代的杂技、弈棋和博戏的起源及娱乐性特征进行了专门研究，他认为戏剧、电影、说唱均可纳入游艺的范围，他甚至提到"游艺就是游戏的艺术"。② 这本书是当时对娱乐研究的力作。

20世纪80年代至今，随着中国经济和文化的恢复和发展，随着世界休闲经济的发展，中国学者开始关注城市休闲娱乐研究。21世纪以后，民国城市娱乐的研究也被关注和重视。

对于民国时期城市娱乐的研究，从研究区域上来讲，涉及民国时期的上海、武汉、北京、天津、广州、南京、成都、宁波、哈尔滨、昆明、济南等城市，以上海为最多。上海因为历史、地理等诸多因素成为区域娱乐史研究的焦点，除了综述性的论述外，主要集中于娱乐空间和娱乐形式的研究。如楼嘉军的专著《上海城市娱乐研究（1930—1939）》及《20世纪初期上海城市娱乐体系的演变》《1930年代上海剧场上座率的一个实证分析——以天蟾舞台为例》等多篇论文。此外还有高福进的专著《"洋娱乐"的流入：近代上海的文化娱乐》等等。对于娱乐空间的研究又集中于租界娱乐区和娱乐空间内部的社会分层研究，如翟辉在其论文《20世纪二三十年代上海的娱乐空间及其分层研究（1927—1937）》一文中探讨了20世纪二三十年代上海以游乐场、电影院、戏院、舞厅、说书场为代表的娱乐空间，提出了上海的娱乐空间存在着分层、不同种类的娱乐方式也存在着分层、不同的观众群体在不同的娱乐场所中选择不同的娱乐方式的同时，也形成或加强了自我身份的认同。其余娱乐空间的研究多是论述某

---

① 傅晓航，张秀莲. 中国近代戏曲论著总目［M］. 北京：文化艺术出版社，1994.

② 杨荫深. 中国游艺研究［M］. 上海：上海世界书局，1935.（上海文艺出版社，1990年影印）

一具体娱乐空间的结构形态及运作方式变迁，集中于戏园、剧场、电影院和游乐场等娱乐空间的研究。其次是汉口，汉口的研究主要集中于娱乐组织与娱乐场所两个方面，如傅才武的论文《老郎庙的近现代变迁——以汉口为中心文化娱乐业组织形态的一个侧影》，胡俊修、钟爱平的论文《近代综合性文化娱乐中心与都市社会——以汉口民众乐园为例》等。

对于民国时期城市娱乐的研究，从内容上讲，主要集中在对公共娱乐空间的研究上，并且以具体的娱乐场所为主要研究对象，如茶馆、公园、戏园、电影院、游乐场、民众乐园、跑马场、咖啡馆、舞厅、展览馆、妓院等，研究这些娱乐场所的结构形态和运作方式的变迁；研究民国政府对这些大众娱乐场所的管理，侧重研究休闲娱乐空间与大众休闲行为的关系。此外，对民国时期城市娱乐的研究，从娱乐方式上来讲，主要集中在以欣赏戏曲和看电影为代表的都市大众娱乐方式①。还分布在泡茶馆②、阅读书籍报刊、进公众图书馆、收听广播③；欣赏歌舞、马戏、魔术等这些娱乐方式。对城市娱乐相关人员的研究主要集中于电影演员、舞女与歌舞团、戏曲演员、其他曲艺艺人与观众、票友以及相关人员的个案研究等方面。从研究的视角来看，有从娱乐与政治、娱乐与体育、娱乐与新技术、娱乐与报刊、娱乐与小说等几个视角进行研究，值得关注。④

自21世纪以来，在茶馆、电影、娱乐市场等方面，开始用"公共领域""市民社会"等理论分析，探讨娱乐在近代都市近代化进程中的功能和意义，如王笛《二十世纪初的茶馆与中国城市社会生活——以成都为例》（载于《历史研究》，2001年第5期），深入地分析了"茶馆"在都市社会生活中的意义和作用。作者认为20世纪初，成都的茶馆具有城市"公共空间"和市民"自由空间"的多种功能。⑤ 近些年来，对民国年间"慈善义演"的研究渐成热点，探讨其兴起的原因、功能和影响等。如郭常英（2018）认为，慈善义演在民国时期娱乐消费中扮演着重要角色，其明确的公益性为城市建设提供了有力的经济支持。刘怡然（2014）对上海剧场义演这一新兴社会现象进行考察，认为剧场

---

① 来平．战时上海大众娱乐研究（1837—1945）［D］．上海：华东师范大学，2008.

② 王笛．茶馆：成都的公共生活和微观世界（1900—1950）［M］．北京：社会科学文献出版社，2010.

③ 扶小兰．近代城市文化娱乐生活方式与社会心理之变迁［C］//中国现代社会心理和社会思潮学术研讨会论文集．北京：当代世界出版社，2005.

④ 苏全有，等．对近代中国娱乐史研究的回顾与反思［J］．河南理工大学学报（社会科学版），2011，12（3）：345，346.

⑤ 傅才武．近代化进程中的汉口文化娱乐业（1861—1949）［M］．武汉：湖北教育出版社，2005：31 - 32.

义演形成了一种"公共社域"，提升了人们对公共事务的关心和参与意识，并促进了新的社会、政治思潮和话语的传播与再生产。与此同时，各类群体通过参与义演活动，回应和贴近日益成为时代主流的观念和话语，借此获得社会资本和符号资本，在变动的时代环境中维护和提升自身的地位。

（三）民国杭州城市娱乐研究

杭州在民国时期就是著名的旅游城市，现今正着力打造"休闲之都""生活品质之城"，但有关民国杭州城市休闲娱乐的研究却非常薄弱，至今没有专门的研究成果问世，仅有数篇论文和著作涉及。

一些综合性的研究论著中有涉及民国杭州城市娱乐的内容。周峰主编的杭州历史丛编之六《民国时期的杭州》，对民国时期杭州的政治、军事、经济、文化艺术、教育医卫社会等方面做了全面的介绍。熊恩生、王其煌主编的《杭州文史丛编》，分成政治军事卷、经济卷、文化艺术卷、教育医卫社会卷四卷，记载了近现代杭州亲见亲闻的史料。《浙江文史集粹》（教育科技卷、文化艺术卷、社会民情卷），任振泰主编、杭州市地方志编纂委员会编辑的《杭州市志》（共12卷），王国平主编的《西湖文献集成》等也散见有民国城市娱乐方面的记载。浙江省档案馆编的《浙江民国史料辑要》，民国时期洪岳补辑的《杭俗遗风》，民国时期干人俊著的《民国杭州市新志稿》等著作文献中，民国时期杭州城市娱乐方面的记载也占了一定的比例，是研究民国时期杭州城市娱乐生活的重要文献和资料，但都不是专门系统的论述。阮毅成著《三句不离本杭》，钟毓龙著《说杭州》，李杭育著《老杭州：湖山人间》，陈洁行著《天堂旧事》《钱塘旧梦》等著作，都或多或少有涉及的内容。其中李杭育的《老杭州：湖山人间》，图文并茂，的确让人"读到真正有意思的东西"[1]。

专门性的介绍和论述杭州城市休闲娱乐的论著为数不多。赵晨的《杭州民间娱乐事业》、姚毓璆等的《杭州西湖园林》（均见周峰主编《民国时期的杭州》）等，对民国杭州休闲娱乐有所涉及，但并不是严格意义上的学术论文。倪群的《近代杭州茶馆》，赵大川的《晚清民国的杭州茶业杂考》，王建荣、陈云飞等的《解放前杭州的茶行、茶号》，陈永华的《清末以来杭州茶馆的发展及其特点分析》及《作为市民公共空间的存在与发展——近代杭州茶馆功能研究》等论文，对晚清至民国时期杭州休闲娱乐场所之一的茶馆作了介绍和研究。赵可的《民国时期城市政府行为与杭州旅游城市特色的显现》、汪利平的《杭州旅

---

① 李杭育. 老杭州：湖山人间 [M]. 南京：江苏美术出版社，2000：自序部分.

游业和城市空间变迁（1911—1927）》、赵炜的《意外的鲜味：民国时期杭州游客饮食》等论文，涉及对民国杭州旅游方面的研究，如汪利平专门考察了杭州在民国初期的空间变化，分析了杭州城市进行重新定位和转型的过程及重点发展旅游业的原因。潘雅芳的论文《民国时期杭州旅馆业的转型及其社会根源探析》，对旅游业中的旅馆业进行了探讨。何王芳的《民国时期杭州休闲失范问题的探讨》《民国杭州城市休闲空间的发展》等论文，研究了民国时期杭州的失范休闲以及休闲空间建构，提出了进行休闲管理的重要性及对当今休闲城市建设的启示。何王芳的博士论文（2007）和在此基础上出版的专著《民国杭州社会生活》（2011），对民国杭州的城市休闲（涉及旅游和文化娱乐）已分别有专门章节的论述，对杭州城市休闲娱乐作了初步梳理和研究。

综上所述，从研究角度来说，有哲学、社会学、心理学、管理学、经济学等视野下的休闲娱乐的研究，却缺少从史学的角度对休闲娱乐进行研究。从历史学角度来看，尽管社会生活一直是学术界关注的问题，但在社会生活史方面，理应作为其重要研究内容的休闲娱乐生活却被忽视。从城市休闲娱乐研究来看，多是关于现代休闲娱乐研究，缺少对近代城市休闲娱乐的研究，关于中国近代城市休闲娱乐研究成果也主要集中于上海等城市。对民国杭州城市休闲娱乐的研究，尽管也取得了一些进展，但仍非常薄弱，其不足主要是：（1）关于民国杭州休闲娱乐的研究成果较少，而且多为一般介绍性文章，大多停留在浅层次的描述，缺乏学术性研究成果；（2）已有的论著中，娱乐研究很多方面没有涉及。如多限于休闲娱乐方式中的旅游方面而已，关于其他多样的休闲娱乐方式如文化娱乐、体育博戏等涉及较少；对于休闲娱乐场所的研究，也多限于茶楼，还没有开展对影剧院、舞厅、公园、游乐场所等休闲娱乐场所的深入研究；城市休闲空间建设也没有专门研究等等。（3）现有关于民国杭州休闲娱乐的研究中，大量档案、报刊、方志、笔记、旅游休闲类时著等还没有被广泛发掘、引用。总之，关于民国杭州休闲娱乐的研究，无论从广度、深度，还是从体系构建、史料挖掘等方面看都有待加强。

研究民国时期杭州的城市休闲娱乐也具有重要的现实意义。现今越来越多的城市提出了打造"休闲城市"的口号，杭州是国内最先提出打造"东方休闲之都"的城市，而且正在建设"休闲之都""生活品质之城"。全面研究民国杭州城市休闲娱乐，揭示城市休闲娱乐发展规律，对现今"东方休闲之都"的建设及其他城市休闲产业的发展，对"生活品质之城"的打造，和谐社会的构建具有借鉴意义。

# 第一章 转型：民国杭州城市娱乐发展背景

辛亥革命推动了杭州迈向现代化的历程，尤其是1927年杭州建市后，市政建设、经济文化和人口规模都有较快的发展，整个城市的面貌展露新颜。民国时期的杭州正值传统向现代转型的时期。

辛亥革命的重大政治变革和北伐战争后形成的新行政制度，为杭州城市化创造了前提条件。杭州现代城市化的新兴事物绝大多数都是在辛亥革命之后出现并加快发展的，其关键原因就是辛亥革命推翻封建专制政权并打击了整个封建势力。在现代转型的过程中，新旧并立，出现了许多新兴的休闲空间和休闲方式，对市民阶层的生活产生了影响。

衣食住行是人们日常生活中必不可少的，是基本生存需要，而休闲娱乐则更注重的是精神生活层面的，是生存之外的高级需求和精神需求。在以往的生活观念中，生活需要劳作，生活一词偏重于劳作一义。当然，人们的日常生活也并非只是劳作，而无休息。即使是一年四季都相当辛劳的农民，也必须遵循一种日出而作、日落而息的生活规律。他们除了劳动之外，同样也有时序节日，有着年节的娱乐享受。①

民国时期的杭州，随着政局的相对稳定，经济的发展，商业化速度的加剧，农村人口向城市的流动，交通及服务设施不断完善，人们的生活观念发生着改变，生活除了原本所含有的劳作意义之外，逐渐向娱乐与享受这一层面转变，各式休闲与娱乐方式日益增加，杭州城市娱乐呈现出新的姿态。辛亥革命后，杭州的政治生态、经济和社会发展的样式，是城市休闲娱乐快速发展的背景和使然。

---

① 陈宝良. 明代社会生活史 [M]. 北京：中国社会科学出版社，2004：559.

## 一、经济的增长和消费城市的凸显

民国时期杭城经济的发展离不开政治环境。1911 年 11 月 5 日，资产阶级革命党人在杭州起义，一举推翻了清王朝在浙江的统治。但是，这次革命从根本上说并没有瓦解帝国主义、封建主义在中国的统治基础，不久，新、旧军阀就卷土重来。北洋军阀杨善德、卢永祥、孙传芳等，利用浙江革命党人的妥协动摇和内部矛盾，相继进入浙江，并实行军事独裁统治。在北伐战争中，以蒋介石为首的新军阀取代了旧军阀，建立起全国性的政权——南京国民政府。杭州成了新、旧军阀统治浙江的据点和中心。在帝国主义的扶持下，新、旧军阀相继夺取了政权。但是建立起的任何政权都扑灭不了辛亥革命中形成的民主潮流，更阻挡不了中国社会发展的趋势。

1912 年至 1913 年，清代八旗兵在西湖湖滨的驻防营地被清除，打破了西湖湖滨一带发展工商业及进行城市建设的封禁。1912 年废除了地保遗制，彻底取消了封建政权对人口和土地的严格管制，使人口的自由迁移成为可能，这就使杭州工商业的发展和人口集中大大加速。① 这些都为经济的发展提供了政治支持和保障。

杭州自古以来就以经济发达、美丽富饶而著称，宋元时就被誉为"东南第一州"，马可·波罗惊叹于杭州的繁荣，曾以"天城"相称。明清时杭州的商品经济发展已达较高水平。甲午战争之后，杭州被列为通商口岸，开始了对外开放的进程，传统手工业如丝织业、棉纺业、印刷业、军事工业等相继跨入了近代工业的行列。中华民国成立后，杭州传统手工业仍有一定发展，近代工业也在兴起。

1911 年辛亥革命推翻了清政府，冲击了封建势力，在一定程度上提高了民族资产阶级的政治地位和社会地位，激发了人们投资近代工业的热情。民国时期的杭州手工业是在清末工场、作坊的基础上发展起来的，一部分官吏、地主阶级知识分子及工商实业界人士，纷纷引进国外的技术与设备，积极改革手工业的传统生产方式，杭州的传统手工业也进入了一个新的发展时期。主要行业有纺织业、木器业、竹器业、服装业、鞋帽业、锡箔业、营造业等。民国成立以后，举国上下"振兴实业"，尤其是第一次世界大战期间，各列强忙于战争，对华商品输出锐减。从杭州关入口的商品总值来看，1913 年为 558060 两，1917

---

① 陈自芳. 论近代杭州城市化的创新动力［J］. 浙江社会科学，1999（6）.

年下降到136546两，不及战前的四分之一。① 洋货进口总值下降了65%。这给杭州的手工业提供了前所未有的发展契机。在此期间，一大批近代民族工业在杭州借势而起，主要是缫丝、丝织、棉纺、针织、机器铁工、造纸、印刷、火柴、食品加工、卷烟、日用化学等近代轻工业，银行也在1910年以后剧增。中国民族工业迎来了一个发展的"春天"。

1927年杭州建市后，经济进一步发展。1927年至1937年，是民国时期杭州社会经济发展最快的时期。由于铁路、公路交通日渐发展，东南各省以及本省内地的丝、茶、米、木材等工农业产品，可以直接运抵杭州，再经水陆两路运往上海、南京等地，过境商贾与日俱增，春秋两季的游客也络绎不绝。杭州不但是浙江的政治经济中心，而且是东南地区大宗农副产品的集散地和工业品的中转地。

因而1914年至1936年的22年是中国近代经济增长最快的时期②，杭州也是如此。考察辛亥革命后杭州主要工业行业的兴起，我们可以看到，近代杭州工业基本上是从传统手工业发展而来的，以轻工业为主，丝绸业是杭州工业的主导力量。1932年杭州市共有工业企业25类，共计460家。其中绝大部分属与人民日常生活密切相关的轻纺工业（见表1.1）。1931年以纺织业为主的丝绸业有3479家，占全市工业总数的61.3%；职工2.6万人，占30.3%；资本额565.1万元，占49.6%；营业额占56.2%。③ 1936年，大小丝绸厂发展到140余家，机坊4000户，年产绸120多万匹。④

表1.1 1932年杭州市工业情况统计表

| 序号 | 类别 | 家数（家） | 资本额（元） | 工人数（人） |
|---|---|---|---|---|
| 1 | 机器业 | 48 | 192450 | 609 |
| 2 | 翻砂业 | 11 | 18680 | 69 |
| 3 | 棉织业 | 15 | 71400 | 3084 |
| 4 | 丝织、缫丝业 | 28 | 376100 | 2232 |

---

① 六十五年来中国国际贸易统计第十四表［M］//周峰.民国时期杭州.杭州：浙江人民出版社，1997：2.
② 刘佛丁.中国近代经济发展史［M］.北京：高等教育出版社，1999：72.
③ 建设委员会调查浙江经济所.杭州市经济调查（下）［Z］.1932：80.
④ 杭州市档案馆.杭州市丝绸业史料［Z］.1996：7，8.

续表

| 序号 | 类别 | 家数（家） | 资本额（元） | 工人数（人） |
|---|---|---|---|---|
| 5 | 针织业 | 21 | 50600 | 362 |
| 6 | 火柴业 | 1 | 500000 | 1421 |
| 7 | 烛皂业 | 7 | 33000 | 232 |
| 8 | 玻璃业 | 2 | 24000 | 52 |
| 9 | 制革业 | 12 | 30600 | 86 |
| 10 | 染炼印花业 | 69 | 70260 | 418 |
| 11 | 制药业 | 2 | 2000 | 14 |
| 12 | 电镀业 | 6 | 6300 | 77 |
| 13 | 碾米业 | 82 | 236320 | 439 |
| 14 | 制面业 | 19 | 11600 | 5 |
| 15 | 榨油业 | 1 | 5000 | 30 |
| 16 | 牛乳业 | 6 | 9000 | 41 |
| 17 | 制冰业 | 3 | 32000 | 18 |
| 18 | 豆汁业 | 1 | 150 | 3 |
| 19 | 制糖业 | 2 | 28000 | 37 |
| 20 | 制伞业 | 27 | 12800 | 120 |
| 21 | 草帽业 | 6 | 8300 | 37 |
| 22 | 煤球业 | 2 | 3000 | 22 |
| 23 | 营造业 | 16 | 157700 | 216 |
| 24 | 建筑材料业 | 7 | 26500 | 55 |
| 25 | 印刷业 | 66 | 151640 | 712 |
| 合计 | | 460 | 2057410 | 10391 |

资料来源：杭州市政府社会科. 杭州市二十一年份社会经济统计概要［Z］. 杭州图书馆，1933：12、14、17。

民国时期的杭州是一座典型的消费城市，工业发展较晚，而商业素来繁盛。近代商业的繁荣推动了城市的昌盛。自唐以后，历经吴越、南宋的锐意经营，杭州的商品交流逐渐兴盛。明清时，杭州因有京杭大运河之便，成为浙、皖、苏、赣各省货物集散之中枢。进入民国以后，由于辛亥革命打破了封建制度的束缚，商品经济得到了新的发展，杭州成为东南沿海城市工业品的交易市场。

民国以后，杭州交通日益发达，城市规划日益进步。铁路有沪杭甬铁路、杭江铁路；公路有京杭国道线（南京—杭州）、沪杭公路、杭富公路、杭余路、杭塘路、杭瓶路以及杭绍路；水道有钱塘江水道、运河水道、苕溪水道等。再加之杭州电力、邮政通信事业的发展，基础建设的扩展及商会组织的日臻完善，这些促进了杭州商业的繁荣。

民国时期，商业在整个社会经济中占有很大比重，在商业中服务行业又占相当比重。20 世纪 30 年代初，杭城的商店开办数达到顶峰。据统计，1931 年市区共有大小商店 1.036 万家，资本额为 919.93 万元，营业额为 9794.27 万元，从业人员 4.87 万人①，从事商业的人口达到总人口的 11.28%②。至 1937 年共有金融、交通、杂货、书报、美术、文具、医药、旅馆、游览等 19 个大类 209 业③，14611 户商店，资本总额达 73453015 元④。其中饮食业有 1000 余家，服饰业有 180 余家。1932 年，全市的工业和商业企业家数之比为 17∶100，资本额之比为 93∶100，商业拥有一个很大的比例，其中服务性行业就有 2046 户。⑤而且，工业与商业的关系也十分紧密，许多行业都具有商业性质，如藤竹业、纸伞业、雕锉业、铜铁锡器业等。在这期间，杭州市商会组织发展十分迅速，在以后的商业活动和政治活动中都发挥着日益重要的作用。杭州的银行也在辛亥革命以后剧增，发展迅速。

在民国时期，杭州商业发展过程中逐渐形成了几片商业市场，大致可以分为五个区——城站为东市区，新市场为西市区，江干为南市区，湖墅为北市区，鼓楼至官巷口为中心市区，简称为东、西、南、北、中五市。

东市城站是客货运之总枢纽，有许多著名的旅馆、饭店等，而且夜市极为热闹。

西市为新辟之湖滨一带的新市场，民初至抗战前，市场日趋繁华，兴起了一批名店名楼。在那里，商业和旅游业互相促进，都有了一个质的发展。随着游人的大量来杭，环湖的旅馆业、饮食业、服务业及百货业悄然兴起，并且出现了一批老字号名店。饭店有新新、蝶来、金城、西湖等，旅馆有湖滨、环湖、清泰第二、聚美、新泰、华兴等，菜馆有楼外楼、聚丰园、知味观、天香楼、

---

① 建设委员会调查浙江经济所. 杭州市经济调查（下）[Z]. 1932：209.
② 建设委员会调查浙江经济所. 杭州市经济调查（下）[Z]. 1932：646.
③ 周峰. 民国时期杭州 [M]. 杭州：浙江人民出版社，1997：207.
④ 杭州市政府成立三周年纪念特刊 [Z] //杭州市档案馆. 民国时期杭州市政府档案史料汇编. 1990：287.
⑤ 周峰. 民国时期杭州 [M]. 杭州：浙江人民出版社，1997：208.

功德林等。延龄路（即今延安路）大街更是商店林立，数不胜数，知名的有新新百货店、健华西药房、张小泉剪刀店、陈永泰西木器店等。迎紫路（即今解放路）则有国货陈列馆、圣亚美术馆、陈沅昌文具店、云飞自行车行、华胜镜店等大型商店，这一带也很快成为杭城的闹市区。另外，名震一时的商店还有百货业的百年老店张允升，棉布业的高义泰棉布店，食品业的采芝斋、颐香斋、方裕和，鞋业的边福茂、广合顺，还有亨得利钟表店、王星记扇庄、舒莲记扇庄、邵芝斋笔庄、奎元馆面店、王润兴饭店、宓大昌烟店等大型商店。

南市江干位于钱塘江北岸，有"十里江干，千艘风帆"之誉。沿江行栈林立，号称"半个杭州"，其中以过塘行、木行、缸磁瓷器行、柴炭行、杂货行最多。

北市湖墅为杭州之北大门，有著名的"三行一市"，即米行、纸行、箔行及鱼市场。

中市以中山中路最为繁盛，名店汇集，备货齐全，著名的"五杭"特产都集中在此处。

除此之外，民国时杭城还新兴了一批专业市场，其中最负盛名者是杭州国货陈列馆和杭州市绸业市场，它们见证了杭州商业的兴衰荣辱。

工商业的扩展一方面对杭州城市建设不断提出新的要求；另一方面又为杭州城市建设提供物质支持。

总之，民国时期，杭州经济大发展，并形成了一座以轻纺为主的工业、工艺为主的手工业和商业贸易相结合的城市，消费型城市的特点凸显。[1] 这种经济形态在一定程度上是杭州进行休闲空间建设的城市经济特性的延伸。再加上杭州城本身既有的丰富历史文化资源和优美的自然山水，旅游业作为一种新兴产业备受重视，娱乐休闲业成为杭州城市经济重点发展方向，城市发展走向定型。

## 二、城市人口的剧增和城市化的进程

1912 年废除了地保遗制，彻底取消了封建政权对人口和土地的严格管制，使人口的自由迁移成为可能。这就使杭州工商业的发展和人口集中大大加速。外地工厂、商贩迁入，在杭州建立固定的生产和营业场所。大批经营者及劳动力举家搬迁入杭。辛亥革命后短短七年，杭州（杭县全境）人口净增 54%，年

---

① 何王芳. 民国杭州社会生活［M］. 杭州：杭州出版社，2011：16.

均增长 6.5% 。人口的自由迁移和迅速增长成为杭州城市发展的基础。①

1927 年，杭州设市后，随着工商业、旅游业的发展，杭州市总人口和工商业人口增长更是欣欣向荣。商品经济的旋风和商业服务的网络卷集了巨大的、上升的城市人口。② 1927 年杭州市共有人口 380031 人，1930 年杭州市人口突破50 万，1931 年为 523569 人③，至 1937 年 3 月稳步增至 596205 人④。人口十年间增长 65% 以上，达到民国时期杭州人口发展的最高峰。城区人口增长尤快，1936 年已达 325756 人，占全市总人口的 60% 以上⑤。杭州人口户数量从 75565户增加到 124682 户，增长 62% 以上⑥。1927—1937 年的十年是民国时期杭州最稳定的时期，这十年也是杭州人口快速增长时期。这十年间社会经济、公用事业和交通运输等都获得较快发展，因而促进了人口自然增长。另外，由于杭州社会稳定，自然环境优美，人文资源丰富，吸引全国各地人员前来定居，迁入人口大于迁出人口，这也是此间杭州人口增长的原因。"从内地移民到杭州这一个问题来说，这是近代人口问题中的一种必然现象。"⑦ 据 1929—1931 年统计资料，杭州每年的迁入人口都大于迁出人口（见表 1.2），1929 年净迁入 21500人，1930 年净迁入 30000 人，1931 年净迁入 14000 人，3 年净迁入人口 72500人。浙江本省的农村、乡镇人口以及外省人口向杭州城市流动的趋势，推动着杭州城市化的进程。正如费正清所分析的那样："城市需要廉价劳动力用于开动纺纱机或拣选烟叶，或用于制造火柴、面粉、罐头食品、水泥和其他批量生产的工厂之中。这些通过新建的铁路和汽船而得到的就业机会为那种封闭的农民生活提供了另外的选择。"⑧

———————

① 陈自芳 . 论近代杭州城市化的创新动力 [J] . 浙江社会科学，1999（6）.

② 苏云峰 . 中国现代化的区域研究（1860—1916）：湖北省（修订版）[M] . 台北：中央研究院近代史研究所，1987：527.

③ 建设委员会调查浙江经济所 . 杭州市经济调查（上）[Z] . 1932：35.

④ 吴崃 . 十年来之社会 [Z] //杭州市档案馆 . 民国时期杭州市政府档案史料汇编 [Z] . 1990：43.

⑤ 周峰 . 民国时期杭州 [M] . 杭州：浙江人民出版社，1997：6.

⑥ 杭州市档案馆 . 民国时期杭州市政府档案史料汇编 [Z] . 1990：43.

⑦ 王宗培 . 从统计上研究杭州市房价之增长问题 [J] . 浙江省建设月刊，"论著"，1930，4（4）：28.

⑧ 费正清，赖肖尔 . 中国：传统与变革 [M] . 南京：江苏人民出版社，1992：449.

表 1.2 1929—1931 年杭州人口迁移表

| 年份 | 迁 入 | | | 迁 出 | | |
|------|------|------|------|------|------|------|
| 1929 | 83500 | 男 | 52000 | 62000 | 男 | 39000 |
| | | 女 | 31500 | | 女 | 23000 |
| 1930 | 95000 | 男 | 57000 | 65000 | 男 | 38000 |
| | | 女 | 38000 | | 女 | 27000 |
| 1931 | 119000 | 男 | 70000 | 105000 | 男 | 69000 |
| | | 女 | 49000 | | 女 | 36000 |

资料来源：建设委员会调查浙江经济所．杭州经济调查（上）［Z］.1932：34。

民国时期杭州工商业人口比重不断上升。据 1932 年《杭州市经济调查》，1931 年杭州人口总数为 523569 人，农业人口为 64220 人，占总人口的 12.35%，从事工商业的人口达到 144246 人，占 27.73%①（见表 1.3）。而且随着时间的推移，农业人口比例逐年缩小，工商业等非农业人口比例逐年增加。据《杭州概况调查》的不完全统计，至 1947 年，杭州市人口职业分类中，农业人口仅28899 人，而工业、商业、运输业、服务业等非农业劳动人口达 13 万余人（见表 1.4）。

从表 1.4 可以看出，在 1947 年杭州 12 岁以上 391525 人中，无业人员173254 人，所占比例最大，达 44.25%，其他依次是：商业 68420 人，占17.47%；工业 54373 人，占 13.89%；农业 36082 人，占 9.21%；运输 19071人，占 4.87%；人事服务 15604 人，占 3.99%；公务人员 13260 人，占 3.39%。从纵向看，杭州人口职业结构变化很快，城市居民人口比例在扩大。

---

① 建设委员会调查浙江经济所．杭州市经济调查（下）［Z］.1932：646.

表 1.3　1931 年杭州人口职业结构表

| 年份 | 类别 | 农业 | 工业 | 商业 | 教育 | 公务 | 自由职业 | 其他 | 失业、无业 |
|---|---|---|---|---|---|---|---|---|---|
| 1931 | 人数 | 64220 | 85576 | 58670 | 2813 | 8047 | 1082 | 25400 | 277761 |
|  | 百分比（%） | 12.35 | 16.45 | 11.28 | 0.54 | 1.54 | 0.20 | 5.00 | 52.64 |
|  | 备注 |  | 女工计在内 | 小贩计在内 | 以教职员为限 |  | 1224 | 男女佣工杂工以及巫卜星相游艺杂役等婚丧员役在内 | 147481 |

资料来源：建设委员会调查浙江经济所. 杭州市经济调查（下）[Z]. 1932: 646.

表 1.4　1947 年杭州人口职业结构表

| 年份 | 类别 | 农业 | 矿业 | 工业 | 商业 | 运输 | 公务 | 自由职业 | 人事服务 | 其他 | 无业 |
|---|---|---|---|---|---|---|---|---|---|---|---|
| 1947 | 总 | 36082 | 392 | 54373 | 68420 | 19071 | 13260 | 5172 | 15604 | 5897 | 173254 |
|  | 男 | 34585 | 372 | 40516 | 58784 | 18630 | 11544 | 3948 | 7032 | 4645 | 25773 |
|  | 女 | 1497 | 20 | 13857 | 9636 | 441 | 1716 | 1224 | 8572 | 1252 | 147481 |

资料来源：杭州市档案馆. 民国时期杭州市政府档案史料汇编[Z]. 1990: 489. 原表只列 12 岁以上各职业性别人口。

　　杭州的人口统计分市民、乡民始于清康熙年间。在清代，全国城市人口占总人口的6%，杭州高于此数，如乾隆四十九年（1784年），杭州除余杭以外的9个县共有市民2.69万人，乡民23.47万人，市民占总人口的10.28%。民国时期杭州人口中城市居民比例逐渐提高，1936年杭州总人口为574439人，其中农业人口90817人①，占总人数的15.8%。1947年，杭州12岁以上的总人口为391498人，其中农业人口36082人②，只占总人口的9.2%，11年间，农业人口在总人口中所占比例下降近一半。这说明随着杭州工商业、交通及公用事业的发展，杭州的城市化水平大为提高。

　　城市人口的增加，为服务业和娱乐业市场的扩大提供了庞大的消费群体。而紧张的城市生活和嘈杂拥堵的城市环境所带来的身心压力，导致市民需要适时通过娱乐纾解压力的需求增强。正如时人所言："在都市里轮轴上过着高速度的生活，压迫得人喘不过气来。偶然在星期尾巴上偷些空闲往附近的山野里去溜一趟，直觉心旷神怡，仿佛精神上痛痛快快洗了一个澡。"③ 因而，城市人口的增加和城市化的发展，直接导致了市民休闲需求在广度和深度的增加，服务业和娱乐业等市场也同时扩大。"城市产生和发展都有来自人的生命力量，来自人的需要和欲望。"④

　　此外，人口素质的提升也促进了市民的休闲需求。据《杭州概况调查》记载，1947年，杭州市区6岁以上有文化人口为13.52万人，占总人口31.1%。其中，受高等教育者5226人，占总人口1.2%；高中文化程度人口8043人，占总人口1.81%；初中文化程度人口2.02万人，占总人口4.65%；小学文化程度人口6.88万人，占总人口15.82%；读过私塾的人口3.29万人，占总人口7.58%；不识字人口有24.20万人，占总人口56%。⑤ 随着市民文化水平的提高，他们的求知欲和对休闲的需求也就越强烈。正如茅盾曾经分析城市居民外出休闲消遣和度假的动机时认为的那样，在外国贸易公司工作的白领和他们受过教育的妻子感到，如果一家人周末待在狭窄的公寓，孩子们只能在餐桌下玩捉迷藏的游戏，这将与他们追求不断进步的现代生活信念背道而驰。⑥

---

① 杭州市档案馆. 民国时期杭州市政府档案史料汇编 [Z]. 1990：62.
② 江南问题研究会. 杭州概况调查 [Z]. 江南问题研究会，1949.
③ 曾虚白. 令人又惊又爱的虞山 [J]. 旅行杂志，1935，9（第1号）：6.
④ 纪晓岚. 论城市本质 [M]. 北京：中国社会科学出版社，2002：3.
⑤ 任振泰. 杭州市志（第1卷）[M]. 北京：中华书局，1995：440.
⑥ 茅盾. 茅盾全集（第11卷）[M]. 北京：人民文学出版社，1986：152.

### 三、交通的革新和市政公用设施的发展

城市市政基础设施的建设是城市走向现代转型中的一个必要内容。1927 年杭州建市后，市政建设有长足发展，市政设施有了根本性的改变。而以电力和交通为主的市政基础设施的发展，驱使人们彻底突破了千百年来传统娱乐时空观念的桎梏，大大拓展了娱乐的时空格局。

杭州近代意义上的公用事业，如电信、邮政、电力、交通事业均创办于清朝末年。当时并没有专门管理公用事业的机构，电信、邮政、电力、交通事业等都隶属于不同的管理部门。

交通是对城市娱乐发展影响最重要的市政基础设施。民国时期，沪杭甬铁路、浙赣铁路、苏嘉铁路开始建设并完善。公路建设也取得巨大发展，建设有京杭国道线（南京—杭州）、沪杭公路、杭富公路、杭余路、杭塘路、杭瓶路以及杭绍路。水道有钱塘江水道、运河水道、苕溪水道等。杭州城内公共汽车与旅游小包车业务也开始出现。铁路和公路的发展，再加上原有的星罗棋布的河流及古老的运河上的传统舟楫、轮船航运，杭州在民国年间已经建构了一个向外辐射和对内便捷的交通运输网络体系，"水陆交通，四通八达"①。

轮船在杭州的引进始于晚清，民国初年获得较大发展。民国初至抗战前夕，杭州的航运业也达到鼎盛，至 1931 年，以杭州为中心的航道已长达 3353 公里。② 单杭州内河的航线就已超过 30 条，较远的可抵苏沪、较近的往返于杭州和塘栖之间③，沟通了钱塘江、大运河、黄浦江等水系。

杭州的铁路交通始于清朝末年。1906 年开工修建沪杭甬铁路，同年开工的还有江墅线（南起杭州江干闸口，北止拱宸桥新埠），这是杭州最早的一段铁路。自此，大运河和钱塘江得以在陆路上沟通。江墅线原来的线路绕城郭的外墙而行，经浙江铁路公司的努力，为了便利杭城民众，该线最终穿城墙而入，并设立清泰门站（即城站）。铁路自城外贯城而入，拆去清泰门城墙数十丈。这是杭州城墙拆毁的起点。1909 年沪杭铁路建成通车，以城站为总枢纽，在城内设有六站：闸口、南星桥、城站、艮山门、笕桥、拱宸桥。1910 年曹甬铁路开工，1913 年建成通车。1936 年杭曹铁路开工，次年建成通车。1930 年，杭江铁路（后改名浙赣铁路）开工修建。

---

①　冯秉坤. 解决杭市交通拥挤之建议［J］. 市政评论，1937，5（4）：29.

②　建设委员会调查浙江经济所. 杭州经济调查（上）［Z］. 1932：182.

③　唐有烈. 浙江省航政之概况［M］. 浙江航政局印行，1930：12 - 14.

　　至此，基本上形成了以杭州为中心沟通省内外的现代铁路运输网，大大加强了杭州与长江三角洲地区主要城市的往来，加剧了人员的流动，使远距离大规模的出行成为可能。据 1932 年杭州市经济调查（见表 1.5），在杭州各火车站（城站、南星桥、闸口、艮山门、拱宸桥、笕桥），1927 年的进站人数总和为129.57 万人，出站人数为 143.56 万人，到 1937 年进站人数上升到 152.46 万人，出站人数为 147.89 万人。

**表 1.5　1927 和 1931 年杭州各站进出旅客**

| 年份 | 人数　　站名 | 城站 | 南星桥 | 闸口 | 艮山门 | 拱宸桥 | 笕桥 |
|---|---|---|---|---|---|---|---|
| 1927 | 进站人数 | 504481 | 423846 | 95812 | 108516 | 124642 | 38452 |
| | 出站人数 | 526678 | 476481 | 127542 | 110486 | 163182 | 31193 |
| 1931 | 进站人数 | 604128 | 548740 | 100565 | 105756 | 124808 | 40582 |
| | 出站人数 | 587665 | 475342 | 145063 | 105600 | 124085 | 41143 |

　　资料来源：建设委员会调查浙江经济所 . 杭州经济调查（上）[Z].1932：156。

　　公路在杭州的修建始于民国年间。以杭州为中心的"浙省公路建设，为东南诸省之冠"[①]。自 1922 年第一条公路（杭余公路）动工兴建，至 1937 年，浙江省建设公路共有 3715.69 公里，其中全长 2100 公里的九大干线占 57%[②]。九大干线与周边省市全部连接，贯穿浙江省内 43 个县，覆盖当时全省县治的60%。有效地加强了杭州内地以及杭州和周边数省市的联系。

　　杭州城区大规模修筑马路始于民国成立后。在市政建设中，市区道路建设是一个极为重要的内容，这是市政建设的基础。"交通为文化之先。辛亥革命以来，市政要务次第举办，尤以道路一项最为注意。"[③] 民国杭州道路经历了土路、碎砖路、碎石路到柏油路的变迁。杭州市政府在市区道路交通建设上，着重突出街道的近代化改造及配套设施的完善。1913 年至 1917 年修筑的南北向延龄路和东西向的迎紫路，成为当时最主要的两条街道；1922 年，环湖马路建成，

---

①　赵君豪 . 杭州导游 [M] // 王国平 . 西湖文献集成（第 10 册）. 杭州：杭州出版社，2004：1177.

②　徐望法 . 浙江公路史（第 1 册）[M]. 北京：人民交通出版社，1988：268 – 277.

③　令工务局据公安局呈据商民叶道村呈请开设汽车公司文 [J]. 市政周刊，1927，1（第1 卷发刊号）：27.

这些也是开展西湖旅游休闲的基础设施。至1928年，市内已改建19条道路，新建12座桥梁，市内绝大部分泥土路被翻修、扩建为石渣路、沥青路或柏油路。①杭州市政府成立后的十年（1927—1936）当中，更是达到兴盛。杭州原有桥梁大部分是旧式石砌拱桥，市工务局在十年间将地处繁华路段的桥梁改造为钢筋水泥结构以适应近代交通。1927—1936年间，市政府总计修理道路面积129.28万平方米，新筑道路面积34.33万平方米，原有碎石路加浇柏油15.24万平方米。②新式柏油路占新修筑道路总面积的26.61%，显示出城市政府在道路建设上的超前意识。杭州市区的人行道建设"在以前统由市民自行建筑，种类形式以及路面坡度无一相同"，市政府为求美观整齐，统一由工务局建造，而向路旁业主收取费用。十年来，市政府共计建造水泥路面人行道9.61万平方米。市政府还相当重视街道等的绿化工作，十年间共种植行道树17827株，出现林荫大道。

市区道路的改造带动了交通事业的进步。杭州市境内的交通工具经历了从轿子到骡马车、人力车、自行车，再到汽车的转变，经历了从非机动到机动的急剧新陈代谢。市内交通工具"向以街道狭窄，仅赖肩舆与人力车，迨后拓宽道路，市面繁荣，各项车辆，相继而兴……迄至今日，除市内电车尚付阙如外，其他现代城市所有之车辆，几无不备"③。程远帆即以汽车为例指出：杭州市政府成立后，"重要路线，均铺沥青，宽敞整洁，而交通车辆，亦与年俱增。当十六年初设市府时，汽车通行为数甚鲜。嗣后因路政进展，逐年增多，二十二年全市汽车，达三百二十余辆，近年市内汽车更增至四百辆以上，尤以运货汽车，增加最速。其他如人力车几达六千余辆，故市内交通日趋便利，亦即杭州市政年有发展之明证也"④。

随着街道状况的改善，加上汽车的方便快捷，市内公共汽车事业也有长足发展。公共汽车的发展又助推了杭州城市旅游经济的发展，早期的公共汽车线路是根据人们到达西湖景区和游览风景的需要而设计的。1922年冬，杭州开始出现了公共汽车，虽然只在湖滨与灵隐之间往返行驶，但是公共汽车的方便与快捷，代表了市内公共交通工具发展的方向。到1931年，公共交通线路发展到

① 毛燕武. 民国杭州市政建设［M］. 杭州：杭州出版社，2011：33.
② 杭州市十年来修理道路面积统计表，杭州市十年来新筑道路面积统计表［Z］//杭州市政府秘书处. 杭州市政府十周年纪念特刊. 1937.
③ 陈曾植. 十年来之工务［Z］//杭州市档案馆. 民国时期杭州市政府档案史料汇编. 1990：92.
④ 程远帆. 十年来杭州市之进展与今后之期望［J］. 市政评论，1937，5（7）：26.

7条，总行驶里程73.5公里，营业汽车58辆。①，到1937年，"汽车行之开设，如雨后春笋，专营出租小包车，同时复有运货汽车行之设立，营业渐形发达，截至现在为止，计有汽车行24家，营业汽车87辆，运货汽车39辆。至于自用汽车，年来亦逐渐增加，计有307辆"②。市区与风景区形成了固定的公交线路（见下表1.6），双层客车、游览客车、市区客车、普通客车等不同档次车辆的投入使用，满足了各种消费层次游客和市民的选择需要。汽车赋予人类前所未有的流动性，使人们的外出变得方便可行。这必将刺激人们外出休闲消遣和旅游。

**表1.6 杭州市区公交线路统计表**

| 通车时间 | 路　段 | 起止地点 | | 营运里程 |
|---|---|---|---|---|
| 1922年冬 | 杭州市区 | 湖滨 | 灵隐 | 7.40公里 |
| 1928年8月 | 杭州市区一路 | 拱宸桥 | 三廊庙 | 12.83公里 |
| 1929年4月 | 杭州市区四路 | 湖滨 | 梵村 | 13.69公里 |
| 1933年2月 | 杭州市区灵隐路 | 湖滨（延伸） | 迎紫路 | 0.60公里 |
| 1933年3月 | 杭州市区六路 | 湖滨 | 留下 | 14.30公里 |
| 1933年5月 | 杭州市区五路 | 湖滨 | 笕桥 | 12.14公里 |

　　资料来源：《初期通车路线表（1922—1927）》《浙江逐年通车营运路线增长情况表（1922—1937）》《省营路线表（截至1937年止）》，均见徐望法. 浙江公路史（第一册 近代公路）[M]. 北京：人民交通出版社，1988：第一章，第二章。

　　民国杭州的交通建设，在城市内部交通布局上保证主要交通线路顺直，结合自然景观、名胜古迹、城市建筑艺术、城市绿化等方面的要求，形成了以西湖马路为中心的优美、清晰、便捷的交通网络。另外，注意城市内部交通线路与对外交通站、港的紧密衔接，在修筑省道的同时，还修筑了省道至省内风景区的支线，使城市内外交通有机结合，形成城市综合交通体系。城市路政的进步和完善，便利了市民和游客的出行和游玩，刺激了来杭州和出杭州旅行的人数。如杭余公路建成，"自杭余通车，游客骤众"③。沪杭铁路建成后，"本路（沪杭路）各大车站，如松江、嘉善、嘉兴、硖石、长安、杭州等处皆为东南名胜菁华之区，风景之佳冠于全国。如乘车出行作竟日之游，必能快心悦目，于

---

① 建设委员会调查浙江经济所. 杭州市经济调查（下）[Z]. 1932：165.
② 陈曾植. 十年来之工务 [Z] //杭州市档案馆. 民国时期杭州市政府档案史料汇编. 1990：93.
③ 叶家俊. 浙江省公路运输状况概述 [J]. 浙江省建设月刊，1935，8（12）.

精神上当衬托裨益匪鲜"。

而且新式交通的发展大大缩短了时间距离，实际的空间距离因为交通的便捷而被不断拉近。如"杭徽路为联运皖南要道，客货运输，备称发达；该路所经地域悉高山峻岭，交通素称不便，皖南旅杭商人有'十日上徽州'之语，极言归家之困难，今朝发夕至，是以影响浙皖交通，至为深切"。① 随着火车的开通，原先杭州到上海乘船需三天左右路程，现在只需要三个多小时。郁达夫在1935 年写的《超山的梅花》一文中也讲道："从前去游超山，是要从湖墅或拱宸桥下船，向东向北向西向南，曲折回环，冲破菱荇水藻而去的；现在汽车路已经开通，自清泰门向东直驶，至乔司站落北更向西，抄过临平镇，由临平山西北，再驰十余里，就可以到了；小红唱曲我吹箫的船行雅处，现在虽则要被汽车的机器油破坏得丝缕无余，但坐船和坐汽车的时间的比例，却有五与一的大差。"②

此外市政建设的发展，不仅出现了新建的一些繁华街道，而且这些新建的街道上很快便出现了一些新的娱乐设施，直接带来了市民娱乐的繁荣。现代城市道路系统的完成，使得娱乐场所呈现沿交通干道分布的线性结构状态。再加之杭州电力、邮政通信事业的发展，基础建设的扩建及商会组织的日臻完善，都促进了娱乐的繁荣。

公用事业的变革，都导源于杭州城市化进程的内在需要；而每一次变革和完成又都推进了杭州的城市化进程，这包括工商业的发展与繁荣，乃至现代都市生活方式的形成。公用设施，尤其电力和交通的发展，打破了人们千百年来传统娱乐时空观念的桎梏，有效延伸了城市娱乐的新时空，给杭州市民的休闲生活带来了极大的便利。仅从交通上讲，交通条件的改善，延伸了市民外出娱乐活动的空间距离，降低了人们外出娱乐的时间成本，大大刺激了人们出门休闲娱乐的意愿。道路建设的进步和交通工具的革新，改变了民众的出行方式和思想观念，改变了民众的时间认知，不仅对人们的生活，也对人们休闲活动产生了重大影响。"新式交通工具先后传入浙江，作为一种有形的可触可摸的物质力量，对近代社会产生巨大影响。"③ "人文之发达与社会之进步，实与交通之便利，互为因果者也。"④

---

① 叶家俊. 浙江省公路运输状况概述 [J]. 浙江省建设月刊, 1935, 8 (12): 33.

② 郁达夫. 超山的梅花 [J]. 新小说, 1935 (1): 1 - 2.

③ 陶士和. 浙江民国史研究通论 [M]. 北京: 中国社会科学出版社, 2007: 34.

④ 吴静存. 道路行政浅说 [J]. 道路月刊, 1922 (3): 2.

### 四、城市空间的开拓：西湖搬进了城

就城镇的空间扩张来说，江南多数城市的空间扩张，在民国时期确实是有限的，地域结构相对也很稳定。比较而言，城市空间发展比较明显的是上海与杭州。①

杭州城的空间结构，在民国之前，城隍山一带是杭城的商业中心。城隍山上庙宇云集，许多庙会和相关娱乐活动都在此举行。从1896年杭州开埠到1912年清朝灭亡期间，引起杭州城空间变化最大的是铁路的修建以及车站的设立，它使得作为封建统治象征的城墙开始被拆毁。城站成为新的商业和娱乐中心。"贸易骈集，一般趁或儿风者，纷至沓来（杭谚呼热闹为或儿风），较昔年城隍山益形挤拥。此外如城站之迎辇、武林第一楼、模范剧院、益智社等处每到晌午，竟有人满之患，其热闹可以想见。而城隍山上，西子湖边则虽新年中，仍游人寥寥，不免令人生今昔之感矣。"城隍山一带，"山上除了一家茶馆外，其他所有茶馆都关门歇业。大多数酒肆和饭店也纷纷倒闭"。

辛亥革命后，杭州城市空间变化加剧，主要是旗营的拆除和新市场的建立。旗营的拆除，打开了封闭的城市空间，城市空间大为拓展，使得湖城相连。

明清时期，西湖被隔绝于杭州城之外，城区与西湖之间被城墙和城门所阻隔。清代，阻隔西湖和杭州城的是"旗营"防地和城墙，这是清政府在杭州的驻军营地。由于城墙和旗营的阻隔，西湖一直独立于城市之外，加上当时晚清政府对百姓流动的限制，造成了人们"欲游西湖而困难重重"的状况。辛亥革命推翻了清朝统治，人为的限制已经不再，但高大的城墙，仍然是杭州市民游览西湖的最大障碍。而且城墙对城市的保护功能已经失去，日益成为城市规模扩大和交通发展的掣肘。因此，拆除城墙，"把西湖搬进城"势在必行。1912年7月开始拆除自钱塘门至涌金门一段隔开杭城和西湖的城墙。1913年，拆除了满旗下营，使西湖与城区连成一片。随后将涌金门、清波门、钱塘门三门之间的城墙拆除，在城墙旧址上修建了湖滨路与南山路。其后武林门、凤山门也被拆除。

西湖周围城墙的拆除，意义巨大，从根本上改变了近代杭州的城市布局。城墙拆除后，西湖便开始与杭州城区融合在了一起，"西湖搬进了城"②，形成

---

① 冯贤亮等.民国江南城镇的现代化变革与生活状态［J］.学术月刊，2012，44（10）：147.

② 钟毓龙.说杭州［M］.杭州：浙江人民出版社，1983：4.

"三面云山一面城"的格局。人们出入西湖无须受到城墙的限制，在城区便能够一眼望到西湖。湖滨路和南山路的修建极大方便了人们在西湖周边的游览，带动了周边商业的发展，促进了人口的流动，更为杭州的休闲旅游发展提供了有利环境。这种拆除城市界限对创建新的社会空间具有重要意义。

拆除旗营后，革命军政府决定把没收的旗营土地改建为商业区，"除了马路和公共用地，其余土地予以出售，以建商业场"①。革命军政府拟建马路，将这一地区定名为"新市场"。"新市场"这个名字代替了以前的旗营，至 1915 年秋，新市场已逐渐形成。新市场的大致范围西起湖滨路，东至岳王路、惠兴路；北起钱塘路（今庆春路的众安桥至东坡路段），南至兴武路（今开元路的南山路至青年路段）。

辛亥革命后的这种城市空间的巨变，把 20 世纪杭州城的社会和经济生活引向了一个全新的方向。

自新市场和湖滨公园兴建后，由于地理位置优越，有车路直达武林、钱塘、涌金、清波各门，合上中下三城区域融为一贯，再加以先进的基础设施、在城市道路系统中的中心位置，这里很快成了最繁盛的商业地带，也随即成了最密集的休闲娱乐中心，剧院、旅馆、饮食业、茶楼酒肆、照相馆鳞次栉比。"原来城站与清河坊大街的繁盛商业市面，集中在旗下营"②，新市场和湖滨的商业中心和娱乐中心地位最终确立。城市内部的空间状态被重新调整。而新式交通方式如火车、汽车、蒸汽轮船等的推行，又进一步促进了这种变化，对人们的时间安排与生活休闲方式都产生了很大的触动。

### 五、风景都市的城市定位

以辛亥革命为契机，杭州迈出了新的步伐，踏上现代化的历程。在民国杭州早期现代化的进程中，政治变革的因素非常突出，政府的主导作用非常强大。这些因素和主导决定了城市发展的走向和城市的市政建设。辛亥革命后，执政者以西方城市的经验为参照，大规模推进城市的市政建设，初步完成杭州城市早期现代化的进程。

从 19 世纪中叶起，江南地区城市中心等级重新调整，杭州在一系列负面影响下，处于不利的地位。首先，杭州丧失了在以京杭大运河为南北命脉的古老

---

① 投票旗营地亩者注意［N］. 浙江日报，1913 – 11 – 07.

② 钟韵玉. 抗日战争前日本人在拱宸桥［M］//政协杭州市委员会文史资料研究委员会. 杭州文史资料（第 8 辑）. 杭州：浙江人民出版社，1987：41.

商业网络中的战略地位。1853年，太平军占领江南时，封锁了大运河上的交通运输，为此，清政府和商人只好发展途经上海的海上运输。其次，太平军和清军的战斗，加速了杭州的衰落。19世纪60年代初，太平军和清军的战争摧毁了杭州城。城市人口从一百万骤减至二十万。而杭州衰落之日，正是上海崛起之时。1894年至1895年中日甲午战争之后，杭州开埠通商，但杭州始终没有像上海那样迅速繁荣起来。不同于上海的外国租界，杭州的日租界没有发展成为现代工商业的新中心，相反却变成了赌馆和妓院遍布的地带。在清政府革新派新政策的影响下，一些浙江富商在杭州投资开办一批近代工业企业，1896年，杭州北郊建立了棉花厂和缫丝厂。可就总体而言，这些工厂没有成为杭州的主要特征。不仅杭州的经济文化中心地位被上海所代替，而且也越来越依赖上海这座西化的大都市。进入20世纪后，在日新月异的世界里，杭州城迫切需要给自己重新定位。

伴随着1909年连接上海和杭州的新式交通方式——沪杭铁路的竣工，杭州强烈地受到了现代化的震撼。铁路拉近了两城市之间的距离，两地人员流量也增大。现代交通的发展，使杭州越来越受到上海的直接影响。辛亥革命后，旗营的拆除和"新市场"的建立，打开了杭州城市空间，西湖融入城市之中，更加吸引了其他城市，尤其是上海的游客来杭州游玩，杭州这座拥有秀丽山水和浓郁人文底蕴的古城成为上海中产阶级游客便利和向往的游乐场所。杭州对上海游客的到来，也做出迅速的反应，宾馆、饭店、摄影店、茶馆和剧院等数量不断增加，服务行业不断地精心策划以满足游客需求。上海诞生新兴中产阶级的时期，正是杭州发展旅游业之时，两者并非巧合。杭州发展新旅游业表明了上海和杭州两座城市之间的不平衡——帝国主义和工业化所带来的失衡。工业化大都市对周围次级城市有着决定性作用。① 旅游业是休闲产业，工业化中心造就了一批需要休闲的人群。因此，民国时期杭州大力发展旅游和休闲，成为上海的后花园，也给自己城市的发展重新定了位。

1927年5月杭州市政府成立后，即确立了"风景都市"的城市定位，以休闲娱乐业为重要发展业态，以市政建设为主要工作重点，开展了一系列城市建设，城市发展走向定型。面对近邻上海迅速崛起，面对杭州自身的特性，民国时期杭州政府找准城市的特性和城市定位，致力于以旅游为主的休闲城市发展，推动休闲设施的建设，这在当时是先进和有远见的，正如2006年杭州最早把城

---

① 汪利平. 杭州旅游业和城市空间变迁（1911—1927）［J］. 朱余刚，侯勤梅，译. 史林，2005（5）.

市定位为"东方休闲之都"，杭州市政府的眼光是深远的。

杭州市长周象贤指出："欲繁荣杭市，首当整理西湖，吸引游客，同时须注重生产建设，发展农工商业，增进富庶，使市民得安居乐业。"① 市政府高级官员程远帆在回顾 1927 至 1936 年间杭州市的发展道路后称："惟是从前杭州市之建设，似偏重于风景之整理，欲借天赋艳丽之湖山，吸引游客，振兴市场，效欧洲瑞士之故技。此种利用环境，以繁荣都市之政策，固极正当。然都市繁荣，若仅赖游客消费，其力量殊属有限；良以风景都市，如秾桃艳李，秀而不实，终难期有伟大之发展。故予以为杭市要政，一方面固应注意于整理风景，发挥其天赋优美之特长，而另一方面，似应扶植工商，发展产业，着手于生产都市之建设。"② 程远帆此言虽是着眼于杭州市以后的发展调整方向，以补漏偏之弊，但确也说明杭州市在这十年间发展风景都市的城市建设思路。20 世纪 30 年代初，《发展浙江省旅游事业计划》也明确指出交通的建设要顺应旅游的发展，"现时公路若更就沿线风景区域，添筑支线，联贯一气，或于固有交通设备，加以统一整理，将使游人称便，毫无跋涉之劳，随地可乐，都成佳趣，而公私收入可以立增"③。

风景都市的城市定位和发展方针一经确定，在杭州市政府成立后的十年中，"虽几经改组，而所以谋市政建设者，则仍一本既定方针，无或稍懈"④。担负城市基础设施建设的杭州市工务局的中心工作"莫不以布置风景，造成庄严灿烂之杭州市为主旨"，"凡道路桥梁固为交通上所急不容缓，其余类皆偏重于风景之建设"。⑤ "冀促成杭州为东方之瑞士、中华之乐园。"⑥ 风景都市的定位及由此一系列政策和措施的有力推动，杭州在民国时期成为一个著名的旅游城市。来杭的游人，"远近偕来，四时不绝"，除传统的香客外，上海、南京等地的游客日益增多，欧美、日本的国际旅游者也日趋频繁。⑦

杭州是一个遗存有丰富的人文与自然名胜的城市，民国杭州市政府在从传

① 杭州市政府十周年纪念特刊［Z］. 杭州市政府秘书处，1937：序言.
② 程远帆. 十年来杭州市之进展与今后之展望［J］. 市政评论，1937，5（7）：26 – 27.
③ 发展浙江省旅游事业计划［Z］. 浙江省公路管理局汇刊，1933（3）：5.
④ 陈曾植. 十年来之工务［Z］//杭州市档案馆. 民国时期杭州市政府档案史料汇编. 1990：84.
⑤ 沈景初. 杭州市工务之吾见［Z］//杭州市政府秘书处. 杭州市政府十周年纪念特刊. 1937.
⑥ 陈曾植. 十年来之工务［Z］//杭州市档案馆. 民国时期杭州市政府档案史料汇编. 1990：85.
⑦ 杭州市档案馆. 民国时期杭州市政府档案史料汇编［Z］. 1990：7.

统城市向现代都市发展过程中，注意利用当地的历史文化资源和自然秉赋，将休闲旅游业作为当时发展的一个主导性方向，并借此营建休闲旅游城市。在沪宁杭甬城市集群区中，杭州风景都市的城市定位是准确的。因而风景都市的建设在当时是有着政府的极力支持和大力营造的。这无疑是民国杭州城市休闲娱乐得以繁荣的最重要原因。

总之，辛亥革命后，经济和城市发展的需要、政府的推动、城市化的发展、市民阶层的增长、市政建设成就斐然等一系列的因素推动着民国时期杭州休闲娱乐空间的建构。经济发展培育了城市娱乐的发展，人口增长孕育了城市娱乐市场的扩大，交通、电力等公共设施的建设提供了城市娱乐的环境和基础设施。清末民国时期是杭城社会由传统向现代转型的时期，杭城的休闲空间和杭城居民的休闲生活随着西方文化的渗透以及工业化、城市化发展而发生了革故鼎新，逐渐"西化"或"洋化"。从文化的角度来看，这是从传统向现代转变的直观特征。

# 第二章 建构：近代新型城市娱乐空间

民国以前，杭州的娱乐空间是零星分散的，多见于庙台厅堂和茶馆戏台。民国时期，随着西方文明的传入及城市的发展，加以杭城自身发展的特性，新型休闲娱乐项目逐渐兴起，娱乐空间得到拓展。

二十世纪二三十年代，杭州逐步发育和完善城市娱乐功能，并形成了一定的城市娱乐体系，城市休闲娱乐空间凸显。更重要的是休闲娱乐空间的建设成为有意识的政府行为。民国时期，杭州的酒肆茶楼等传统休闲场所走向现代化的同时，近代新型娱乐空间不断出现。从娱乐设施的类型构成，娱乐设施数量、体量的演变趋势来看，民国时期杭州城市娱乐空间的发展已具有现代性特征。

在民国休闲娱乐空间的变迁和发展中，杭城人的休闲娱乐多为游湖朝山、看电影、进游戏场、上茶楼、坐酒肆，以及赌博、宿娼等，既有新式的娱乐活动的渗入，也有传统娱乐活动的延续。

## 一、公共娱乐空间之标杆：公园的建设

1843 年，英国利物浦市建造伯肯海德公园（Birkinhead Park），供民众免费使用，第一个真正意义上的城市公园诞生。城市公园是指建设于城市中，供公众休闲游乐之用的公共用地。公园不同于以往的私家园林，是一种公众可以共同享有的休闲空间。

民国时期，国内多个城市开始出现城市公园，杭州也是其中大力发展城市公园的城市之一。城市公园出现之前，杭州市民公共休闲空间大多为茶馆、庙会等。随着经济的发展和城市的发展，市民阶层的成长，城市居民日常休闲娱乐空间的扩大也被提上议事日程。在民国杭州城市休闲空间的拓展中，城市公园的建设是重点内容。

民国时期，杭州市政府在对杭州城市空间规划时就意识到城市公园建设的必要性，"各都市对于市民的健康，又是非常注意，保健局里，特设公园一课，其目的，匪徒为都市的美观起见，在工商业发达的地方，为涵养身心计，固觉

有完美公园之必要"①。而且"公园为市政设施上应有之设备，关系市民健康与市容观瞻，至为重要"②。《市政通告》更是指出："公园之对于都市，绝非花园之对于私人可比，其是市民衣食住之外，一件不可缺的要素。"③

公园在建设之初就以满足市民的休闲娱乐之用为主要目的，"公园通例，并不用画栋雕梁，亭台楼阁，怎么样的踵事增华。也不要春鸟秋虫千红万紫，怎么样的赏心悦目。只要找一块清静宽敞的所在，开辟出来，再能有天然的丘壑，多年的林木，加以人工设备，专在有益人群的事情上讲求讲求。只要有了公园之后，市民的精神日见活泼，市民的身体日见健康，便算达到完全目的了。"④"我们杭州开市之初，在西湖胜景当中，建设公园，应当借地他山，详加考虑，庶使处者，游者都觉审美，原在添趣娱乐，亦为涵养，则其公园攸关保健旨趣。"⑤

民国时期，杭州的公园建设，最早的是湖滨公园。杭州在辛亥革命后，开辟新市场的同时加强了对环西湖一带公园的建设。1912 年，拆除了钱塘门至涌金门的沿西湖城墙，建设湖滨公园。1914 年修筑了湖滨地区的街道，将旗营旧地建设为新市场。距湖滨路 20 米湖岸砌筑石磡、码头、栏杆、座椅，种植了花木，总称湖滨公园，以与湖滨路相交的四条公路——平海路、仁和路、邮电路、学士路为界，将湖滨公园分为五段，分称一至五公园。1929 年，在长生路口至钱塘门头，用浚湖淤泥填为平地，开辟了二十余亩的第六公园。湖滨地区的改建，使市区和西湖融成一体，便利了游览观赏。湖滨公园成为杭州市第一个城市公园。

孤山公园（即中山公园），傍山临水。早在宋代，这里就建筑了西太乙宫、望海阁，清康熙游江南时改建为行宫，建有亭、台、楼、阁，假山荷池，辛亥革命后辟为公园。1927 年为纪念孙中山先生改名中山公园。公园左侧辟为浙江忠烈祠，以圣因寺残存屋宇祀浙军攻克金陵阵亡将士，祠前立纪念碑。公园东面山麓，1912 年迎葬徐锡麟、陈伯平、马宗汉三烈士墓，其旁为竺绍康烈士墓。公园西部由杨虎新建"青白山居"别墅。孤山东麓，1912 年 10 月辟为浙江攻克金陵阵亡墓，七座墓穴环列，俗称"七星坟"。"平湖秋月"以西沿湖陆地，

---

① 赴日考察报告 [J]. 杭州市政月刊, 1928（第 5–6 号）: 3.
② 陈曾植. 十年来之工务 [Z]//杭州市档案馆. 民国时期杭州市政府档案史料汇编. 1990: 85.
③ 社稷坛公园预备之过去与未来 [Z]. 市政通告, 1914, 2.
④ 社稷坛公园预备之过去与未来 [Z]. 市政通告, 1914, 2.
⑤ 赴日考察报告 [J]. 杭州市政月刊, 1928（第 5–6 号）: 3.

1918 年由犹太商人修建"罗苑"别墅。1914 年，重修西泠桥，桥西 1913 年归葬秋瑾烈士墓，原墓址新建风雨亭，由孙中山书"巾帼英雄"匾额，冯玉祥撰写"丹心应结平权果，碧血长开革命花"联。秋瑾墓西有陶成章、杨哲商、沈由智烈士墓。桥东的诗僧苏曼殊墓，由柳亚子等集资于 1924 年修筑。以清代皇宫园林为主的孤山，改变成纪念辛亥革命烈士为主的园地。①

至 1934 年，还建成了位于杭州城站的城站公园，位于杭州丁家山的西山公园。② 1932 年冬，杭州市政府利用铁路车站旁边原本崎岖污秽、乱草杂生的隙地二十余亩开辟成城站公园③，这是城东有公园之始，改变了该地区长期缺乏公共娱乐设施的状况。

杭州建市后至抗日战争爆发前的十年间，在城市公园建设上有很大进展。时人陈曾植在《十年来之工务》中是这样总结的：城市公园方面，首先是将湖滨各公园重新改建，规划苑路花坛，栽植芝草花木，在沿湖一面，改建铁链水泥栏杆，装置电灯，添设椅凳，方便市民和游客观赏休息。1929 年，又以长生路以北、旧钱塘门外沿湖之地，利用浚湖之淤泥，填成平地二十亩，加筑亭榭花棚饮食店厕所之类，种植花木，移置石像，增辟为湖滨第六公园。在城区东部，利用铁路车站隙地二十余亩，就原有池沼之地筑成城站公园，这是城东有公园之始，改变了该地区长期缺乏公共娱乐设施的状况。西湖中山公园傍山临水，位置绝佳。为方便市民和游客，对中山公园也大加整修，拆除了后山围墙，使里外西湖景色能尽收眼底。诚纯系吾国古色之亭园也。苏堤、白堤原仅是游客观赏西湖的通道，在此期间在两岸建筑石砌或钉桩编篱，将堤身加宽，种以花草树木，加筑水泥路与游亭等，使苏白两堤成为事实上的公园。

为改变公园分布不均衡的状况，现在预定中之规划，计划将前清抚署建成上城公园，将城隍山辟为吴山公园，在城北择一适当地点建筑城北公园。在西湖丁家山，风景秀丽，亦拟择要布置为公园。在九溪十八涧至钱塘江边，利用天然之山水，加以人工布置，筑成一大公园。④ 这些设想均已拟具计划，准备依次实施，只是由于抗日战争的爆发，未能全部付诸实施。

杭州市政府还非常重视公园的绿化。根据民国十九年（1930 年）杭州市各公园植树统计表，仅一年，湖滨六公园植树达 328 株，上城公园 57 株，中山公

① 杭州市旅游事业管理局. 杭州市志：旅游篇（送审稿）[Z]. 1994：9.
② 最近杭州市公园调查表 [J]. 杭州市政季刊，1934，2（4）：5.
③ 创办杭州城站公园记 [J]. 京沪沪杭甬铁路日刊，1934（1072）：53.
④ 陈曾植. 十年来之工务 [Z] //杭州市档案馆. 民国时期杭州市政府档案史料汇编，1990：85 – 86.

园 1880 株，总计 2265 株。① "号称风景城之杭州，市环湖路一带之行道树，更可显映西湖之美。故树木之对于市民生活关系极为重要，于此可见。"②

因为杭州适于居住生活，自古就有不少达官贵人、富商大贾在此营造别墅和私家园林，著名的如卢园、涟园、芝园、郭庄、汪庄、刘庄、小万柳堂（即蒋庄）、停云湖舍等，还有许多官署花园、寺庙花园、会馆花园等，其中不少堪称中国园林艺术精品。民国时期，为扩大公共休闲娱乐空间，杭城的一些私家园林、兴建的一些庄园别墅也对外开放或改造后开放，成为游览胜景。著名的有夕照山麓的汪庄，在 1927 年由汪裕泰茶庄主兴建，三面临湖，为西湖胜地之一。丁家山下的刘庄，为刘学询长住的"水竹居"。全庄面积 36 公顷，分祠、园、宅、墓等区，背山濒湖，环境幽美。在丁家山上还有康庄，由康有为营造。还有卧龙桥下的"郭庄"，万松岭的"万松园"，涌金门北的"澄庐"（今大华饭店），苏堤南头一带的"蒋庄""高庄""陈庄""钱庄"等，庄主不在时，管理人员也接待游客观赏。

公园自建立之后，成为杭州城市休闲公共空间的重要标志，大大拓宽了杭城市民和游客的休闲娱乐场所，而且这种娱乐场所极具大众性，没有阶层和等级之分，因而吸引了大量的人前来休闲游憩。正如时人所述："骄阳匿，鸟倦飞，明月一轮，耀如皎日，暑气未消，如此长夜何？乃邀二三知己，至湖滨公园，作纳凉之举，沿民德路直行，不数十武，遥望公园门开，车水马龙，红男绿女，趋之若鹜，至时音乐台奏演中西乐，悠扬之声，不绝于耳，因就听焉。余等择一树下，席地而坐，地面绿草如茵，已觉眼前饶有生意，而斯时清风徐来，精神更为之一爽，处此清凉世界，有依依留恋之慨，无如时近子夜，游客渐归，四顾人稀，万籁将寂。"③ 除了吸引大众前来，也时常能见到政客名流的身影，"西湖风景，名闻天下，当此春游时节，各地来游者肩摩踵接，吾人走进湖滨公园一看，真是雅人淑女，游客如云。对对的有情眷属，手挽手儿同行，使我们这些他乡孤客，真要羡煞妒煞，其余如平时不大见得到的外国人，此时也居然常可见得了。不大听得到的上海话，此时也居然常可听到了。至于那些要人名流的真面，此时也常能瞻仰着了"④。

公园的建设得到了杭城市民的认同与称赞。公园的建设，还使得夜间游园

① 民国一九年度杭州市各公园植树统计表 [J]. 市政月刊，1931，4（5）.
② 唐应晨. 读"行道树之选择及其保护"后 [J]. 道路月刊，1936，52（1）：9.
③ 梁彦. 湖滨公园纳凉记 [J]. 一中校刊，1935，3（2）.
④ 松庐. 游西湖 [N]. 申报，1928 - 04 - 10（17）.

成为一种新的时尚。正如民国的一部评论文章中记载道："夏天的夜，惟有湖滨微微漆着的风，这时第六公园的灯是换了蓝色，显出一种神秘而不可描摹的境界，绿而且软的草地上，倚着、坐着一双双的情侣，微风一阵吹过，伊们烫得蓬松卷曲的头发会跟着风向吹去，喁喁的情语，也为隐约地听到，感谢当局给他们这神秘的公园，作他们天性的追求之所。"①

民国以后，逛公园在时人观念中成为文明人的生活方式之一，市民多趋向于到城市公园去休闲娱乐。另外，与西方公园纯粹为了休闲娱乐不同，杭州及中国其他城市出现的公园还兼具向民众灌输现代观念与意识的教化功能，②"增进群众合作之精神，寓教育于游戏之中"③。如建设纪念性公园——中山公园；杭州西湖孤山旁有秋瑾墓、浙江先烈祠、阵亡将士墓，使得以清代皇宫园林为主的孤山，改变成纪念辛亥革命烈士为主的园地；湖滨公园内有国民革命军北伐阵亡将士纪念塔、陈英士铜像及八十八师抗日阵亡将士纪念塔等。④ 公园因而也就成了向人们宣传革命思想、国家观念的阵地，对公众精神起到潜移默化的作用。

总之，作为新兴公共休闲空间的公园是伴随着西方文化的渗透及工业化和城市化发展而产生的。民国时期，公园成为杭城比较普及的休闲娱乐场所，成为集娱乐、文化、教育和政治于一体的社会活动空间，公园这个新兴休闲空间的开发反映出杭州正由传统旅游娱乐空间向现代旅游娱乐空间的拓展，反映出中国社会在走向现代化进程中娱乐生活的变化。这种变化是中西文化交融的结果，是农业社会向工业社会转型过程中人们休闲生活方式生成的表征。⑤

### 二、会展之先河：展览馆和展会

民国时期，杭州设置展览场地，开创会展之先河，这些展会给杭州市民增加了休闲去处，也吸引了外地游客来杭的会展旅游⑥。民国年间，杭州的展会类型比较丰富，而且很多展会在当时都是超前的。最为著名的就是西湖博览会

---

① 杭州礼赞之二：第六公园 [N]. 杭州人报，1933 – 06 – 03（3）.

② 陈蕴茜. 论清末民国旅游娱乐空间的变化——以公园为中心的考察 [J]. 史林，2004
（5）.

③ 江康黎. 市行政学 [M]. 上海：商务印书馆，1938：133.

④ 中国旅行社杭州分社. 杭州导游 [Z]. 1947：21 – 22.

⑤ 陈蕴茜. 论清末民国旅游娱乐空间的变化——以公园为中心的考察 [J]. 史林，2004
（5）.

⑥ 参加节庆、会议、展览相关的旅游活动称作会展旅游。会展旅游始于 19 世纪中期的欧美发达国家，是伴随旅游近代化的启动发展而来的。

的开办。

1928 年秋，浙江省政府为奖励实业，振兴文化，决定筹办西湖博览会。1929 年 6 月 6 日开幕，至 10 月 20 日结束，历时 128 天，各馆参观人数总计达 1761 万人次。前来参观考察和洽谈业务的全国各地各行各业的代表团有一千多个，国外有美国华侨参观团、美国记者团、日本考察团、日本教育考察团、英国商务考察团、万隆考察团等，是民国时期规模最大、时间最长的盛会，也是杭州最繁忙的旅游活动，这也是中国大型会展之始。西湖博览会共设八馆、两所，分别为艺术馆、博物馆、农业馆、教育馆、丝绸馆、工业馆、卫生馆和革命纪念馆，以及特种陈列所、参考陈列所。另有三个特别陈列处，即铁路陈列厅、交通部临时电信所陈列处和航空陈列处。此外，在大礼堂附近和西泠桥、白堤一带，还有上百家商店，以供选购。

博览会馆设在里西湖四周，包括断桥、孤山、岳王庙、北山、宝石山麓和葛岭沿湖地区。在断桥的东北处建造了大会的进门，中设陆行的正门和船进的水门。在葛岭南麓建造了大礼堂，供讲演、演戏。在中山公园前的湖中，新建了一座纪念塔，塔基有三牛突出水面的喷泉，塔身有环形铁梯可登塔顶，四望全湖景色。在孤山与葛岭之间架设了长 194 米的博览会桥，桥面有中间大、两头小的三个亭子，临水都有栏座，以供游人憩息。中亭顶上装有扩音器，播送大礼堂的讲演、演戏和音乐，声闻全湖。在西泠桥畔建了竹制的音乐厅。在葛岭山庄西建有跳舞厅，设厅内和露天两舞池，可供 300 人起舞。在里西湖的惠中旅馆（今新新饭店）对面，设三个露天戏台，中台表演杂技、滩簧、大鼓、评弹、口技等，左右二台演四明文明戏（今越剧）与武林昆曲（今杭剧）。博览会结束后，孤山的建筑作为西湖博览馆、浙江图书馆，里西湖的建筑作为电影院。保留了博览会桥和纪念塔，以点缀湖山景色。

在西湖博览会期间，为便利游客，中国旅行社会同上海银行，在博览会大门设立了临时分社和银行办事处。临时分社在博览会大门处设半圆形柜台，备座椅，供游客休息，待客导游，订旅舍，租汽车。编辑了《西子湖》一书，经售《西湖游览指南》等读物，作游客向导。组织香港、南京、北京、天津等大城市的旅游团来杭参观游览；在杭州又组织游客去游览富春江、莫干山，大力扩展旅游业务。

在引入会展之时，杭州市政府已考虑到会展选址的重要性，认识到了会展举办所带来的巨大作用，西湖博览会是政府在深思熟虑下的一个大手笔。正如他们所言："事必相需而后成，名必相符而后显。西湖为世界名胜，设会于斯，收效必宏。盖讲求实业，原所以图富强，而风雅之士或不屑道至一言。六桥之风月，三竺之烟萝，则游兴为之勃发，是博览会因西湖而发达，必无疑义，且开会期间，参观者遐迩毕集，举凡舟车之供，居食之需，无一非仰赖于本地，不特大商巨贾，得借以畅销货品，即下至贩夫走卒，亦无不共沾其惠，于本省经济裨益尤多。"①西湖博览会极大地推动了杭州旅游的发展，提高了杭州休闲旅游的知名度，成为杭州的一个休闲文化品牌。

在延龄路和迎紫路的交叉口建起四幢两层楼的商品陈列馆，商品陈列馆于1919年8月1日正式成立，9月25日正式开幕，当时杭州还没有两层楼的商铺，因此商品陈列馆在开幕后迎来了众多的游客。1927年商品陈列馆改名为"浙江省国货陈列馆"。1925年春节期间，新光邮票会在杭州基督教青年会举办邮票展览。这是浙江省历史上第一次邮展，继上海之后，在全国来说也是较早的。这次邮展，为期三天，吸引了集邮爱好者的注意，每天都有数以百计的观众和专程从外地赶来参观的邮友，促进了杭州集邮活动的繁荣。1931年8月，申报总编辑弋公振在西湖罗苑主办中外报纸展览会，各地新闻学爱好者都前来参观，也盛极一时。这次报展规模不大，在国内却又是首创。1935年9月，杭州市新闻记者公会为了纪念首届"九一"记者节而在青年路基督教青年会三楼举办了全国报纸展览会。江浙两省各地来杭的参观者超过3万人次，有报业人员、学生和普通民众。② 1933年在萧山、1935年在西浣纱路一带（即今天的国货路）举办国货展览会，形成"爱用国货"的热潮。1936年夏，钟敬文与杭州民众教育实验学校的同事施世珍一起筹办了"民间图画展览会"，展出了3000件浙江及部分外地搜集来的民间绘画、木刻艺术品，让民众饱览民间文学和民俗的艺术品，得到社会各界的好评。③ 1947年在国货街又举办国货展览会，一个月营业额达21亿元，有241789人前来参观和贸易。

此外，1929年在慈幼路的杭州国术馆成立，罗致各地武术家为教习，并推动各县成立国术馆，其时杭州各学校亦多添设国术课。同年11月在杭州举办"国术游艺大会"，即"全国武术擂台赛"，每日观赛者均有数万④，极一时之盛。1930年4月，杭州举办"民国第四届全国运动会"，竞赛、参观、游览的人

①　两湖博览会筹备特刊［M］//王国平.西湖文献集成（第16册）.杭州：杭州出版社，2004：57.

②　钟韵玉.记杭州两次报纸展览会［M］//杭州市政协文史委.杭州文史丛编（文化艺术卷）.杭州：杭州出版社，2002：254，255.

③　王圣，严奉利.钟敬文：毕生致力于民俗学研究的"国瑞文宗"［N］.晶报，2008－11－20.

④　陈心平.杭州体坛两盛事［M］//杭州市政协文史委.杭州文史丛编（文化艺术卷）.杭州：杭州出版社，2002：489.

士云集。这次全国运动会，还赠送每位运动员一本大型摄影图册《西湖百景》，作为礼物。《西湖百景》既可作为游览杭州的导游书，对当时摄影并不普及的现实而言，其艺术价值也不言而喻。1934 年 5 月，为配合夏季卫生运动会的推进，杭州市借用青年会四层楼举办召开了卫生展览会，为期八天，内中陈列的展品有五百多件，有首都卫生署送来杭州的，也有杭州市府和市医学机关、药房提供的，有关于婴儿形态慢性传染病、寄生虫病实物标本模型照片以及药品，都是极通俗而易于认识，所以受到参观者的赞叹。而且展会期间，每晚七点至十点在青年会健身房上映有关卫生电影，聘请医药卫生专家演讲，市立各小学来表演游艺，因此参观者踊跃，每天参观的人数约有二三千人。①

民国年间，杭州的展会影响大，走在全国前列，而且布展频繁，展会内容丰富，不仅吸引着本地居民的休闲消遣，也发展着外地游客来杭的会展旅游。

### 三、近代休闲美食空间：咖啡馆和西餐厅

民国时期，咖啡馆和西餐厅等西式休闲美食空间也在杭城出现。晚清时期，咖啡和西餐传入中国，至民国时期，已为百姓所知，不过仍多为上层社会所备之物，主要是政客富豪和知识分子。

清末民初，西餐开始进入杭城。晚清时杭州售卖西餐的代表是聚丰园。"聚丰园西式菜，山珍海味，外洋格式。西人吃者俱多。有人试之要熊掌一味，银价须五十多两。楼下亦卖华菜。"②

民国之后，西餐开始有了发展，"但非纯粹外国式，惟烹调中西兼顾，颇合国人口味，概称欧美大菜"，为上层社会之流的休闲美食之所。主要有协顺兴、中央西餐社、冠生园、西园、天真消闲西茶馆、青年会大菜间和中西兼营的蝶来饭店等。

1919 年，杭州售西餐的有协顺兴（新福缘路）、大利公司（城站路）、福利公司（迎紫路）。③ 据 1929 年出版的《增订西湖游览指南》，第一届西湖博览会期间，西餐馆以杭县路上的青年会餐厅，迎紫路上的福利、协顺兴，仁和路上的玛利中西西餐社四家较为知名。④ 1929 年，《小说的杭州西湖指南》有这样的

---

① 张信培．十年来之卫生［Z］//杭州市档案馆．民国时期杭州市政府档案史料汇编．1990：167.

② 杭俗怡情碎锦［M］．台北：成文出版社，1983：28.

③ 徐珂．增订西湖游览指南［M］//王国平．西湖文献集成（第10册）．杭州：杭州出版社，2004：729.

④ 徐珂．增订西湖游览指南［M］．上海：商务印书馆，1929：197 - 199.

描写："菊侬道：'杭州大菜，还是杭州新市场协顺兴好一些，究竟是老牌子，不会走捆儿的。'焕如道：'如今新兴的大菜馆，什么延龄路、迎紫路的玛丽哩，劳伦斯哩，福禄寿哩，湖滨的天真消闲社哩，青年路的女子职业社哩，多得海外，又有仁和路新开的新利查，规模较大些，女子职业社，而今又开着，不招盘了，其中好丑不一。地点便些，还是天真消闲社。其次还是青年会，不过没有烟酒卖的。另外还有迎紫路的粤家香，是广东人开的点食铺，也能做菜。其余亦家香，十里香，异家香这些，无非冰店的变相。那捧盘碗，侍巾栉的，都是些二八女妖娆，醉翁之意不在酒，和上海的神仙世界仿佛，倒也别有风趣的。另外如新新旅馆、西湖饭店等，也聘请厨司，中西餐也都可口。'……焕如道：'我曾闻人说，净慈寺相近，有个新兴的汪庄，兼售西菜，却未曾去领教过。'"① 提及的协顺兴、劳伦斯、福禄寿、天真消闲社、女子职业社、基督教青年会餐厅等，都是当时售卖西餐或中西餐兼售的餐馆。此外，还有冠生园、西园等。1932 年青年路开设中央西餐社，规模较大。西湖边的新新旅馆"饮食一项，既备中西"。② 20 世纪 30 年代开张的蝶来饭店专门从上海请来西餐厨师，所以西餐做得最地道。售卖西餐之所不断增多。在这些西菜馆中首推延龄路的协顺兴，经营西菜兼售西点及罐装食品，每年营业额都在 6 万元以上。③

　　当时在西餐馆就餐礼仪非常讲究，其中餐主位必居中外向，以主人右首为尊，面向主人者为末座。将吃时，先将白布一方平铺膝上。喝汤时，应左手按盆，右手用匙，吃毕将匙仰置盆右。④

　　西餐厅基本上以城站和新市场为多，尤以新市场和湖滨一带为最。随着游客的不断增多，新市场一带设置咖啡馆的需求越来越大，如湖滨第六公园开设挹翠轩咖啡馆。咖啡馆为了吸引客人，常于各大报纸上刊登广告，吸引游客，如挹翠轩咖啡馆的一则广告为："座位雅洁，空气清新；远可挹翠，近绝嚣尘；饮啜于此，爽目娱神；侍应周到，切合卫生；诸君光顾，无任欢迎。"⑤

　　在 20 世纪 20 年代末，吃一顿普通的西餐，每人需花 0.7 元至 1.5 元，酒及小费另外开支。至 20 世纪 30 年代，西餐每客价格自 1 元至 1 元 7 角半。所以吃西餐喝咖啡在当时是时尚的事，成为上层人士的休闲方式，但其有很大的局限

---

① 王兰仲. 小说的杭州西湖指南 [M]. 1929：17 – 18.
② 徐珂. 增订西湖游览指南 [M] // 王国平. 西湖文献集成（第 10 册）. 杭州：杭州出版社，2004：724.
③ 建设委员会调查浙江经济所. 杭州市经济调查（下）[Z]. 1932：292.
④ 李乃文. 杭州通览 [M]. 北京：中国文化出版社，1948：4.
⑤ 石克士. 新杭州导游 [M]. 杭州：杭州新新印刷公司，1934：1.

性，因其口味和饮食方式，更因其价格，对于大众来说，这些高档休闲消费场所是他们难以企及的，因而到这些休闲场所也就成了身份的象征。新的生活方式与新的消费模式紧密相连，时尚是生活方式形成模式化的一个代表。城市居民的休闲行为是生活方式的一个重要方面，从一个侧面反映城市某些团体组织、群体生活的模式。休闲方式将打上阶层的某些"标志"，正如韦伯在《阶级、地位、权力》中所说"一定的生活方式能够受到一些人的期盼，以至于他们都希望进入这个圈子"，其休闲方式正好是这个"圈子"的一个显著的标志。①

民国时期饮食的西化，也曾引起一些人的感叹。徐志摩说："平湖秋月旁边开了酒馆吹拉弹唱不断，楼外楼新造的洋式门面、堂馆的西崽长袍让曾经的闲情逸致一扫而空，甚至连小菜都变了味。"施蛰存感叹真正的中国风的茶食也愈来愈少了。茶食店里可以买到的都是朱古力、葡萄干、果汁、牛肉之流的东西，洋化的上海固然如是，中国本位的杭州也未尝不如是。② 但无论文人如何哀叹，西餐和咖啡已进入上流社会的休闲美食中。

### 四、近代文化娱乐空间：电影院、游艺场、歌舞厅和群众文化机构

1979 年版的《辞源》对于"文化娱乐"的解释是："简称文娱。包括戏剧、电影、音乐、舞蹈、曲艺、杂技、游戏等活动。"傅才武认为文化娱乐活动都是一定艺术形式和娱乐内容的同时实现，因而文化娱乐业的形式标准也就应该是艺术的特征和类型。笔者认为，文化娱乐活动就是借助戏剧、曲艺、电影、文学创作（如小说）、音乐、舞蹈、杂技、游戏等这些艺术形式而达到愉悦心情和满足精神需要的非职业性活动。

通俗文艺、戏曲歌舞及电影是为了满足人们的精神需要和愉悦心情的需要而进行的创作和活动，是人类精神生活的一个重要部分。民国时期的杭州，影戏院、游艺场及群众文化机构等近代休闲空间和场所的出现，是民国杭州在文化娱乐空间上的拓展。

杭州的文化娱乐，历史悠久，具有鲜明的地域特色。宋室南渡后，杭州一跃成为全国的政治、经济、文化中心，"衣冠集会，商贾云集"，杭州的文化娱乐业也非常繁荣。据《武林旧事》记载，杭城有瓦子 23 处，勾栏 13 处，日夜演出杂剧、说书、杂技、影戏、傀儡戏等，深受市民的喜爱。至民国，杭州盛

---

① 张建. 休闲都市 [M]. 上海：东方出版中心，2009：122.
② 施蛰存. 玉玲珑阁丛谈 [M] // 吴战垒. 忆江南——名人笔下的老杭州. 北京：北京出版社，2000：446.

行京戏、话剧、越剧、杭剧、双簧、马戏，还有无线电播音、电影、歌舞等。文化娱乐生活内容更加丰富多彩，其中既有对历史的继承，也有当时的创造。并且文化娱乐活动逐渐社会化。

民国时期至抗战前，随着杭州商业、手工业的发展，随着市民阶层的壮大，随着市民文化生活的需要，小说、戏曲歌舞呈现繁荣的景象，民间文学也得以发展。戏曲歌舞、电影已成为杭州人文化娱乐生活的主要内容之一，尤其是近代戏院和影院、群众文化机构、图书馆等的出现，拓展了人们的文化娱乐生活空间。它们为民间各阶层人士提供了适用面极广的文化娱乐方式，并且在一定程度上也引发了人们对社会现实的关注。

民国时期杭州戏曲杂技发达，民间娱乐丰富多彩。梨园、影院是上层人物消闲的好去处，戏曲杂技电影更是平民百姓解乏的好方法。整年忙忙碌碌的民众，在戏曲杂技和电影的欣赏中获得生理乃至心理的调整。

在清代，杭州除灯节、西湖竞渡、迎神赛会外，并无公共文化娱乐空间和设施。当时的娱乐多局限于家庭范围，官绅富豪每逢喜庆，往往邀请艺人来说说唱唱，以娱来宾，俗称"唱堂会"。清代杭州的庙宇戏台颇多，以吴山的东岳庙宇戏台最盛，为艺人的演出提供了场所。光绪二十年（1894年），建于拱宸桥的天仙茶园，为杭州早期的戏馆。进入民国时期，逐渐出现了近代戏院和电影院，这些影戏院的创办，又反推杭城戏曲的发展。

1. 戏曲杂技的革新发展与演出空间的公共化

清末，京剧开始在杭州流行。1906年，越剧首次在於潜外伍村和余杭陈家村登上舞台。到了20世纪20年代，由于新思想的传播，北伐战争的胜利，杭州的手工业和商业有了发展。人心思定，迎来了戏剧的繁荣和发展。从1912年至1949年，杭州孕育和产生了新兴的地方剧种，建立过一些培育演员的科班和票房，兴修了一些演出场所。20世纪30年代，众多越剧名角从农村来到杭州，又从杭州进入上海。光绪年间，淳安出现"三脚戏"，由江西、安徽传入的采茶戏与当地流行的民间歌舞"竹马班"相结合，逐渐形成了睦剧。民国初年，宣卷首次在杭州搬上舞台，当时称"化妆宣卷"，后称武林班，中华人民共和国成立后定名为杭剧。1927年，杭州滑稽戏演员首次进上海演出，杭州成为滑稽戏的发源地。

民国时期，越剧、杭剧、京剧、话剧等戏剧百花齐放，戏曲杂技繁荣。

（1）戏剧
①话剧的引进

话剧，初名新剧，又称文明新戏，简称文明戏。话剧是后来固定下的名称。话剧从国外舶来，是中国戏剧从传统走向现代的标志。著名高僧李叔同等对话剧的引入和发展具有开创性功绩，杭州是中国话剧的起源地之一。

1905 年留学日本之前，李叔同就在上海编辑出版新剧《文野婚姻》。1906 年，他与留日学生曾孝谷受到当时日本十分兴盛的"新派剧"的影响，醉心于这种新兴戏剧艺术，又得到日本戏剧家藤泽浅二郎的指导，于是在日本组织"春柳社"，随后有欧阳予倩、陆镜若等人加入。他们首次演出的剧目是法国作家小仲马的《茶花女》，李叔同刮掉胡须，男扮女装演玛格丽特，获得成功。随后春柳社在日本演出了《黑人吁天录》等剧。1908 年春柳社部分成员先期回国，在上海组织春阳社、进化团来杭州演出，传播新剧的种子。话剧当时称为"文明戏"。他们在宣传新文化思想方面，起了很大的作用，是辛亥革命文化队伍的一部分。

辛亥革命后，话剧开始在杭州特别是学校里风行，师生多以编演新剧为时尚。1912 年 10 月，浙江第一新剧模范团在杭州成立，团内拥有南北演员各六十余人，上演京剧和文明戏。剧团流动演出于拱宸桥天仙戏院、杭州市区及绍兴、浙北一带。当时，留日回国的春柳社成员在上海组成"新剧同志会"，也于 1912 年、1915 年先后来杭州演出《云之响》《社会钟》《猛回头》等剧目。浙江法政学堂樊迪民、张冲天等也组织"鹤声社"，演出自编的《好男儿》等新剧。1917 年，樊迪民等组建了杭州第一个新剧民间职业剧团"迪社新剧团"，樊迪民自任编剧，演出《乾隆皇帝下江南》《杨乃武与小白菜》等剧，演出首次采用剧本制。此后，建德振亚醒世社、浙一师的曙光剧社、杭州女子师范学生业余剧社等纷纷建立，先后演出《张文祥刺马》《黑夜枪声》《孔雀东南飞》等剧目。

1923 年，欧阳予倩在杭州城站第一舞台演出《茶花女》。1928 年，由田汉率领的南国社到杭州，在湖滨公众运动场讲演厅连演五天，观众达千余人次。田汉还在杭州创作和首演《湖上的悲剧》。1929 年 4 月，戏剧家洪深率领的上海复旦剧社到杭州城站第一舞台演出《寄生草》《同胞姐妹》《女店主》等剧目，深受杭州人民欢迎。同年春，杭州国立艺术院成立。年底，为庆祝元旦，艾青发起并导演了艺院的第一出话剧《一片爱国心》。1930 年，该院师生上演话剧《盲肠炎》《未完成的诗》《回家之后》等。1932 年，艺专剧社正式成立，并在西湖大礼堂上演了法国名剧《茶花女》以及爱国话剧《易水别》等。因为这种戏公演机会不多，又都是在学校中演，政府不大注意。他们的演出，与一般的营业性质的娱乐商业大不相同，所以也没有经过烦琐的登记、审查手续，只通过私人打通主管人员就行，这叫"瞒上不瞒下"。

1932 年 4 月，上海文化界中的一些中共党员及进步文化人士来杭，帮助杭州进步知识分子成立"杭州剧团联盟"。同月，中国左翼戏剧家联盟书记田汉及共产党员刘保罗等来杭，协助魏鹤龄、舒绣文等将民营的"集美歌舞剧社"改组为"五月花剧社"，在杭州民众教育馆广场、之江大学、浙江大学文理学院等处演出田汉创作的《湖上的悲剧》《父归》及《一致》《乱钟》等宣传抗日的剧目，激励了杭州人民的爱国之心。在五月花剧社的影响下，杭州的学生剧社纷纷成立，其中较有影响的有"浙江潮""钱塘江"等剧社。7 月，五月花剧社在杭州青年会四楼小剧场公演田汉的话剧《洪水》时，国民党军警突然闯入，刘保罗等人也被捕入狱，剧社被迫解散。

抗日战争初期，浙西行署迁西天目山后，救亡话剧在浙西及杭州地区各县迅速发展。一批从上海、南京、杭州等地流亡而至的热血青年、爱国群众纷纷组织话剧社团，宣传抗日救亡。

②京剧的繁荣

19 世纪后期，京剧在全国已经广为流传。清同治年间，杭州就有京剧演出。当时杭州拱宸桥是繁盛的水陆码头，先后建有一批可演戏的茶园。北京、上海、天津等地的京剧班社顺京杭运河南下，拱宸桥是进入杭州演出的第一站。1874 年，在上海丹桂茶园演出的一班天津演员首先来杭，搭富春昆班在戏院演出《金水桥》等剧，演员有王桂芳、冯三喜、边宝笙、小花子等。《申报》1874 年十一月初一载文《观剧闹小旦》云："杭垣富春茶园连演夜戏，热闹异常，每晚座无虚席。……时园中正演出《女绑子》，老生扮君王，贴旦扮贵妃，正旦扮公主，妃子者，盖边郎宝笙也"，即指这次演出。自此，到杭州演出的京剧班社日益增多。光绪年间，一批才艺出众的京剧演员谭鑫培、王鸿寿、周信芳、盖叫天等相继在拱宸桥一带登台，然后进入杭州市区演出。于是京剧在杭州便成为十分时髦的剧种。1901 年，7 岁的周信芳，以"七龄童"艺名在杭州天仙戏馆唱红。同年，14 岁的张英杰搭杭州天仙戏馆的戏班演出，一人饰老生、武生、老旦、花旦 4 个行当，崭露头角而取名盖叫天。1904 年，谭鑫培来杭州荣华戏馆献艺。1908 年在拱宸桥一带景仙、天仙等茶园戏院上演的京剧有：《文昭关》《取东川》《大保国》《宝莲灯》《六月雪》《战磐河》《三雄绝义》等近 20 部戏。

1912 年，浙江第一新剧模范团在杭组建，上演京剧和话剧。团内有筱奎官、侯双臣、赛彩霞等南北京剧名伶六十余人，经常演出的剧目有《取西蜀》《莲花河》《九更天》等。其时，杭州相继兴建剧场，开设京剧戏院，经常邀请上海等地的京剧名角来杭演出。1914年，杭州李谷湘（东阳艺人）、周云天等人发起，在鼓楼附近开办"三义堂"京剧科班，挑选40名满族学生入科学戏。1917年继办第二科，招收30名11岁至14岁儿童入科学戏，满汉兼收，男女同科。这是杭州第一个京剧科班。科满后组成"群芳小京班"登台演出，其中有文武老生王全芳、老生白玉芳、文武花旦碧艳芳、名丑刘福芳等。1915年初春，芙蓉草应邀从保定来杭演出，主演梆子青衣花旦，后改演皮簧戏，在杭演唱达半年之久。1917年，开办京剧科班第二科，续招新生30名，满汉不分，男女兼收。科满后加入群芳小京班，在杭嘉湖一带演出近10年。1921年春，京剧名旦冯春航率团来杭，在西湖共舞台演出《小青影事》。同年6月中旬，欧阳予情率南通伶工学校师生来杭，演出改良京剧《人面桃花》《宝蟾送酒》《尼姑思凡》等。1922年11月，程艳秋（程砚秋）首次来杭，在西湖凤舞台演出。1923年3—7月，周信芳在西湖共舞台连续演出，日夜场不辍。同年6月，李吉瑞、欧阳予倩、尚小云、马连良、朱素云、李春山等先后来杭，在城站第一舞台演出。同年7—8月，夏月润、夏月珊兄弟在西湖共舞台演出。1929年，梅兰芳、金少山、盖叫天等在西湖博览会大礼堂演出。1934年，梅兰芳、金少山来杭义演，筹款救灾。

20世纪40年代，杭州京剧演出团体主要有西湖大世界大京班、中央剧场的京剧班。业余京剧团有铁路、盐务局业余京剧团，银行界、工商界、国际旅行社等各自的票友团体。这一时期，有的越剧团在开锣后先演一出京剧，然后接着演越剧统本大戏。①

如果说戏院是大众以戏为乐的园地，那么票房则是少数"有闲阶级"借戏为乐的天堂。在20世纪30年代形成了影响较大的"浙江商学院俱乐部票房"。主持人许廛父，系《浙江商报》主编，故又称"商报票房"。纯属一批京剧爱好者的业余组织。琴师是商报副刊编辑魏福孙。聘请一位北京籍戏师傅说戏。成员中有浙江公路局职员陈天濩，攻余派老生，由于1929年他曾在西湖大礼堂为梅兰芳配过戏，此时在杭州已小有名气。后来在上海正式下海成为著名的京剧演员。1934年为赈济水灾，梅兰芳、金少山来杭义演时，曾赴《浙江商报》馆（开元路、青年路场角）专程访问该票房。梅兰芳盛赞许廛父热爱京剧，魏福孙琴艺高超。抗日战争期间，许廛父随建设厅内迁丽水、云和、龙泉等地，他仍集合几位京剧爱好者恢复票房活动。抗战胜利后，《浙江商报》于1946年5

① 任振泰. 杭州市志（第7卷）［M］. 北京：中华书局，1999：187-188.

月在杭州复刊，这个票房再度兴旺。

③越剧在杭州的兴起

越剧发源于嵊县农村，早期称"小歌班"或"的笃班"，后称"绍兴文戏"，1937年以后改称越剧。虽说越剧起源于浙江嵊县（现嵊州市），但它的兴起、发展与杭州有密切的关系。

清道光二十年（1840年）前后，嵊县农村一些半农半艺的说唱艺人开始用宣卷调、道情调等唱一些劝世的词曲；后创造了一种结合嵊县乡音，编唱当地新闻传奇故事的"四二合调"，被称为"嵊书"。它是从民间曲艺形式的唱书演变而来，最初只是农民的一种娱乐方式。农民在农余聚在一起用唱书来描绘所见所闻，抒发情感，后来有部分擅长这种唱书的农民单个外出在农闲时沿门唱书，左肩背一只钱褡，右肩背一只干粮袋，手拿竹竿敲打住户门槛，算是一种伴奏。稍后单个人的沿门唱书发展为两个人合演，主唱者打尺板，称"上档"，帮腔者敲笃鼓，称"下档"。除了沿门唱书外，还有一种演出形式是蹲点在小城镇的茶楼酒店，这种形式的演出被称为"落地唱书"。在唱书过程中演唱者还渐渐增加了表演动作，并模仿了戏剧中生、旦、净、末、丑的不同声音来表演。20世纪初，这种唱书渐渐登上了戏台来演出，当时绍兴地区最流行的是绍兴大班，新兴的唱书为了与大班区别，起名为小歌班，因此小歌班的名称实际上是越剧的第一个名称。最初的小歌班无论其演出形式还是内容都比较粗糙，剧目是由唱书时的书目移植而来，没有丝弦伴奏，只有尺板、笃鼓和金刚腿，但由于它有深厚的生活气息，很贴近老百姓的生活，所以深受群众的喜欢。①

19世纪末，嵊县艺人开始在杭州、临安、余杭一带活动。1905年冬，嵊县桃源乡南派艺人李世泉、高炳文、钱景松等结伴到桐庐、富阳、於潜一带唱书，形成一个小群体。翌年清明节前，在杭州府属於潜乐平乡外伍村，在当地农民提议下，他们于祠堂前用稻桶、门板搭起露天舞台，演出《十件头》《倪凤扇茶》《赖婚记》等。与此同时，北派艺人马潮水等在余杭陈家村用八仙桌搭台演出《珍珠塔》。这些戏班的唱腔仍以"落地唱书"调（即吟哦调）为主，只用笃鼓、檀板按拍击节，"的笃"之声不断，故又称"的笃班"，流行于桐庐、富阳、杭州、临安、余杭一带。剧目以反映农村民间生活为主，有《蚕姑娘》《卖青炭》《卖草囤》《箍桶记》《相骂本》等。这些艺人回到家乡后，即把此种演出形式推广于故乡嵊县，并逐渐推广到其他地区，因此上述两处演出是越剧登上舞台之始，在越剧发展史上具有重要地位。

---

① 袁成毅. 浙江通史（民国卷下）[M]. 杭州：浙江人民出版社，2005：137 - 138.

　　1916年，早期越剧"的笃班""梅朵阿顺班"艺人魏梅朵、马阿顺等来杭州美记公司（杭州大世界前身）游艺场演出，并邀请嵊县道士班（民间演奏组织）乐手尝试配乐。在音乐方面改变了"口代唢呐"的做法，为越剧音乐革新打下了基础。次年，该班进上海演出，逐渐采用板胡（后改用平胡）、斗子伴唱，唱腔上吸收了杭州武林调、绍剧、余姚清腔等音乐成分，丰富板式，创制了倒板、快板、清板、还音调等板式。

　　1923年，嵊县王金水和艺人金荣水在嵊县施家岙等地张贴布告，准备招收演职人员。由于当地人历来有轻视戏子的习惯，刚开始报名者寥寥，为了打消老乡们的顾虑，王金水甚至让自己的小女儿报名入科来争取报名者，并对报名者许诺凡入班学艺，衣食住行概由老板负责，三年满师后，每人发一只金戒指、一件旗袍、一双皮鞋，并给薪俸100大洋，面对如此优厚的条件，当地才陆续有人来报名，办起第一个女子科班。经过数月的苦练，这年冬天，王金水带领女班以"绍兴文戏""绍兴女班"名义，于1924年到杭州大世界游艺场演出。女子科班和女伶的出现，在越剧发展史上具有重要影响。

　　二十世纪二三十年代，越剧"的笃班"在杭州及其郊县广为流传，深受群众喜爱。越剧科班，特别是女子科班在杭州地区纷纷建立起来。1933年，富阳新登创办东安剧社，班主徐关生、林会森，招收13—16岁女孩30名，聘请俞世海、袁世昌、袁见发、胡元祥、叶守法等说戏传艺。学艺半年后在新登城隍庙"串红台"，演出剧目有《蛟龙扇》《桂花亭》《王千金祭夫》《仁义缘》等。次年5月，以"东安舞台"班名，在桐庐、萧山及新登南乡一带实习演出。1935年上半年，演于金华、衢县、江山、上饶等地，年底进入上海。该科班培养出一批较有成就的越剧演员，如徐玉兰、汪如亚、吴月森、潘笑笑、周玉英等。此外，还有建德芝夏的"新星舞台""新春舞台"，临安金岫村的"四喜堂""龙凤高升舞台""鲁家班"等剧班，杭州有浮山班。1934年"高升舞台"在杭州城站第一舞台演出绍兴女子文戏《梁山伯与祝英台》，运用了转台布景。1936年，嵊县"四季春班"从萧山到杭州羊坝头中华国货商场演出，14岁的袁雪芬在杭州第一次挂头牌，演出《玉蜻蜓》，被观众称为"小王杏花"。当时，越剧名伶姚水娟、筱丹桂、王杏花均分别在杭州大世界、第一舞台、新市场等剧场担纲主演。至此，女子越剧团终因扮相俊美、曲调流畅而取代了男班。

　　二十世纪二三十年代，越剧女班勃兴的原因一方面是五四运动以来男女平等观念在戏剧表演艺术中的反映；另一方面在于当时农民生活困苦，年轻女子的出路一般要么给人家当童养媳，要么到上海等地当童工，但当时正逢上海女子从业的主要领域纺织业由于受世界经济危机的影响处于不景气的时候，一些没有出路的农村姑娘便只好学戏谋生。因此女子登台和越剧的一度兴起也是当时特殊经济条件下的产物，它在客观上推动了其他地方戏曲男女合演的普及，也改变了观众的欣赏情趣，在戏曲史上具有重要意义。①

20世纪40年代，越剧已成为杭州舞台上的主要剧种，一批越剧民间职业剧团活跃在杭州，著名的有蜜蜂越剧团、新六越剧团、联友越剧团、天然越剧团、联艺越剧团、金龙越剧团等。著名越剧演员施银花、赵瑞花、屠杏花、姚水娟、袁雪芬、筱丹桂、徐玉兰、张桂凤等都是从杭州走向上海的。越剧虽然不是杭州的地方剧种，但它的兴起、发展与杭州有着密切的关系，它是在杭州这块土地上汲取养料、得到浇灌，才在上海开放出灿烂之花，而发展成为全国第二大剧种。

④地方戏曲：杭剧

杭剧是杭州的地方戏曲剧种，俗称武林班，源于杭州曲艺宣卷。宣卷是宣讲"宝卷"的简称。宝卷，即是以佛教故事为主题的讲唱，劝人为善。宣卷始于元明时期，流行于江浙地区。宣唱的曲调称宣卷调，无乐器伴奏，仅以木鱼击拍，一人独唱，众人合唱一句尾声"南无阿弥陀佛"，内容多劝人为善。由于曲调、词句通俗，易被群众接受，至清末民初已成为杭州织绸工人自我娱乐的一种说唱形式，因词句通俗易懂，并逐渐在杭城内外广为流行。

清末民初，杭州每年农历二月十九日、四月二十日、六月十九日、七月十五至十七日、九月十九日，有多次佛事很盛的庙会。争着去寺庙烧头香的人常在庙内"宿山"，参加街巷佛坛念佛的人也常到深夜方肯收场，为打发漫漫长夜，香头就招请演唱者照卷本念唱。开篇唱《八仙庆寿》《观音送子》等，正卷唱《刘香女宝卷》《香山宝卷》等，演唱时演员分生、旦、净、丑角色，围着两张八仙桌而坐，无乐器伴奏，仅以木鱼击节。后来，富家殷户逢喜庆或小儿弥月请宣卷艺人唱堂会的日渐增多，宣卷获得发展，曲目增加了说唱家庭儿女婚事和民间传说的内容，如《珍珠塔宝卷》《琵琶记宝卷》《百花台宝卷》《太平记宝卷》《白蛇传宝卷》《李三娘宝卷》《双贵图宝卷》《孟姜女宝卷》等②。

20世纪20年代初，扬州维扬文戏（扬剧）被邀进杭州新落成的大世界游艺场演出，受到观众的热烈欢迎。这使看戏的宣卷爱好者、织绸工人裘逢春深受启发，认为杭州宣卷也可搬上舞台演出。1923年，裘逢春、方吉鹏、蒋锦芳、金月红、赵炳泉等宣卷爱好者，将宣卷演唱搬上舞台，并组成民乐社，推举何

---

① 袁成毅. 浙江通史（民国卷下）［M］. 杭州：浙江人民出版社，2005：139.

② 王与昌. 从宣卷到杭剧［M］//杭州市政协文史委. 杭州文史丛编（文化艺术卷）. 杭州：杭州出版社，2002：361.

品三为班主，排演以杭州民间故事改编的《卖油郎独占花魁女》。曲调除宣卷外，又吸收了一些民歌小曲和扬州清曲"梳妆台"等唱腔，以胡琴、三弦、小锣、鼓板伴奏。1924 年 1 月在杭州大世界游艺场公演，深受欢迎，人称化装宣卷。因杭州古名武林，乃定名为武林班，此即杭剧之雏形。

民乐社首次舞台演出的成功推动了宣卷的发展，一些宣卷爱好者纷纷组织戏班戏社。为了竞争，各攻所长。有专攻武戏的，如元元班；有侧重唱功的，如德记舞台。表演、化装、文场、武场均仿效京剧、扬剧程式。1925 年，民乐社开进上海大世界游乐场演出，随后又有 4 个武林班到上海、苏南一带献艺，使武林班在江浙地区崭露头角。在这同时，武林班中的一些有识之士认为一味模仿京剧、扬剧终非正途，遂注重吸收其他剧种的优点改进武林班。蒋宝儿首先从唱腔着手，选"满江红"曲调加以改进，并吸收"游魂调""宣卷调"成分，逐渐衍化成优美动听的"大陆板"。演员争相学唱，经不断加工，遂成为富有特色的大陆板基本唱腔。同时，扬剧的"梳妆台"唱腔衍化为平板基本腔，而原始的宣卷调则发展为大经调、小经调唱腔，后又吸收一些民间流行小曲，如"春调""卖花线""瞎子算命"等使之更具地方特色。基本唱腔形成后，乐师金小龙将原扬剧主胡伴奏法加以发展，采用连续顿弓演奏，并将主胡加以改进，形成杭剧主胡发音柔和凝重的特色。乐师王宝元、金学琴为加强主胡顿弓伴奏效果，选用小三弦以长音滚奏烘托，二人配合默契，创建了杭剧唱腔演奏的独特风格。

大陆板、平板基本唱腔形成后，杭剧迅速发展，并形成了武林调，一时在杭州的街坊里弄广为流传，手工业工人、人力车工人、船工、市民多以哼唱几句武林调为乐，在下城地区几乎是家喻户晓。杭剧班子足迹达到长江以北，大有与扬剧争奇斗胜之势。

杭剧初期也同其他剧种一样，只有男演员，没有女演员。直到 1926 年，开始吸收女性参加，实行男女合演，很快就涌现出了著名的女演员杨文英、吴菊英、徐美英和绿牡丹，被誉为"三英一牡丹"。杭剧在发展过程中涌现出俞少泉、叶百绿、粉艳霞、绿牡丹、陈剑豪、周君兰、金艳芳、李美霞、卢影湘、胡文君、陈淑芳、关丽莺等一批名角，并形成《太平记》《百化台》《失罗帕》《卖油郎独占花魁女》《刘香女》《义犬报》《珍珠塔》《狸猫换太子》《华丽缘》《铡美案》传统剧目。

由于武林班曲调粗犷、激昂、富于变化，胡琴用连续顿弓伴奏，三弦以长音滚奏烘托，在音乐和唱腔上很具有特色，其是用清脆的杭州音，深受杭州人的喜爱。演出剧目又多是群众喜闻乐见的。著名戏剧家田汉看了杭剧后认为"与北昆相比，各有所长"。因此，在一定的历史时期，它能够破土而出，绽放奇葩。武林班虽深受群众喜爱，却屡遭政府的阻遏。在 1929 年，浙江省警察厅以"有伤风俗"下令禁止武林班在杭州舞台上演出，这就使得部分演员被迫转入茶馆酒店，再以曲艺形式演唱。1932 年经武林班艺人联名要求，曾一度恢复舞台演出。但不久浙江省民政厅又罗织同样罪名禁止武林班在舞台甚至茶馆演出。艺人们被迫转入街巷、小城镇和乡村流动演出。1934 年，艺人傅智芳等一百余人与国民党省、市当局严正交涉，武林班再次获得在舞台演出的地位，并成立"杭绍剧春秋社"（以演杭剧为主，也演些绍剧），首次打出杭剧旗号，而一般仍称"武林班"。这样，才使得杭州土生土长的地方剧种得以保留下来，并迎来了其鼎盛时期。① 1932 年至 1934 年，杭剧先后有民乐社、同乐社、元元班、同民社、金记武林班、虞记舞台、顺记舞台、老顺记舞台、民兴舞台、公记舞台、四喜舞台、永记舞台、德记舞台、兰记舞台、仁记舞台、明星舞台等16 个班社。有的扎根于杭、嘉、湖，有的活跃于宁波、绍兴、金华，有的则流动于上海、苏南等地，使武林班的影响迅速扩大。上海的百代、丽都、胜利三家唱片公司曾录有颇有声誉的老生俞少泉，旦角绿牡丹、粉艳霞等人的唱片。

杭剧演出剧目大多袭用京剧、扬剧，如《狸猫换太子》《玉堂春》《铡美案》《大红袍》《华丽缘》等。虽有艺人整理改编出宣卷传统曲目《太平记》《百花台》《琵琶记》《失罗帕》，但未能加工成为具有自己剧种特色的保留剧目。演员也缺乏艺术上独树一帜的代表人物。所以从 20 世纪 30 年代后期开始，杭剧便日趋衰落。

（2）曲艺 ②

清末时，杭州的说唱艺术达到成熟与普及。据《杭俗遗风》载，清末杭州的地方曲种有：评话、南词、评词、花调、宣卷、隔壁戏等。

民国期间，游乐场所、茶馆书场大量出现，促进了杭州地方曲种的发展。这一时期除了原有的评话、南词、杭滩、花调、宣卷、隔壁戏外，还从南词、宣卷及隔壁戏衍变为评词、杭滩、小热昏、独脚戏。除了以上的这些戏曲外，还有申滩、清音和西湖景等。

①杭滩

杭州滩簧简称杭滩，又名安康，原是一种戏曲清唱体的曲艺，杭滩是在风行南北的说唱曲艺影响下，由南词说唱衍生而成的一种代言体坐唱形式。

从现有史料看，"杭滩"一词最早见于清同治二年成书的范祖述《杭俗遗

---

① 周峰. 民国时期杭州 [M]. 杭州：浙江人民出版社，1997：419 – 420.

② 任振泰. 杭州市志（第 7 卷）[M]. 北京：中华书局，1999：213 – 220.

风》："滩簧以五人分生、旦、净、末、丑角色，用弦子、琵琶、胡琴、鼓板，所唱亦系戏剧，以谒师、劝农、梳妆、跪池、和番、乡探之类，不过另编七字句，每本五出，闽钱一千六百文。"当然，杭滩的起源还要早，乾隆六十年（1795 年）成书的《霓裳续谱》中，已有"南语弹簧调""滩簧调"的称呼。嘉庆九年（1804 年）成书的《白雪遗音》中收有《占花魁》的《醉归》《独占》两段滩簧曲目，是杭滩早期常演的节目。杭滩的传统曲目主要包括前滩、后滩。前滩大都来自《缀白裘》中的昆曲折子戏，不仅念白、口音照搬昆曲，唱腔上也大量运用昆曲曲牌。但与昆曲相比，前滩内容由繁趋简，唱词也有增删改动，或把昆曲中的大段白口改成唱词，或丰富插科打诨的内容，也有把"赋赞"一类的唱词插进戏中，谱以基本腔，成为优美的大段抒情唱腔。后滩剧目多取材于现实生活，以诙谐、滑稽、风趣见长，其演唱更多地运用民歌小调。

无锣鼓、不化装的坐唱杭滩，从清咸丰、同治以来一直很盛行。清咸丰、同治年间，杭滩获得迅速发展，艺人多达三百余人，另有许多串客，并在佑圣观巷（后迁道院巷）组织班社"恒源集"（清末民初改称"安康正始社"）。其间，曾出现锣鼓滩簧和化装滩簧。锣鼓滩簧咸丰、同治年间风行一时，然而用锣鼓的滩簧戏不多，仅有《和番》《天官》《劝农》《风波亭》四出戏文用之。化装滩簧演出时，角色衣冠如演戏之穿戴，傅粉调唱。由于锣鼓滩簧、化装滩簧都增加了主人的花费，未几便趋沉寂。

杭滩的迅速发展，和当时杭州人的习俗有关。据老艺人说，清代的杭州，富家每逢喜庆和婴儿弥月，常在厅堂或天井中搭篾篷，邀班唱堂会，以供客人娱乐，且有守花烛之习惯。因为杭滩曲目有雅有俗，唱腔婉转抒情，表演注重面部表情和手势，又能迎合主人的要求，所以享誉最盛，深受欢迎。不仅小孩弥月百禄周岁多用之，而且喜事堂会，非安康不足以娱来宾了。在办喜事人家很多的所谓"满蓬"之日，邀班还要先去预约，以家伙（乐器）到先后为序，可见盛况空前。① 也有大户富家，雇来解闷作乐。有时也在较大的茶店内演唱。演唱时只是坐着清唱，不表演。形式与苏、沪滩簧相似，不过杭滩簧演出的人数较多。伴奏是用古式的乐器，音调特别和谐，富有民族情调与本地风味；而且唱词典雅，雅俗共赏，可说是有代表性的杭州文艺形式。主要演员有莫思荣、朱庆生等。

民国初，杭滩由专唱堂会走向舞台演出。1917 年，杭州盖世界（现湖滨路

---

① 王与昌．杭州滩簧［Z］//杭州市政协文史委．杭州文史丛编（文化艺术卷）．杭州：杭州出版社，2002：327．

一公园处）东楼舞台专演杭滩。杭州青年会、望湖楼茶馆也是经常公演杭滩之所。青年会还进行过化装演出。20 世纪 30 年代，上海大中华留声唱片公司曾录有杭滩唱片数打，如由著名正旦朱少伯演唱的《琵琶记》中的《描别》和《单刀赴会》《西湖景》《俏尼姑》（尼姑思凡）以及和著名小生寿锡泉合录的《梳妆》等。著名小生蔡芸葆录有《审馆》以及和陈友馥合录的《珍珠塔》等。另外录有安康正始社艺人演奏的乐曲《四合如意》。上海百代唱片公司录有金晶镜演唱的《万罗灯》。当时的浙江电台、鸿声电台还经常播放朱少伯、冯奎、沈传霖、盛倪贵等的杭滩录音。这些做法，对于向来很保守的杭滩艺人来说，无疑是个进步，但在对待剧本、唱腔等具体问题上，仍然坚持不肯轻易传人。

清末民初，杭滩艺人结社改称安康正始社。会员组班演出，一班多为 5 人，盛时达 50 班，一时名演员辈出。清末民初以后，最负盛名的是以平庆保、陆叶、冯奎为首的三大班社。还有盛倪贵、盛友福、沈传霖、邓寿朋、朱传炳、陈其善、段锦云等领头的各班。20 世纪 30 年代，以朱少伯、王少庭、王保隆为首的三大班社声誉最盛。杭滩名旦有蔡春庭、冯少春、沈传霖、王玉亭、周和叔、朱少伯、朱庆生、王克斋、何荣光等。沈传霖被誉为安康正始社的梅兰芳。他的唱腔注重感情的变化，讲究抑扬顿挫。正旦朱少伯的演唱也很出色，20 世纪 30 年代在上海曾录制有不少唱片。他也精于南词演唱，是词曲名家。名生有沈雨果、朱光祺、马诚斋、陈其善、寿锡泉、蔡芸葆、蔡庭芳、陈之然、邓寿朋、吴志鸿、王铭祁、崔咏春等。邓寿朋的唱腔，急、慢、缓、宽，恰到好处。在唱"徐继祖看状"时，善于节奏、速度的变化，加上多变的手、脸表情，充分体现出继祖爱憎交织的复杂心理。名老生有冯奎、朱传炳、史延青、徐瑞林、张建候、陈九令、沈保龙等。朱传炳人称"驼子阿炳"，善于刻画人物的心理变化，唱腔朴实、稳重。名丑有段锦云、段小云、高祝如、高子如父子和许锦奎、许锦春、许锦福三兄弟，以及陈兰珍、叶品三、万硕富、蒋瑞善、陈俊富、陈望良、陈鸿生、朱庆余、盛倪贵、盛友福等。盛倪贵人称"花王"，在唱冠带书、滑稽书时，注重手、眼、面部表情的变化①。

杭滩的传统曲目（包括前滩、后滩），约有 120 出。由于艺人只是口传心记，有些曲目已经失传。1937 年，杭州人张行安多方努力，从艺人中抄录当时所唱曲目名称 106 出。每出的名字，除《风波亭》等非用三字不可外，均限于二字，如《天官赐福》只称《天官》《昭君和番》只称《和番》等等。此外，

① 王与昌.杭州滩簧［M］//杭州市政协文史委.杭州文史丛编（文化艺术卷）.杭州：杭州出版社，2002：331.

一些杭州文人和串客也补编了一些曲目。

20世纪30年代后，由于杭滩一向注重唱堂会，相对保守，民初以来，虽然经部分串客的努力，出版了一些杭滩剧本，部分艺人走向社会演出，录制一些唱片，还曾在杭州青年会进行一次搬上舞台的化装公演，但限于人力、物力，改革试验就被迫停止了。后由于越剧、化装宣卷、小热昏等其他戏剧曲艺的发展和激烈竞争，自己又缺少接班人，因此，杭滩渐趋衰落，到抗战时，艺人迫于生计，有的流散，有的改行，至中华人民共和国成立前夕，演员仅十几人，班社已基本散失殆尽。

②隔壁戏

杭州的隔壁戏俗称"鸟春""春戏"，由南宋时杭州的口技"吟叫"（仿效飞鸟禽兽的鸣叫）、"叫声"（仿各种小贩的叫卖声）、"学乡谈"（学各地的方言）衍生而来，于清末形成口技剧。清末民初盛行于杭州的"隔壁戏"就是这三种口技的结合体，它由1人藏于布幔内"能作数人声口、鸟兽叫唤，以及各物动响，无不确肖"①。钟毓龙《说杭州》中也记载：隔壁戏演出时，"以八仙桌两张横摆，叠起，围以布幔。一人藏于内。惟有扇子一把、钱板一块，能作数人声口，鸟兽叫唤以及各物响动，无不确肖，初不料其一人所为也"。隔壁戏多在庙会和闹市游览之地演出。

杭州的隔壁戏中有一种形式较简单的，一个艺人挑着担子，在杭州的街头巷尾演出。艺人从担子内取出一张小桌子和一个包儿。包儿内有一块钱板儿，一根毛竹筒，半个破钹儿，还有一把扇子和一块醒木。艺人表演各种声响，就是凭借这些道具。比如要表现人上下楼梯的声音，便是由艺人从桌子上来回地走动，听众即可分辨出有几个人在上下楼梯。如要表演火烧的声音，艺人便将毛竹筒敲击桌子，听众即可从中分辨出火势的大小来。如要表演下雨的声音，艺人就用双手在钱板上摩擦，听众从中可以分辨出是大雨还是小雨。至于表演各种鸟兽鸣叫的声音，那就得依靠艺人口上的技术了。而表演各地的方言，那就得靠艺人能说"乡谈"的方言口技。

在街头巷尾演出隔壁戏的情况毕竟为数不多，而大部分的隔壁戏艺人是专做各种喜庆堂会（如做寿、满月、结婚、搬家）。民国初年乃是隔壁戏的全盛时期，当时杭州有潘祖彬班、邵炳荣班、王阿其班、李连生班等5个隔壁戏班。每班人数均在10人左右，大的班子13人，小的班子5—6人。由于隔壁戏班子

---

① 范祖述．杭俗遗风［M］//王国平．西湖文献集成（第19册）．杭州：杭州出版社，2004：71.

的生意很好，要他们做堂会的需早半个月来预订。

据《清稗类钞》记载，1911年，杭州隔壁戏艺人方寿山，把此艺带到上海演出。鲁迅先生曾于1916年12月12日，邀请花调、隔壁戏艺人到绍兴老台门家中唱堂会，为母亲祝寿。

1919年，潘祖彬、李连生和王阿其进入杭州大世界共和厅轮流演出隔壁戏。1933年，潘祖彬把隔壁戏的布幔去掉，身着长衫、马褂表演。这种形式给后来的小热昏和独脚戏以较大的影响。

杭州隔壁戏的传统曲目有《萧山人拜门神》《火烧豆腐店》《小贩卖糕》《打灶头》《杭城一把抓》等19部。

在堂会演出时，先将两张八仙桌一正一反地叠起来，外面围起蓝色布幔。布幔内那张四脚朝天的八仙桌，便成了隔壁戏艺人表演的舞台了。由于艺人完全是藏在里面表演的，观众只闻其声而不见其人。

杭州隔壁戏的最大特点，当然是以模拟各种声音见长，但又不仅仅是模仿声音，而且还要创造出一种艺术意境和生活情趣来。作为隔壁戏传统节目之一的《百鸟朝凤》，纯粹是仿效鸟鸣的"吟叫"的口技。开始是表演地下一只麻雀儿吃米的声音，两只麻雀儿争米吃以及吵架的声音。后来又表演乌鸦、鹦哥儿、黄莺儿、斑鸠以及猫头鹰等的吟叫声。有时单个"独鸣"，有时互相"鸟语"，有时彼此争吵不休，有时大家欢快地嬉耍。这中间不论是喜鹊叽喳，鹦哥儿啼叫，画眉欢唱，麻雀啁啾，老鸦聒噪，百灵歌唱，无不逼肖，无不传神，听了真有如闻其声，如临其境之感。

除了《百鸟朝凤》之外，其他的隔壁戏节目都是有情节，有人物，不是单纯地模仿声音了。如《小贩卖糕》这个节目，描写早晨的环境最为传神。先是一阵轻微的鼾声，在鼾声一起一伏之间，可以觉察到床上睡着两个人，一个是母亲，一个是婴儿。接着从远处送过来一阵鸡叫声，近处的鸡也叫起来了。从门外空地上的鸡一直叫到灶间鸡窝里的鸡。接着又从远处小巷里传来一阵狗吠声，逐渐由远到近。那似在年久失修的石板路上的"咯的咯的"走路的声音，使人感觉到打鼾的人就睡在临街的一间楼房上，再加上一阵婴儿的啼哭声和母亲的拍抚声，这几种声音交织在一起，使人感受到了杭州早晨的清新、静谧的气氛。接着由远而近地响起了一阵连续的小贩卖糕的叫卖声："方糕，条头糕，水晶糕，百果糕……"母亲轻手轻脚地起来，穿好衣裳，下楼梯开门出去，卖糕的小贩已走远了。等到母亲回上楼来，"方糕，条头糕，水晶糕，百果糕……"的叫喊声又从远而近地响起来了。那母亲又重新走下楼梯，开门出去，说要买块方糕。卖糕的小贩说方糕刚卖完了，问别的糕要不要，结果那母亲没有买。卖糕的小贩叫喊着走进巷里去了。可以听出卖糕的小贩和那做母亲的都是说杭州方言,但小贩的叫喊声和说话声都用大喉咙,而那母亲说话却是用细喉咙。可见像《小贩卖糕》那样的隔壁戏融合了"吟叫""叫声"及"乡谈"这三种口技。

《旺响》是民国时期常演的隔壁戏。它讲的是巷口有一家人家不慎失火,火势由小到旺,声音由轻到响。从远处推来了一辆火洋龙,到了这家前面的巷口,车上跳下来五六个人。这些人中有的装"洋龙",有的拉水龙,有的从火焰里把东西抢出来。还有七八个来帮助救火的邻居,各人挑着一担水过来。走在最前面的那个人敲着锣,后面的脚步声也越走越紧越重。不时传出"走开!""走开!""快让开!""快让开!""水来了,水来了!"杂乱的吆喝声。但火势却越来越旺,并发出一阵阵火烧着家具爆裂的声音,墙头倒塌的声音,以及"水龙"口里喷出来的水浇在火焰上,溅在器物上的声音,中间还夹着妇女啼哭、号叫的声音。正当观众被这种紧张、杂乱的气氛所深深吸引时,艺人突然从布幔钻出来念"火越烧越旺,越旺越发,恭喜发财,恭喜兴旺"的祝词收场。这个"旺响"的隔壁戏都是在搬家的堂会上表演,取其"兴旺"的好口彩。

杭州的隔壁戏至20世纪30年代,由于表演形式上的局限,而逐渐消亡。隔壁戏演员走出布幔成为专业口技艺人,以表演"鸟兽叫唤,以及各动物响"的"吟叫"口技则得到了发展。如隔壁戏艺人李连生之子李天影,便是一位既精于魔术,又长于口技的一专多能的杂技艺人。他表演的口技节目中,以《婴儿哭》和《独轮车》最受观众的欢迎。

《婴儿哭》表演的是:母亲在给婴儿喂奶。婴儿吃奶的声音清晰可辨,但当母亲从婴儿口中拔出奶头的时候,婴儿就呜呜地哭了起来。母亲就掀开婴儿的开裆裤,朝屁股上打了一下,婴儿便哇哇地哭出声来。母亲又重重地打了二记屁股,婴儿就放声大哭起来。等到母亲抚拍婴儿的胸脯,并又把奶头塞进婴儿之口,哭声才慢慢地停下来。李天影每一次在大世界演出这个口技时,总是引起哄堂大笑。

《独轮车》表演的是山区农民推独轮车所发出来的各种声音。其中有上山、下坡、走田畈路、走高低不平的山路。配合各种声音,艺人还要表演各种身段动作。特别是从艺人推着独轮车从小溪中过去的蹚水声中,观众可以清楚地分辨出小溪的阔狭以及溪水的深浅。

③小热昏

小热昏,是流行于杭州、上海等地的民间曲艺。

《杭俗遗风补辑》记载,小热昏源于清末杭州街头的说《朝报》(官方公开发行的一种小报）。那时，卖报人为了招徕生意，每天早晨卖报时敲着小锣把报上的重要新闻用杭州方言念出来，后来又把念朝报改成唱朝报。小热昏创始人杜宝林（1890—1930），年轻时曾到苏州拜徕卖梨膏糖的陈长生为师，学唱小曲卖梨膏糖。1911 年前后，杜宝林回到杭州，把杭州朝报上的新闻编成通俗易懂的唱词，并吸收陈长生唱小曲的形式，连说带唱表演，以吸引更多的听众。

杜宝林的说唱艺术诙谐风趣，滑稽可笑。内容主要是讽刺和抨击黑暗势力，所以，为了避免当局找麻烦，杜宝林就以"小热昏"作为自己的艺名，意思是头热发昏，满口胡言，不必当真，这确是很巧妙的"保护辩词"。久之，听众便把杜宝林的艺名和他的表演形式混为一谈，最后索性把卖梨膏糖的说唱形式称之为"小热昏"了。小热昏表演形式灵活简便，一只架子上摆着盛梨膏糖的木箱，艺人站在一条长凳上，乐器只有一面小锣，三块毛竹板（后称"三巧板"），演出不受场地的限制，并把这种演唱形式定名为"醒世谈笑"。民国初年，杜宝林经常演唱于迎紫路（现解放街太平洋电影院对面）、羊坝头湖南会馆、旗下（现龙翔桥至开元桥一带）、众安桥、拱墅、城站等一带的空地广场。

1914 年，杜宝林进入游艺场盖世界，登台献艺。在娱乐场的舞台上演出，不像街头说唱那样随便。为了适应剧场演出，他对表演形式做了很大改变，同时将"小热昏"改称为"滑稽"，仍由他一人演唱。为了丰富演出节目，他将杭州隔壁戏的段子移植过来，如《火烧豆腐店》《绍兴人乘火车》《瞎子借雨伞》等。还把叫卖声、各地方言、民间笑话、南腔北调等熔于一炉，形成了独脚戏的雏形。在移植隔壁戏段子的同时，杜宝林还把隔壁戏滑稽诙谐的"学乡谈"（即学各地方言）的艺术特点吸收到小热昏里。20 世纪 20 年代初该剧种还采用了两人演出的形式。

到 20 世纪 30 年代杜宝林的徒弟、小热昏的第二代传人小如意（丁有生）时，小热昏达到全盛时期，杭州有小热昏艺人二三十人，流动演唱于杭州、宁波、金华、嘉兴与上海一带，深受群众欢迎。这一时期，小热昏说唱形式有了很大发展，形成三段程式：即开场先唱"小锣书"，以唱为主，兼有说白，常演的小锣书有《小菜场打仗》《水果笑话》《近视眼比赛》《八哥告状》等；然后是说笑话，其中不少笑话是艺人们根据《笑林广记》中的笑话改编的，常说的笑话有《写信》《识白字》《呆女婿》《大年初一》《三和尚》《吃白食》等；最后是唱一段最拿手的戏曲、新闻等。这时，小热昏说唱艺术还出现了双档，如小如意的徒孙朱玲赛与妻子王玉琴便是夫妻双档。

小热昏第三代传人小如飞（俞笑飞）继承了杜宝林、小如意以来的小热昏艺术表演手法，擅长唱滑稽的九腔十八调。他唱的《杨老令公撞死李陵碑》《珠帘寨》《绍兴朱买臣》等在当时脍炙人口。其妻赵美英也善于唱滑稽京戏，与俞笑飞双档说唱小热昏，她在说唱时还别出心裁拉胡琴。夫妻搭档演唱于杭嘉湖和苏南各地。

抗战胜利之后，杭州小热昏著名艺人除了俞笑飞外，还有徐乐天、罗笑峰、陈锦林等。徐乐天功底深厚、技艺娴熟，擅长唱滑稽京戏，《朱买臣休妻》《张古董借妻》是他的拿手好戏，他与罗笑峰曾双档说唱小热昏。罗笑峰以说笑话见长，常说的笑话有《学官话》《花子招亲》《男女争大》《近视眼》等。20世纪40年代，小热昏艺人经常说唱的长篇，既有《火烧红莲寺》《顾鼎臣》《孟丽君》《八美图》《济公传》等古代题材的曲目，又有《啼笑姻缘》《黄慧如陆根荣》《枪毙阎瑞生》等新题材曲目。

④独脚戏（滑稽戏）

滑稽戏起源于杭州，形成和发祥于上海。它的前身是"独脚戏"（俗称"滑稽"）。独脚戏主要从小热昏脱胎发展而成，也受文明戏和相声的不少影响。一般由一至二人演出，也有三人以上的。表演上大致可分两种类型：一种以说笑话和学各地方言取胜；一种以学唱戏曲腔调、小曲、流行歌曲或自编曲调演唱滑稽故事为主，也有取化装演唱形式的。

1920年之前，杭州大利西菜馆招待员阿魏（艺名江笑笑）拜杜宝林为师。1923年，杜宝林带着他进入西湖大世界游艺场共和厅上二楼小舞台演出。小热昏第一次出现二人演出形式。由于师徒配合默契，吸引了大批观众，成为当时大世界里的一绝。后来江笑笑还参加了《大世界报》主编樊迪民组织的迪社文明新剧团，在正戏之前由江加演趣剧，如《学官话》《呆中福》《谁先死》《醉人之友》等。

江笑笑继承了杜宝林的说唱形式，他先和小热昏艺人刘哈哈合作，继与鲍乐乐搭档，江笑笑演出时尽管有助手，但主要还是由他一个人表演不同的角色，说不同的方言，唱不同的曲调，故而有"独脚戏"这个名称。在演出形式上做了较大改革，形成独脚戏的表演形式。江笑笑并创作、演出了一大批节目，成名之作有《火烧豆腐店》《近视眼比目力》《乾隆上山》《水果笑话》《乱说三国》等。后来相继出现了"滑稽三大家"，即杭州以"说"见长的江笑笑、苏州以"学"见长的王无能、上海以"唱"见长的刘春山等3人。

1929年，江笑笑与鲍乐乐、赵希希等离开杭州到上海永安公司天韵楼演出独脚戏，就此把独脚戏搬上了上海曲艺舞台。独脚戏进上海后有很大发展。江、鲍等人去上海后，在杭州演出独脚戏的艺人有徐笑林、黄笑侬、王一呆、朱一笑、徐乐天、施笑翁等。1938年，王一呆与胡九皋拼档，在大世界演出独脚戏。

从 20 世纪 30 年代开始，独脚戏这种新颖的表演形式在苏南、浙江、上海一带深受群众欢迎。尤其在上海更是风行一时，无论是各游艺场所，喜庆堂会以及各家电台，都有独脚戏节目出现。

抗战胜利后，杭州独脚戏艺术有了新发展，除王一呆与胡九皋独脚戏双档外，还有徐笑林、吴剑伟、黄春峰、萧扬、徐乐天、罗笑峰等也轮流演出于大世界。1949 年 5 月，由俞笑飞发起成立联艺剧团，在望湖楼茶园演出独脚戏。

1942 年，杭州的江笑笑、鲍乐乐在上海联络同行，组成第一个滑稽戏团体"笑笑剧团"。该团于龙门大戏院上演整本大戏《荒乎其唐》，这是由独脚戏发展为滑稽戏的第一个剧目。接着又陆续上演《火烧豆腐店》《祝枝山大闹明伦堂》《五颜六色》《老牌一年级》《一碗饭》等大型剧目，影响进一步扩大，各地滑稽剧团纷纷建立。20 世纪 40 年代后期，在杭州有俞笑飞、王一呆、萧扬、胡九皋等组织的联艺滑稽剧团，朝锡朋、张莉莉等组织的骆驼滑稽剧团。他们都拥有大批观众。杭州的滑稽演员，较有名的有赵阿福、筱如意、小如飞（俞笑飞）、小长根（程长发）、开口笑（赵文生）等。

滑稽戏演喜剧、闹剧、讽刺剧，讲究情节，以引人笑乐为艺术特色；表演幽默、诙谐、夸张。剧中人物，根据不同身份采用不同方言（用得较多的是上海、苏州、扬州、无锡、常州、常熟、浦东、广东、宁波、绍兴、杭州等地方言）；选用的唱腔，除上述各地的地方戏曲曲调外，还有经过改编加工的江南民间小曲。

⑤评话（俗称大书）

用杭州方言说表的评话，起源于南宋。南宋杭州的"说话"，主要是小说（有说有唱）和讲史（只说不唱）。讲史也称演史，后来改称评话，俗称大书。这种演出方式系一人说表，只说不唱，用扇子、手帕作道具，以醒木拍桌来加强气氛。有的重说表，擅长表现历史故事，描述细致入微，惟妙惟肖。有的重演装，擅长侠义小说，讲究口、眼、身、法、步、音容笑貌，活灵活现。

元代，杭州的讲史继承了南宋讲史的传统，逐渐成为杭州说唱艺术的主流。明代，杭州评话艺人把杭州评话扩展到杭、嘉、湖地区各个州县。当时最流行的杭州评话书目有：《济公》《岳传》《水浒》等。清道光二十八年（1848 年），评话艺人组织杭州评话社，进行评话艺术的交流和学习，形成了"王""谢"两大流派。王派的创始人王春乔擅长说表，以说《三国》著称，也擅长说《西汉》《东汉》《唐书》《宋八部》等。谢派的创始人谢万春，以表演取胜，擅长说《三国》《飞龙》《水浒》等。

1923 年，杭州评话社改名评话温古社，王春镛为社长。著名演员有王春镛、陈俊芳等。王春镛有"活关公"之称，陈俊芳说的"三国"也是被人称道的。此外还有评词普育社。主要演员有赵云麟等。两社的社员（说书艺人）共有140人。后来，普育社并到温古社里去。他们经常在茶店说书，拥有大量听众。

评话表演多在茶肆中。评话表演的形式很简单，通常只有一个演员，杭州人称之为"大书先生"，一般在茶室正前面，搭一个一尺多高的小木台，台上只放置一张方桌、一把椅子，"大书先生"登台说书，彼此很贴近，也没有什么顾忌，听书的自管喝茶，也可聊天，用一半心思去听或全然不顾。卖果品、香烟的，泡茶的，送热毛巾的，可以来回走动，也不招人厌。"大书先生"坐在椅子上说得眉飞色舞，他手中的折扇说文人时就成了笔，说剑客时就成了剑，说武将时就成了长枪、大刀，翻飞舞动形态逼真。说到开打时，"大书先生"还会站起来一撩长袍摆开架势，偶尔也会来一个"鹞子翻身"。说到紧要时或提请观众注意力时，会猛拍一下桌上的醒堂木，并提高嗓音。"大书先生"的这块醒堂木和古时县官老爷审堂拍的"醒堂木"有着同样的威慑作用，"啪！"一响，会使全场顿时安静，甚至鸦雀无声。这时往往是表演效果最佳的时候，观众会报以轻轻的笑声。评话的内容以历史故事、神仙灵怪、侠义公案为主。传统保留书目有《东汉》《三国》《杨家将》《说岳全传》《济公》等。一部书一般要说十几天或几十天，如一部《三国》每天说一回，"大书先生"把内容充分展开，加入许多生动的描绘，一回书可以说半天，说到紧要关头时，他就卖一个"关子"，把醒堂木一拍，说一声"要知后事如何，请听下回分解"。一撩长袍下台一走了之，给茶客们留下深深的悬念，到明天这些茶客们准会赶来听下去。这种文化娱乐形式极受平民百姓喜爱，茶楼也有了一批常客，在拱宸桥至卖鱼桥再沿河往下，众多的茶楼、茶园中，只要有"说大书"，来喝茶的人满满的。

1930 年，浙江省立民众教育馆成立改良说书委员会，举办说书人训练班，第一期 4 个月，学员 92 人，经测试合格为 84 人。第二期 2 个月，学员 79 人，经测试合格为 68 人。

当时，杭州评话界人才辈出，各有拿手书目。如王春镛的《岳传》、任栋祥的《东汉》、陈鉴春的《三国》、丁松樵的《飞龙传》、叶鸿声的《大明英烈传》、胡文熊的《隋唐》、林文元和秦少云的《水浒》、徐筱云和潘锡林的《济公》、戚芝麟的《大红袍》、童子祥的《七侠五义》、胡国良的《金台传》、苏瀛洲的《彭公案》、郭有堂的《封神榜》、李宝渊的《包公》等。其中王春镛、陈鉴春、童子祥、戚芝麟、苏瀛洲被誉为杭州评话界"四柱一栋梁"。

⑥南词（又称弹词，也称"小书"）

杭州南词又称弹词，也称"小书"。明末清初，杭州的陶真演变成杭州南词、苏州南词（即苏州弹词）、宁波四明南词、绍兴越郡南词（即绍兴平湖调）等多种南词。

杭州南词演唱时以三弦作为主要伴奏乐器，以扬琴作为辅助乐器。弹三弦的艺人坐中间，边唱边弹，称南词先生。坐在旁边打扬琴的只打不唱。主唱者多为男演员，自弹、自唱、自表，由一人起生、旦、净、丑不同角色。在演唱正书以前，先唱一段开篇（也称"滩头"）。开篇有《红楼梦》里的《葬花》《哭灵》，《王十朋》中的《见娘》，《珍珠塔》中的《赠塔》《哭塔》等。杭州南词的传统书目有《三笑姻缘》《白蛇传》《芭蕉扇》《十美图》《双珠凤》等。

清同治年间，杭州著名南词艺人张福和鸡毛陈六都擅长即景发挥，语言滑稽诙谐，妙趣横生。艺人倪开则擅长细腻刻画儿女之情。清光绪年间，杭州南词名家王云程唱腔圆润传神，表演细腻动人，擅唱《珍珠塔》，可以连唱3个多月，《珍珠塔》中有一折说陈小姐下楼台，竟说了三天还没有走完楼梯，这其中插入了多少动人的说唱，雅俗共赏，能牢牢吸引住听众。当时唱南词的著名艺人还有戴鼎、孟隆、许焕、莫培等。

杭州南词主要演出场所是唱堂会。遇中秋等传统节日，富贵人家都争着请南词艺人在晚上赏月时唱南词助兴。每年农历五月十九的仓桥元帅庙会上，还要举行规模盛大的文书老会（文书即南词的俗称），邀请杭州一些有声望的南词艺人参加演出。

民国后，俗尚热闹，而工此技者又不肯轻易传授于人，因而杭州南词开始衰落。抗战之后，只剩下金凤祥一位南词艺人。金凤祥擅说《三笑姻缘》等，长于细致入微地说表。金凤祥以后，杭州已没有南词传人。

⑦评词

评词，俗称小书，艺人行话称简册儿。评词起源于清同治年间，由杭州南词衍变而来。用杭州方言说唱、表白，以一人说、表、拉、唱为主。说表时以扇子、手帕作道具，唱时伴以胡琴，唱东乡调，七字句。

据清范祖述《杭州遗风》载：当时评词的演出形式，多在小茶肆中，一人高立台上，手执胡琴，自说自唱自拉。演唱正书前，一般先用平调唱一段"开篇"（俗称节诗儿）。艺人经常演唱的开篇有《韩信问卜》《八寿图》《元帅会》《江边老渔翁》《杭州轿民》《戏名开篇》《百鸟朝凤》等。

评词书目以文书为主，传统文书书目大都为深闺爱情、才子佳人，有《白蛇传》《青蛇传》《珍珠塔》《十美图》《粉妆楼》《双珠凤》《黄金印》《白鹤图》《双金花》等，也有一部分武书的传统书目，如《麒麟豹》《天宝图》等。一部书少则可说十五天，多则可达一个月。

杭州评词盛于光绪年间，当时誉满杭城的评词艺人有王锦台等。清末民初，评词有了很大的发展，艺人有一百多人，并在杭州扇子巷玉春楼茶室建立评词普育社。颇有影响的评词艺人有罗永祥、曹云祥、杨炳坤、王锦涛、杨云广、罗小祥、钱顺堂等。

这一时期，还出现了以戚玉堂、罗永祥、杨炳坤为代表的三大流派。戚派长于说表，剖析人物细腻动人；罗派以唱功取胜，音调委婉柔美；杨派精于表演，身段动作干净利落，大方而有风度。

⑧其他

除了以上的这些戏曲外，还要提到的是申滩、清音、唱春调和西湖景，在民国时期的杭州也颇为常见。

在松木场河滨里，每年春香上市时，停满了从苏州、松江等地来杭烧香的客船。松木场的茶店老板为了香客们的娱乐，特地向松江、上海等地请来演唱申滩的艺人，每晚在茶店里作男女两人的调唱。常演唱的剧目有《庵堂相会》《陆雅臣》《顾鼎臣》等苏、松一带流行的民间故事。因为词句通俗，乡土色彩浓厚，故为香客所喜爱。香市结束，艺人也都回去。

清音，杭州人叫堂名。《杭俗遗风》记述："堂名即清音班，多自姑苏来者，共有十余班，有万福、全福、增庆、增福、双寿、双桂、福寿、荣华、秀华等班。每班以十岁以上至十五六岁之儿童八人，一式装束，四季衣服，均皆华丽，吹弹歌唱，各句戏文，昆腔居多，近今亦会唱徽调，敲打十番锣鼓，闹龙舟等锣鼓。"这些班都由两三个成年人当管事和大件锣鼓吹奏，其余是十多岁的少年组成一班。这些少年都为贫苦市民的子弟，借此糊口。他们演唱徽调、京剧、昆曲，专为婚丧喜庆人家坐唱。最大的班金玉堂，到中华人民共和国成立前才停业。

清末民初，堂名极盛，不论婚丧喜庆，开张店铺，都请堂名演唱，以凑热闹。到1937年，清音有8家，职工人数有50人。① 民国时以金玉堂、鸿秀堂、鸿寿堂、秀华堂等最有名。办婚丧喜庆的人家事先向清音班订期并付款，届时清音班派杂工挑来两大箱及长条凳，箱内盛乐器衣服外，有活动装拆雕花金漆木板，可搭成方形小室，四面悬挂排段玻璃灯，室内置两张方桌，两边列长凳，桌上放乐器。清音班到后，先换衣服，戴垂须折帽，穿平金衫，形如京剧的跑

---

① 杭州市各业家数资本总数及职工人数统计表［Z］. 杭州市政府十周年纪念特刊. 杭州市政府秘书处，1937："调查统计"．

龙套，衣帽颜色一律，喜庆用红色、紫色，丧事用黑白绿色。开始先整队上堂递手本，是一张堂名单帖，然后分列两边用笛、小皮鼓、镗锣等小乐器演奏，并由领队二人至中堂行礼，称为参堂。退至所搭小室列坐后，遇有宾客来临，即须吹奏乐器。设宴时须奏乐并唱京剧、徽调、昆腔、乱弹。遇庆寿及结婚后新人向长辈见礼，做三朝、五朝、满月，清音班须及时到场分列两旁奏乐。还有一种堂名，可以在婚丧时抬着上街，和其他乐队一起吹拉弹奏，伴随婚丧行列。新中国成立后这些清音班全部停业。

唱春调也叫"孟姜女调""四季调"。大都一人拉胡琴，一女孩唱，除茶楼酒肆卖唱外，亦有在街头巷尾，夏令纳凉时演唱。孟姜女调，常为十二叠，按十二个月顺序，每月一叠；也可按四季分为四叠。每叠七言四句，除第三句外，均押平声。所唱有《孟姜女十二月花名》《梁祝十二月花名》《赵五娘四季调》等。

西湖景又称"西洋景""拉洋片"。在清康熙年间，因康熙南巡，到杭州御题"西湖十景"。有艺人即利用西湖十景画片，挂在箱子里，箱子前留几个大孔，每孔装一个凸面镜，人从镜子里看画，可以放大好几倍；看完一片，拉去一片又看第二片。艺人还在画箱旁，挂着皮鼓、铜锣之类，一边拉牵绳索敲打锣鼓，一边唱着"瞧，西湖景致六吊桥，一枝杨柳一株桃……"以招徕观众。后来，也有用西洋画片粘凑而成，所以又称"西洋景"。

（3）杂技的俗与乐①

杂技在汉代称为"百戏"，隋唐时叫"散乐"，唐宋以后为了区别于其他歌舞、杂剧，才称为杂技。杂技是杭州古老的艺术形式之一，带有一定的惊险与刺激，杂技是一种很好的供人欣赏放松的娱乐节目。杂技艺术中的很多节目是生活技能和劳动技术、武术技巧的提炼和艺术化。

宋代以前，杭州就有百戏杂艺的演出。在南宋时期就已相当繁荣。南宋建都杭州后，百戏这种表演艺术逐步分化，杂技作为独立表演形式开始出现。据《武林旧事》所载，南宋时百戏乐舞表演行当有 55 项，上档次的专门艺人有 44 人，其中一半属于杂技节目和杂技演员。当时，瓦舍勾栏是杂技表演的主要场所。艺人们以专业行当建社，有神鬼社、马社、角抵社、台阁社、齐云社、锦标社、律华社、云扣社（撮弄）等。这些社的规模不等，少的一二十人，多的几百人。演出的节目新奇丰富，形式别致多样。一是厅堂百戏（宴乐百戏）。如

---

① 杨子华. 民国时期杭州杂技 [M] //周峰. 民国时期杭州. 杭州：浙江人民出版社，1997：430 – 440.

著名艺人赵喜表演的"杂手艺""祝寿进香仙人""永团圆""巧百戏"，卢逢春的"弄傀儡""踢架儿"，姚润的报弄戏法"寿果放生"等。二是宣赦仪式中表演杂技。每当皇城丽正门宣赦，即由艺人表演立金鸡竿，承应上竿抱金鸡，兼做百戏，如跟斗、踢拳、踏跷、上索、打交棍、脱索、索上担水、索上走装鬼神、舞判官、斫刀蛮牌、过刀门、过卷子等。三是村落百戏。艺人拖儿带女，在街坊桥巷表演杂手艺，如踢瓶、弄碗、踢磬、踢缸、弄花线、花鼓槌、踢笔墨、壁上睡、虚空挂香炉、弄花球儿、烧火、藏针、吃针、射弩等。四是广场百戏。内容有翻跟斗、舞狮子、爬竿、武术、幻术、惊险的格斗、马戏等表演。五是水上百戏。在西湖、钱塘江水面上表演水傀儡、水上烟火、龙舟竞渡等；还有登上画舫、游船作艺的，如投壶、花弹、蹴鞠、分茶、弄水、踏混木、教水族飞禽、走线、流星、水爆、风筝等。

元代，统治者对民间杂技活动严格控制，杂技艺人转而投身戏班，将杂技艺术融合在杂剧南戏中进行表演。明代清代，随着手工业和商业的发展，适合市民需要的杂技艺术重新盛行。据《西湖游览志》记载，清明时节，杭州西湖边苏堤一带，"走索、骠骑、飞线、抛球、踢木、撒沙、吞刀、吐水、跃圈、跟斗、舞盘及诸色禽虫之戏，纷然丛集"。每逢农历三月三，杭州佑圣观庙内的爬竿表演尤为引人，艺人在三丈长的高竿上耍练，有鹞子翻身、金鸡独立、钟馗抹额、玉兔捣药等。清光绪《杭州府志》载："三月初三日，有绿竿之戏，竿高数十尺，徒手直上，据竿顶盘旋，以腹贴竿，四肢投空，忽自掷下，捷若猿猱。观者骇然。"

这类杂技活动，在民国年间仍流行，杭州街头巷尾、空阔地带常有杂技演出。尤其是龙翔桥小菜场前之空地，有卖武、变戏法、卖西洋镜者，一般穷苦闲人，多于此取乐。①

①杂技

民国时期，杭州的杂技在继承古代杂技艺术的基础上，又有新的发展。

民国时期杭州的杂技团多由家童或家族成员组成，它以一家一户或家族为主，有时适当邀请客师，以补不足。20世纪30年代至40年代，杭州经常演出的杂技班有十多个，主要有大中华、双胜、中华、共和、民生、中国、天影、金成、吉庆、刘少山、洪福等杂技班、马戏杂技团或马戏团。这些家庭杂技班或杂技团有的具有一定规模，如大中华杂技班有四十多人，以王根生为主，包括其子王一敏，女儿王秀芳、王桂芳，以及女婿、徒弟等。

---

① 建设委员会调查浙江经济所．杭州经济调查（上）[Z]．1932：138.

　　杂技演出场所除大世界、盖世界等演技场、影剧院外，主要是在杭州的街头巷尾、空阔地带。往往是临时找一块较大的空地或广场上搭一座大篷帐，篷内围一块布幔，中央为表演区，四周可容纳四五百观众。篷内表演杂技、马戏、动物表演、木偶、魔术等各种杂艺。规模小的家庭杂技班，则常赶富贵人家的红白喜事，在厅堂庭院中表演"堂会"。至于街头卖艺，临场表演的"手技杂耍"，那就是最简单的了。杂技艺人多者三五人，少者一二人，画地为界，当场表演，演毕即转移别处。大街小巷都有他们的踪迹。经常表演的节目有"走钢丝"（走索）、"翻高台""流杆挂人""空中转人""顶碗""双上云梯""晃板""巧耍花缸""汽车过身""罗汉车""顶花坛""转碟""刀火门""千斤大力士""一马双骑""百步赶川"，以及各类小型魔术、古彩戏法、口技等。这类杂技班流动性大，每到一处演出三至五天。

　　民国时期著名杂技艺人田双亮最拿手的节目是"抖空钟"。空钟，又称空竹、响簧，有双轴、单轴之分，竹盒中空，有哨孔；旋转发声，越快越响。中柱腰细，便于缠绳抖动产生旋转。田双亮先在"盖世界"，后在"大世界"都表演过。他能"抖"出繁多复杂的花样来。有时甚至从观众席上随手取过一个瓷的茶壶或者茶杯盖，照样也能得心应手地表演出如抖、转、翻、跳等花样来。田双亮《抖空钟》的花样之繁多，动作之快捷，真叫人见了眼花缭乱。①

　　杂技表演者刘少山创新出一项杂技节目"顶玻璃梯"，非常叫座，1929 年刘少山与其弟刘少舫于杭州大世界共和厅演出。为了表演这个被称作"西洋杂技"的《顶玻璃梯》，刘少山还身穿大礼服，头戴大礼帽，手握司的克，口叼雪茄。就凭刘少山这副别致而大度的仪态，就足能把观众的注意力吸引过来了。当然更引人入胜的还在于刘少山的表演，他顶的第一二层玻璃上是中间放 1 只大杯子，四边放 4 只小杯子；第三层玻璃上中间放 1 盏大的煤油灯，四边放 4 盏小的煤油灯。这一套技巧动作的设计是很有特色的。所使用的道具都是危险之物，玻璃、杯子易碎，杯中的水易倒出，点着的灯中煤油易燃。所以刘少山每次表演这个节目总能引起观众的浓厚兴趣。

　　此外，刘少山还主演"小武术"，这个武术与杂技相结合的传统节目，由刘少山主演，助演者是其弟刘少舫、刘少昆、刘少仑等。表演时，这五位艺人井然有序变换着队形，它糅合了如"对手项""三空桥""大牌楼"等形体技巧。

　　比起"小武术"来，当时杭州的一些家庭杂技班都会表演的《大武术》，规模和气势就要大得多了。参加《大武术》表演的艺人一般有十多个，他们先

---

① 周峰. 民国时期杭州［M］. 杭州：浙江人民出版社，1997：430–433.

分后合，先个别后集体地表演了"翻筋斗""鱼跃跳""倒立""单撑肩"等显示了健美和力量的武术动作。结束时，十多位艺人叠起了一座罗汉，故"大武术"又称"叠罗汉"。

②马戏

民国时期杭州的杂技团（班）往往同时演马戏、魔术和口技。常演的马戏有"大跑马""驯象""驯狮""虎口铜钱""猢狲骑狗"等。

大跑马　这是杭州马戏的传统节目，明代就有表演"双燕绰水""二鬼争环""隔肚穿针""枯松倒挂""魁星踢斗""夜叉探海""四女呈妖"等的《大跑马》。民国时期杭州多家杂技班擅长表演该节目。表演《大跑马》的一般都是妙龄少女。出场时，由两位穿着彩衣的少女，骑着两匹骏马绕场奔驰数圈，然后在马上站起来，竖蜻蜓，翻筋斗，并在奔腾的马上纵身跳下来，又手握马尾飞身上马。在马背上表演如"单腰""倒立""燕子式""倒骑马"及"脱手站立"等惊险动作。特别是在《大跑马》中，骑在马背上的两个艺人忽然双脚夹住马鞍，双手倒挂，尽管这时马正在飞驰着，但是她们照样能用双手把预先插在地上的几十面小旗子全部拔起来。最后，观众中有人拿出铜钱来，堆成好几堆，艺人同样在飞马奔跑中，用倒挂的双手，一次性地把地上的几堆铜钱收起来。这就算是观众给马戏艺人的赏赐了。

驯象、驯狮　民国初年，湖滨花市路（现在的一公园）的"盖世界"游乐场内，设有一个占有五六间房间的动物园。动物园中有象、狮子、老虎、猴子、狗等动物。并由朱联奎领导的马戏班向观众表演"马戏"。朱联奎表演"驯象"，先把象带到一块宽阔的空地上，然后教象用鼻子吹喇叭、踢皮球等。而"驯狮"就不像"驯象"那样轻松了。在教狮子做一些如坐、立、跪、卧这一类基本动作之后，便教狮子张开嘴巴，艺人将自己的头伸进狮子嘴巴里。艺人将头伸进伸出，看过去犹如狮子把人头吐进吐出，观众观看时在心惊肉跳之余，往往会对艺人的胆略和技艺赞叹不已。

虎口铜钱　这是一个新奇而别致的节目。先让老虎张开血盆大口，接着艺人把20铜钱一串，一串一串放进老虎嘴里，一会儿再从老虎嘴里取出来。艺人以每一串4角钱的价格卖给观众。观众都争着买回去。据说从老虎嘴巴里取出来的一串铜钱挂在小孩子的头颈上，不仅可以压邪，而且连狗也不会咬。这当然纯粹是一种无稽之谈了。

猢狲骑狗　主要演员是一只小猢狲。它头戴一顶红顶帽，上身套着一件黄马褂，手里拿着一根马鞭子，骑在狗背上，以狗当马。神气十足地绕场巡回数圈。惹得观众，特别是小观众捧腹大笑。

③魔术

魔术是传统的古彩戏法，在南宋时称"撮弄"。至清末民初，杭州的城隍山和梅花碑一带，是民间艺人会集之地。特别是每年的新年，这两处的戏法更能吸引远近的观众，也更讲究规模和气派。

清末民初，由于隔壁戏的流行，魔术也相应地得到了发展。《杭俗遗风》上说："此（指隔壁戏）多与戏法连班而来者。"其实这种情况到民国之后，仍然保留着。说是表演隔壁戏，却都在中间穿插表演戏法。当时著名的隔壁戏艺人如李连生、章志升、田锡镛、王阿其等也都是名噪一时的魔术师。

民国时杭州魔术表演往往以富贵人家红白喜事的堂会为主。根据堂会规模的大小，戏法也分大套和小套；大套在地上变，小套在桌上变。常演的节目有"仙人采豆""大变金钱""桂圆变蛋""蛋变铜钱""九龙取水""湖蟹跨跳""滚灯""十二太保""空箱换人""大锯活人""瓶升三载（级）"等。

湖蟹（即爬虫）跨跳　这是1924年由章志升在杭州大世界表演的风靡一时的魔术节目。表演时，艺人先解开长衫，再从凳子上面跨过去、跨过来，向观众交代内中并无机关。然而在一瞬间，艺人便从身上变出一大盆湖蟹来，口中说道："这还是刚从西湖里捉来的。"蟹一见到光亮就往四面爬，弄得台上、台下都是蟹，观众帮助去捉，顿时全场哄动，气氛活跃。

九连灯、滚灯、火光冲天　这几个古彩戏法都与"火"密切相关。艺人用毯子一遮一披之间变出一盏灯的叫"单亮"，连续变出两盏灯的叫"双亮"，一口气变出九盏灯的就叫《九连灯》。王阿其表演的《滚灯》，出神入化，有很高的技巧。艺人先从自己身上变出一只大碗，碗中放着一支火势很旺的长蜡烛，只见艺人猫着腰，往条凳下钻过去。奇怪的是他手里捧着那只碗里的蜡烛，竟没有掉下来，火也没有熄灭。可谓技艺高矣。《火光冲天》是表演"火"的技巧的，令人神奇莫测的是：在艺人王阿其把毯子去掉，再把长衫脱掉，于是一盆火就变出来了。霎时间，只见台上火光冲天，火焰蹿起数尺高。

九龙取水　这是当时杭州著名魔术师田锡镛的看家戏法，是以"水"为技巧的幻术。艺人穿着长衫，拿着毯子就从毯子里面变出一碗水来，副手在旁边故意打诨说："你这是假的，水是预先放在毯子里的，不准你用毯子。"艺人甩掉毯子后，又在长衫里变出一碗水来。副手又说："你这是假的，水是预先放在长衫里的，不准你穿长衫。"艺人脱掉长衫后，又在布衫里变出一碗水来。在艺人脱去布衫后，又在小布衫里变出一碗水来；在艺人脱去小布衫赤膊之后，又在身上变出一碗水来，像这种"一不遮，二不盖，空手出彩"，真可谓古彩戏法中之一大绝招了。

**大变金钱**　大变金钱是把16个黑色的铜钱悉数变成黄色，再变成半数黄色半数黑色，最后变成15个黑色，中间一个花色。

**十二太保**　所谓"十二太保"，也就是变出12碗水来，最后一碗，非但碗特别大，碗里盛水，而且还有金鱼在水中游。魔术师李连生擅长表演这个传统节目。李连生表演的《十二太保》乃是《九龙取水》的进一步丰富和发展。艺人运用了古彩戏法中的"藏挟"幻术，但要把这么多碗水和金鱼藏起来，需要艺人很高明的腰上功夫和高超的技艺。

**大锯活人**　是著名魔术师李天影的一大杰作。魔术师自称有神通广大的"法术"，于是装模作样地施用"催眠术"，使旁边的一位女助演进入催眠状态。接下来就把她安放在两只大的雕花木箱上，再将木箱盖好。两个助演取过两把有柄的扁的锯子，分别把那位女助演的头与脚"锯开"。而且当场还流出鲜红的"血"来。观众正在惊魂未定之际，魔术师打开木箱，从里面走出了安然无恙、笑容可掬的女助演。此外，李天影还最擅长"空箱换人"的魔术。

**瓶升三戟**　"瓶升三戟"是"平升三级"的谐音。是李连生与其子李天影经常在喜庆堂会上表演的传统魔术，后来被其孙李小天所继承。李小天生长于魔术世家，祖父李连生和父亲李天影的不少精彩的魔术他都能表演，尤以表演这个《瓶升三戟》见长。他也运用"藏挟"之术，把藏在身上衣内的一个大约长57厘米的瓷瓶及插在瓶中的3支大约高87厘米的戟突然变了出来。这些都足以说明艺人藏法之巧妙，动作之敏捷，功夫之过硬。

后来杭州大世界共和厅还有一档表演魔术的节目是由张潮森领导的魔术组担任。经常表演的节目有《翻箱鸟笼》《三套筒》《五星飞牌》及《空箱换人》等。

2. 电影的出现和普及

清末民初，杭州开始出现电影，起初只在茶园戏馆、教会礼堂中有一些零星放映。前已述及，杭州的第一部电影，是1908年在拱宸桥阳春茶楼放映的。1908年5月17日至22日，《杭州白话报》连续刊登了大幅广告："拱宸桥新开阳春外国茶园，主人司点文生聘请英国美女跳舞大戏、天下第一活动电光影戏、最新发明电气留声机大戏，三班合演。""影片数百幅，日日更换，无美不搜，尤为有目共赏。""诸君届时务惠临。准期四月十日（阴历）起每夜开映，价目：包厢4角，正桌3角，起码1角，小孩1角。"① 这个广告吸引了成千上万的杭州人，所谓"上到江干，下到湖墅"，人们争相到拱宸桥一睹这个从未见过

---

① 杭州市电影志编纂委员会. 杭州电影志［M］. 杭州：杭州出版社，1997：41，43.

的新玩意儿，杭州人第一次在茶园里看到了无声电影。杭州也就是从那时起有了电影，杭州市民又多了一个休闲娱乐项目的选择。

1908—1920 年，杭州市还没有固定的放映单位，均由外国电影商人、基督教会或上海电影商人携无声放映机、影片来杭州假座茶楼、戏园、教会礼堂、宫庙游艺场等，进行不定期的流动放映。1921 年，杭州开始有了固定放映单位，到 1949 年前，绝大多数单位均以大戏院命名注册，其中部分单位专门或主要经营电影放映，是为专业电影院；一部分以演戏为主兼营电影，是为影剧院；少数以经营游艺、体育、旅馆为主兼营电影，是为对外俱乐部；还有少数由地方社团或民办的营业期不到半年的临时性电影院。

二十世纪二三十年代是杭州电影业初步发展的时期。1924 年夏，杭州城站旅馆屋顶茶室开设楼外楼露天电影场，这是杭州首家电影场。放映国产无声影片，设备简陋，场内除百余条长凳外，别无所有。只有一台放映机，映完一卷拷贝，必须间歇数分钟，才好接换下一卷拷贝片继续放映。当时国产影片初创不久，都是无声电影，拷贝质量较差，放映中途常常断片，但那时多数人还没有看过电影，所以依旧轰动一时。最初每晚只映一场，售票无限制，有票无座，拥挤不堪，后来增为每晚两场，仍因看白戏的人太多，动辄打架闹事，秩序无法维持。① 1924 年 11 月，杭州富阳各界在富阳镇天后宫组织了"电影大会"，播映《花旗交战》《龙宫盗宝》《白鸽救主》等节目，观众达六百余人次。

1925 年夏，杭州基督教青年会也开办露天电影场。礼拜堂的长靠椅搬到院子里，一块白布幕，两台小放映机放在露天，就算露天电影场了。因为两台放映机轮换放映，不用间歇，这与楼外楼露天电影场相比，已前进了一步。影片以美国出品为主，是杭州上映外国影片的开端。当时最引人喜爱的是卓别林、罗克主演的滑稽片，罗克的《球大王》，连映半个多月，每夜两场，场场客满。后来城站杭州影戏院和延龄路浙江大戏院先后开业，正式在室内放映电影，青年会露天电影场就停办了。②

此后杭州的电影院增长较快，放映也从室外转入室内，从无声到有声，有的戏院或兼放电影，或增辟电影院，或改为电影院，成为名副其实的影戏院。在随后出现的杭州影戏院、大世界游艺场、西湖共舞台、浙江大舞台、西湖大礼堂等皆仿照上海电影院式样，在室内装置放映设备，所有放映机、幕布、灯光、布帘、座椅、通风设备、安全设备等都较为完善，并开始放映有声电影，

---

① 周峰．民国时期杭州［M］．杭州：浙江人民出版社，1997：441．

② 周峰．民国时期杭州［M］．杭州：浙江人民出版社，1997：441．

主要有胡蝶、阮玲玉等主演的新式影片及少许外国影片。

民国时期杭州电影宣传采取了多种形式，有报刊广告、橱窗画廊、路牌海报、宣传画、说明书、幻灯片、电影评论、电影刊物以及举行首映式等。1921年以后，杭州电影业有了发展，《浙江商报》《东南日报》等报刊经常刊登电影广告。为了扩大影响，电影院开业和新片上映时，一般都组织首映活动。1935年1月18日，联华大戏院开业时，邀请著名电影明星阮玲玉揭幕，首映由她主演的《神女》。

在这些电影院中，不仅上映着中国自己拍摄的影片，还有大量外国影片。1912—1937年，杭州市大量放映的是中外娱乐片（其中外国片占60%）。20世纪30年代，杭州市上映一批进步国产影片，如《城市之夜》《狂流》《春蚕》《三个摩登女性》《渔光曲》《大路》《女儿经》《迷途的羔羊》《夜半歌声》《热血》等。另外，这一时期在杭州也上映了一些外国影片，其中主要是美国的影片。以1934年为例，杭州放映了94部外国影片，其中美国影片占89部；1935年，杭州放映的外国影片有119部，美国影片就占了112部。

根据1934年8月—1937年8月《东南日报》电影广告记载，市区放映的电影中有国产片311部，外国片259部。其中就有众多影片来自米高梅公司和华纳电影公司，可见当时的电影市场的繁荣。每每遇见大片上映，都座无虚席，影院方总要提醒买票客人提前到场。其中，系列影片特别风行。据《东南日报》广告记载，取材于美术家叶浅予漫画名作"王先生"而改编摄制的《王先生》《王先生的秘密》等8部系列国产片先后上映达90多天。《人猿泰山》《泰山情侣》等12部泰山系列片达70多天。①

除此之外，当时的杭州电影反映爱情与家庭生活的电影数量也有增多。《民国杭州日报》民国十六年六月十日星期五，第二张第六版，杭州影戏院刊登有这样的影讯："阴历五月初二日起连映三天，讽世歌舞爱情影片民新影片公司五次出品欧阳予倩主演杰作《挂名的夫妻》……哀情悲剧……解决真爱与贞操两大问题，可做时髦青年之当头棒喝。"这些电影深入民众的情感生活中，成为大众闲暇之余的调剂。②

抗日战争杭州沦陷时期，除上映抗战前上海拍的古装艳情影片外，大量是宣扬日本军国主义的影片。抗战胜利后，杭州市大量上映美国好莱坞影片和国产娱乐片；同时也上映上海昆仑等影业公司出品的《八千里路云和月》《一江春

① 杭州市电影志编纂委员会. 杭州电影志［M］. 杭州：杭州出版社，1997：157.
② 民国时期杭州新式娱乐活动［J］. 杭州民进，2012（3）.

水向东流》《万家灯火》《希望在人间》等进步国产影片。

但在民国时期杭州没有专门的影片发行机构，影片来源由放映单位与上海的中外影片发行公司或制片厂挂钩，签订供片契约。民国时期，杭州放映员的技术主要以"师傅带徒弟"的方式传授。1949 年前，放映机和胶片全靠进口，几家电影院使用的放映机都是外国制造的。民国时期，杭州的电影制片业也不发达，1925 年到 1935 年杭州曾先后集资筹建了第一影片股份公司、心明影片公司、友谊影片公司、西泠影片公司、月宫影片公司等，这些制片公司除了杭州心明影片公司拍成了无声故事片《小李子》外，其余制片公司多没有什么拍摄成果。①

3. 近代影戏院的出现

辛亥革命后，湖滨的旗营开辟了新市场；火车开进城里，羊市街改筑了马路；人口益发集中，商业更现繁荣。民间娱乐事业也跟着发展：从只供少数人欣赏的堂会，唱堂戏，一变而为公开登台表演。人们欣赏戏曲的载体就是戏台和戏馆。加上电影的出现，现代化的影戏院大量出现，扩张了杭州文化的娱乐功能。

民国以前至民国，杭州的戏台一般从属于绅商富家，茶楼、会馆、公所、庙堂之中。庙宇戏台除吴山庙宇戏台外，艮山门外麦庄庙，留下天曹庙、老东岳庙，江干上新庙，清泰门外甘王庙，湖墅土谷祠，市内佑圣观等也有庙台。明清时期以至民国，杭州辖县农村建造庙台、会馆或祠堂戏台，演戏之风甚盛。这些庙台一般适应家庭戏班演出。又如在 1874 年前，杭州的富春茶园就以演戏为业。同治十三年（1874 年）十一月初一日《申报》载文说："杭垣富春茶园连夜演戏，热闹异常，每晚座无虚席。"杭州最早的营业式戏馆是光绪二年（1876 年）产生的，它由戏子集资合建。

早在宋元之时虽已有戏曲艺人在酒楼、茶肆中做场，但至明清才开始在茶馆内专设戏台。久之，则茶馆和戏台合而为一。因为清代直至民国戏曲的繁荣，戏茶馆就开始逐渐适应形势的需要而产生并融入人们的日常生活。

清末民初，在运河拱宸桥一带就兴起的一批独具风韵的茶楼（园），卖茶兼演戏，并成为杭城戏院、电影院的雏形。1895 年杭州开埠后，拱宸桥辟为商埠。为了商界娱乐，在运河拱宸桥边出现了一些内建戏台的茶园，系茶室兼演出的场所。天仙茶园建立于 1894 年，茶园的正中为戏台，阔约 10 米，深约 12 米，高约 1.8 米；台前有两方柱，嵌有楹联，方柱中间装有铁横杠，是为了武生表

---

① 浙江省电影志［M］．北京：中国书籍出版社，1996：4－7.

演翻杠技艺用的。台上摆长方桌，左右各置一太师椅，桌有围，椅设披，均绸制绣花。台下中间为正厅，一排摆方桌6张，一桌6座，计坐36客；纵向4—5排，可容纳百多人。正厅中间是空井，作走道用；两旁隔房间，一间一个包厢，可坐10人。普通座男女不能合桌，唯包厢可与家眷同座。楼上都是包厢，为贵宾雅座。杭州的这种布局，实际上成为最初的戏院。当时的阳春茶园（大马路洋桥边）、天仙茶园（二马路中央）、荣华茶园（里马路）誉为杭州三大茶园。它们都以演戏（主要是京戏）为主兼卖茶，生意兴隆。以后又出现醒狮台茶楼、景仙茶园、丽春戏院和丹桂茶园。由于当时日本人在此"开埠"，为通商口岸，人流较集中，吸引了许多名伶来茶园、戏楼演出。如著名的京剧演员谭鑫培、刘鸿声、汪笑侬等，以及著名的山西（河北）梆子戏演员十三旦（侯俊山）等都曾在丹桂茶园演出过。当时杭州成立了一个"杭州坤角班"（坤角是旧时对演青衣、花旦等旦行角色之女演员的一种称谓，也称坤旦），也是在丹桂茶园首演的，一时被杭人视之时髦，称之为"髦儿班"。1912年浙江第一新剧模范团刚刚组建，便在拱墅区最早的戏馆——天仙茶园戏台演过《莲花河》《白良关》等戏。杭州戏茶馆呈现出繁华之象。

当时，运河边上的湖墅地区是杭州戏茶馆最集中的地方，大大小小的茶楼星罗棋布，从拱宸桥东西桥塊、登云桥、茶汤桥，到湖墅的吴家石桥、华光桥、江涨桥、卖鱼桥、宝庆桥、信义巷、大兜、茶亭庙、沟狮滩，米市巷的德胜桥、左家桥、潮王庙、大王庙，小河的老大关桥、小河直街、河膘上、明真宫等地都有不同规模的茶楼（馆、园），专供附近居民，农民、渔民早晚赶集闲空聊天，欣赏说书、卖唱，浓郁的茶香伴着民间文化艺术表演，呈现了一道奇特的充满乡土气息的风景线。另外，相比北方的大鼓和评书，这一带杭州的茶馆里更多的是南方的弹词，还有称为"说大书"的评话。

辛亥革命后，因城站、湖滨繁荣起来，拱宸桥市面因而萧条，那儿的戏茶馆才开始被冷落。民国年间，因为杭州的戏剧演出的繁荣及电影的出现，于是有些商人便筹资修建戏剧院和影院。近代意义的影剧院开始在杭州出现，戏曲又在这些地方充当了主角，成为人们欣赏戏曲的去处，并比从前有了更多的娱乐形式的选择。演出场所公共化。

从1911年至1937年，杭州的戏剧影院遍布全城。规模较大的有以下几个。

（1）城站第一舞台

杭州第一座现代化的剧场是1914年建成的城站第一舞台（后改为杭州影剧院），地址在今天的铁路工人文化宫区域内，这座剧场总面积2917平方米，主体为木结构，剧场门高达10米，中央的木穹顶用木龙骨组成，镶有装饰图案的木板。观众大厅呈马蹄形, 共三层, 设 1039 座, 有包厢。舞台台宽 11 米, 高 7 米, 两侧有圆柱, 并有转台。舞台为洋松地板, 顶部有照明光区。剧场共鸣效果好, 无音盲区。

该舞台以演出京戏为主, 也上演歌舞剧或话剧, 放映上海明星公司的影片。自舞台建成至 20 世纪 20 年代初, 一批著名京剧演员来此演出, 如谭鑫培、梅兰芳、马连良、尚小云、芙蓉草、姜妙香、王凤卿等。1926 年春, 城站杭州影戏院开业, 它是电影商人徐梦痕集股承租原城站第一舞台改建而成放映电影。电影首先在室内放映的就是这家杭州影戏院。徐梦痕与上海明星影片公司部分演员有私交, 事前到上海邀他们参加股份, 在排片方面得到明星公司的支持。他将原有房屋修理改装, 仿照上海电影院式样, 粉刷一新, 场内座椅与通风设备, 都比较完善, 专门放映国产片。开张第一部影片是明星公司出品、胡蝶主演的《姐妹花》, 日夜两场, 场场客满。随后放映的影片, 也是以明星公司出品较多, 这时还是无声电影。因房屋租赁问题, 1944 年底停业, 由房东收回改作演京戏和越剧的场所。

(2) 西湖凤舞台 (共舞台)

大约民国初年, 延龄路 (今延安路) 南段有一家开设最早的京戏院, 原名歌舞台, 后改名凤舞台, 1923 年改名西湖共舞台, 1927 年夏改名浙江影戏院。它坐东朝西, 是抗日战争前杭州最大的京剧场, 主要上演京戏, 兼演话剧、越剧及其他戏曲。戏院为中西合璧建筑, 外观华丽, 效西洋风格; 内壁典雅, 具民族色彩。观众厅有三层楼座, 楼下约有 2000 座位, 楼座两侧有包厢, 包厢间以木板隔开, 共有座位十余。舞台宽阔, 中有转台, 后台舒宽, 设备完善, 有系列单间, 供演员化装与休息。1914 年的《全浙公报》已刊登有月月红、常恒春主演的《杨乃武与小白菜》《恨海》等京剧广告。后又聘请 "髦儿戏" (女子京剧) 在此演出, 无论长须短髦, 都是旦角, 人称凤占舞台, 故将 "歌舞台" 改名 "凤舞台"。约 1923 年初, 改名西湖共舞台, 周信芳随之来此演出达五个月之久。同年 7 月又有夏月润、夏月珊兄弟率上海九亩地新舞台演员来此演出连台本戏《济公活佛》第 1—20 本, 以及时装戏《新茶花女》《谁是罪人》《阎瑞生》等, 更使京剧在杭州观众中得以普及。卖座历来尚好, 只因看白戏闹事的人太多, 虽然场场客满, 却天天亏本。在无可奈何中, 想改映电影, 与徐梦痕洽商合作办法, 由徐邀集新股, 增加资金, 改名为浙江大戏院, 与共舞台原有股份合作经营, 推举徐梦痕为经理, 就原有设备修理改装, 购置放映机, 于 1927 年夏开始营业。因为座位多, 地点适中, 在排片方面是一个优越条件, 各家影片公司摄制的影片, 都能供应上映。但看白戏问题不能解决, 实际收入仍旧不多。该院上映阮玲玉主演的《神女》及《恋爱与义务》时，每天 4 场，座无虚席，按照两千人座位及站立看客拥挤情况计算，每天至少可以售票 1 万张，但因看白戏的多，事实上每天最多只能售票 4000 张左右，有时甚至不到 3000 张。营业清淡时，每天仅百元左右，除去片方拆账及捐税等项，不能维持开支。因此共舞台原有股份全部退出，作为房东，只收房租，不管营业。另有商人王梦樵参加股份与徐梦痕合作经营，经过一番改进，营业大有起色。于是，又引起原有舞台股东的垂涎，累次表示收回自办。到 1931 年王梦樵因接办西湖大礼堂电影院，即行退股，徐梦痕相继退出，专办城站杭州影戏院。1929 年，浙江大戏院恢复京剧演出。1934 年为筹款赈灾，特聘梅兰芳、金少山在此演出。这是抗日战争前杭州最大的京剧场，杭州京剧票房常借此公演。1934 年 9 月浙江影戏院又改名为大光明戏院，由房东收回自办，有时演京剧，有时放映电影，到抗战爆发杭州沦陷后，房屋于 1942 年冬被日军纵火焚毁（即今安龄路大同汽车材料商店至清真饮食店一带背后）。

（3）盖世界游艺场

辛亥革命后，清军驻防营沿湖城墙被拆除，并筑湖滨路等马路，开辟新市场。于是商业中心便逐渐移向湖滨一带。在湖滨（今一公园附近）建起一个用竹篱笆围成的、可容纳 500 人的舞台，演出杂技、滑稽戏、话剧等。1917 年在原址改建成盖世界游艺场，这是民国初期杭州第一个游艺场。演出前以锣鼓闹场，观众闻声买票入场。开场时由滑稽演员杜宝林说唱一段"醒世谈笑"（即"小热昏"）。杜宝林演出后，由杂技艺人田双亮表演杂耍"拉地铃"（亦名"抖空竹"），最后由迪社新剧团演出文明戏《乾隆下江南》《杨乃武与小白菜》《卖艺成亲》等。后因营业情况好，又建二条走马楼，游艺场西楼专说杭州评话，东楼专唱杭州滩簧。西楼听众多为体力劳动者，被称为"短衫帮"；东楼听众多为知识阶层，被称为"长衫帮"。场内还有几个竹棚作为说唱、杂耍演出场地，颇具记载中南宋时的瓦舍勾栏之遗风。1920 年前后盖世界拆毁。

（4）西湖大世界游乐场

1922 年，杭州又建成一座大型游艺场，是由浙江军阀张载阳创办的西湖大世界游乐场，坐落在仁和路西端。"群众性""通俗性""娱乐性"是办这所游乐场的宗旨。所以取名"大世界游乐场"。起初只有共和厅和大舞台两个演出场及溜冰场（旱冰）一个。至 1935 年已扩建起三层楼房。这座砖木结构的三层楼，占地 7 亩有余，走廊四周环转，中间是露天场子，整体布局仿上海大世界修建，拥有大小剧场 8 个。其中，场西有可容纳千人的剧场一座，演京戏为主（1935 年秋改为东坡剧院），是杭州唯一的常年演出京戏的处所。另有以演绍兴女子文戏为主的中型剧场，以演扬州新戏、武林班为主的小型剧场，以及专演话剧的小舞台和小型昆剧场。此外还设立溜冰场、杂技场、弹子房、说书场、无声电影场（今西湖电影院）等，还有小卖部、茶摊、面馆等餐饮设施。"大世界游艺场"的整体布局是仿效"上海大世界"的格式修建的。开办之初，还自办《大世界报》。

新市场的大世界游艺场有比较完善的杂耍场，规模、设备可比上海大世界，"建筑堂皇伟大，布置曲折精致，游艺高尚名贵，座价舒适低廉"（内设平剧场、电影场、杭剧场、话剧场、绍剧场、合锦戏、共和厅群芳会唱、爱新社女子苏摊及戏法杂技等）。1926 年前后，大世界游艺场也增辟了电影场，初是露天放映，半年后扩充室内设备，日夜放映四场。杭州沦陷时，日寇将电影场划出，在平海街另辟大门，改名西湖映画剧场（即今西湖电影院），放映日伪影片，大世界又改为露天电影院。

大世界游乐场是近代杭州最大的综合性娱乐场所，也是真正面向群众的大众化的娱乐场所，"每日必告满座"①。首先，它门票低廉。那时候名京剧演员来杭演出，票价要卖到 5 块银元一张。大世界门票价格较低。全票 2 角，半票 1 角，下午进场，中途不检票、收票，可以接连看日夜两场，如此低廉的门票，普通老百姓能承受得了。收票制度又不太严，一般小孩可由大人带进去，有的小孩想看白戏，只要跟在大人后面，就可以混进去了。如此宽松的收票制度，大大培养了一批小戏迷。而且每晚过十时以后，大门洞开，可以让人们走进来看白戏。如此一来，每个剧场内都拥有大批观众，每天的观众约有数千人。演员在台上演出也就特别有劲了。其次，它形式多样，能满足各方面观众的审美情趣。戏剧、曲艺各取所好，京剧、越剧随意选择，观众还可去观杂技看魔术表演，上电影看场电影，到溜冰场去溜冰或看图片展览。直到夜半散场。观众完全可以根据个人的兴趣和爱好到自己喜欢的游乐场去寻找娱乐。再次，游乐场地宽广，设施齐全，服务意识较强。场内设有小卖部、茶摊、面馆（兼售酒、菜），一应俱全，不仅增加了收益，也真正方便了观众。② 钟毓龙在《说杭州》中说："其开张之初，每日游客万人以上。"之所以一直能延续在抗战胜利后还屹然不倒，"所以然者，其中不仅有京剧，又有髦儿戏、绍兴戏、杭剧、文明新戏，更有各种男女滩簧、双簧、花鼓调、书场、戏法等。形形色色，无所不赅，故能使人不倦。又有虎豹诸动物供人观看，但须另纳钱耳。尤便者，大门之内

---

① 建设委员会调查浙江经济所. 杭州经济调查（上）［Z］. 1932：138.
② 周峰. 民国时期杭州［M］. 杭州：浙江人民出版社，1997：460 - 463.

即为商场、茶坊、酒肆、面店、菜馆咸备。每日下午二时至六时为日班，过此至夜十二时为夜班。昔时门票人只两角，若六时不出，仍可作夜游，以是人益便之，人常拥挤"。

大世界的老板们在京剧上苦心经营，以京剧招徕观众。抗战前京剧缺乏剧本，曾由教育科和文教馆中几个喜爱京剧的人帮助他们编一本《玉簪恨》（剧本曾经出版，在剧场里发售，抗战以后完全绝迹）。还邀请了许多人帮助赏读剧本。还有一次为了宣传防空教育，以代他们编写了一本《凌云壮志》。同时大世界的话剧班自编了一出名叫《祸从天上来》的话剧。日本占据杭州期间曾一度改为赌场。抗战胜利后复业，但因时局动荡，民生凋敝，班社星散，营业萧条。中华人民共和国成立后改名为人民游艺场。

（5）西湖博览会大礼堂

浙江省政府因为要举办西湖博览会，1929 年 2 月，在里西湖建造大礼堂，即西湖博览会大礼堂，又名西湖大剧院，也是近代杭州主要影剧院之一。这座钢筋混凝土建筑坐落在里西湖乌石峰下，与放鹤亭隔湖相望。高 15 米，长 61 米，宽 36 米，建筑面积 2300 余平方米；礼堂分上下两层，楼上楼下有 1400 多个座位。它装饰华丽，音响设备、舞台灯光一流，设备相当完善。博览会期间就先后礼聘梅兰芳、粉菊花、郭玉蓉、潘艳霞、袁美云、凤凰旦、金碧莲、王艳蓉、盖叫天、刘汉培、李桂春等名重一时的南北京剧名伶来此演出，同时聘沪杭等地兰社票房、中华公票房、正谊社票房、歌雅集票房、重九票房、律和票房等来此表演。

博览会结束，剧院由省建设厅接收，不久由杭州电厂向省建设厅承租大礼堂房屋，开办杭州电厂用户娱乐电影院，以电厂用户为营业对象，凡装电灯的用户都可优待看电影，并有专车接送，为的是解决拖欠电费问题。当时电影票价多系每张小洋 2 角，该厂以用户娱乐名义，凭电费收据买票降低票价，招徕顾客。又因里西湖与市区相距较远，特与永华公共汽车公司联系，凡由市区前往看电影，用汽车接送，自湖滨至里西湖来回 1 角小洋，因而市区顾客无不称赞其服务周到。1930 年秋，电厂又将该电影院让给王梦樵接办。王梦樵自与徐梦痕合作经营延龄路大光明大戏院后，意见不甚融洽，因而独资接办电厂电影院，扩充为有声电影，改名西湖大礼堂电影场，1933 年 8 月开始放映有声电影，这就是杭州最早的有声电影院。最初放映外国有声影片，主要演出美国米高梅影片。后来国产片发展为有声影片，就上映国产片为多，取消电厂用户优待买票，但仍由永华公共汽车公司接送顾客。后因市区电影院发展，营业日渐清淡，1935 年 8 月停业。抗日战争爆发后，大礼堂房屋被日军拆毁。

（6）联华大戏院

20世纪30年代，上海部分电影界人士也想来杭开辟市场。1934年上海九星大戏院经理孙时厂等人多次来杭察看，认为杭州电影事业大有可为，即与上海联华影片公司董事张啸林及吴邦藩等人在延龄路龙翔桥筹设联华大戏院（今胜利剧院），并于1935年1月开业，内部设备有水汀、通风及安全设备，1170个沙发座椅，所有放映机、布帘、声光等设备，都可以压倒杭州同行，是20世纪30年代杭州市设备最完善的电影院。张啸林为董事长，孙时厂为总经理，王梦樵为经理。杭州沦陷后，1938年该戏院被日军强占改为东和剧场，1940年又改为中华大戏院，放映日伪影片。抗日战争胜利后，于1946年由杭州商人承租，改名为国际大戏院。

二十世纪三四十年代，杭州还先后新建、改建了一批剧场，有羊坝头的振兴国货商场戏院，庆春街的市东剧场，开元路的金门大戏院（今新中国剧院），三元坊的中央大戏院，下羊市街的"新兴剧院"；太平洋电影院对面的"中国大戏院"；福缘巷的城站大戏院（后铁路工人文化宫），江干的南星大戏院、之江剧院、中央镜记大戏院、兴业剧院，等等。它们多为简易剧场，砖木结构，主要用于越剧、绍剧等地方戏曲演出。

这些游乐场所门票从一角五分至三角，除了真正苦力外，各色人等均可前往游乐。当时电影的票价低廉，以适应老百姓的生活水平。1908年，英国商人首次在拱宸桥阳春茶园放映无声电影，包厢每票银元0.4元，正座0.3元，起码0.1元（小孩价同）。1929年之前，均为无声电影，票价根据影院大小、座次好差，略有上下，优厅成人每票在0.4—0.8元之间，正厅在0.2—0.4元之间，童票0.1—0.2元或减半。1930年2月起，上映有声电影，优厅0.3—0.62元，正厅0.1—0.41元。新市场的大世界游艺场"建筑堂皇伟大，布置曲折精致，游艺高尚名贵，座价舒适低廉"。新新娱乐场主要上演京剧及露天电影，来往两处皆可乘坐永华公司经营的公共汽车。浙江大舞台的京剧表演人气最旺，日夜两场，门票从一角一分到六角二分不等，场内茶水每壶一角，每到晚间，剧场内"繁丝肉竹，喧嚣聒耳，国事兴亡浑不管，满城争说叫天儿"。①

但当时电影的票价为了适应当时百姓的生活水平，比较低廉，利润不高。而且电影业的发展也较艰辛。

首先，看白戏现象严重，始终无法解决。其时社会秩序混乱，军人、流氓看白戏滋事屡有发生。有时客满，实际售票不过六七成座，验票人员动辄挨打。

---

① 张光剑. 杭州市指南［M］. 杭州：杭州市指南编辑社，1935：364.

抗战胜利后，西湖电影院有一个姓韩的职工被打成重伤。东南电影院多次被数百军人冲入追打验票人员。美琪电影院上映《出水芙蓉》时有军人用墨水将银幕毁坏，大光明大戏院门前霓虹灯被伤兵击破。当时驻在杭州的第十二军官总队、军校三分校及各种名目的部队，共有军人两万人左右，再加驻在法院路的伤兵千余人，这些官兵经常在各家娱乐场所横冲直撞、寻衅闹事。

其次，各机关、权贵无偿借用场地。单以国际大戏院而论，国防部长来杭，要借用会场开欢迎会；宪兵第七团团长结婚，要借场地举行游艺会；十二军官总队、杭州市政府、省保安司令部等机关不时假借开会及举行游艺会等名义，强迫无偿借用场地，每次借用须停止营业，不但蒙受营业损失，而且造成片方不良印象，影响排片。

杭州市教育局与国民党市党部曾合并设置电影院审查组，凡来杭影片，无论有无中央电影检查处所发的准印执照，必须一律检查，方可上映。因此各电影院在换片之前，单独放映一场，供电影审查组派员审查，还要酒食招待，否则百般刁难。

为此，电影业中普遍存在作弊行为。电影院租映影片多半采用拆账方式，以各半对拆为多，也有四五比五五或四六拆账的，看影片的质量优劣决定。影片卖座特强的甚至是倒四六拆账的，即片方拆六成，院方拆四成。娱乐、营业税等各项捐税也是随票计征，如果房屋另有业主，房租也是按票拆算，因而售票收入实际不过百分之二十左右。因为看白戏的多，担心收入不够维持开支，往往在营业上有意作弊，独得全部票款。当时作弊的方法主要有以下三种：

①白票：发售未经税局验印的无号码的白票，收入另行记账，按期平分，据说早期电影院完全依靠这种舞弊行为而获取盈利。

②回笼票：验票人员将撕角作废，在入场观众较多的时候，用废票调下全张标票又送到票房再度出售，一张票卖两次钱，这个方法，成为影剧院逃税生财之道。后来影片商出租影片，往往派员监督拆账，税局也不时派员抽查，因而无法作弊。

③利用包场不必发票而独得全部收入。不过当时包场的不多。①

4. 现代歌场和舞厅

除了近代的戏院、影院外，民国杭州还出现了近代的歌场和舞场。杭城较著名的歌场有西湖歌场（延安路）、金国歌场（平海街）、望湖楼歌场（湖滨路）等。歌场是集合一批青年女子在场歌唱。由顾客随便指名点唱，唱者也常

---

① 周峰. 民国时期杭州 [M]. 杭州：浙江人民出版社，1997：447－449.

向熟识的听者要求点唱，歌女有时也伴舞助兴。点唱是要花钱的，歌者唱后到点唱者的桌上去敬敬茶，陪坐一会儿，或从此开始交际。舞场有"久隆"（教仁街今邮电路）、"中美咖啡馆"（西湖饭店内）、"凤凰"（井亭桥），此外还有中国酒家舞场、西湖酒家舞场、西园歌舞场等。歌场有时也可跳舞，歌女可以伴舞。舞场有专为客人伴舞的舞女，也可自己带舞伴去跳舞。抗战胜利后，国民党初期许可跳舞，后来禁止。①

　　5. 专门群众文化机构的建立

　　值得一提的是，民国时期杭城还出现了专门的群众文化机构，如民众教育馆、改良茶园等。民国以前，没有专门的群众文化机构，群众文化活动寓于茶园、庙会、传统节日之中。民国时期，专门的群众文化机构开始出现，和电影的出现一样，都在一定程度上反映了群众文化娱乐生活的深化和发展，休闲空间的拓展。

　　民众教育馆以办了民众学校为首任，开展识字运动、公民活动、职业活动、康乐活动，辅导工作。康乐活动就是要开展业余运动、游艺比赛、同乐会、戏剧研究、书画展览、郊游等娱乐活动。民众教育馆有琴、棋、乒乓球、京戏等。"含社会教育实施者，可以不花一文之费，而得相当娱乐机会。"② 位于民权路的省党部主办的民众俱乐部，内有国术、台球、音乐、表演等；新市场的省立民众教育馆，经常有各种游艺活动举行；青年路的基督教青年会里，阅报室、弹子房、台球室、健身房、网球场等一应俱全，对教内外青年一律开放，颇受当时青年之欢迎。

　　1929 年 9 月，由省立公众体育场（附设通俗教育馆及通俗讲演所）改组成立浙江省立民众教育馆，址设湖滨（今湖滨一公园）。其任务为"实施民众教育兼备各市县民众教育馆之辅导"。馆内设体育、演讲、图书、娱乐、推广、事务 6 部，并附设民众学校、民众茶园等，分别负责组织群众性的书报阅览、体育竞赛、文艺演出、讲演会、民校、识字班、壁报和刊物编辑等活动。省立民众教育馆茶园于例假外每日下午一时半至五时，晚上七时至九时（五月至八月下午延长至六时，晚上改为七时半至八时半）为开放时间，开放时间均以摇铃为号。每壶铜元五枚，不取小费。③

---

①　赵晨. 解放前杭州的民间娱乐事业［M］// 政协杭州市委员会、文史资料研究委员会. 杭州文史资料（第六辑）. 杭州：浙江人民出版社，1985.
②　张光剑. 杭州市指南［M］. 杭州：杭州市指南编辑社，1935：364.
③　浙江省立民众教育馆茶园规约［J］. 浙江民众教育，1933（10）：114.

　　1931 年 1 月，市立通俗图书馆、巡回通俗图书库、植物园、体育场等 4 单位合并成立杭州市立第一民众教育馆，址设笕桥。3 月，开办市立第二民教馆于彭埠。6 月，开办市立第三民教馆于茅家埠。9 月，开办第四民教馆于沈塘湾。1934 年 2 月，开办市立第五民教馆于清泰门外。同时，各馆在辖区内均设有两个以上分部。民教馆内设文字、智能、康乐三个部门，还设有植物园、通俗图书室、简易体育场、巡回文库、民众学校、民众剧团及改良茶园等。

　　1929—1931 年，萧山、余杭、杭县（分设良渚、塘栖 2 所）、新登、富阳、临安、於潜、昌化、分水、桐庐、建德、寿昌、遂安、淳安等县设立民众教育馆，均由原通俗图书馆、通俗讲演所和运动场等机构合并改组而成，一般设识字教育、辅导、图书、体育、讲演、民众茶园等部门。抗战前夕，桐庐的窄溪、横村，分水的合村等地，还建立基层民教馆。

　　抗战期间，县立各馆几经颠沛，大多仍坚持工作。萧山、桐庐、淳安、临安等县民教馆，在中共地下党影响下，附设流动施教团，以救亡活动为主要内容，组织救亡剧社、抗战歌咏队积极宣传抗日救国。1946 年后，各县民教馆因设备简陋，主要从事图书借阅和民众茶园。至 1948 年，因经费短缺，桐庐、分水等馆一度裁撤，其余各馆也只能办理书报阅览业务。1941 年元旦，在建德蕙英女校旧址（今梅城幼儿园）成立浙江省立严州民众教育馆，负责辅导建德、桐庐、分水、寿昌、淳安、遂安等 6 个县立民教馆。1942 年建德沦陷，该馆迁至淳安。1946 年 8 月，迁回建德南周庙。①

　　1928 年起还创办民众学校，当时称平民夜校。后改称公民识字学校，最后定名为民众学校。学校以实施识字教育为核心，积极辅导开展识字运动。1935 年，限令各小学附设民校，后又设中心民校，担任辅导其他民校之责任。至 1936 年，有中心民校 3 所（分设上、中、下城），市立民校 11 所，分校 2 所。1939—1940 年，市民教馆办有 10 校，除由市民教馆附设一校外，其余均设于市立各小学内。②

　　民国时期，杭州市的民众教育馆，民众学校的群众文化机构开展图书、阅报、运动、娱乐、问字、演讲、代笔、壁报等项活动，这些群众文化机构担负了提供市民业余娱乐的重要功能。1931 年，市立民众教育馆联合省立民众教育馆开展民众业余体育运动会，300 多位民众参加了这个运动会。③

　　①　任振泰. 杭州市志（第 7 卷）［M］. 北京：中华书局，1999：317 - 318.
　　②　任振泰. 杭州市志（第 7 卷）［M］. 北京：中华书局，1999：318.
　　③　顾彭年. 四年来之杭州市市政［J］. 市政月刊，1931，4（8）：14.

　　杭州市政府为推广民众教育起见，就市区内原有茶馆改组为民众茶园，为民众提供一个健康的休闲放松之所。1931年前，杭州市政府在西湖区设立改良茶园一所；此后，会堡区也设立一所，由附近小学校长兼管。茶园中设有讲演台，有通俗报纸、棋子、说书、民众教育标语及问字处，各园设职工2人，卖茶另有商人承办。1932年起，市政府又对杭州600多家茶馆进行改良，每一茶馆设一讲座，由各讲演团前往演讲。是年，改良茶园和茶馆均改称民众茶园，专设主任办理。1932年12月制定《杭州市市立民众茶园暂行规程》，规定民众茶园园内活动有"通俗讲义、时事报告、改良说书、阅读书报、问字代笔、音乐游艺、卫生顾问、保婴讲演、职业指导、物品展览及其他"；园外活动有"协助自治、提倡合作、鼓励运动、改良风俗、健康比赛、壁报图书、巡回讲演、植树治虫及其他"。①

　　至1934年，杭州茶园已发展到618家。迨民众教育馆成立，民众茶园即分属所在区民教馆管辖。其中改良茶园中的西湖区改良茶园、江干区改良茶园和会堡区改良茶园，在1931年2月至7月间，共有109433人来以上茶园娱乐休闲。其中茶客有66450人，阅览书报有19121人，娱乐休闲的民众有13759人，演讲听书和问字的有10148人。② 据1931年7月调查，杭州市各种游艺演员人数达416人。其中旧剧和说书人数最多，分别是181人和107人。通俗讲演听讲的人数从1927年到1930年间增长较快，从最初的6280人增加到63910人。③

　　民国时期，对群众文化机构的管理，主要体现为市立民众教育馆以办民众学校为首任，同时开展图书阅览、演讲、娱乐、问字、代笔、壁报等项活动。当然，这些群众文化机构还担负了提供市民休闲娱乐的重要功能，也成为文化休闲空间的一部分。

### 五、近代运动休闲空间：体育场和游泳池

　　除了影戏院为主的文化娱乐空间的拓展外，运动场娱乐空间的建设也随之兴盛。体育设施、体育场所在承担体育比赛功能的同时，还充分利用其巨大的室内建筑空间，兼具社交商务、健身娱乐、信息交流等功能。正如周象贤市长所说："建筑江滨浴场、玉泉游泳池及儿童体育场，倡导业余运动。"④ "运动场

---

① 杭州市市立民众茶园暂行规程 [J]. 杭州市政季刊，1933年，1（1）：25.
② 杭州市各改良茶园来园民众统计表 [J]. 市政月刊，1931，4（12）.
③ 杭州市各种游艺演员人数统计表，杭州市通俗讲演历年听讲人数统计表 [J]. 市政月刊，1931，4（8）：37.
④ 杭州市政府秘书处. 杭州市政府十周纪念特刊 [Z]. 1937：2.

或体育场，系供青年市民闲暇时运动与消遣之用。其中各项球场与各种运动用品，尚能置备得宜，使全市俱有合度的运动，则人民之体格日趋强健，是运动场对于城市社会之价值实匪浅鲜。"① 民国年间杭城体育活动的不断举办，"目的在于唤醒民众注重体育，休闲健身"②。

西风东渐，文化变迁，民国时期的杭州，伴随西方文化传入的现代体育逐步发展，被人们接受和仿行，参加体育运动和观看体育比赛逐渐成为城市民众的一项休闲娱乐活动。至20世纪30年代学校体育、民间体育、运动竞赛等各有发展，已基本形成体系，因而推动近代运动休闲空间的建设和休闲健身的兴起。

（一）近代体育项目的出现和推行

20世纪初，西方竞技体育由欧洲传入我国，后经上海、宁波等沿海城市传入杭州，大部分项目主要在学校开展。至20世纪20年代，逐步由学校向社会发展，城市向农村推广。20世纪30年代，民众体育发展势头良好。

1. 田径

晚清时，田径运动由欧美经宁波传入杭州，先在外国人办的教会学校及基督教青年会开展。1906年9月17日在杭州举行浙江省联合运动会，有徒手竞走二百码、徒手竞走四百码等项目。当时，在浙江官立两级师范学堂、蕙兰中学开设的体操课上，均将竞走和赛跑列为课程内容。在1916年举行的全省中等学校第一次联合运动会上，田径项目有：赛跑（自400码至2000码）、远距离赛跑（10里至20里）、替换赛跑、障碍赛跑、障碍竞走、掷铁球、撑竿跳高、跳高、跳远等。此后，田径运动在杭州的大中学校普遍开展起来。1929年，国民政府公布《中小学体育课程暂行标准》，将田径列为体育课授课和学校课外活动的主要内容。20世纪30年代，学校体育竞赛中的田径项目有：100米、200米、400米、1500米、400米接力、急行跳远、急行跳高、三级跳远、撑竿跳高、铁饼、八磅绳球。

1937年5月8日至9日，宁沪苏杭各大学在杭州举行田径友谊赛。在弘道女中举行的春季运动会上，参赛队打破女子甲100米、乙100米、甲50米三项市纪录。

2. 游泳

清末，作为竞技体育的游泳运动，逐渐在杭州开展。1897年，浙江武备学堂将游泳列为选修课。1912年，之江大学建立游泳池。1931年，民国第二届省运动会首次将游泳列为比赛项目，在这次运动会上杭州市的冯法坤一人独得50

---

① 丁明. 市公共娱乐行政［J］. 市政月刊，1930，3（5）：6.

② 参加杭州市民众部男女竞走［J］. 浙江省立杭州高级中学校刊，1934（112）：771.

码、100 码及 200 码自由泳三项冠军。其后浙江大学、杭高、中央航校也建造了游泳池。1933 年 5 月在省第三届运动会上，杭州市孙梦魁一人独得 50 米自由泳、200 米俯泳、400 米自由泳冠军。这次运动会还开始设女子游泳项目，所设二项冠军均为杭州朱国俊获得。同年 8 月，杭州市长风游泳队参加在上海长江口举行的 3000 米渡海赛，杭州俞宝鉴获得第二名。9 月，长风队与上海中青年队进行横渡钱塘江比赛，杭州丁乃行获得第四名。1935 年再次与上海中青年队比赛，杭州俞宝鉴获得冠军。

1937 年 5 月省第五届运动会上，杭州男队获得游泳 4 个项目的冠军，女子两项游泳冠军也为杭州钱清明所得。抗日战争开始后，游泳竞赛基本停顿。

3. 体操

1896 年，浙江武备学堂规定兵式操、普通体操、重器操为必修课程。1903 年清政府倡办新学后，浙江高等学堂、钱塘县小学堂、仁和县小学堂、杭州府中学堂均设有体操课程。1905 年，清政府颁布《奏定学校章程》，规定从小学到大学均需设置体操课。为解决体操教师奇缺的困难，浙江官立两级师范学堂增设体操专修课，专事培养体操师资。1912 年，浙江体育学校开办，为培养体操课师资，编辑出版《各个体操演习教程》《普遍连续体操讲义》等教学用书。此后，体操在杭州的中小学中逐渐开展。安定中学在操场上设置单杠、木马。20 世纪 30 年代始，一些中学将器械操列入学生课外活动内容，徒手操成为中小学校体育课的重要内容。

4. 排球

辛亥革命后的杭州，在杭城学校中开展了各种球类游戏，经过多年的传播和开展，至 20 世纪 30 年代球类运动逐渐被城市民众接受。

杭州排球运动首起于民国初年，在之江大学、蕙兰中学、弘道中学等教会学校及浙江体专相继开展。当时杭州还流行过低网排球。1930 年，全国第四届运动会将排球列为竞赛项目。在同年举行的省第一届运动会上，之江大学队获得男子冠军，杭高队获得女子冠军。在第二届省运动会上，国立艺专、省立女中分别获得男女冠军。此后一些中学将排球列为课外活动内容。在第四届省运动会上，除男子民众组第一名为嘉兴地区夺得外，杭州市获得其余各组冠军。在第五届省运动会上，男女各队的第一名均为杭州市所得。在第六届省运动会上，杭州市夺得除男子高中组外的所有各组的冠军。抗战胜利后，排球运动在杭州各学校陆续开展起来。浙江大学、盐务中学、国立艺专等都成立校排球队，各大中学校之间经常开展排球比赛。

5. 足球

　　辛亥革命前后，足球运动开始在杭州出现。先在之江大学、蕙兰中学等教会学校中由外籍人士教授，沪杭铁路修建后，在铁路职工中传授。20 世纪 20 年代初，铁路上海车站组织足球队来杭州比赛，观者数千人。1925 年前后，足球运动已在杭州大中小学校普遍开展，成为课外活动的重要内容。1933 年，杭州安定中学参加足球和小皮球活动的占全校学生的 60% 以上，还成立天真、旭光等足球队，经常与蕙兰中学、盐务中学的足球队进行比赛。当时因限于场地，校际比赛只能在公众体育场举行。20 世纪 30 年代后，随着篮球、乒乓球等运动逐步开展，参加足球运动的人日渐减少。民国时期的六届省运会，都设有足球比赛。1930 年，浙江省第一届运动会召开，之江大学队以绝对优势夺得足球比赛第一名。次年，冠军又落入浙江大学工学院之手。1933 年，第三届省运动会分区举行，杭州市足球队获得所在一区第一名。此后第四、五两届省运动会足球赛分民众组、大专组、高中组和初中组进行，除一次初中组冠军为湖州队所得外，其余各组冠军均为杭州市所得。

　　6. 乒乓球

　　20 世纪 20 年代乒乓球运动从上海传入杭州。初时仅限于少数外籍职员与教会人员，在杭州基督教青年会和蕙兰中学各有一张球桌。20 世纪 20 年代后期，一些中学逐步开展，很快成为学生课外活动的重要内容。1931 年，杭州安定中学有 39% 的学生选择乒乓球运动作为自己课余活动的项目。杭州基督教青年会也经常开展乒乓球运动，人员主要是学生和青年工人、学徒、店员。

　　7. 篮球

　　篮球源自美国，1901 年传入我国北平、上海、天津等地。清末传入杭城。在篮球运动的传播展开过程中，杭州基督教青年会起了很大的推动作用。青年会体育部还将篮球作为教学内容教授。民国初年，篮球陆续在杭州各大中学校展开。

　　1911 年，在下马坡巷美国传教士房子前的空地上，竖起杭州最早的篮球架。1912 年，浙江体育专门学校创办以后，篮球在校内流行。1919 年 1 月，湖滨公众体育场建起杭州第一个正规篮球场。当时的篮球活动多属表演性质。

　　1921 年以后，篮球由表演转向竞赛。中等学校及青年会相继建立球场，为杭城的篮球运动的发展铺平了道路，并逐渐由学校推向民众，由城市推向农村。之江大学、蕙兰中学等学校都在校内建起篮球场。有的学校还将篮球列入学校的体育课内容。1922 年夏天，以浙江体育专门学校学生为主成立"A"字篮球队（后改名为一字队、西湖队、飞马队，挂靠公众体育场），是杭州第一支正规篮球队。1923 年夏，第一次篮球比赛在湖滨公众体育场举行，参加者有之江大学队、蕙兰中学队、西湖队（即一字队）等七个队，比赛结果西湖队夺得冠军。此后杭州大中学校纷纷修建篮球场，成立篮球队。如"浙大""之江""航校""穆兴""惠兴"等篮球队纷纷组建。据省立第一中学（今杭州高中）校史记载：1923—1928年间，有篮球场5个，还有1个室内篮球场。

1924年，杭州一字队代表浙江省参加在武昌举行的第三届全国运动会。1930年3月，浙江省第一届运动会将篮球列为正式比赛项目，有26个男子队和8个女子队参加比赛。比赛结果，杭州市的省立杭高女子队获得女子第一名。此后，在1933年、1935年、1937年举行的全省运动会篮球比赛中，男女各组冠军均被杭州市代表队夺得。在这一时期，杭州民间还自发成立篮球队，较为著名的有飞马队、交通队、钱塘江队，其中以飞马队实力最强，1937年曾以5分的优势击败国立体专队。1948年，省第六届运动会在杭州举行，有77个篮球队参加比赛，除初中男子组冠军为嘉兴中学队获得外，其余各组均被杭州市获得。

此外，羽毛球、网球在民国时期的杭州都开展过，但活动人数较少，并不普遍，场地也是屈指可数。另外，在清末，学堂就设兵操课，除队列操外，还有射击练习。因子弹奇缺，一般只是瞄准练习。20世纪30年代初，在黄龙洞附近成立浙江省杭州市骑射会，训练项目除骑马外主要是射击，以公务人员自愿参加为原则，以强身健体。

（二）民众体育运动的兴起

群众体育即社会体育，在20世纪30年代称民众体育。它涉及社会各个阶层，有职工体育、农村体育、学校体育、老年人体育、残疾人体育等。

西方近代体育的引入和开展，因是新鲜事物，自然引起社会各界的关注，尤其是举办运动会，由于规模大、参加人数多，对于社会的震动和民众的影响极为深刻，推动了民众体育运动的兴起。20世纪30年代，杭州民众体育发展势头良好。官办和民办的体育赛事日渐频繁，在当时还形成许多年轻人开始从这项那项"冠军"头衔而非从前的几品官衔得以乐趣的现象①。

1923年，杭州市举行了由六七支民众业余队参加的篮球比赛。1930年3月，在杭州举行浙江省第一届运动会，杭州和宁波两市首次组织民众体育代表队参赛。同年4月，杭州还成功地承办了民国第四届全国运动会，这促进了杭州体育场馆建设和竞技体育的发展，对于扩大体育休闲的社会影响起了莫大的作用。

---

① 李杭育. 老杭州：湖上人间［M］. 南京：江苏美术出版社，2000：204.

自民国以来，已开过三届"全运会"，但这三届全运会所有的组织、裁判等工作，大多由外国人担任，国内体育界和爱国人士对此早有意见。1929 年 4 月，国民政府决定 1930 年 4 月在杭州举办"民国第四届全国运动会"。1929 年 9 月，"第四届全运会筹备处"在马坡巷"省自治专校"门口挂牌。运动场址选定梅登高桥东面的原清军大营盘基地，面积约 150 亩。建成田径场、足球场、排球场、网球场各 1 个，游泳比赛场地借用之江大学游泳池。1930 年 4 月 1 日，民国"第四届全运会"在杭州隆重开幕，与会者有 14 省、市及华侨代表队共 22 个，1707 人（男 1209，女 498），规模远超过前三届。国民党政要人物蒋中正、邵元冲、吴稚晖、宋子文、杨杏佛、朱家骅等出席开幕式。中央政府主席蒋中正做了即席讲话。开幕式后林森、何应钦、陈果夫、蔡元培、蒋梦麟、于右任等也先后到会参观和讲话。蔡元培说："运动有两种意义，一在人类身体健康，一是人类竞争状况。"为期一周（4 月 1 日至 10 日）的民国第四届全运会，一扫前三届全运会上那种洋人到处颐指气使、国人深感屈辱的情况，裁判等工作全由国人井然有序地进行，开得热烈和圆满。

此外，随着机构和运动场所逐渐设立并日渐增多，也出现了较大规模的群众体育活动。1919 年，杭州湖滨一公园开辟了浙江省近代最早的浙江省公众运动场，为杭州市民参加体育活动创造了有利条件。1928 年浙江公众运动场改组成立省立民众教育馆，担负着提倡国民体育的任务，它对于杭州民众体育的发展起到了很大的推动作用。1929 年浙江省国术馆在杭州成立。1931 年，浙江省立体育场成立，开辟公共体育场，并举办各种类型的运动会。1946 年，浙江省立体育场举办的各种活动就有 142 项。20 世纪 30 年代，杭州市民众部发起全市男女竞走大比赛，目的在于唤醒民众注重体育，休闲健身。[1] 因而在 20 世纪 30 年代杭州掀起市竞走运动热潮。1934 年 4 月，市立第二中学二分部（位于岳湖畔）95 名女学生倡议举行全校女生环湖竞走。此后杭州各校田径队、游泳队、台球队也纷纷效仿。1935 年 6 月，上海私立上海中学田径队一行 20 人，来杭做友谊赛后，也专门环湖长跑一圈。此后，省民众教育馆与省体育场也连续举行全市机关、学校的环湖长跑。

浙江省立民众教育馆及杭州市第一、二、四民众教育馆以提倡国民体育为任务，它们还积极地提倡和推广民间体育。1932 年春，浙江省民众教育馆首次举办西湖自划船比赛，分一人一桨（湖上船户）、二人二桨（普通市民男、女）共 3 个组别，从湖滨民众教育馆附近码头（今一公园码头）出发，绕湖心亭一

---

① 参加杭州市民众部男女竞走 [J]. 浙江省立杭州高级中学校刊，1934（112）：771.

周后返回。此后，省体育场、市基督教青年会、市童子军总部等单位，也纷纷举办不同阶层市民参加的西湖自划船比赛。

至 1947 年 11 月，经常到省体育场锻炼身体的民众有 214142 人次，并举行篮球、排球、足球、网球、自行车、越野跑、国术、游泳、划船、爬山、拔河等大型体育竞赛 28 项。①

民国时期，杭州职工体育、伤残人体育都获得发展。杭州职工体育开展较早的是一些与外国接触较多的单位，如铁路局、盐务管理局、海关、银行、教会学校等。最初开展的项目主要有网球、足球、篮球等。民国时期，省市民众教育馆、基督教青年会曾组织各行业职工篮球、排球、网球、乒乓球比赛，但这类活动主要在高级职员阶层中开展，大多数工人因困于生计无力问津。1949年以前，吴山南麓的私立吴山聋哑学校经常组织学生参加棋类、跳绳、踢毽子等活动。

在建设公共休闲体育设施，促进杭州市民进行体育活动上，杭州市基督教青年会做出了巨大的贡献。1914 年杭州基督教青年会成立，内设体育部，以介绍与推动杭州的现代竞技体育为己任，开展一些大型体育活动，举办运动会。1919 年，基督教青年会在青年路会所建造一处正规篮球场。1922 年，在青年路西、迎紫路南、国货街北建成一座健身房。这是杭州市第一座室内运动场，场内可进行篮球、排球、网球等运动。1924 年，又建成三处正规网球场，一处国术训练场，并设有专职管理人员和业务指导员。抗战爆发后，青年会会所被日本宪兵队占为队部，健身房被用作马厩，体育活动完全停止。抗战胜利后，杭州基督教青年会于 1946 年 10 月复会。青年会体育部组织各界青年开展篮球、网球、乒乓球、台球、体操等活动。当时，省国术馆已经停办，其他各处的武术教练场也多涣散，唯有青年会的国术场仍请白振东、牛春明等名师坚持教习。1947 年至 1948 年，青年会连续组织全市各界职工进行篮球、乒乓球联谊赛，还邀请上海网球名将侯家琼等来杭做表演比赛。1949 年元月，组织全市各界男女青年篮球赛。

总之，民国时期，杭州的民众体育有了初步的发展，参与的阶层广泛，杭城一些民众自发性地参加跑步、打球、练拳和游泳等活动。当然我们也应该看到，从数量上看，多数民众由于生活的不富足，仍然很少参与日常的体育休闲。在农村，流行民间传统体育，至于西方现代体育，农民参与者凤毛麟角。

（三）近代运动休闲空间和设施的发展

在古代，开展民间体育大多没有固定的体育场地。20 世纪初，随着西方现

---

① 《浙江省体育志》编纂委员会. 浙江省体育志 [M]. 北京：方志出版社，2003：99.

代体育的逐步开展，杭州陆续建设了一批体育场地。1906 年，杭州体育会对金衙庄浙江武备学堂的操演场稍加改建，用作田径比赛场地，供杭州体育会会员操练之用。这是杭州市最早用于现代体育竞赛的场地。1911 年，下马坡巷拐角处美国传教士的住所前（今杭州第七中学操场附近）设有篮球场。

1912 年，蕙兰中学在校内建成大型运动场。1922 年，建成灯光健身房。20 世纪 20 年代后期至 30 年代，浙江大学、之江大学、中央航校、杭州高级中学、弘道女中、安定中学等陆续建成各类体育场地，供本校学生使用。据省立第一中学（今杭州高中）校史记载：1923—1928 年间，有篮球场 5 个，还有 1 个室内球场。

1919 年，杭州基督教青年会在其会所建成 2 处篮球场、2 处网球场和 1 处健身房，向社会开放，常人满为患。

1919 年，在湖滨路、南山路交接处湖滨一公园开辟了浙江省近代最早的浙江省公众运动场，场内有小型足球场 1 处（兼作田径场），跳高跳远合用的沙坑 1 个，篮球场、排球场、网球场各 1 处，总占地 2.87 公顷。这是杭州第一所设施较全的公众体育场，为杭州市民参加体育活动创造了有利条件。1928 年浙江公众运动场改组成立省立民众教育馆，担负着提倡国民体育的任务，它对于杭州民众体育的发展起到了很大的推动作用。

1929 年浙江省国术馆在杭州成立。1929 年，为迎接第四届全国运动会在杭州召开，在梅东高桥东侧建成一座有 400 米跑道标准田径场 1 个、足球场 1 个、网球场 1 个、棒球场 1 个、排球场 1 个，并建有可容纳 1.2 万人的木制看台的大型体育场，作为第四届全运会的主体育场。1930 年，全国运动会闭幕后由省教育厅接管。不久命名为国立杭州运动场。1931 年 12 月，移交给浙江省，改名浙江省立体育场。此后场地设备不断增建添置，计有足球场 2 个、篮球场 3 个（男 2 女 1）、排球场 2 个、棒球场 1 个、网球场 5 个、田径场 1 个、器械运动场地 1 个（内分成人、儿童、幼儿 3 个部）、滑冰场 1 个、举重运动房 1 个，另有办公室、会议室、运动员休息室、更衣室、体格检查室、乒乓室等。球类、器械的设置也较完备。1936 年冬，场内又建健身房 1 个。

除了省体育场内设有滑冰场，1934 年，市基督教青年会建立一座小型"溜冰场"。1937 年，中央航校在笕桥建立一座"溜冰场"。

1931 年，在梅东高桥省立体育场儿童游戏部内建立一座长 20 米、宽 15 米、深 50—80 厘米的儿童游泳场。1933 年，省立体育场与杭州市政府联合在涌金门旧水城门外湖边水域建成一处简易西湖游泳场。1934 年，省立体育场在西湖区徐村钱塘江边建立一处简易游泳场。1937 年，市政府在玉泉建立一座长 50 米、宽 25 米的玉泉游泳池。此外，还有江滨浴场。

西湖游泳池，为减少游泳者的负担，除了提供长期券外还特别出台了团体游泳券优待办法。团体游泳券比长期游泳券少收票价的 1/4（每券大洋一元五角）。对于不会游泳的人来说也没有关系，游泳池内还组织了免费游泳培训班，每个星期的一三五由教练授课，二四六由初学者自由学习。① 这样的训练方式不仅时间安排合理，还有利于初学者的自我学习和改进。除了有成人的游泳馆外，杭州市西湖游泳池还新增了儿童游泳池，游泳池深三尺到三尺半，规定只有八岁以上的儿童才能在家长的陪同下练习游泳。不仅考虑了儿童的休闲，更保证了儿童的安全。

"城市中之儿童，亦应当以相当之游戏处所，否则沿街嬉笑，或谩骂殴打，养成游惰恶劣习惯，国家并受其害，是儿童游戏场之设置，亦成都市中重要问题。"② 因而，民国杭州市政府于南城脚建立杭州市立儿童游戏场一处。前来游戏运动的人不仅包括儿童，还有成人、学生、业余运动者和军警等。根据 1930 年第二学期的调查统计，仅半年时间，就有总计 134800 人次来到游戏场运动休闲。其中，基本每个月的游玩人数都在 25000 人次左右。③

1929 年，由舒新城拍摄的大型摄影图册《西湖百景》出版发行，这 100 张风景照中，有与全民健身有关的，大多以登山来体现。比如"葛岭""初阳台""栖霞岭""北高峰""吴山""云居山""南高峰""云栖竹径"。还值得一提的是"公园运动场"一景，图中说明辞是："在滨湖路之南端，地位广阔，风景宜人，内设各种运动场，市民之游戏于此者，终日不绝。"这一景由上下两幅照片组成。上面一幅比较模糊，下面看得出是滑滑梯，比较高大，隐约可见还有大人也参与其中，人头攒动。可见，当时休闲健身之风，在杭州已经较为流行。

这些体育设施的建立，既是健身锻炼的场所，也为市民体育休闲提供了场所，拓展了运动休闲空间，并对扩大体育休闲的社会影响起了很大的作用。这些现代体育设施的建造和体育休闲的兴起，实际上是近代以来"体育救国"思潮的实践，尽管这一目的没有达到，但这些措施却在客观上促进了市民休闲生活的变迁。体育休闲活动的引入和开展，不仅丰富了市民的娱乐生活，更促进了城市生活方式向现代化的转变。

### 六、休闲品牌的建设：滨水休闲带和西湖博览会

民国时期的杭州，不仅在休闲项目和设施的数量、体量上步入现代化，并

---

① 本场西湖游泳池开放［J］.浙江体育月刊，1935，2（11）：100 – 104.
② 丁明.市公共娱乐行政［J］.市政月刊，1930，3（5）：6.
③ 杭州市立儿童游戏场逐月运动人数统计表［J］.市政月刊，1931，4（12）.

开始关注城市和城市休闲文化品牌的建设。民国时期杭州政府极力打造西湖风景区及西湖滨水休闲带、西湖博览会，不仅使当时的休闲空间更具有现代性，而且使之成为杭州休闲的金名片，也成为杭州城市的招牌。

（一）西湖风景区及西湖滨水休闲带

自古以来，杭州一直都是以西湖为人们所熟知，游人对杭州的印象也都是湖光山色之美。杭州"所赖以号召者，不过西湖风景而已"①。杭州休闲品牌的树立，便首当西湖风景区。

民国杭州市政府自建立后就加大了对西湖风景区的建设力度，并就西湖沿边发展起湖滨公园之类的滨水休闲带。当时有识之士普遍认为："西湖的种种设施管理，都与市政有密切的关系。我们要把杭州市当作一个游览市，西湖的景色，当然要靠市政当局来设计号召不可了。"② 杭州市政府为此进行了一系列的工程：增辟湖区公园、拓建新的景点、修缮名胜古迹、完成西湖周边造林计划、疏浚湖区、禁止营葬等。这些建设和治理，不仅使西湖景观文化内涵更丰富，西湖形象更美化，而且也逐渐形成了西湖滨水休闲带，更便利居民和游客的休闲旅游。

1927 年杭州市政府成立后不久，就着手对湖滨公园进行整顿改建，规划苑路花坛，栽植芝草花木，在沿湖一面，改造铁链水泥栏杆，装置电灯，添置椅凳。1929 年，又开始在圣塘路附近，辟地 20 亩，开辟湖滨第六公园，加筑亭榭、花棚、饮食店、厕所等。公园之外，还建设运动场、游泳池、儿童游戏场、图书馆和展览馆等休闲娱乐设施，加上发展商业，西湖形成集商业、娱乐、游憩等功能为一体的综合空间。

西湖风景区的名胜古迹众多，对这些历史悠久的名胜进行修缮保护是杭州市工程部门的重要工作之一。对于名胜古迹的修护，市工务局遵循"在可能范围内，大致以保留原有形式的原则，以求率真"的修缮方针③，从 1927 至 1936 年的十年间，修理或改建了花港观鱼、平湖秋月、湖心亭、三潭印月、放鹤亭、双峰插云、巢居阁、数峰阁、先烈寺、竹素园、岳庙、曲院风荷、镇海楼、镇东楼、梅花碑、康庄、六和塔、保俶塔、苏小小墓、武松墓、冯小青墓、陶烈士墓、徐烈士墓、浙军故光金陵阵亡将士墓等著名古迹和景点。并对岳王庙、灵隐寺、

① 张光剑. 杭州市指南 [M]. 杭州：杭州市指南编辑社，1935：14.
② 唐季清. 杭州市之前瞻与后望 [J]. 道路月刊，1936，51（第 2 号）.
③ 陈曾植. 十年来之工务 [Z]//杭州市档案馆. 民国时期杭州市政府档案史料汇编. 1990：86.

钱王祠、保俶塔、六和塔、于谦祠、福星观、秋雪庵等寺庙道观进行了修缮。

杭州市"营葬坟墓，向无地域之限制，故一出城区，触目者尽属累累墓冢，耗失土地，损坏风景，莫甚于此"①。特别是在"西湖环湖一带，坟墓累累，除少数有保存的价值外，大半为私人所有"②。对杭州市容尤其是西湖风景区的形象影响极大。1929 年 4 月，杭州市政府为整顿西湖风景，保护旅游资源，在西湖名胜景点 150 米以内禁止营葬。这一强制性措施使西湖风景区沿线的市容风貌有明显改观。

为了保护西湖景区的美观不被破坏，还制定了一系列有关管理条例，体现了现代的管理理念。如《杭州市工务局取缔建筑暂行章程》《杭州市取缔西湖建筑规则》《杭州市建筑规则》《杭州市广告取缔规则》《杭州市广告管理规则》等等。尤其是 1928 年 10 月，浙江省政府会议通过的《杭州市取缔西湖建筑规则》。规定如有遮蔽名胜或风景者，禁止建筑；沿湖及临湖山上建筑物之高度以不遮蔽名胜或风景为限，其外表装饰应采取东方式风景式或西方建筑如 Bunga-low 及 Dalifonia 等式，务须注意美的方面，沿湖及临湖山上之旧有建筑物，应及时粉刷整齐，其有碍风景者，工务局得酌量情形指令业主修改之，沿湖建筑应设备窨缸粪池，不得将任何污水流入湖内等等。③

由于现代化的管理和现代化设施的引入，历史名胜的修缮和景点的拓建，西湖风景区和滨水休闲带的建设脱颖而出，形象日益鲜明，"公私园墅祠墓，陆续添新，建筑多参欧制，要而言之，西湖今又面目焕然矣"④。正如时人唐应晨所言："近年来，不但居民日增，游人蚁集，即欧美各国人士，慕名而来的，每年达万人以上，外人曾把它当作东方的日内瓦湖看待。因之，杭州的地位，更蒸蒸而日上。"⑤ 西湖风景区成为一个集旅游观光、休闲消遣、购物、娱乐于一体的滨水休闲带，也促使杭州旅游城市的形象凸显。

还值得关注的是，对西湖风景品牌形象的宣传。它不仅活跃在各种旅游指南的介绍里、旅游广告的文案中，文人墨客的笔下，绘画、摄影和工艺美术的作品里，更是直观地展现在更加生动、立体、真实的视觉媒介上。民国时期有关杭州的电影对西湖风景区起到了广泛的宣传作用，《好兄弟》（1923）、《空谷

---

① 陈曾植.十年来之工务［Z］//杭州市档案馆.民国时期杭州市政府档案史料汇编.1990：87.
② 唐季清.杭州市之前瞻与后望［J］.道路月刊，1936，51（第 2 号）.
③ 杭州市取缔西湖建筑规则［Z］.浙江省政府公报，1928（423）：1-2.
④ 白云居士.游杭快览［M］.杭州：浙江正楷印书局，1936：16.
⑤ 唐应晨.杭州市政的鸟瞰［J］.市政评论，1936，4（8）.

兰》（1925）、《湖边春梦》（1927）、《桃花泣血记》（1931）、《母性之光》（1933）、《马路天使》（1937）、《船家女》（1939）等作品都把西湖风景摄入镜头，"在《船家女》中，镜头从湖边两位老者议论所谓废娼运动的虚伪性开始，用一个长达 1 分 15 秒的摇移镜头，再现西子湖的美景：绿荫蔽日的大树，波光潋滟的水色，飘然游弋的船只，岸边作画的艺人，都被再现得使人有置身其中之感"①。这是一种很好的品牌宣传，传播受众更为广泛，传播效果更佳。借助于这些媒介，西湖的传播广泛而深远，被大众所了解和向往，西湖也就成了杭州城市的金名片。从这也可以看出，民国时期，休闲娱乐传播具有开放性、时代性、商业性、多元性，传播机制市场化。

（二）西湖博览会

在政府的极力促成下，1929 年 6 月—10 月举办了杭州西湖博览会。西湖博览会不仅是近代中国大型会展之先河，而且也是杭州市政府继西湖风景区后推出的又一休闲文化品牌，极大地推动了杭州旅游的发展，更是极大地提高了杭州休闲旅游的知名度。当时的中国并没有举办过如此大规模的博览会，因此无论其规模还是取得的效益都是空前的。不仅促进了经济实业，还促进了文化交流和人们的休闲生活的改善，宣传了杭州的休闲城市的氛围。第一届西湖博览会共有八个场馆。借用了昭庆寺、苏白二公祠、西湖公园博物馆、平湖秋月和西泠印社等场地。共耗资十三万三千九百六十八元，收入十三万八千四百元。②场馆主要集中在孤山和西湖周边，这样的场馆分布使人们在参观博览会的同时，可以辗转流连于各个景点。时人王宪煦的《西湖博览会之鸟瞰》中就写道：例如吾人前往参观。由大门向西，经断桥沿白沙堤而至唐庄及平湖秋月，系属革命纪念馆之范围。向北而前，为孤山路，其地名胜如王电轮庄、林社、放鹤亭及徐公祠等，皆为博物馆之所借用。出博物馆后，折向至照胆台、三贤祠、陆宣公祠等处，艺术馆在焉。稍前为农业馆，所借用之建筑有忠烈祠、文澜阁及公园。再前曰教育馆，旧为图书馆徐潮祠、启贤祠及朱公祠等处。与教育馆相毗连者，为卫生馆，举凡西泠印社、广化寺、俞楼及杜寓等建筑，皆入其范围。……范围之大，可想见矣。③为增进参观人员的兴趣，在会场内外还附设各项丰富精呈的游艺娱乐项目：有影剧类，包括京剧、新剧、电影、歌舞等；有技术类，包括国技、魔术、口技等；有评话类，包括滩簧、说书等；有音乐类，

① 卫小林.论沈西苓的电影语言艺术［J］.当代电影，1993（5）：39.
② 浙建厅拟办西湖博览会［Z］.江西建设公报，1928，2（9）.
③ 王宪煦.西湖博览会之鸟瞰［J］.商业月报，1929，9（8）.

包括中西乐和军乐等；有文艺类；有焰火类；有新式游艺，包括飞船木马、跳舞、滚球、掷圈、打靶、活动影戏等；有水上游艺类，包括游泳、龙舟等；还有其他游艺。① 西湖博览会不仅展品丰富，而且建筑宏伟，构思新颖，活动的举办也颇为匠心，成为近代中国博览会的高峰。它在提倡国货的同时引进游艺内容，将名园古刹、水墅山庄与展览会有机结合起来，融旅游、展览、游艺于一体，与历史上著名的1893年的"芝加哥博览会"、1900年的"巴黎博览会"和1927年的"费城博览会"并称为国际性庆典，成为杭州标志性事件。

西湖博览会除经济效益外，最大的作用便是从政府的高度宣传了杭州的旅游形象。西湖博览会还在组织筹备中就积极宣传杭州，出版各种宣传刊物，发行西湖博览会纪念明信片，联络社会各界尤其是新闻媒体进行广泛宣传。此外，重金征集博览会会歌、广泛征集展品，发售有奖游券等形式也都是对杭州的广泛传播。

南京中央大学教授吴瞿安作西湖博览会会歌，其词曰：

熏风吹暖水云乡。货殖尽登场。南金东箭西湖宝，齐点缀锦绣钱塘。喧动六桥车马，欣看万里梯航。

明湖此夕发华光。人物果丰穰。吴山还我中原地，同消受桂子荷香。奏遍鱼龙曼衍，原来根本农桑。

西湖博览会还举行隆重的开幕式，开幕的第一天，各省市代表与来宾数百人，观众便达十万余人，整个博览会期间，参观游览的人数达1761万余人。展出期间，有上海梅花歌舞团来杭演出，其时歌舞为时尚之物。闭幕前夕，特邀上海名伶梅兰芳、金少山来杭，于里西湖大礼堂演出《霸王别姬》，作为压轴之戏。规模巨大的观光游览民众极大地推动了杭州交通、旅馆、饭店、剧院等各种休闲娱乐设施的发展，促进了杭州城市的建设，更吸引着国人和世界的目光，进一步扩大了杭州城市的知名度，成为杭州的又一"金名片"。

---

① 西湖博览会附设游艺规则［J］. 河南建设月刊，1928，1（10）.

# 第三章　催化：传统娱乐场所的现代变迁

在现代休闲空间不断开拓的同时，传统休闲空间也出现了革故鼎新，体量变大，规模变大，设施和管理走向现代化。酒肆茶楼的繁荣、色情场所的现代化治理、游湖朝山的娱乐维度扩张，景观空间的扩容及旅游业的诞生都见证这些传统空间的现代化进程。关于旅游方面的内容，将另辟一章进行讲述。

## 一、酒肆茶馆的繁荣

酒肆茶馆是杭州传统的城市休闲空间，市民在这一空间内进行各类社会活动与交流，而自城市公园出现后，一定程度上分了酒肆茶馆的社会价值，但这一空间并未减弱传统酒肆茶馆的影响，传统酒肆茶馆这一城市休闲空间在新型公共空间出现后仍得以继续发展，并获得更广阔的发展空间，走向现代化。现代化的休闲空间与传统的酒肆茶馆相互融合、互为补充。

### （一）茶和茶馆

杭州茶馆一直是杭州休闲空间中一道亮丽的风景线，泡茶馆反映出的是一种平和的人生态度。杭州的茶馆历史悠久。杭州素有"茶叶之都"美誉，是多种名茶的产地，又是茶圣陆羽著《茶经》住过的地方。早在唐代，杭州径山寺内就有"茶宴"等活动，日本僧人在寺中学禅回去，在日本开创了佛教临济宗，也把这里的茶仪活动传回去发展成了"茶道"。宋代就有专门供人饮茶集会、娱乐的场所，早先也叫茶肆、茶坊，现在称茶馆、茶楼。而从清末到民国时期，迎来了茶馆的繁兴时期。

1. 深厚的茶文化

从古代以来至民国时期，杭州茶文化形成了独特的风格。

（1）历史悠久

历来杭州及其周围就是名茶产区，茶文化历史悠久。

杭州襟江带湖。它西有西湖，南临钱塘江，受一江一湖水汽调节和东南亚季风的影响，气候温暖湿润，时常有和风细雨，朝云暮雾，独特的小气候十分有利于茶树的生长。因此早在唐代杭州就是著名的产茶区。据陆羽《茶经》载："钱塘（茶）生天竺、灵隐二寺""杭州临安、於潜二县茶生天目山者与舒州同"。

杭州茶区历史上形成的著名品种有：西湖龙井、径山香茗、鸠坑茶、严州苞茶、富阳岩顶、九曲红梅、於潜王茶、天目青顶、天尊贡芽茶等等，声誉最大的是西湖龙井茶。

南宋时杭州已茶事兴盛，城市茶肆大兴，同时从寺院到宫廷再到民间的茶礼仪已成体系。名扬中外的径山茶礼就是在这个时期形成的。

（2）精湛的茶叶制作工艺

经过数百年的实践，杭州茶农积累了一整套精湛的茶叶采摘和制作工艺。采茶一般在清明前后，采摘的标准根据不同的等级而不同，如极品龙井芽叶细嫩，采摘标准为一芽一叶初展，每公斤干茶有茶芽 8 万个左右。龙井茶的炒制技术巧夺天工，炒制手法包括抖、带、搭、甩、捺、拓、扣、压、磨、推等，号称十大手法。炒制时，不时变换手法，因势呵成。

（3）独特的品质风格和品饮趣味

杭州的众多名茶都各具独特的品质风格。如：西湖龙井以"色绿、香郁、味甘、形美"四绝名誉中外，其外形似碗钉，色泽翠绿或带糙米色，鲜活而油润，香气鲜爽持久，滋味甘鲜可口，叶底黄绿，嫩匀成朵；径山茶外形细嫩，紧结显毫，色泽翠绿，滋味爽口，汤色嫩绿，叶底细嫩；千岛玉叶外形条直扁平，挺似玉叶，芽壮显毫，滋味醇厚耐泡，汤色明亮，叶底厚实均匀；雪水云绿外形挺直扁圆，嫩绿似莲芯，清香高雅等等。

由于杭州名茶多为绿茶，因此在品饮方面也独具特色。以品赏龙井茶为例，宜用透明的玻璃杯冲泡，透过玻璃杯看去，犹如兰花初绽，鲜活成朵，旗枪耸立，交相辉映，亭亭玉立，栩栩如生；茶汤嫩绿，清澈明亮，举杯品尝，香馥若兰，鲜爽可口。关于龙井茶的品饮，清代陆次云曾有一番探幽入微的赞叹："龙井茶真者，甘香如兰，幽而不冽，啜之淡然，似乎无味，饮过之后，觉有一种太和之气，弥沦齿颊之间，此无味之味，乃至味也。"

（4）雅俗共赏的茶诗、茶词、茶联

杭州有许多著名的茶诗、茶词，纵贯古今。如唐代皎然的《对陆迅饮天目山茶，因寄元居士晟》，陆游同时代的皇甫曾所作的《送陆鸿渐天目采茶回》，乾隆所作的《观采茶作歌》《再游龙井作》《坐龙井上烹茶偶成》等等。特别是"龙井新茶龙井泉，一家风味称烹煎""火前嫩，火后老，惟有骑火品最好。西湖龙井旧擅名，适来试一观其道"等名句，脍炙人口。近代的如周祥均所作的《龙井茶虎跑水》，如行云流水，令人倾倒。

杭州的茶联大多以茶事为内容，常悬挂在杭州茶馆、茶楼、茶室、茶叶店、茶座的门庭或石柱上。如杭州九溪林海亭的对联："小住为佳，且吃了赵州茶去；日归可缓，试同歌陌上花来"，其他如"无事且临溪，喝杯茶去；有泉可灌足，得空再来""泉从石出清宜洌，茶自峰生味更圆""泉清让虎跑，茗贵称龙井""欲把西湖比西子，从来佳茗似佳人"，这些茶联常给人古朴高雅之美，也常给人以正气睿智之感，还可以增加品茗情趣。①

杭州茶馆更因杭州的江南风情、优雅的氛围而得天独厚，因名山、名水、名茶、文人雅士以及浓郁的历史文化而枝繁叶茂，别具雅致精纯。

2. 繁荣的茶贸易

历来杭州是茶人会聚之所，茶贸易、茶科技兴盛，特别是民国以来。因为鸦片战争以后，上海成为通商口岸，我国茶叶外贸的口岸由广州移到了十里洋场的上海。由于沪杭交通方便，而杭州既是龙井茶的产地，又是浙、皖、赣、闽茶叶运销集散地，还是著名的旅游城市，于是杭州的茶行、茶号逐渐兴起，一跃成为城市商业中非常兴盛而有特色的行业。

（1）茶行、茶号

杭州既是龙井茶的故乡，又是浙、皖、赣、闽茶叶运销集散中心。每至春季，全国各大城市茶商云集杭州，通过当地茶行（庄）、茶号收购茶叶，抢运各地报新。当时，茶行是代客买卖，侧重批发业务，茶号则侧重门市零售业务。茶行向山客或产地农民收购（或在产地设庄收购），转销给本埠茶号、客路茶号和部分茶厂，收取佣金。佣金主要分山佣、水佣两种，山佣向出售者（山农）或山客收取，水佣向承购者收取。茶号进销货过程为向茶行或山客购入，再以门市零销、整销、邮销。

1931 年，全市共有茶庄、茶号 61 家，从业人员 494 人，资本总额 117830 元，全年销售茶叶 25700 余担，营业总额为 1879060 元。②

杭城茶叶店最著名的要数清河坊的翁隆盛，创办于清雍正七年（1729 年）。翁隆盛茶号以经营西湖龙井为主，兼营"九曲""祁门乌茶"、外埠名绿茶和杭白菊、安徽贡菊，向来以进货严格、加工精细、保管得法闻名。翁隆盛在立夏后几天就会停止收购茶叶，所产皆为名副其实的龙井春茶。翁隆盛的产品龙井

---

① 赵浪平. 发展杭州茶文化旅游［J］. 中国茶叶，2005（4）.
② 建设委员会调查浙江经济所. 杭州市经济调查（下）［Z］. 1932：312.

极品狮峰茶，曾在西湖博览会和巴拿马博览会上获奖。除供应门市外，翁隆盛还兼营批发，产品远销全国各大城市和东南亚各国，并首开邮购业务，为外地消费者服务。至1931年，翁隆盛的资本为3万元，营业额达24万元。① 大成龙茶庄位于清河坊大马路，自建新式洋楼，专营西湖狮峰龙井，兼营各省红绿茶及黄白菊花、白莲、藕粉、黄山野术，历来都是亲赴产地选购原料，"精求地道，志在推销中华特产"，特色礼品瓶匣"式样文明，雅致绚烂，大小方圆无一不备"。联桥大街的方福泰茶庄经营各种红绿名茶，是西博会指定陈列参观场所之一，被誉为"国货之先军"，其在上海、武汉、北平、广州、天津、香港、青岛、哈尔滨等城市均设有批发处，在南洋群岛也有门市部。较为有名的茶庄、茶号还有鼎兴元记、方正大、吴恒有和记、茂记、吴元大、吴兴大、永馨、永春、盛大、亨大等，其中鼎兴元记的批发量居第一位，年成交额约18万元。20世纪30年代中期，上海汪裕泰茶号店主汪自新见西湖龙井茶驰誉中外，利润丰厚，投巨资在西湖南岸修造一园林，便是后来著名的汪庄。他还在园中开设汪裕泰茶号，并辟有试茗雅室，陈列古朴的各类茶具，备有铜制的、陶制的、竹制的和木雕的精美茶盒，贮以茶叶出售。中外游客争相前往赏胜景、品名茶，汪裕泰的名声不胫而走。

民国时期，杭城各庄号茶叶的来源有四：一位环西湖诸山所产的龙井茶；二为产于富阳、桐庐、临安、余杭、留下、闲林等处的四乡茶；三为钱塘江上游及浦阳江各县所产之茶；四为来自江西的红茶。除此之外，各庄号还中转着数目巨大的"外埠茶叶"，主要产自皖南歙县、休宁、绩溪、婺源等县及钱塘江上游衢、处、严等地，有茶户（俗称山客）自主运至杭州售与的，还有茶商（俗称水客）直接到茶乡采购转运至杭州的。1931年，各庄号中转"外埠茶叶"34.4万余担，总值1437.4万余元。② 一般都集中在候潮门外装箱外运，主要销往山东、广东、香港等地。

（2）茶贸易

民国前期产销兴盛。1911年，杭州候潮门外嘉惠桥起至南星桥、利珍桥之间，为茶叶营业地区。沪杭铁路通车后，这一带的茶行有十几家。此外，杭州郊区如龙井、翁家山、上泗、留下，邻县闲林埠、余杭镇、临安和德清的上柏、三桥埠都设有茶行。每年茶季，全国各地茶商云集，有天津帮、冀州帮、关东帮、烟台帮、章邱帮、福建帮、扬州帮、苏州帮和上海帮，当时如上海的汪裕、

---

① 建设委员会调查浙江经济所. 杭州市经济调查（下）［Z］. 1932：308.
② 建设委员会调查浙江经济所. 杭州市经济调查（下）［Z］. 1932：329.

程裕新，苏州的汪瑞裕，北京的鸿记，天津的正兴德、泉祥，济南的鸿祥，哈尔滨的东发合，大连的阮顺德等大茶商，都在杭州设庄，通过杭州茶行收购，抢先运往各地报新。

1927 年杭州发展城市建设，在羊坝头、清河坊、官巷口、湖滨一带开辟和拓宽马路，精明的茶叶店老板不失时机在这些地区开店设庄，扩大门市业务，形成了杭州茶叶店的第一次地理大转移，杭州的茶叶店因此进入全盛时期。20世纪 30 年代初，各店为了争取顾客，杭州茶叶店又出现了一次地理大转移，在龙井、南高峰、翁家山、净慈寺、九溪等西湖风景点上出现了十余家茶叶店。据《中国实业志》记载：1932 年杭州市茶园面积 22.4 万亩，1930—1936 年年均产茶 5000 余吨。市郊茶园 2000 亩，常年产茶 28 吨，销于市内，作直接消费。据《杭州史地丛书》1931 年杭州市商业统计，仅市区制茶厂、作坊有 77 家，职员 741 人；茶馆 555 家，职员 1273 人；1922 年至 1931 年，年平均出口茶叶 7520 吨，价值 6117260 关两。当时的制茶多为手工作业。1947 年，吴觉农先生在杭州金刚寺巷创办了全市第一家机械精制茶厂"之江茶厂"。以后杭州陆续建立了十多家精制茶厂，装配了抖筛机、切茶机、炒茶机、滚筒车色机、手拉百页烘干机等制茶机械，取代了一部分手工操作，但精制过程的大部分作业仍为手工辅助。

民国时期杭州的茶叶店在经营格局上有了一定的模式，经营的品种主要有龙井、旗枪、长炒青、花茶、杭白菊、西湖藕粉，但各店经营的茶类和等级都有差别，仅销售龙井、旗枪茶的店就分高档、中档、中高档、中低档、低档等这五至六种的茶，形成了不同选料、不同顾客、不同个性、各有侧重、独自经营的格局。如翁隆盛、方正大茶号以销高档龙井、旗枪为主，而吴元大、永馨茶号则以经营中下档旗枪和花茶为主。

九一八后，东北沦于日寇，日军继而侵占华北，日茶垄断东北、华北市场，并提高浙茶出关税额，提高汇税率。即杭州汇至东北，以 1300 元折合 1000 元。花茶税额，不论质量高低，一律每担纳税 48 元，素烘青茶纳税 24 元。① 龙井茶因产量不多，在内地仍有其销路，当时狮峰极品每斤为 16 元，特级龙井每斤为 12.8 元，非一般消费者所能享受。也有一般的龙井明前茶每斤为 2.24 元，龙井雨前茶每斤 1.28 元。② 1937 年抗战爆发，杭州沦陷，茶叶产量急剧下降，陷入低谷。

---

① 胡新光．杭州茶叶发展史略［J］．中国茶叶加工，1997（3）．
② 浙江省商务管理局．浙江之茶［Z］．1936：26.

### 3. 枝繁叶茂的茶馆

（1）民国以前的茶馆

杭州的茶馆历史悠久。杭州茶馆始于何时，史料无明确记载，至迟可追溯至宋。据《西湖游览志余》第十二卷《委巷丛谈》记载："杭州先年有酒馆而无茶坊，然富家宴会、犹有专供茶事之人，谓之茶博士。"茶馆的雏形约在唐代初年就已出现，当时江南一带的寺院里有"茶寮"、官署和驿舍里有"茶室"等，都可提供茶水供人饮用。不过这些地方都不是以卖茶水为业谋生的，故不同于现代意义上的茶馆。真正以卖茶水为业的店铺大概在唐代中叶以后才出现。南宋建都杭州，作为经济生活标志之一的茶馆有盛无衰，大街小巷，茶馆林立，并且杭城的茶馆更注重装饰的考究。在记载杭州城市生活的《都城纪胜》一书中，专门有"茶坊"一文，描述杭州城内的茶坊（即茶馆、茶楼）很考究，室内"张挂名人书画"，供人消遣欣赏，以前只是酒楼内挂字画，"今茶坊皆然"。《梦粱录》载："今杭城茶肆亦如之，插四时花，挂名人画，装点店面。"茶坊里还"四时卖奇茶异汤，冬月添卖七宝擂茶、馓子、葱茶，或卖盐豉汤；暑天添卖雪泡梅花酒，或缩脾饮暑药之属。向绍兴年间，卖梅花酒之肆，以鼓乐吹《梅花引》曲破卖之，用银盂杓盏子，亦如酒肆论一角二角。今之茶肆，列花架，安顿奇松异桧等物于其上，装饰店面，敲打响盏歌卖，止用瓷盏漆托供卖，则无银盂物也"。（《梦粱录·茶肆》）那时的茶馆已经分出各种不同的种类来了，有听琴说书就着茶的，文人雅士聚会开茶话会的，市井引车卖浆者则常常在街头茶摊上边斗茶边谈天说地。赵孟頫专门有《斗茶图》记录了这一场景。"夜市于大街有车担设浮铺，点茶汤以便游观之人。大凡茶楼多有富室子弟、诸司下直等人会聚，习学乐器，上教曲赚之类，谓之'挂牌儿'。人情茶肆，本非以点茶汤为业，但将此为由，多觅茶金耳。又有茶肆专是五奴打聚处，亦有诸行借工卖伎人会聚行老，谓之'市头'。大街有三五家开茶肆，楼上专安著妓女，名曰'花茶坊'，如市西坊南潘节干、俞七郎茶坊，保佑坊北朱骷髅茶坊，太平坊郭四郎茶坊、太平坊北首张七相干茶坊，盖此五处多有吵闹，非君子驻足之地也。更有张卖面店隔壁黄尖嘴蹴球茶坊，又中瓦内王妈妈家茶肆名一窟鬼茶坊，大街车儿茶肆，蒋检阅茶肆，皆士大夫期朋约友会聚之处。"（《梦粱录·茶肆》）在杭州，茶坊逐渐发展成为独特的文化娱乐场所。

经历了宋代的繁华后，杭州茶馆在元时相对萎缩，明清时期逐渐复兴，直至到清末的近两百多年间，它进入相对稳定的发展阶段，市井里巷间的茶馆就极为普遍，饮茶方式已由煮泡转为冲泡。因而茶馆中对茶叶类别、泡茶用水及器具也日益讲究。同时，客人对茶馆的氛围也有新的要求，明时，茶馆中开始出现说书艺术（评话），以助客人雅兴。据明代田汝成《西湖游览志余》第二十卷记述："嘉靖二十六年（1547 年）三月，有李氏者，忽开茶坊，饮客云集，获利甚厚，远近仿之。旬日之间，开茶坊者五十余所，然特以茶为名耳，沉湎醷歌，无殊酒馆也。"到了清代，茶馆进一步发展，茶客云集，茶馆成了上至达官贵人，下至挑夫小贩云集的场所，使得"太平父老清闲惯，多在酒楼茶社"中，杭州城已有大大小小茶坊 800 多所（《杭州府志》）。《儒林外史》的作者吴敬梓曾在清乾隆年间来到杭州，在小说中描述了马二先生在钱塘门外、净慈、雷峰附近、吴山上、城隍庙等处 6 次吃茶的情景。一路上茶馆云集、鳞次栉比，仅吴山上就有茶馆（茶摊）30 多处。《儒林外史》虽然是一部文学作品，但其中对茶馆的描述，完全可以作为当时的社会茶俗史料运用。事实上，不仅是吴山，在杭州各个景点，如玉皇山、宝石山、云栖等，以及城市大街小巷，都有规模大小不等的茶馆。

（2）民国茶馆的繁荣

从清末到民国时期，是茶馆的繁兴时期。杭州茶馆的营业时间也较长，一般从凌晨 4 点到晚上 10 点，长达 17 个小时。

晚清到民国，中国一直处于动荡不安的政局中，茶馆成了悲观消极的人们逃避现实，以及关心国家和自身命运的人们了解信息的场所。民国时期，杭州茶馆的设立种类繁多，情趣各异，三教九流都可以找到与自己地位和喜好相适合的去处。此外，市民文化的兴起和休闲的需求，这些都促进了茶馆业的蓬勃发展。民国时期杭城的茶馆成了人们日常娱乐活动的一个重要场所，社会百态，尽汇其中，各种新闻信息、奇谈怪论在这里都能听到。

①数量上的急剧增长

清末，在运河拱宸桥一带兴起的一批独具风韵的茶楼（园），卖茶兼演戏，成为杭城戏院、电影院的雏形。这些茶园正中建有戏台，四周放上茶桌，茶客可以一边喝茶，一边看戏。1908 年，杭州的第一部电影就是在拱宸桥阳春茶楼放映的。在杭州的电影史上，拱宸桥的"茶园"是发源地。1912 年浙江第一新剧模范团刚刚组建，便在拱墅区最早的戏馆——天仙茶园戏台演过《莲花河》《白良关》等戏。

民国时期，杭城茶馆业发展进入鼎盛时期，并较之其他城市更加欣欣向荣，迎宾楼、四海楼、醒狮台、补经楼、连升阁、碧霞轩、望湖楼、西园、雅园、喜雨台等都是当时享誉一时的大茶馆。"喝茶以杭州为最佳，此言已为一般所公认，盖西湖之水，清且洁，龙井之茶，香且郁，每于公余星假，邀游之余，登楼一望，香茗一壶，亦足以畅舒幽情。"①

　　据统计，1931 年，杭州有大小茶馆 555 家，从业人员 1273 人，资本总额 114910 元，当年营业额 662855 元（见表 3.1）。在这 555 家茶馆中，1912 年以前开业的为 57 家，1912 年至 1927 年开张的为 320 家，1928 年至 1931 年开张的有 178 家。② 茶馆业在民国成立以来至抗战爆发前，发展至全盛时期。

表 3.1　1931 年杭州茶楼统计表

| 牌号 | 地址 | 职员人数 | 资本额（元） | 营业额（元） |
|---|---|---|---|---|
| 乐园 | 仁和路 | 13 | 2500 | 9000 |
| 西园 | 湖滨路 | 18 | 2750 | 6500 |
| 喜雨台 | 延龄路 | 12 | 950 | 6200 |
| 雅园 | 延龄路 | 10 | 2000 | 6000 |
| 曲江楼 | 珠儿潭 | 5 | 1500 | 6000 |
| 补经楼 | 华光巷 | 11 | 1000 | 5400 |
| 一乐天 | 仁和路 | 6 | 2000 | 5000 |
| 品芳 | 杭州路 | 5 | 850 | 5000 |
| 醒狮台 | 杭州路 | 7 | 1200 | 5000 |
| 武林第一楼 | 城站 | 6 | 500 | 5000 |
| 迎钲 | 城站 | 8 | 500 | 5000 |

　　注：此表只统计了当年营业额在 5000 元以上的茶馆。
　　资料来源：建设委员会调查浙江经济所：《杭州市经济调查》（下），1932 年印本，第 314 – 315 页。

　　②规模的扩张和设施的现代化

　　民国时期，伴随着茶馆数量的大量涌现，茶馆的规模也在迅速地扩张。一些茶馆甚至高达两层，总面积达到 1000 多平方米。茶馆在设施和装修上，也开始引入一些现代的设施，更加考究装修和摆设，以呈现休闲惬意的环境。喜雨台、乐园等数家茶馆还附设娱乐设施，如乐园、喜雨台、一乐天设有台球房（时称弹子房），喜雨台还备有围棋等。民国时期，杭城较大的茶馆装上了自来水，并用烟煤代替木柴充当燃料。这些装上自来水的茶馆，因其价格过高，为了节省成本，也多雇工挑水以用。

---

　　①　张光剑. 杭州市指南［M］. 杭州：杭州市指南编辑社，1935：244.
　　②　张清宏. 民国时期杭州的茶馆业［J］. 中国茶叶，2013（8）：28.

随着茶馆（楼）业经营规模的日益扩大，各茶馆自发组建了茶馆商业同业公会，到1935年会员已达570余家。① 公会还制定了严格的同业规约，规定"同业开设新店时，须离原有老店左右及对面二十间门面远（以门牌为准，遇有空地以营造尺一丈为一间门面）"。②

五开间三层的西园茶楼位于湖滨一公园对面，它最吸引人之处在于二楼阳台座位，凭栏一眺，西湖全景在目，抱湖诸山，冈峦起伏，历历可数，尤于细雨蒙蒙之际，六桥烟柳，隐约可寻，实在是观赏雨西湖的绝胜之处。在茶楼里还可弈棋打弹，可以雅玩。③ 茶楼座位由起初的硬板凳改为软藤椅，整洁而舒适。该茶楼的另一大特色是茶点精致可口，随唤随到。其中最脍炙人口的是猪油细沙大包，应时蟹黄虾仁大包、五香茶干，特制的松子糖、花生糖、山核桃糖，外裹金黄色饴糖以玫瑰、桂花缀之，十分诱人。西园茶楼在当时是一著名的文化沙龙，骚人墨客、电影明星、作家剧人，都喜欢集于西园，田汉、胡适、徐志摩、沈从文、叶圣陶及影星胡蝶、阮玲玉等常在此品茗叙旧、赏湖光山色。

位于延龄路上的湖山喜雨台，总面积约在1000平方米以上，可容400余人，内设茶桌椅凳，均为红木或花梨木所制，大的八仙桌上镶嵌大理石，四壁悬挂名人书画，以助观赏。所供应茶叶的品种有红茶、雨前绿茶，外加白菊花等。喜雨台提供许多娱乐活动，设有棋桌弹子房，可以进行弈棋打弹等娱乐活动，它的一只约两米见方的棋盘，供比赛表演、棋友观赏品评之用，当是杭州最早的大型象棋盘。还设有围棋间。玩弹子房的以公务人员为多。喜雨台还经常有评话、评弹及杭滩、杭曲、京剧等演出。人们在此一边听书闲聊，一边品味地方小吃。小孩子或一些出不起茶钱的，可以不占座位，立在壁角听，杭州人叫作听"蹴壁大书"。

位于仁和路的一乐天，内设雅座，一般为商贾谈生意之理想去处；吴山路的龙泉茶楼，则是水木工头聚会之所；三廊庙的观海楼，临江而建，可远望大海，近观怒潮，每至观潮时节，须提前数天预定方可有座。20世纪30年代初期，丰乐桥的悦来阁茶店也较有名，楼下的常客是帮会中人，红眉绿眼，黑语连串。他们占的座位叫"码头桌儿"，这是他们聚会的一个固定场地。楼上是雅座，东向近河的一侧，但见百舸争流，客、货云集，一派繁忙景象。杭之文人

① 杭州市茶馆业沿革纪略［Z］//杭州市档案馆. 杭州市茶叶业、茶馆业同业公会档案史料选编. 1996：72.

② 杭州市茶馆业同业规约［Z］//杭州市档案馆. 杭州市茶叶业、茶馆业同业公会档案史料选编. 1996：83.

③ 张光剑. 杭州市指南［M］. 杭州：杭州市指南编辑社，1935：244.

也多来此聚会饮食。丰乐桥正处古杭州钱（塘）、仁（和）两县交界处，可谓"信息之所闻、目之所触，无不有新鲜之感"，三教九流皆穿梭往来，五个铜板一壶茶，可从上午吃起到打烊。

③经营内容趋于多元化

民国年间杭城的很多茶馆还扩大了其经营范围，经营的内容也日益多元。很多茶馆内还附设卷烟、点心、理发等摊位。据1932年调查，附设于茶馆的理发摊点（当时俗称"茶座"），约有60余家。

从杭州茶馆的设立种类来说，种类繁多，情趣各异，三教九流都可以找到相适合的去处。这些茶馆往往兼营说唱和曲艺表演，除了供应茶水，还提供酒水点心，扩大了茶馆的功能，更能迎合多层次人的需求。

当时，凡规模较大的茶馆都兼营说唱和曲艺表演，成为茶馆业中的特种经营户，来此饮茶听书，称"吃书茶"。还有一些茶楼开设了游艺项目。在茶馆唱戏者多为流动性较大的江湖戏班子，说书的素材基本上是《水浒》《三国演义》《岳飞传》《施公案》等。民国时期，这类特种经营户一度达到近300家。一些茶馆甚至出现了说唱为主，喝茶为辅的局面，如望湖楼、得意楼、雅园等的出名靠的就是馆内说唱艺术层次的高档。喜雨台茶馆，在说唱上，还追求多样性，常常同时有平话、杭滩、杭曲等演出，它还辟有弹子房、棋牌室，供不同爱好的人娱乐，俨然成为一个大型娱乐中心。至中华人民共和国成立前夕，茶馆书场也形成了较为固定的演出者，说书属平话温古社，清唱杭剧、越剧属春秋社，清唱京剧属杂艺改进社。

茶馆与餐饮的结合也是清末以来茶馆经营的一种潮流。当时的茶馆从其本身卖的茶水来看，比较单调，主要分红茶、绿茶、菊花茶三种，至多再在茶水中加一些花瓣及橄榄、金橘之类而已。更多的是在增加供应酒、点心、小吃等餐饮上做文章。如喜雨台，创办人本身就是搞餐饮出身，他在茶馆一楼专门辟有点心店，各种精致茶食及酒菜饭面都有供应。中山路上的钱业会馆茶馆，在一楼也专卖烧卖、葱油烧饼。涌金门外的西悦来、颐园、仙乐园和昭庆寺前的景春楼等也是茶酒兼备。

此外，有的茶馆也尝试与其他服务性行业的结合，如湖墅地区的曲江茶馆，抓住江浙人"白天皮包水，晚上水包皮"的习俗，兼营洗澡业，一时生意兴隆。有的茶馆也从事妓馆和赌博业。①

---

① 陈永华. 清末以来杭州茶馆的发展及其特点分析［J］. 农业考古, 2004（2）.

④茶馆分布的网络化和种类的细分化

从茶馆的分布来说，清末到民国，围绕湖滨新市场，东有城站市场，南有位于钱塘江北岸集散木材柴炭的江干市场，北有运河终点以"三行一市"（米行、纸行、箔庄及鱼市场）闻名的拱墅市场，加上鼓楼至官巷口的旧市区，这些商业区域基本上也是茶馆的主要分布点。此外，杭州茶馆还逐渐向以西湖为主的风景名胜区扩展。

清末以前，茶馆主要集中分布在吴山等老城区繁华地段，另外，因西湖边城墙高耸，游船码头大多在涌金门一带，茶馆在此地也开设较多，闻名的有三雅园（后来为"仙乐园"）、藕香居（后来为"颐园"）等。三雅园在清代就颇有名，汪次闲曾题一联：为公忙，为私忙，忙里偷闲，吃碗茶去；求名苦，求利苦，苦中作乐，拿壶酒来。藕香居三面临水，夏天更有荷花环绕，茶客把盏眺望，远近山水一览无余，室内柱上还有一副对联：欲把西湖比西子，从来佳茗似佳人。拱宸桥地区原来茶馆较少，1895 年辟为日本商埠后，市场开始繁荣，茶馆也逐渐兴起，最出名的是醒狮台和品芳阁，茶馆和戏馆、菜馆、烟馆、妓馆被时人并称为"五馆"。湖墅地区著名的有曲江楼等。1909 年，沪杭铁路全线通车，城站成为客货运的枢纽，带动了商业和茶馆的繁荣，当地的迎宾楼和武林第一楼是远近闻名的茶馆。辛亥革命后，拆除了围墙，打破了湖滨一带的封禁，开辟湖滨为新市场。商业和旅游业互相促进，湖滨一带茶馆呈勃发之势。前面提到过的于 1913 年创办的喜雨台营业面积达到 1000 平方米以上，室内布置也相当考究，开张后即门庭若市，雄霸杭州茶馆业几十年，此外，还有西园、雅园、乐园、一乐天茶馆都是规模较大的茶馆。南星桥至海月桥一带，作为江干市场的重要地带，茶馆也很多，较早的碧霞轩和后来的汪裕和茶食店，声望都很高。在清末以前繁华之地的吴山和中山路在民国时期尽管有衰落，但仍有茶馆延续。在吴山，主要有放怀楼、景江楼、望江楼、映山居、紫云轩等。在中山路保佑坊有萃芳茶店，档次较高，楼上设有红木太湖石面的茶桌、红木椅子，附近柳翠井巷钱业会馆之会董、钱庄大户、跑场等人常借此聚会。①

民国年间，随着杭城旅游的发展，茶馆也逐渐向风景区渗透。西湖各景点大多兼售香茗，如中山公园、西泠印社、玉泉、三潭印月、平湖秋月、孤山、虎跑、灵隐等，"一般不用茶壶，每人一碗，无一定价目，随意赏给，但最低限

---

① 钟毓龙．说杭州［M］//王国平．西湖文献集成（第 11 册）．杭州：杭州出版社，2004：613－614.

度，每碗小洋一角，若有茶食糖果敬客者，至少赏洋一元"。① 此外，西湖上的游船也出现了"船茶"，成为水上流动的茶馆。

民国时期对杭州茶馆进行了分类。"茶店等级之分法，以座位而定"②，约在40桌以上者为甲等，30桌以上者为乙等，20桌以上者为丙等，10余桌者为丁等。茶馆服务人员可分为三类：一是茶头，类似于今天酒店的大堂经理；二是跑堂，相当于接单的服务员；三是杂务，负责生火、倒茶、洗茶具等杂活。他们工资的多少视该茶馆的大小而不同，每月3元至12元。营业规模越大的茶馆付给他们的工资反而越少，这是因为营业规模越大的茶馆，茶馆服务人员所得小费和其他收入就较多。他们的膳宿也都由茶馆经营者供给。

一般来说，较大规模的茶馆其顾客以商界人士为最多，规模较小的茶馆其顾客多为工人及劳动苦力等。

另一方面，"茶园饮客多以类聚"，形成了一些较为固定的客源群。"湖滨之西园，以各机关人员，本城珠宝及游湖旅客为多。延龄路之湖山喜雨台，以商人印刷工人及瓦摇头为多。雅园、乐园以商工两界及包头为多。新水漾桥之武林园以印刷工人瓦摇头为多。所谓瓦摇头者，即买卖房屋之经纪人，又称房完儿，犹言若辈利人典卖房屋，从中渔利，屋瓦见之，亦为摇头也。六克巷之松声阁，城隍山上之四景园，望仙桥之三贤居，迎紫路之志成，以玩鸟雀者为多。每日上午八时以前，下午二时以后，即手携一笼，纷然莅止，人语嘈杂，鸟声啁啾，亦似别有风味。清河坊之大观楼，以赋闲之政客武人为多。堂子巷之庆余楼、珠玉公所，以珠玉古董商为多，每日早七时以前，即集于此，各持其货互相评价。有珠玉古董癖者，往往杂坐其间，伺价而购。东街之招宝居，丰乐桥之醒民园，弼教坊之云仙居，以扦经结头工人为多。每日清晨，聚集于此，候工头分配工作。菜市桥之鸣鹤楼、华兴园，仓桥街之复兴园，清远桥之源盛楼，以锡箔机料工人为多。因锡箔作兴机料坊均在下城一带也。"③

还有不少以行业聚会和专业性的交易场所为主的茶馆（见表3.2和表3.3）。还有一类是茶行与茶馆合二为一的，如20世纪30年代初，上海汪裕泰茶食店店主汪自新在南屏山建造的汪庄，既出售龙井茶，也开有品茗室，两者相得益彰。

---

① 张光剑. 杭州市指南［Z］. 杭州：杭州市指南编辑社，1935：245.
② 建设委员会调查浙江经济所. 杭州市经济调查（下）［Z］. 1932：314.
③ 建设委员会调查浙江经济所. 杭州市经济调查（上）［Z］. 1932：138－139.

表3.2 成为行业聚会场所的典型茶馆

| 茶馆<br>（分布） | 南玉巷<br>茶馆 | 万安桥<br>水果行茶店 | 雅园胡儿<br>巷茶馆 | 青莲阁<br>茶室 | 钱业会馆<br>茶馆 | 堂子巷、<br>城头巷茶馆 |
|---|---|---|---|---|---|---|
| 聚会行业 | 曲艺艺人 | 水果店主 | 养鸟者 | 收旧货商人 | 会董钱庄<br>大户 | 木匠业 |

资料来源：陈永华. 清末以来杭州茶馆的发展及其特点分析［J］. 农业考古，2004（2）.

表3.3 成为专业性交易场所的典型茶馆

| 茶馆（分布） | 和园茶楼（解放路） | 补经楼（湖墅地区） | 曲江茶楼（湖墅地区） |
|---|---|---|---|
| 交易行业 | 鸟雀 | 土纸　锡箔 | 大米 |

资料来源：陈永华. 清末以来杭州茶馆的发展及其特点分析［J］. 农业考古，2004（2）.

20世纪30年代中期，杭城各茶楼在淡季时每壶龙井茶售价约1角小洋，而一到春秋旅游旺季时，茶楼则是按座位收费，每个座位要收1元到2元。① 仅仅香汛期间，各茶楼营业收入占全年的40%，冬季则生意较为萧条。②

民国时期，杭城百姓大多好茶嗜酒，以至于不说喝茶、喝酒，而说吃茶吃酒。施蛰存就说过："杭州人吃酒似乎等于吃茶"③，也因此不论大街小巷，均茶楼酒肆林立。茶以碗或壶计算，自铜元五枚起至一角止，酒则以碗（四碗为一斤）或斤计，自铜元八枚至一角。有闲阶层常借以消遣之地，甚至有终日不离酒肆者。至于劳苦工人，想恢复体力也会常至酒肆立饮或至茶楼休息。正如1932年《杭州市经济调查》所说："各茶坊每日上灯以后，坐为之满，常有拥立门外穷听者，说者风趣横生，听者津津忘倦，此亦贫苦市民大好消闲乐之地。"④ 这些茶楼酒肆是杭城百姓中最普遍的休闲娱乐场所。

茶馆在当时杭州民众的生活和文化中扮演了不可替代的角色。茶馆不仅仅是喝茶还与市民的生活密切相连，举凡休憩品茗、文化娱乐、联络感情、房屋交易、说媒息讼、同业聚会、收集和传播信息等等，都离不开茶馆。

民国年间，杭城茶馆的数量和体量在时空上的分布最具有持续性和增长性，

---

① 张光剑. 杭州市指南［M］. 杭州：杭州市指南编辑社，1935：244.

② 建设委员会调查浙江经济所. 杭州市经济调查（下）［Z］.1932：314.

③ 施蛰存. 玉玲珑阁丛谈［M］//吴战垒. 忆江南——名人笔下的老杭州. 北京：北京出版社，2000：447.

④ 建设委员会调查浙江经济所. 杭州市经济调查（上）［Z］.1932：138.

经营呈现出特色化和兼营性，因而也成为杭城一大休闲文化特色，它反过来折射出民国杭州社会一定的风貌和世俗人情。时至21世纪，杭州开始倡导"茶为国饮"，打造"杭为茶都"，以更好地展示杭州特色和精致品质。茶都的打造必将成为杭城最重要的休闲舞台，茶文化必将为杭城提升休闲品位植入坚实的文化基因。

（二）酒肆

酒肆是以饮酒为主。早在两晋时期，余杭就有著名的裴氏阿姥酒问世，唐宋时杭州的酿酒业已很发达。北宋《苏东坡奏议集》卷六《奏开杭州西湖状》记载："天下酒官之盛，未有杭州之盛也，岁得二十余万缗。"南宋定都杭州，进一步促进了杭州酿酒业的发展，官府在全市各地遍设"酒务""酒库"，酿制宫中御酒"蔷薇露"及"竹叶青""虎跑泉"等名酒。元明清各代，杭州的酒类生产已与人们的生活密不可分。

民国时，随着社会的不断演进，杭州酿酒业的发展更为完善。当时兴起了一批新式酿酒厂，运用先进设备对传统工艺进行了改进，提高了酒的质量。据《民国杭州市新志稿》统计，1932年全市酿酒业有26家，职工435人。

清末至民国时杭州酒风盛行，市内街巷中大小酒肆为数甚多。

《1921年浙江社会经济调查》就说："饮酒的风气极盛，在各大城市和较大的乡村中显眼的地方都可以看到茶馆和茶店、称之为酒店的小酒馆，每当黄昏，在其店头站立着花钱买醉的劳动者。"①

1932年印行的《杭州市经济调查》更是描写了当时杭城的酒风之盛："酒则以绍兴黄酒为主，花雕远年各酒坊酱园均有出售。人有参观杭市街巷而归者曰，杭市乃酒市也。盖杭市居民多好饮酒，即穷苦劳动者亦莫不嗜之如命。近年机工失业，多开小酒店以谋生。以致各街各巷十户一酒店，百户一酒楼。至若大酒坊柜前酒客伫立而饮者，尤如蚁赴膻。"②

钟毓龙在《说杭州》中也提到："吴山上各庙之房头亦皆供酒。盐桥之纯号酒店以酒醇名。鼓楼湾酒店虽不大，饮者亦众。湖滨有碧梧轩，亦以沽酒著名。其顾客多为善饮者，坐则高凳，饮则大碗。酒友于此纵饮剧谈，尽醉方归。"钟毓龙还提到，民国初年，一位余姚人在岳庙一侧开设杏花村酒家，得其地利，座常客满。

---

① 丁贤勇，陈浩，译编.1921年浙江社会经济调查［M］.北京：北京图书馆出版社，2008：27.

② 建设委员会调查浙江经济所.杭州市经济调查（下）［Z］.1932：608.

1921 年时，杭州城内外有大小不一的酒馆 600 余家。① 另据调查，1931 年，杭州有大小酒馆 617 家，总资本 22.2 万余元，营业额达 151.7 万余元（见表 3.4）。杭州市内零沽酒家特别多，这类店俗称热酒店或碗酒店，兼售冷菜、面点等。为了招徕顾客，甚至这些店雇用女子作为堂倌。因这类酒店往往出售的酒品质低劣，爱酒者还是不太会光顾此类店。"近年复多雇用女子为堂倌，以广招徕，惟其出售之酒品质低劣，皆非嗜酒者之所愿光顾也。"② "介乎大酒馆和小酒店之间的，在旗下一带，另外有一种酒家，仿上海咖啡店之例，每家都有一二个女招待。文君当垆，也许有人会觉得怪有风趣，但他如果一脚踏进那酒店，便无异于误入黑店，得留神酒里的蒙汗药了。你不点菜，她会给你代点；你不吃，她会代吃；一菜未完，一菜又来；你是欲罢不能，她是多多益善。杭州旧有民谣云：'大清娘，鼓楼前，吃菜吃酒甏龙连。'大清娘，不知何职，想是浮浪女子之意，我真想不到这些鼓楼前的大清娘如今也赶到了旗下，继续其白吃酒菜的生活，真可谓能赶上时代潮流者。独惜她们的势力，目下尚未伸入至茶馆中去耳。虽然，恐怕为期亦不远矣。"③ "西湖有数十家酒家，都是红女当炉，很有几个姿色不恶的。饮酒的朋友，往往低斟浅酌，恋恋不舍，他们是醉翁之意不在酒，已在想入非非了！酒家用女招待，的确是招徕主顾的一个善法。讲一句歪话，就是'酒是色媒人'，酒色确有连带的关系啊！"④ 可见，当时在酒馆中出现女招待这样的营销方式，比较普遍。对此，时人有批评和不理解的，有赞成和支持的。酒馆中使用女堂倌，在当时做法上的确有诱骗之嫌，但其营销模式和经营上的创新还是值得关注的。

1924 年，俞平伯在夜游西湖时，见"有一船挂着招帘，灯亦特别亮，是卖凉饮及吃食的，我们上去喝了些汽水。中舱端坐着一个华妆的女郎，虽然不见得美，我们乍见，误认她也是客人，后来不知从哪儿领悟出是船上的活招牌，才恍然失笑，走了。"⑤ 可见在当时的饮食业中，这种营销模式开始流行。

1932 年《杭州市经济调查》指出："酒菜馆之用女招待始于四五年前之快活林。后各小馆争相仿效，以新市场为尤多。每至夏天，饮冰室风起云涌，无

---

① 丁贤勇，陈浩，译编.1921 年浙江社会经济调查［M］.北京：北京图书馆出版社，2008：322.
② 建设委员会调查浙江经济所.杭州市经济调查（下）［Z］.1932：281.
③ 施蛰存.玉玲珑阁丛谈［M］//吴战垒.忆江南——名人笔下的老杭州.北京：北京出版社，2000：447.
④ 西湖酒家［N］.申报，1934 - 08 - 11（15）.
⑤ 俞平伯.湖楼小撷［M］.武汉：长江文艺出版社，2006：56.

不雇用女招待以招揽生意。今年杭市女招待竟达五百余人之多。"①

　　杭州酒馆主要出售绍酒和烧酒，此外还有高粱酒、白兰地、葡萄酒及啤酒等，但因"本地人不惯饮用，又以其价格太昂"②，销量远不如绍酒和烧酒。绍酒产自绍兴，品种有花雕、太雕、远年、竹叶青、状元红等，因其酒质不同，年代之长短不同，售价的高低很大。绍酒均装坛，一般大坛重五十斤，小坛重一二十斤。普通大坛酒的售价为五六元至七元，普通二十斤的小坛售价为二元至三元，普通十斤的小坛售价为一元半至二元。绍酒馆以恒豫、章东明、陈正和、朱恒昇、碧梧轩等为著名，这些酒店中又当推延龄路之碧梧轩为首，文人雅士往往趋之若鹜。酒店都有烫酒壶，绍酒随时烫之使热。酒馆里有下酒菜，下酒的东西有"飞、叫、跳"，即家禽的翅膀、头、爪。蚶子也是喜爱的下酒之菜。生蚶洗净后，于沸汤中略一氽，食时犹见血水。其中开设于金波桥侧的文龙酒馆所制酱鸭非常有名，"繁盛久居杭城的居民极爱喝上几口的，没有不知道文龙酒馆所制的文龙酱鸭"③。烧酒有苏烧、绍烧之分，苏烧产于江苏，绍烧产于绍兴，都是以产地命名。论质地，绍烧酒质较佳，价格也较贵。但因为绍烧的产量少，在杭州饮用绍烧的就少。而产自江苏泰兴的苏烧因其价格实惠而销量甚大，根据掺水程度又可分为五色烧、八色烧、十色烧等，烧酒馆以合顺、元顺祥、公生昌等为著名。抗战时，杭州的酿酒业和酒馆才渐趋衰落。

表 3.4　民国二十年（1931 年）杭州酒馆统计表

| 牌号 | 地址 | 职员人数 | 资本额（元） | 营业额（元） |
|---|---|---|---|---|
| 章东明 | 寿安路 | 12 | 1500 | 88000 |
| 永源公 | 半道红街 | 12 | 5000 | 48000 |
| 合顺 | 梁家桥大街 | 11 | 2300 | 35000 |
| 利安 | 许衙巷 | 15 | 6000 | 35000 |
| 新协顺 | 清泰路 | 10 | 1800 | 34000 |
| 陈正和 | 延龄路 | 7 | 8000 | 25000 |
| 公生昌 | 联桥大街 | 15 | 4000 | 25000 |

---

① 建设委员会调查浙江经济所. 杭州市经济调查（上）[Z]. 1932：138.
② 建设委员会调查浙江经济所. 杭州市经济调查（下）[Z]. 1932：282.
③ 范述祖原著，洪如嵩补辑. 杭俗遗风 [M]. 杭州：杭州六艺书局，1928：110.

续表

| 牌号 | 地址 | 职员人数 | 资本额（元） | 营业额（元） |
|---|---|---|---|---|
| 碧梧轩 | 延龄路 | 10 | 1500 | 18000 |
| 德顺 | 米市巷 | 14 | 2000 | 17000 |
| 陈宝昌 | 联桥大街 | 15 | 2000 | 15000 |
| 大昌 | 新民路 | 8 | 3000 | 14000 |
| 朱恒昇 | 仁和路 | 13 | 2000 | 13000 |
| 元顺祥记 | 菜市桥 | 8 | 1800 | 12000 |
| 永泰和 | 庆春门直街 | 7 | 2500 | 12000 |

注：此表只统计了当年营业额在 12000 元以上的酒馆。

资料来源：建设委员会调查浙江经济所. 杭州市经济调查（下）［Z］.1932：282－283。

茶馆和酒肆是最能"各得其所，各得其乐"的休闲场所，而且民国时期茶馆和酒肆数量巨大（20 世纪 30 年代都达到五六百家之多），分布也较广泛，根据茶馆的地点、规模、设施的不同，服务对象也有所不同，而且饮茶和喝酒的价格相对便宜，即使贩夫走卒也能享受并钟爱这些休闲场所。施蛰存也有过描述："不论过往客商，贩夫走卒，行过酒店，闻到香气，就会到柜台上去掏摸出八个或十个铜元来烫一碗上好绍酒，再买三个铜元花生米或两块豆腐干，悠然独酌起来。吃完了再赶路做事。上海虽亦有不少酒店，但一个黄包车夫把他的车子停在马路边，自己却偷闲吃一碗老酒的情形却是从来没有看见过的。于此我不能不惊异于杭州地方酒之普遍而黄包车夫之悠闲了。"①

## 二、色情场所的管治

烟馆、赌场和妓院，这些休闲活动场所也是民国杭州枝繁叶茂、盛开不衰的"恶之花"，虽政府当局再三禁止，但禁而不止。它们之所以深深地扎入杭州的社会土壤中，并与整个市民生态错综地纽结在一起，影响着市民的生活、市民的行为和市民的心理，其原因颇多，其中因杭州商贸发达导致的奢靡之风蔓延，无疑是非常重要的因素。大抵可以说，烟馆、赌场和妓院之盛，是民国时

---

① 施蛰存. 玉玲珑阁丛谈［M］//吴战垒. 忆江南——名人笔下的老杭州. 北京：北京出版社，2000：447.

期杭州都市快速现代化的代价。

民国年间的《中国旅行指南》上介绍全国的旅游概况，几乎每个地方都会详列妓院，杭州概莫能外。1895 年杭州开埠以前，城内并无公娼。随着 1895 年拱宸桥一部划为日本租界，公娼在杭州发展起来。① 此后，私娼也大为增多。

民国杭州市政府成立后，杭州娼妓业发生了相当变动。杭州市的妓院（公娼）主要集中在拱宸桥和江干"花牌楼"一带。1933 年《杭州小志补》中提到"杭州之多"中，一多就是"花牌楼拱宸桥多妓院"。② 据 1932 年《杭州市经济调查》统计，1929 年时江干有 22 家妓院，妓女人数 59 人；拱宸桥有 223 家妓院，妓女人数达 434 人。③ 另据当时杭州市公娼人数统计表也印证了这个数字。④ 杭州市政府还对公娼的来源都进行了调查，其中苏州 81 人，本市 71 人，嘉兴和绍兴分别有 51 人和 48 人，其他地区人员较少，主要还是来自浙江本省。根据年龄统计，最小的 16 岁，最大的 36 岁，主要集中在 18—22 岁之间。⑤ 据时在拱埠警署任职的硕唐永介绍，当时杭州公娼和私娼都较多，公娼分为长三与么二两种，长三妓即甲等妓、一等妓，么二妓即乙等妓、二等妓。公娼分布于拱埠和花牌楼两处。据杭市公安局 1929 年对这两处的调查，计有公娼妓院 243 家，公娼 485 人。杭州私娼种类繁多，其分布以羊市街、吴山路等处为盛。在湖滨路等弄堂内以及东坡路一带，私娼的人数也很多。至于私娼人数，1915 年左右达一二千人⑥，硕康永认为在 20 世纪 30 年代初应在 5000 人以上。⑦ 加上公娼人数，20 世纪 30 年代杭市公、私娼总数约在 6000 人，虽比上海、北平为少，但占杭州女性人口的比例达 3% ~ 3.5%，与上海妓女占女性人口的 2.3% ~ 3.6% 相较，亦相当惊人。⑧

民国初年，杭州城南钱塘江一带的"花船"（杭州人时称"茭白船"，因为这种船头尖尾圆，形如茭白，故名）上的妓女开始舍舟登岸，在复兴街海月桥

---

① 罗衍军. 民国时期的娼妓书写与治理——以杭州（1927—1937）为中心［J］. 浙江社会科学，2008（5）：98.

② 老杭州. 杭州小志补［J］. 越国春秋，1933（33）.

③ 建设委员会调查浙江经济所. 杭州市经济调查（下）［Z］. 1932：652.

④ 杭州市公娼人数及妓院数统计表［J］. 市政月刊，1930，3（8）.

⑤ 建设委员会调查浙江经济所. 杭州市经济调查（下）［Z］. 1932：652.

⑥ 徐珂. 增订西湖游览指南［M］//王国平. 西湖文献集成（第 10 册）. 杭州：杭州出版社，2004：730.

⑦ 硕唐永. 杭州市娼妓之概况［Z］. 1932.（浙江省档案馆：L046 - 1 - 223）

⑧ 罗衍军. 民国时期的娼妓书写与治理——以杭州（1927—1937）为中心［J］. 浙江社会科学，2008（5）：99.

至化仙桥一带开辟新的"妓馆区"。每当华灯初上，此处车辆盈门，烟酒牌赌，通宵达旦，这一"寻花问柳"之处，当时被杭人以"花牌楼"称之，名气越来越大。在兴盛时期，花牌楼的长三堂子妓院有二三十家，大都是一开门或双开门的木板楼房，其中有墙门的较大妓馆有一二家。妓女多的一家五六人，少的二三人。抗日战争爆发前，虽然在沿江还能看到"菱白船"的踪影，但其"名气"已逐渐被"花牌楼"妓馆所取代。1927年冬以后，杭州城外以南江边原来众多的船妓"已为当局驱逐殆尽。六和塔旁，虽尚有三数妓家，然营业一落千丈，无复旧时之盛矣"①。"花牌楼"妓院，历来以"卖笑不卖身"标榜。常去光顾的客人，除了各业富商，也不乏一些"风流雅士"。花牌楼地处江干木茶商行附近，各地来此交易的商客，总爱来"花牌楼"一游，洽谈生意，饮酒作乐。城内一些富人，也经常在此宴客作乐。花牌楼的名声在当时杭城家喻户晓。

全杭州的公娼在城北十余里之拱宸桥地区为最多。拱宸桥的妓院规模都不大，每家多则二三人，少则一人。"妓分三等：曰长三，曰幺二，其下者则为雏妓。实则所谓幺二者，专在茶楼兜客，夜度资仅须三五元，与上海之雏妓等耳。……总计所有娼寮，可数十家，人数达三百以上。"② 一等的妓院集中在福海里，约有十余家，妓女多来自杭嘉湖、苏沪一带，平时锦衣玉食，其接客规矩与城南"花牌楼"类似，以陪酒伺宴，唱曲助兴为主，不轻易卖身。二等的妓院散布在桥东大马路、里马路一带，约有二三十家，其妓女以卖身为业。当时拱宸桥地区著名的"醒狮台"和"第一楼"就是二等妓女集中活动的场所。一到下午三时以后，这两座茶楼生意兴隆，妓女三五成群聚集楼厅，调笑拉客，招揽生意了，疑似上海福州路的青莲阁。时人对这种茶楼、旅馆招妓助长娼妓充斥的做法，有这样的评论："西子湖头，游戏场中，彼革其履而旗其袍者，倘佯其间……泰半为门户中人也。浮浪少年，与之略加勾搭，即可成事。夜度资一宵，自五元以至二三十元不等……旅馆中招娼侍宿，杭垣查禁甚严，然……此风固未能稍减，其原因则为茶役从中牵引包庇，有以致之。盖茶房之于招妓，例有三七或四六之拆账，故不惜以身试法也。且其窝藏甚密，较大之旅馆，多有隔房密室，查夜警来检查时，只须略一隐避，不虑败露。"③ 幺二堂子拥有的妓女更少，通常只有1~3人。她们的主顾是小商人、行贩、手工业者和店员等。"打炮"的银圆一元，外加一两角小费；如果夜间留宿，则付费三元，另外

---

① 西子湖头之娼寮杂记［N］. 申报，1929-11-30.
② 西子湖头之娼寮杂记［N］. 申报，1929-11-30.
③ 西子湖头之娼寮杂记［N］. 申报，1929-11-30.

加小费三角。最低等的则是那些没有申领"营业牌照"的私娼，数量最多，她们大多集中在桥西，每到傍晚，就守候在街头巷尾，拉生意。

在妓院吃"花酒"，或在酒家茶肆戏园叫妓女来陪客，是当时最常见的饮食娱乐方式。民国时期杭州的妓院里，嫖客往往在妓院喝茶吃点心，称"摆茶围"，请客叫局吃"花酒"，全席称"摆台面"，房中半席为"吃便饭"。这些酒食，或由妓院，或由酒家操办。1930年前后妓院内的一席花酒约24元，几乎是和当时政府低级办事人员的月工资相等，其他赏赐还不在内①。妓馆的另一个主要收入是设局聚赌，俗称"碰和"。各妓馆一二桌、三四桌不等。每桌可收"头金"五六十元。②

民国时期杭州嫖娼狎妓之风盛行。1924年前后，一批巨富、官僚子弟甚至在杭州湖滨"大世界"集会，公开进行"花选"。各妓院的头牌妓女浓妆艳抹，积极参赛。经过几天竞争，"花牌楼"二三十家妓院中最大一家妓院的头牌妓女"龙凤"获得此"花国总统"的桂冠。从此这家妓院也因此被称之为"总统府"，宾客盈门，轰动杭州。③当时报载："在民国二十二年至二十三年间，是拱宸桥最繁盛时期，戏院、旅社、家家客满。夕阳西下后，小包车、马车往来穿梭于拱三段道上，大马路上人群熙来攘往，摩肩接踵，热闹异常。每家娼妓公寓，门外电炬通明。高级妓女尚差包车，闪耀着红蓝光芒的干电炬，在大街上招摇过市，风头十足。电话不断，酒宴烟赌，夜夜元宵"④当时刊登治花柳病的广告充斥于报端，关于治疗性病的"606""914"药品招贴广告充斥拱宸桥一带街巷。这从一定程度上也说明了当时杭城娼妓充斥，嫖娼之风较盛。

由于旧社会习惯的延续，民国政府允许民间娼妓的存在。但民国杭州市政府成立后，基于铲除社会阴暗面、展现政权尊严的理念，开展了治娼活动。1922年著名记者邵飘萍在《京报》上也发表文章，力倡废娼，他认为土娼之多是"浙省文明中之罪恶"。在省城杭州"土娼则随处皆有，出入旅馆，公然应局。警察非不查问或加以惩罚，然狂焰远未见其遏止。……青年子弟之受害者，殊不知凡几矣"。邵飘萍指出"有人因土娼之多，议设公娼，此决非正当办法。

①　何永德. 杭州娼妓史话［M］//近代中国娼妓史料. 石家庄：河北人民出版社，1999：177-182.
②　陈瑞芝，何永德. 钱塘江"菱白船"和江干"花牌楼"［Z］//杭州市政协文史委. 杭州文史丛编（教育医卫社会卷）. 杭州：杭州出版社，2002：601.
③　邵雍. 中国近代妓女史［M］. 上海：上海人民出版社，2005：221-222.
④　何扬鸣，等. 解放前拱宸桥娼妓业［Z］//杭州市政协文史委. 杭州文史丛编（教育医卫社会卷）. 杭州：杭州出版社，2002：593.

盖公娼今方在议废之列，安可设乎？为今之计，惟有一面严厉侦察以处罚，使交易者双方皆不敢冒险为；一面则多开妇女正当生业之门，宣传演讲，激动廉耻观念，流毒或可渐止"①。

1929年11月，杭州市政府核准公布《限制妓女取缔办法》，标志着杭州废娼运动开始，由杭县济良所沿革而来的浙江省区救济院济良所成为专门救济娼妓的机构，收容废妓，教授她们一些生存技能，如识字、算术、缝纫等科目。但杭州政府的禁娼行动很快无果而终，随后重新恢复到对公娼核发执照、征收妓娟的治娼模式。杭州市政府对娼妓业做出了明确具体的规定。其中包括对从事性交易的人发放执照，在1936年杭州市为86名公娼核发了营业执照。定期免费为从事性交易人员进行体检，规定其从业的地点等。在杭州市政府检验娼妓规则中，第一条就规定：凡在本市南北两埠领有执照之娼妓由本政府指定院所检验之概不收费。并且将娼妓划分等级，规定：一等妓每月检验一次，二等妓每月检验两次，其检验日期由本所预先传知。各娼妓经传知后应即依照指定日期地点携带执照听候检验，违者吊销执照。为了保证从业人员的安全和防止疾病的传播，对于已经感染的人员，暂时扣留其执照并酌定治疗时间，并予每日诊治至复验认为健全日为止。如在治疗期间私自营业，一经察觉即将执照注销。② 南京国民政府时期，杭州的妓院除了向市政府领有营业执照外，妓女每人另须持有一张证件，上面贴有持证人的半身照片，注明姓名、年龄及每月去指定医院检查身体状况的记录。凡查出性病者，吊销此证，不许接客，直至治愈后才能营业。除对性工作者进行规范管理外，还对公娼从业地点做了限制，并且严厉打击私娼。

妓院"悬牌"营业的，须按时缴纳"花捐"，这是政府营业捐中的重要来源。根据杭州市政府财政局1929年仅3月份的各项营业捐收入状况调查表，有茶馆捐1146元，菜馆捐562元，旅馆捐1260元，游艺捐825元，妓捐1613.7元，妓捐更是高于旅馆捐和茶馆捐，是这些营业捐中最高的，约占营业捐总收入5406.7元的百分之三十。③ 1929年杭州市政府征收的妓捐约占18000元，仅次于房屋、住屋、营业人力车、筵席、猪肉等税捐。④ 1930年杭州市政府征收

---

① 天下大事［N］. 京报，1922 – 07 – 05.

② 杭州市政府检验娼妓规则［J］. 市政月刊，1930，3（7）.

③ 杭州市政府财政局民国十八年三月份各项营业捐收入状况表［J］. 市政月刊，1929，2（5）：61.

④ 杭州市政府财政局十八年份各项税捐收入比较图［J］. 市政月刊，1930，3（1）：1.

的妓娟为7672.4元，占全市捐税总收入（842903.172元）的0.90%。① 1931年杭州市政府征收的妓捐为4998.20元，占全市捐税总收入的0.50%。②

此外，清末民初杭州报刊谈及娼妓时，多以猎奇的笔调加以渲染，很少将娼妓作为一个苦难群体的形象进行描述，以冶游妓院为风流韵事。在民国杭州市政府成立后，杭州报刊上对娼妓的描述已变成对娼妓苦难的言说，不再将娼妓看成风流冶艳的标志，而是从男女平等和国家现代化的视角审视娼妓问题，表达了新政权对铲除这些社会阴暗面，实现男女平等，建设现代化国家的期许。③ 这也是一个变化。

虽然，从总体上来说，杭州市政府的废娼运动失败，治娼成效也并不显著，以致1934年时杭市私娼"成群结队，招摇过市，出入旅馆，更无顾忌，岗警视若无睹"。④ 但杭州市政府在娼妓的治理中对于娼妓业的危害的关注，对于铲除其社会阴暗面的决心，树立城市形象的考量是大于其他很多城市的，因而杭州市政府以限制和废除娼业来彰显其为负责任的现代化政权，而不是靠从娼业中汲取资金发展地方政权，因而对于社会舆论给予积极回应，对娼业采取相当程度的限制措施。⑤

### 三、休闲服务业初具规模

休闲产业是指与人的休闲生活、休闲行为、休闲需求（物质的与精神的）密切相关的产业领域，特别是以旅游业、娱乐业、服务业为龙头形成的经济形态和产业系统。⑥ 休闲产业是个全新的产业名称。在国际上，因人们休闲消费活动而真正形成一门产业，是近几十年的事情。严格地说，民国时期，中国并没有休闲产业一说，但其现象内容却是早先就存在的，到现在人们才明确地把这些界定到休闲产业中来。

基于休闲方式的改变，休闲产业出现了交替和更迭，出现了消亡和新兴。

---

① 杭州市十九年度各项税捐收入数与预算数比较图［J］. 市政月刊，1932，5（3）：1.
② 民国十六年度至二十年度杭州市政府财政业务报告［Z］. 1932：111（浙江大学历史系资料室藏）.
③ 罗衍军. 民国时期的娼妓书写与治理——以杭州（1927—1937）为中心［J］. 浙江社会科学，2008（5）：99.
④ 杭市私娼充斥［N］. 新民报，1934 - 03 - 27.
⑤ 罗衍军. 民国时期的娼妓书写与治理——以杭州（1927—1937）为中心［J］. 浙江社会科学，2008（5）：101.
⑥ 马惠娣. 21世纪与休闲经济、休闲产业、休闲文化［J］. 自然辩证法研究，2001（1）：41 - 48.

基于杭州城市政府大力打造以旅游业为核心的休闲产业，休闲产业在民国年间成了重要的业态，这是近代杭州城市经济的新形态。

沪杭甬铁路通车后，促进杭州工商业日益发达。由于民国时期杭州的城市定位和城市特色，由于历史的基础和沉淀，伴随着杭州旅游的发展，民国杭州以旅游业为主的休闲服务业得到了发展，并初具规模。

社会风气因时世而更易，生活方式遂有变迁。民国时期杭城的各业中，如迷信用品业、采结业、灯笼业、纸炮业、轿埠业等，已逐渐呈衰退之象。而一些新兴的休闲服务业如书报业、照相业、游乐业、电影业、广告业、旅游业等，得到了发展。休闲业中以旅游业为最兴，旅游业中又尤以旅馆最为发展。据1932年《杭州市经济调查》的统计数据，当时杭州共有旅馆168家，从业人员1528人；有菜馆80家，从业人员1143人；有饭店258家，从业人员891人；有面点店283家，从业人员1044人。当时旅店业总资本额达621870元，营业总额达838750元，为杭州商业之最。当年实现盈利企业的共计117家，年营业额达二万元以上的旅馆，有聚英、瀛洲、清华、杭州、环湖、清泰第二、天然、湖滨、新新、大陆、江南等12家。①

1911—1937年间，尤其1927—1937年间，杭州的旅馆业、餐饮业、摄影店、古玩业、百鸟业、广告业、游艺业、电影业、茶馆酒肆等的数量不断增长，形成体系，并在空间分布上较以前广泛。20世纪30年代，由于旅游和休闲活动的发展，杭州的休闲接待设施有了长足进步，也进入黄金时期。休闲服务业的这种兴盛局面一直持续到了抗日战争全面爆发前夕。

因为酒肆茶楼和妓院前已述及，旅游业（旅行社、旅馆、交通业为其三大支柱产业）在后面一章中会有专门的介绍，这里不赘述，其他休闲产业择其要而介绍之。

（一）中式餐饮业

杭州的吃，自古有名，"五花八门，不逊于沪上……无怪乎上海人一车一车地挤到杭州来"。② 据1931年统计，杭州菜馆共有80家，总资本达21.2万元，全年营业额为109.7万元，从业人员1143人。③ 另有各类小饭店258家，以绍帮势力最大，占166家，杭帮次之，约52家，其余各地商人经营的有40家。资

---

① 建设委员会调查浙江经济所. 杭州市经济调查（下）[Z]. 1932：365，364，292，294，296.

② 李乃文. 杭州通览 [M]. 北京：中国文化出版社，1948：2.

③ 建设委员会调查浙江经济所. 杭州市经济调查（下）[Z]. 1932：292.

本总额为6.73万元，年营业额为57万余元。这些饭店价格还算实惠，素菜一碗起码铜元四枚，荤菜每碗铜元十枚至二十枚，饭每碗铜元十四枚。[1] 钟毓龙也说过，抗日战争前，杭城街头巷尾小饭馆甚多，银元一二角即可饱餐一顿。还有专为黄包车夫、苦力所设之小饭店，称"门板饭"，其价尤廉。[2] 用饭铺卸下的排门门板拼搭成长形条案，上置看馔，均盛在大号陶盆中，计有七八味，一字排开，摆在店面外人行过道上。门板外侧有几张长板凳，可坐十来人。店堂内还有两口大锅：一是饭，饭堆如小阜，成塔形；一是大杂烩，猪下脚、鸡鸭头爪、老笋根、骨头、豆腐、萝卜、青菜等，荤素兼具，随锅翻腾，氤氲满屋，浓香四溢，诱发路人。同时他还提到，抗战前一年，有高长兴菜馆新开，开张之日，楼上楼下顾客达六千人！其时杭人追求逸乐之风于此可见。[3]

民国时期著名的菜馆有楼外楼、天外天、太和园、功德林、天香楼、王润兴、德胜馆、聚丰园、小有天等，面点有奎元馆、状元馆、知味观等，精心烹饪制作的"西湖醋鱼""龙井虾仁""东坡肉"和"虾爆鳝""猫耳朵""吴山酥油饼"等地方特色的名菜、名点，为中外游人赏识。

中菜分各处之风味与烹调，其中以北平菜馆（旧称京菜馆）最为普遍，较知名的迎紫路的聚丰园，"规模宏大，陈饰富丽，仕宦筵宴，多设于此"，[4] 每年营业额在10万元以上。延龄路的宴宾楼、吉庆楼，花市路的天香楼，仁和路的三义楼，迎紫路的西悦来，外西湖的太和园，羊坝头的新民园等。川菜馆有平海路的大同川菜馆，粤菜馆有花市路的聚贤馆，津菜馆有仁和路的金德记等，各馆之名菜有西湖醋鱼、炸熘黄鱼、京炒虾仁、栗子炒仔鸡、美味卤鸭、干菜鸭子、虾仁锅巴、莼菜汤等。另外，知味观、虹月楼的小炒，德胜馆、王润兴的件儿肉、鱼头豆腐、三虾豆腐，颐香斋的麻酥糖，采芝斋、稻香村、老大房的嘉湖细点、姑苏茶食，奎元馆的宁式大面，赵长兴的红烧肉，亦非他家所能及。

杭州多寺院，素食影响民间。清末民初，杭城素菜菜馆的数量就不下几十家，除天竺、灵隐、虎跑、净慈、六和塔各寺院办有斋堂外，市区地道素食馆有龙翔桥的功德林，延龄路的素馨斋、素香斋等，"为佛门子弟所必需，净素处

---

① 建设委员会调查浙江经济所. 杭州市经济调查（下）[Z]. 1932：294.

② 钟毓龙. 说杭州 [M] //王国平. 西湖文献集成（第11册）. 杭州：杭州出版社，2004：609.

③ 钟毓龙. 说杭州 [M] //王国平. 西湖文献集成（第11册）. 杭州：杭州出版社，2004：611.

④ 张光剑. 杭州市指南 [M]. 杭州：杭州市指南编辑社，1935：240.

也"，它们集寺院、宫廷、民间素肴于一厨，素料荤做，以荤托素，味可乱真，擅长之菜有素油鸡、素火腿、素烧鹅、炒素、炒鳝丝、炒冬菇、炒什锦、口麻豆腐、蘑菇汤、菇巴汤等。功德林为标准素食处。1928 年 7 月 13 日，鲁迅来杭曾应友人邀请，在功德林晚餐，连平时反对素菜荤名的鲁迅，面对一些素菜也大感兴趣，尤对"清炖笋干尖"一菜，大为赞赏。功德林还专门辟有一佛堂，抗战前还曾请过佛学大师范古农在店中讲《大乘起信论》，连续一个月，吸引了大量的善男信女前来。

另外还有清真馆，著名的有吴山路老魏记、延龄路复兴园、佑圣观巷顺兴楼、仁和路鸿宾楼等，所供菜肴多取之于牛羊。

以烹饪西湖醋鱼驰誉中外的著名菜馆——楼外楼，背靠孤山，面朝碧湖，坐落在"隔支杨柳隔支桃"的白堤与苏堤之间。它开办于清道光年间，店名借林升"山外青山楼外楼"句，或谓因店址在俞楼之外，故名。楼外楼的首席名菜当推西湖醋鱼。为了保证鱼的新鲜，楼外楼在楼前湖水中置竹笼养鱼。而且这个相传由宋嫂创制的传统名菜，经过楼外楼名厨的不断改进，风味更臻完美。1927 年 7 月，鲁迅到杭州游览时，曾两次登临楼外楼品尝西湖醋鱼。除西湖醋鱼外，楼外楼的招牌菜还有"叫化童鸡""龙井虾仁""蜜汁火方"等。

作为杭帮菜后起之秀的天香楼创办于 1927 年春，初名"武进天香楼"。1931 年 9 月，经易主转让后，店名改为"武林天香楼"。新老板孟永泰为绍兴人，曾当过多年堂倌，懂得顾客心理，且熟悉各地风俗、口味。他为了招徕上海和本地游客，把"津杭风味"改为正宗杭菜，兼营宫爆鸡丁、红烧划水、苏汁鱼片、贵妃鸡等京沪名菜。同时，又不惜工本，整饬门面。厨师分为一至四类：一、二类厨师各有专长，专供中上层顾客和游客；三、四类厨师则专做散客菜肴和零菜、柜菜等。因此，天香楼生意十分兴隆，赢得了"正宗杭菜名家"的盛誉。不久，在上海、广州、香港等地也先后出现了以天香楼正宗杭菜来招徕顾客的店家。

在湖滨的旗下，知味观以独有的传统名菜和精细点心吸引着中外顾客。店主为一绍兴师爷，从"欲知我味，观料便知"招牌中截取"知—味—观"三字作为店名。原先只卖馄饨，后招贤纳才，礼聘名师，扩大经营，集杭州菜点之大成。由于坚持薄利多销和保持传统风味，声誉日高。1929 年西湖博览会期间，知味观的各式风味小吃和传统名菜为世界各地客商所赏识，都以登门一品为快事。当时，知味观设有点心厅、快餐厅、宴会厅和豪华包厢，除供应杭帮大菜外，还特制售猫耳朵、西施舌、幸福双、鲜肉小笼包、虾肉小笼包等名点。

1931 年，营业额达到 3 万元，是其初创资本额的 15 倍。①

这些知名的菜馆还提供上门操办筵席服务，以 1929 年来说，最贵的是燕菜席，为 14 元、再就是鱼翅席，为 12 元、再是鱼圆席，为 8 元。尽管价格不菲，杭城大户人家有喜庆之事就会请其至家中操办筵席，而且每逢吉日，必须早订才行。②

清末至民国期间著名的面点店也是颇多，散布各处，以新市场为最多，据 1932 年调查，共有 283 家，资本总额为 6.35 万元。③ 著名的有仁和路的知味观，延龄路的五芳斋，丰乐桥的老聚胜，太平坊的六聚馆，还有创始于清同治六年，位于官巷口的奎元馆，创始于同治七年的状元馆，著名的素面馆——浙一馆（位于三元坊）。这些大面馆都提供送面上门服务，用腰圆形大提篮，一篮可以装面八碗，碗有白铁盖。当伙计把面送上门时，面还是热的。

光从杭州休闲美食而言，除了传统中餐和茶馆酒肆，还有新兴的西餐咖啡，就新市场而言，无论中式、西式餐厅，茶馆酒楼都有一定的数量，已是杭州市民和外来游客休闲的一部分。1922 年出版的《增订西湖游览指南》指出"在新市场者，有钱塘春（延龄路），座位尚宽，肴馔略具京江式。西悦来（吴山路）酒肴俱美，便酌最宜。新兴馆（延龄路）肴亦尚佳，略具苏式。一枝香（延龄路）则京式。一品香（延龄路）售西餐，座尚雅洁。福利公司（迎紫路）售西式茶店。酒家有觞社（花市路）等。而以碧梧轩（迎紫路）之绍酒为最有名。苏氏面馆有正兴馆（延龄路），并有素香斋素面饭馆。……西园濒西湖，湖光山色，如列几席，亦可小酌。湖春茶楼、一壶春茶楼、湖山喜雨台（均延龄路），品若皆佳。"④

## （二）化妆品业

杭州的化妆品生产（旧称杭粉）历史悠久，名声远播。清代，杭粉与杭线、杭扇、杭烟、杭剪并称"五杭"，成为杭州传统手工业的代表性产品之一。

辛亥革命以后，社会风气大变，普通老百姓对化妆品的需求大增。杭州的化妆品业有了一定的发展，虽然厂家并不多，但产品质优畅销。尤其是在每年阴历二月的香汛期间，大批香客到杭州烧香还愿，是杭粉销售的旺季。当时湖

---

① 建设委员会调查浙江经济所. 杭州市经济调查（下）[Z]. 1932：296.
② 钟毓龙. 说杭州 [M] // 王国平. 西湖文献集成（第 11 册）. 杭州：杭州出版社，2004：611.
③ 建设委员会调查浙江经济所. 杭州市经济调查（下）[Z]. 1932：296.
④ 徐珂. 增订西湖游览指南 [Z]. 上海：商务印书馆，1922：92 - 93.

嘉一带的香客走水路，金衢一带则从陆路来杭，仅水路就有近 2 万人。当时，最著名的杭粉当属孔凤春的化妆品。香客们离杭前，一般都会到孔凤春买点化妆品，至少买块鹅蛋粉，图个吉利。

原籍萧山的孔传之、孔传洪、孔传福三兄弟于清同治元年（1862 年）3 月，在杭州清河坊四拐角闹市区开设了孔凤春香粉号。初创时前店后坊，设备主要是数只铁槽、几排大缸，工人蹲着磨粉，站着搅拌，生产鹅蛋粉、水粉、扑粉、茉莉花粉，以及莲花霜、雪花膏、生发油、花露水、香水等化妆品。主要原料为吴兴产的"吴兴石"、杭州的芳香花卉、湖南产的上等茶油，以及铅白粉、钛白粉、香精、明矾等。孔凤春注重产品质量，用料讲究，制作精细，香型馥郁，深得顾客喜爱，其中鹅蛋粉还被清宫列为贡品。此外，孔凤春对商品的包装十分重视，高档的鹅蛋粉以玻璃锦盒盛装，低档的也以精制纸盒装潢。用过的盒子，香味经久不去，是当时时髦的收藏品。久而久之，孔凤春成为杭城化妆用品第一大品牌。在 1929 年的西湖博览会上，孔凤春化妆品有 8 个产品获奖，其中莲花霜获优等奖，玉堂扑粉、檀香蜜粉、玫瑰香水获一等奖。

1931 年，杭州化妆品企业已发展到 16 家，比民国初年增长了 8 倍。所有厂家都集中在城区，共有资本 2.56 万元，从业人员 91 人，当年营业额 27.57 万元。以清河坊（南号）、官巷口（北号）之孔凤春香粉号、太平坊之广生行有限公司、下板儿巷之戴春林普记香粉局等较为有名。这些化妆品厂家的全年营业额都在 1 万元以上。

（三）文化娱乐业

据 1931 年杭州市商店创办年月家数统计表，包括纸业、书报业、文具业、刻字业、电刻业、裱画业、古玩业、照相业、乐器玩具业、花卉种子业、百鸟业、游艺业、广告业在内的文化娱乐业在 1911 年民国以前只有 54 家，1911 年至 1927 年增加 178 家，1928 年至 1931 年增加 179 家，因而共达 411 家。① 文化娱乐业的增长迅猛，增长幅度很大。

杭州之照相业始于清末。在清光绪年间，杭州城有了照相馆，历史最悠久的要数涌金门外的西湖二我轩照相馆。它是杭州最早使用"电光照"的照相馆，专门从事一两寸黑白人像拍摄，在宣统年间曾获得南洋第一次劝业会展览金奖。不久，二我轩还开设了画室，承接人像写真。到 20 世纪 20 年代，照相、摄影就已成为市民的重要娱乐活动之一。尤其是 1929 年西湖博览会期间，来杭游人如

---

① 杭州地方志资料第一、二辑：民国杭州市新志稿专辑［Z］. 杭州市地方志编纂办公室，1987：214.

织，照相业有了突飞猛进的发展，一大批新式照相馆开办，较为著名的照相馆有花市路的二我轩和月溪，仁和路的活佛照相馆、佛国、留影、顾影，延龄路的英华、新民路的天福、明星、真光，城站的就是我、回回，盐桥大街的逸义和金钱巷的三星等。据1932年调查，杭州有照相馆35家，资本总额6万余元，全年营业额为16.8万余元，当时，营业额在1万元以上的有活佛、二我轩、英华、佛国、月溪和湖滨路上的维新等6家。

各馆竞相引进国外先进技术，相机镜头聚焦性能大为改进，并配有专业机械师操作，摄影机为12英寸三脚木质座机，皮球快门，采用玻璃棚自然光源；相纸大多采用进口纸张，厚实耐水。同时，在背景、色彩的选择上又融入了传统文化的因子，讲究简约、明快、自然。清朝人照相一般显得非常庄重，大都是正襟危坐，且很少有女人的照片，而这一时期的照片则显得随意、放松，无论坐姿、神态和服饰上都是这样。由于照相业竞争异常激烈，普通市民对照相还不是很了解，各馆的服务态度十分热情，"无论在各本馆或在其他寺庙之分馆，皆可就地摄影，隔日取件，出品甚快"。[①] 在三潭印月、西泠印社、灵隐寺、六和塔等风景名胜附近均有各馆设立的分馆，游客照相留影非常便捷。

为宣传西湖美景，推广照相技术，扩大业务范围，各相馆都花大力气拍摄西湖风景照片，然后印好当作旅游纪念品出售或作为插图印在导游册子中，当时的湖滨新市场各埠均有风景片出售。其中，英华相馆的美术摄影被公认为"全杭第一"，月溪相馆还专门印售过西湖风景明信片。1928年，二我轩照相馆曾组织摄影队至西湖扎营半个月拍摄湖光圣景，辑有《西湖风景图说》。全书共有西湖风景照片48幅，清新典雅、栩栩如生，广受中外游客的好评，是各大旅行社的必备宣传资料。同年，由各地摄影家通力合作精选36张西湖风景照片编成《银色的西湖》一书，主要取景西泠印社、放鹤亭、灵峰、凤林寺、六和塔、灵隐殿、九溪十八涧、楼外楼、苏曼殊墓、虎跑寺、三潭印月、断桥等。另外，活佛照相馆组织拍摄、编写的《浙江西湖景》在当时销售量也较大。1929年，杭州人舒新城出版了摄影集《西湖百景》，则表明了照相技术的日益普及。

此外，还有古玩业、百鸟业、广告业、游艺业、电影业等也各有发展。1931年杭州有古玩业31家，资本总额为15200元，经营有瓷器、玉器、铜器、铁器、画画、木器等。百鸟是专供社会有闲阶层欣赏休闲用的，1931年，全市有6家，其中王合兴与叶宝华两家的营业额在1000元以上。所售的鸟有来自浙江本省的画眉（1.2元一只）、麻雀（0.1元一只）、青丝鸟（0.15元一只）、八

---

① 陆费执，舒新城. 杭州西湖游览指南［M］. 上海：中华书局，1929：163.

哥（0.3 元一只）、百灵鸟（1.4 元一只）、鸽子（0.3 元一只）、鸳鸯（2.0 元一只）、黄头鸟（0.5 元一只）等，有产自山东的芙蓉鸟（1.0 元一只）、有产自印度的鹦鹉（3.0 元一只），产自日本的珍珠鸟等，还兼售兔子（0.8 元一只）、松鼠（0.6 元一只）、洋兔（5.0 元一只）、洋鼠（0.2 元一只）等玩兽。当时最好卖的是画眉鸟，制鸟笼的竹子都来自余杭瓶窑镇。

1931 年时，杭州市内经营广告业的有两家，一家是开元路上的武林，一家是高银巷的新华，资本总额为 510 元，全年营业总数 800 元。广告的主要业务就是代各商店办理广告事务。凡是新店开张之际，或值纪念减价之际，想向社会宣传其优点，借以吸引普通民众的注意来扩大其销售，就一定得大登广告或散布传单才行，而店家从便利角度考虑，会找经营广告的店家帮助其宣传广告。当时广告登载的方式有三种，书报杂志、幻灯和墙壁。

综上所述，民国年间，杭州以旅游业为主的休闲服务业得到较快发展。杭州的旅馆、餐饮业、摄影店、古玩业、百鸟业、广告业、游艺业、电影业、茶馆酒肆等的数量不断增长，形成体系，并在空间分布上较以前广泛，并初具规模。

### 四、游湖朝山之娱乐维度的扩张

清末民初以至民国，杭州每年到特定时节，都有多次佛事很盛的庙会：农历二月十九日、六月十九日、九月十九日，这是观音诞辰、得道、升天的三个节日；四月二十四日，杭州各处朱天君庙举行朱天君庙会；七月十五日、十六日、十七日的"盂兰胜会"鬼节。

庙会与香市的日期一般都是菩萨的诞辰期，也有的是神的忌日。庙会源于古老的祭社活动。庙会大多在当地的各色神庙中举行，以神庙的神灵偶像为祭祀中心，故又称"神会"，举凡祈雨、止雨、驱邪、除蝗、禳灾，春祈秋报均可成为举行庙会的理由。庙会是我国传统的民众节日形式之一，它是由宗教节日的宗教活动引起并包括这些内容在内的寺庙或其附近举行的酬神、娱神、求神、娱乐、冶游、集市等活动的群众集会。① 在封建社会以至民国，庙会是一般民众得以悦神娱人的空间载体，给民众以心理和生理上的调适和愉悦。

在杭州，由于历史的原因，以及宗教与经济上有特殊关系，杭州的宗教文化氛围是十分浓郁的。民间信仰的形式也是多元而丰富的，素有东南佛国之称。民国时期的杭州由于风景优美，经济的发展，各种宗教流行，主要有佛教、道

---

① 朱越利. 何谓庙会［M］//刘锡诚, 妙峰山. 世纪之交的中国民族流变. 北京：中国城市出版社, 1996.

教、基督教、天主教和伊斯兰教等，盛行佛教。民国时期寺庙道观众多，尤其以环西湖一带最为突出，城隍山及附近区域和市中心区域也是比较集中的区域，因而香市、庙会盛行。"新正以后以烧香为第一大事。自杭城至灵隐天竺之道上，男女老少，挨肩擦背。"①

香市庙会期间也是市民、游客、香客借以游湖朝山娱乐的空间和节日。尤其到了民国年间，庙会活动的娱乐维度大大增加。俞平伯回忆他在 1924 年在杭州亲自感受的阴历六月十八节日的兴盛，可见一斑。

> 在杭州住着的，都该记得阴历六月十八这一个节日罢。它比什么寒食、上巳、重九……都强，在西湖上可以看见。

> 杭州人士向来是那么寒乞相的（不要见气，我不算例外）；惟有当六月十八的晚上，他们的发狂倒很有点彻底的（这是鲁迅君赞美蚊子的说法）。这真是佛力庇护——虽然那时班禅还没有去。

> 说杭州是佛地，如其是有佛的话，我不否认它配有这称号。即此地所说的六月十八，其实也是个佛节日。观世音菩萨的生日听说在六月十九，这句话从来远矣，是千真万确的了；而十八正是它的前夜。

> ……

> 归途车上白沙堤，则流水般的车儿马儿或先或后和我们同走。其时已黄昏了。呀，湖楼附近竟成一小小的市集。楼外楼高悬着炫目的石油灯，酒人已如蚁聚，小楼上下及楼前路畔，填溢着喧哗和繁热。夹道树下的小摊儿们，啾啾唧唧在那边做买卖。如是直接于公园，行人来往，曾无闲歇。偏西一望，从岳坟的灯火，瞥见人气的浮涌，与此地一般无二。这和平素萧萧的绿杨，寂寂的明湖大相径庭了。我不自觉的动了孩子的兴奋。②

杭州庙会，遍及城乡，根据《杭州市志》（任振豪主编，中华书局，1997年版）的整理，杭城的主要庙会有：

正月初一　灵隐、吴山各庙均有庙会。杭人有年初一烧头香之习。

二月十九　天竺观音庙会。俗传二月十九，为观音诞辰日；六月十九，为观音得道日；九月十九，为观音升天日，均有庙会。

三月初三　半山娘娘庙会。

三月廿八　法华山东岳庙会，为东岳大帝诞辰日。

---

① 建设委员会调查浙江经济所. 杭州经济调查（上）[Z]，1932：139.

② 俞平伯. 湖楼小撷 [M]. 武汉：长江文艺出版社，2006：56.

四月初八 外八寺（昭庆寺、凤林寺、灵隐寺、净慈寺、海潮寺、定慧寺、大佛寺、玉泉外八寺庙寺）庙会，为释迦佛诞辰日。

四月廿日 朱天庙会。

五月十八 旌德观老元帅庙会。

六月廿三 吴山火神庙会。

六月廿四 吴山雷神庙会。

七月十五 盂兰盆会。

七月十八 张大仙庙会。

七月卅日 地藏庙会。

九月初一 九皇斗坛庙会。

十月十五 三官庙会。

十二月初八 里八寺（定香寺、华藏寺、祥符寺、白莲花寺、白衣寺、法轮寺、永福寺、天长寺）庙会。

清代丁丙《续东河棹歌》云："彩虹社罢尚飞腾，崇善神祠舞队兴。来助东嘉忠靖会，龙船看过看龙灯。"① 说的是当年的庙会一个接一个，在庙会上表演的和逛庙会的人也乐于忙乎。从时间的角度来说，庙会基本上每个月都会有，因为不同的神灵有不同的诞辰，信仰神灵的广泛性，就决定了庙会的普遍性。杭州香市庙会传统，基本上延续到民国年间，依旧流行。它呈现了杭州民众的民间信仰情况，也呈现了杭州民众的经济和娱乐生活的一个方面。

弘一法师（李叔同）在《我在西湖出家的经过》中就说到："杭州这个地方，实堪称为佛地，因为那边寺庙之多，约有两千余所，可想见杭州佛法之盛了。"民国著名作家郁达夫在游记《玉皇山》中也感叹地说："杭州西湖的周围，第一多若是蚊子的话，那第二多当然可以说是寺院里的和尚尼姑等世外之人了。……你若上湖滨去散一回步，注意着试数它一数，大约平均隔五分钟总可以见到一位缁衣秃顶的佛门子弟，漫然阔步在许多摩登士女的中间；这，说是湖山的点缀，当然也可以说。"郁达夫在《万安桥头闲步忆旧游》中还说到："半堤桃柳半堤烟，急景清明谷雨前。相约皋亭山下去，沿河好看进香船。"这些都反映出了民国杭州寺庙多的事实。

据1932年对杭州市各寺观教堂及徒众的调查统计（见表3.5和表3.6），杭州市共有僧尼3298人，其财产有：田，4634亩6分零7毫；地，389亩；山，3457亩6分；荡，305亩；房屋，145所，计437间；凉亭5座、戏台2座、楞

---

① 孙忠焕. 杭州运河文献集成（第3册）[M]. 杭州：杭州出版社，2009：54.

严坛一座。此外，尚有寺院676所，其中德孝将军庙，于1923年办有益新小学一所。每届香汛，四方信徒来杭进香者，摩肩接踵，川流不息。仅城隍山各庙宇，每次香汛，单锡箔灰一项收入，已达三千余元。其他香烛黄纸等费，至少亦在两三倍以上。灵隐寺全年水陆道场收入，总在五六万元以上。① 这是民国年间杭州佛教的鼎盛时期。

著名画家林风眠1928年曾在杭州创办国立艺术院校并任校长兼教授。他在《美术的杭州》中道出了杭州寺庙为何这么多的原因："杭州西湖之寺观林立，正是杭州西湖比别的地方更为富于天然美的证明。"②

表3.5　杭州市各寺观教堂徒众统计表

| 教别 | 寺院教堂数 | 男徒众 | 女徒众 | 总数 |
|---|---|---|---|---|
| 佛 | 676 | 2128 | 1170 | 3298 |
| 道 | 280 | 833 | 281 | 1114 |
| 回 | 1 | 503 | 454 | 957 |
| 耶稣 | 25 | 1132 | 1217 | 2349 |
| 天主 | 4 | 542 | 445 | 987 |
| 总计 | 986 | 5138 | 3567 | 8705 |

资料来源：建设委员会调查浙江经济所. 杭州市经济调查（上）［Z］.1932：125－126。

表3.6　杭州市各寺观教堂及附属事业统计表

| 教别 | 土地（亩） | 房产 | 附属事业 | | | 备注 |
|---|---|---|---|---|---|---|
| | | 房屋 | 住宅 | 学校 | 慈善 | |
| 佛 | 8786 | 145 | 437 | 1 | | |
| 道 | 629 | 12 | 91 | | | |
| 回 | | 11 | 5 | 2 | | |
| 耶稣 | | 19 | 4 | 16 | 8 | |
| 天主 | | 1 | | | 3 | |
| 总计 | 9415 | 188 | 537 | 19 | 11 | |

资料来源：建设委员会调查浙江经济所. 杭州市经济调查（上）［Z］.1932：126。

---

① 杭州地方志资料第一、二辑：民国杭州市新志稿专辑［Z］. 杭州市地方志编纂办公室，1987：238；任振泰. 杭州市志（第9卷）［M］. 北京：中华书局，1997：421.
② 李杭育. 老杭州：湖山人间［M］，南京：江苏美术出版社，2000：3，4，7.

民国时期，各教在杭州均有其悠久历史，相当之地位，其中又尤以僧道范围尤大。单就僧道尼而言，在杭州市一隅，共有寺、观、庵、堂956所，人数4412人，占全市人口0.84%；土地9451亩，占全市面积2.68%。再据公安人口调查，1927年僧尼道数3398人，1928年为3826人，1929年为3374人，1930年为3778人，1931年为4422人，1932年5月为4412人，五年之间增加了1000余人。

各教在寺、观、庵、塔数，教堂数，也均甚可观。就1932年来看，杭市面积共650方里，竟有寺院教堂986所，平均2方里便有3所，尚有房屋住宅不在其内。各教徒众8705人，占全市人口1.54%。僧道所有土地9415亩，占全市亩数2.68%。①

寺庙多，名僧也多。民国年间杭州名僧辈出，如太虚法师、弘一法师、却非、弘伞、巨赞等。他们佛学造诣深，文化素养高，且汲取了中外新思想、新文化。他们爱国爱教，或著书立说，讲经弘法；或建寺立庙，弘法扬善；或组织佛教团体，推动佛教发展；或创办佛教学校，培育僧才。

1. 烧香老太婆队伍的特有风景

名寺庙多，名僧多，因而在杭州还有一支庞大的烧香客队伍。人们通过烧香这种仪式，向神佛表示礼敬，并通过香烟的上升，与神佛沟通，或者引来神佛的光临，倾听祈求者的呼声，并满足与保佑他们。但这仅仅是其中的一个目的。当烧香已成为民间的一种相当普遍的信仰活动时，这烧香就一为积福，一为看景逍遥了。除了宗教的目的之外，这里同样包含着民间百姓娱乐乃至旅游的目的。② 每到春天，沿湖环山的条条道路上满是朝山香客，约有几万人，她们都是来自嘉兴、湖州和苏南各地乡间的村姑蚕妇。她们身背香袋，自带米饭、干粮，一群数十人乃至一两百人地结队而行。这就是民国杭州一道固定不变的风景。直到今天，这道杭州特有的风景还得以保存。

对于旧时的善男信女们来说，最重大的事情，莫过于朝圣了。尤其是旧时江南乡村的女子，从十几岁嫁人起，一生都给某个菩萨烧香，每年春天必来杭州。杭州人把那些春天里成群结队来烧香拜佛的乡村妇女们，统称"烧香老太婆"。太平天国时期曾断了杭州的春香繁华。直到沪杭铁路1909年通车，烧香的队伍，传统的西湖香市，逐年复苏，至20世纪30年代初而达到鼎盛。

---

① 杭州地方志资料第一、二辑：民国杭州市新志稿专辑［Z］. 杭州市地方志编纂办公室，1987：240-241.

② 陈宝良. 明代社会生活史［M］. 北京：中国社会科学出版社，2004：509.

### 2. 西湖香市

香市是宗教信徒进香拜佛和经商者形成的集市。

早在唐宋时，西湖天竺、灵隐、昭庆、净慈等寺院都已有"香会"。南宋建都杭州，历代皇帝都要御驾亲临各寺，烧香敬佛，抚台以下文武百官也要亲自拈香。上行下效，四乡蚕农亦以杭州为天堂佛地，为祈蚕桑丰收，都来"朝山进香"。即使贫苦农家也要借贷典当，一年开春到杭州来烧香一次，村村户户，世世代代，相沿成俗，形成杭州的繁荣"春汛"。元明时期，西湖香市已十分繁荣。明朝张岱在《陶庵梦忆》卷七记录了当时西湖香市的热闹景况：

> 西湖香市，起于花朝，尽于端午。山东进香普陀者日至，嘉湖进香天竺者日至，至则与湖之人市焉，故曰香市。然进香之人，市于三天竺，市于岳王坟，市于湖心亭，市于陆宣公祠，无不市，而独凑集于昭庆寺。昭庆两廊，故无日不市者。三代八朝之骨董，蛮夷闽貊之珍异，皆集焉。至香市，则殿中甬道上下，池左右，山门内外，有屋则摊，无屋则厂，厂外又棚，棚外又摊。节节寸寸，凡胭脂簪珥牙尺剪刀，以至经典木鱼，孩儿嬉具之类，无不集。此时春暖，桃柳明媚，鼓吹清和，岸无留船，寓无留客，肆无留酿，袁石公所谓山色如蛾，花光如颊，波纹如绫，温风如酒，已画出西湖三月，而此以香客杂来，光景又别。士女闲都，不胜其村妆野妇之乔画，芳兰芷泽，不胜其合香荃荾之熏蒸，丝竹管弦，不胜其摇鼓吹笙之聒耳，鼎彝光怪，不胜其泥马竹人之行情，宋元名画，不胜其湖景佛图之纸贵。如逃如逐，如奔如追，撩扑不开，牵挽不住。数百十万男男女女，老老少少，日簇拥于寺之前后左右者，凡四阅月方罢。恐大江以东，断无此二地矣。

西湖香市起于花朝（农历二月十二日，百花生日），尽于端午（农历五月初五），前后近四个月。这四个月又恰是春季，天气温暖，桃柳春媚，鼓吹清和，出现"岸无留船，寓无留客，肆无留酿"的盛况。因此，香市不仅是烧香进香的日子，也是各种物品交流的大好时机，也是娱乐的大好机会："如逃如逐，如奔如追，撩扑不开，牵挽不住。数百十万男男女女老老少少，日簇拥于寺之前后左右者，凡四阅月方罢。"

香客，除了杭州地域之外，北方以山东为多，南方以江浙的无锡、苏州和嘉兴、湖州一带为多。因为香客来源众多，因而杭州的香市兴旺，无处不市。《杭俗遗风》记载：西湖香市可分"天竺香市""下乡香市"和"三山香市"三种，香客也各不相同。其中以"天竺香市"为最早，因农历二月十九日为观音圣诞，"全城老的少的，丑的俏的，无不云集，途为之塞。有忏会者，十八日晚即许出城，自茅家埠起，一路夜灯，至庙不绝"。"下乡香市"，以苏常锡、杭嘉湖种桑养蚕各乡村村民男女为主，一乡一村，结伙成队，乘坐香船来杭，停泊于松木场、拱宸桥一带，多时达千百只，河道堵塞无隙。有的以船为家，自带糕粽为食。香期延续一个多月。"三山香市"，三山即天竺山、小和山、法华山。苏杭各地都有"香会"组织，由长者领队带路，数百十成群，肩挂黄香袋，腰系红带，头裹白巾，结伙而行，要在一天之内，来回百余里，烧遍三山之香，称为"翻三山"。

至民国时期香市已成为固定节日。1925 年后，环湖马路直达灵隐、天竺，并有汽车每日往返数十次，大大便利了香客的烧香和赶集。其中，来自上海、南京的外地香客占了很大比例。下乡香市的香客基本是苏州及杭嘉湖三府所属各乡村坐船来杭进香者，均系乡下土财主。大小香船多泊于松木场，往往有数千条之多。每年春季，松木场即有临时市场，专售香箔、烛锭、念珠、木鱼、玩耍物品以及零星小食。正月末二月初，香客们数十成群，肩挂黄袄，腰系红带，年纪稍轻者非乘舆即坐人力车。

杭城寺庙香火盛者还有涌金门头金华将军庙，此外还有江干的资福庙、菜市桥的救命王庙、城隍山的城隍庙等，各寺附近摊贩林立，每至开香时节，人头攒动，生意红火，杭州的绸缎、龙井茶叶、张小泉剪刀、舒莲记扇子、孔凤春香粉等手工艺精品，均是外地香客来杭必购之物，还有香篮、果盒、木鱼、佛像、经书、素食等物品。

每年春秋二季，杭城游客络绎不绝，尤以春季香汛期间（每年阴历二月至五月），庙会、香市接踵而至，大批香客从四方云集，市场庙宇，特别热闹，"商品销售激增，商业极形发达，杭市商人有云'三冬靠一春'，诚非虚语也"。① 仅城隍山各庙宇，每次香汛，单锡箔灰一项收入，已达三千余元。其他香烛黄纸等收入，至少亦在两三倍以上。灵隐寺全年水陆道场收入，总在五、六万元以上。② "西湖香市，商情最佳，近年杭垣春香贸易，常在二百万元以上，省城工商恃此为生活者不下数万人。沪杭路每当香汛上市，全路收入平均每日可达一万五六千元。"③ "杭市各商店亦以在春季香市营业为最旺，故杭人

---

① 浙江省商务管理局. 杭州之特产［Z］. 浙江省商务管理局，1936：35.
② 杭州地方志资料第一、二辑：民国杭州市新志稿专辑［Z］. 杭州市地方志编纂办公室，1987：238.
③ 张其昀. 西湖风景史［M］//王国平. 西湖文献集成（第 10 册）. 杭州：杭州出版社，2004：270.

有春季赚钱，秋季过年之谚。意谓一年营业，赚钱全在春季，秋季所获，仅敷过年费耳。"① 当时有人感慨道："连整个杭州的经济生命，都还叨这个香市的光呢。要是没有这个香市，杭州的市面乃至市府的收入，都是不可想象的。"②

1919 年，美国人队克勋（Clarence Burton Day）与妻子来到杭州，在位于钱塘江边的之江学院任教，因教学的需要，在 1919—1936 年间对以杭州地区为中心的浙北地区的民间宗教信仰进行了广泛的田野调查和研究。为研究杭州地区民国年间杭州民间信仰留存了大量的材料，也让我们得以看到当时杭州地区香市庙会的概貌，展示了当时香市庙会的丰富。

他曾经亲自跟随外地来杭的香客队伍，对杭州的香市进行全程调查：

在一个清明节的黎明，满满一船来自桐庐的农民沿钱塘江溯流而上，停靠在六和塔下面的码头上。他们都是每年一次来杭州各大寺庙烧香拜佛的香客。这次旅行是得到故乡祠堂里一个共同朝拜基金资助的。同样的香客船还有来自苏州、江阴和无锡。

桐庐的那船香客总共大约有 35 名成员，绝大部分都是手里拄着拐杖、肩上横挎着黄色香袋的妇女，夹杂着几位作为挑夫和向导的男人。假如我们跟随这批香客们走的话，就可以得知这个每年一度的朝拜对于这些人所具有的主要意义。

他们做的第一件事就是黎明上路时在半路上烧纸钱，并围着火堆做简短的日出祈祷，然后所有人便跟着一位手举鲜黄色旗帜的带队者，步履艰难地踏上了征程。在参观了六和塔内供奉的地藏王之后，他们便穿过山丘朝西湖进发。他们第二站要朝拜的是虎跑寺（大慈定慧寺）三位一体的如来佛，即释迦牟尼、阿弥陀佛和药师神，还有后殿的观世音菩萨和围绕殿堂四周的 84 大悲神，以及五百罗汉堂。至少还有一些香客们会去朝拜另一个寺庙里的一位著名的宝志和尚或称济公，他的坟墓就在这个寺庙的旁边。

从虎跑出发，他们会来到石屋洞的大仁寺，以朝拜那儿的"净界三圣"，即阿弥陀佛、观音和大势至，那儿的和尚也称为"西方三圣"。石屋洞的墙和洞穴顶上刻有 1000 个罗汉的雕像，洞穴里还点有照明的蜡烛。

从这儿开始，这批从桐庐来的香客会分头行动。能够爬山的人会一直爬上南高峰的山顶，而其他人则会沿着山脚的一条路前往六通寺，在那儿跟前面那一拨人会合。在南高峰的山顶，香客们会进入荣国寺的第一个殿

① 建设委员会调查浙江经济所. 杭州经济调查（上）[Z]. 1932：140.
② 申屠奇. 西湖古今谈 [M]. 杭州：浙江人民出版社，1982：108.

堂，在位于殿堂中央的财神菩萨，以及位于两旁的朱天、祖师（即现实中的达摩）菩萨和天、地、君、亲、师等五个排位前烧上几炷香。然后列队进入内殿，去朝拜位于殿堂中央的白衣观音，殿堂右面的送子娘娘（观音）和地藏王，以及殿堂左面的老子。但是这群香客在这儿所朝拜的主要对象还是佛教创始人释迦牟尼的 40 个白玉雕像，这种软玉是花了高价从暹罗（泰国）进口的。这些雕像 20 个一组，分别放置在店堂两边的玻璃柜里。那儿的和尚告诉我们，他们正在募集捐款，准备重建一个早已坍塌的古老宝塔，一旦建成之后，这些释迦牟尼像就会被分别放置在宝塔内壁的神龛里。

在南高峰山顶一个可以俯瞰钱塘江、群山和西湖的露台茶室里喝茶和休息之后，这些香客们便开始下山前往六通寺，去跟在那儿等他们的老乡们会合。有一些走路很快的香客们会抓紧时间到南高峰南面半山腰的水陆洞（水乐洞）去转一下，以便可以宣称自己进入了这个 40 英尺深的洞穴，在一股源源不断地涌出的泉水边凿刻出来的一个精美观音菩萨像神龛前烧了香。

与此同时，那些直接前往六通寺的香客们已经朝拜完了那儿的释迦牟尼像、地藏菩萨和迦蓝菩萨，以及一个非常特殊的观音菩萨像。这个观音像位于大殿的右后面的角落，与地藏菩萨遥相对应。跟地藏王一样，这个观音的头上也戴着一个王冠，只是它不像地藏王的王冠那样，顶上还有个佛塔。这个观音的名称为"毗卢观音菩萨"。这一组香客有充足的时间逐个地来摇藏有竹签的毛竹罐子，直到一根被称作"签诗"的长竹签从里面掉出来为止。竹签上刻着的号码跟在墙上的筹码相对应，后者的上面刻有签语，可预示求签者的命运。

此刻已经到了吃午饭的时间，所以香客们便坐在树荫下，开始吃他们随身携带的干粮，以及喝下好几杯由寺庙厨房所提供的绿茶。不多一会儿，领队者便将大家召集在一起，以便出发前往杭州最大的一个寺院——灵隐寺。

在前往灵隐寺的路上，那些身体结实、能赶路的香客会绕道前往玉泉寺，那儿的放生池里养着很多金鱼和大青鱼。在经过大路旁通往玉泉寺的新建石牌坊时，那些识字的香客们会念出上面刻着的"清莲禅寺"等字样，这是玉泉寺的另一个正式名称。从这儿进去不远处就是玉泉寺的天王殿，里面供奉着弥勒佛、韦陀和四大天王。香客们对此并不是很感兴趣。在往鱼塘里扔了几个铜板之后，他们便匆匆地走进了寺院的大雄宝殿，这儿只供奉着一个非同寻常的如来佛镀金铜像。在第三个殿堂，即后殿里，我们又见到了"西方三圣"，从左到右依次是用玻璃罩罩着的大势至、阿弥陀佛和观音。而它们的后面，再走几步路，就是这些香客们专门前来朝拜的千手观音像。在拜过所有这些神像之后，这些香客们便沿着一条穿越树林的近路赶往灵隐寺，去跟其他人会合。

从灵隐寺巨大的山门下穿过，沿着风景秀丽的林荫大道进去，香客们会以惊奇的目光先去观赏飞来峰的石刻佛像，列队穿过石壁上雕刻有"六界古佛"的山洞，去"一线天"，透过那儿洞穴顶部的一个小洞去仰望不朽的观音。当走进1931年用钢筋混凝土重建、并且装饰得金碧辉煌的天王殿时，香客们的神情变得更加惊奇，因为他们正好遇上寺院内敲响铜钟108下，以召唤僧侣们前去集合念经。

费佩德博士对于这108响钟声做了这样的解释："先敲三次钟，然后是擂三遍鼓，最后再敲108下钟，等钟声响完的时候，所有的僧侣们必须全部集中起来。"

禄是道神父对此也有一种解释："在浙江省的首府杭州，有下面这首四行诗来规定敲钟的次数，它已经变成了一种小调：开头敲三十六下，结尾仍是三十六；中间再加三十六，总共一百零八响。"

这些来自桐庐的香客们现在进入了灵隐寺高耸的大雄宝殿，它的屋顶是由16根巨大的俄勒冈红松树干作为支柱，它们都被涂上了一层厚厚的红漆。那些虔诚的香客们购买了更多的蜡烛和焚香，到每一个菩萨的前面去朝拜，并在他们的香袋上盖一个寺院的章，以作为他们虔诚之心的见证。

大雄宝殿里的朝拜对象是30英尺高的释迦牟尼、阿弥陀佛和药师佛这三位一体的如来佛镀金塑像。位于中间的释迦牟尼还有迦叶和阿难这两位忠诚胁侍的陪伴。在大殿的两侧分别列有20位天王，加上天王殿的那四大天王，它们共同组成了"诸天"。在大殿的后边两侧墙上有"十二圆觉"的坐像，而在三尊如来佛像的背后则是独占鳌头，具有女王相貌的"过海观音"像。尽管和尚们正集中在大雄宝殿里，准备做下午四点钟的功课，但我们的香客朋友们却不能够留下来观看，而是从边门出去，进入了五百罗汉堂。在这儿他们给几位"完人"烧了香之后，便开始回到他们停在钱塘江边的船上去过夜。

在回钱塘江边的路上，他们不得不放弃上天竺和下天竺的寺院，但会走那条经过龙井寺的路。在那儿，他们会朝拜大家都已熟悉的释迦牟尼和迦叶、阿难这两位胁侍的塑像，以及左侧的地藏王和右侧的千手观音。他们也不会忘了给华光财神、玉母大圣（乔答摩的母亲，又称佛母摩耶）等次要的神祇烧香。最后，还有一尊微型的阿弥陀佛像。

从这儿他们必须爬山，经过山顶的翁家山村，然后下山来到被大片竹林所环绕而凉风习习的理安寺。天色已晚，但香客们还是匆匆朝拜了这最后一个寺庙里的阿弥陀佛，然后赶紧朝钱塘江边走去。过了20分钟，他们就回到了船上，在经历了疲惫但充满了宗教热情的完满一天之后，船上有热饭和热气腾腾的蔬菜在等待着他们。故乡的那些朋友们在这些香客们回家之后将会怀着敬畏的心情来聆听他们在杭州这些辉煌寺院里朝拜的惊奇故事，并暗下决心，自己也将在下一个春天前来杭州完成他们的誓愿。①

香市是每年固定在这四个月的春季，而庙会则多以诸神的诞辰为期，并不局限在春季。民国年间，虽然政府加以限制，庙会仍旧盛行。典型的庙会有以下一些，以见杭州庙会的盛况和一般传统。

3. 吴山庙会

吴山庙会是杭州规模最大、历史最久的庙会之一。为纪念春秋战国时吴国大夫伍子胥，建造第一座伍公庙以来，两千多年间寺庙庵观，日益增多，几乎遍及吴山境内的紫阳、云居、七宝、峨嵋等十多个大小山头和山麓，故有"吴山七十二庙"之说。这些寺庙极为复杂，祭祀的民间神灵也众多纷纭。大致可分为以下几类：

历史人物被塑造的神：除"伍公庙"外，还有纪念明朝"铁面御史"周新的"城隍庙"；纪念南宋行刺奸臣秦桧的"施全庙"等。

神话传说之神：有仓颉祠、月老殿、酒仙殿、禹神殿、药王庙，还有龙王庙、海神庙、雷神庙、风神庙、火神庙、太岁庙（祭祀六十甲子星宿）等。

儒、释、道三教供奉之神：儒教的文昌庙等，释教的海会寺、宝月寺、七宝寺、宝成寺、仁寿庵等，道教的三茅观、通元观、三仙阁等。

吴山上不仅有杭州自立的寺庙，而且还有外地迁来的寺庙，如河南迁来的惠应庙、四川迁来的梓潼行祠等。

吴山庙会，四季不断，各有特色。大年初一到正月十八，上山的多半是杭州的本地人，为的是辞旧迎新，求得一年好运；二、三月间，杭嘉湖一带香客纷纷涌进杭城，最后也要到吴山进香。端午、立夏等岁时节日，各行各业休假，也都要上吴山赶庙会。此外，各寺庙菩萨生日，都有庙会热闹一番。

---

① 沈弘. 论队克勋对于杭州地区民间信仰的田野调查 [J]. 文化艺术研究，2010（2）：56－58.

民国以前和民国时期，吴山庙会，除烧香拜佛外，山上山下遍布算命、看相、测字摊。此外，还有卖字画、庙台戏、卖唱小曲、变戏法、耍杂技、卖花、斗鸟以及店家、小贩在寺庙四周和沿山路设摊卖物，人们赶庙会往往是"闻风而去，满载而归"。特别是吴山脚下的清河坊一带的胡庆余堂、孔凤春、张允升、方裕和、状元楼等店家，生意特好。

4. 东岳庙会

杭俗相传三月二十八日为东岳大帝生辰，杭州东岳大帝行宫有五处，以法华山东岳庙最大亦最兴盛，届时都要迎神赛会，民国后期逐渐转至市区三台山东岳庙举行。

迎神赛会开始，先由仪仗队开道，有"清道校尉"八对十六人，个个头戴披肩头盔，身穿团花战袍，脚着粉底皂靴，腰悬秋水雁月刀，威风凛凛，贴街面左右两旁徐徐而来。大路中间，往往有耍"火流星"，或舞钢叉的协助清道。后面是八面抬锣鸣锣喝道，四面有"回避""肃静"之类的虎头禁牌的执事仪仗队，其中有铁钺、金瓜、彤弓、玄矢等执仪；有龙凤、虎豹、金乌、玉兔等旗帜。除这些校尉外，还有"锦衣将军"护驾，火铳队压阵，沿途遇到供棚，十二支铳，同时并发，火星四溅，震天动地。接着是高照，一面用绸缎刺绣的大旗，上面绣有"敬神如在"或"国泰民安""风调雨顺""五谷丰登"等吉利语，旗用三、四丈长的大毛竹做成，由一个彪形大汉，边行边舞，有时将旗杆顶在头顶、后颈、前额；有时在手臂、手心、拳头上做出各种耍弄绝技。

后面就是赛会，由各行各业、各村各坊所出的"会货"，即化妆表演队伍。"会货"越多，赛会越盛，也越显隆重。杭州东岳庙会赛会时主要"会货"有：乐队、舞龙、舞狮、高跷、抬阁、调无常、舞判官，还有舞刀弄枪等武艺杂耍。紧跟着的是提着香炉的提炉队和端着神器的迎神队，最后是护驾侍卫蜂拥着的神轿。轿中端坐全身金装的"东岳大帝"。神轿一到供棚，迎驾人员都要跪着接驾，善男信女也都跪着念佛经。神轿后面还有一批人装扮犯人，他们曾向东岳大帝许下心愿，待迎神时扮犯人还心愿。

来西溪法华山东岳庙烧香者不仅有杭州本地人，也有来自皖南、苏、沪等地远道而来的人。春秋两季以及东岳诞辰，西溪数十里烧香者不绝于途。庙内摩肩接踵，香烟缭绕，即残烛、箔灰遂可达数千斤之多。可见当时东岳庙会和烧香的兴盛。

5. 玉皇山庙会

这是杭州民间唯一的道教庙会。玉皇山原称天真山、玉龙山，五代时吴越王曾从明州（今宁波）迎阿育王舍利供于此山，故又称育王山。清时，在修篁飞松的山顶建造了规模宏丽的黄色道院玉皇宫，又称福星观，宫内有灵霄殿、真武殿、皇坛、藏经阁等道教建筑。

民国杭州《玉皇山志》卷四载："玉皇山，唐时名玉柱峰，为杭州万山之祖，省城之主山也。玄宗年间启建玉龙道院、大罗宝殿，供奉三清教主。宋称玉龙山。仁宗年间重开山，敕建玉龙道院。元代邱长春祖师居此，建白华丹井。明代称玉皇山。正德十三年七月建造福星道院、大罗宝殿。清雍正年间，总督李卫上山进香，山顶开池，置铁制七星大缸于山腰，并建七星亭。供奉三清三宝三天教主，玉皇上帝金阙至尊。咸丰间毁。光绪二十五年浙江巡抚杨公昌浚重建福星道院，七星铁缸，前为真武殿，后为斗姥阁，左三清殿，右三宫殿及鸳鸯二池。"①

在民国时有玉皇山六十四景之称。民国《玉皇山志》卷二载："四时之风景，每随气候变迁，以之论玉皇山，论福星观，有山外观外之景，有山内观内之景。六十四景景目为：山顶蓬头，倚亭望仙，山趾麦浪，林海小憩，石蹬听莺，半岭闻乐，松涛万斛，兰草幽香，慈云洞天，音仙古池，洞显观音，竹径通幽，天真寻胜，玉龙烟雨，江湖云海，古墓松楸，龟畴纵横，九连古荡，五贵进阳，沙穿九星，石壁古佛，峰锁二龙，钱江征帆，七星名茶，白云深入，苏堤虹亘，三潭水漾，星亭樱花，铁缸列宿，太极仙园，紫来寻胜，洞口天马，吼天狮子，寿星石老，龙山仙果，玉柱朝暾，浙东飞雨，月夜观涛，黄老遗风，筼谷秋声，斗阁听经，双池压胜，还丹仙井，桂轩春色，西楼赏雪，万山拥翠，天文观象，紫清丹亭，天一清池，九曜呈秀，汽车通道，亭标月宝，四眼古井，石起朝官，大慈隐见，五云远眺，塔矗层霄，江桥观渡，渔人晒网，竹林清趣，玉津怀古，江水悠伏，凤凰来仪，万笏朝天。"②

历史上，福星观曾有不少著名的道士居此修炼，并留有遗迹。宋天圣九年（1031年），刘海蟾居玉龙道院面壁9年，悟出"玄妙"。宋元时期，全真道龙门派创造人邱处机在玉皇山"尽心穷理"，参透格物本来面目，建白华丹井。1919年，玉龙道院弟子李理山受任方丈，他与道众植树造林，修建殿堂，开辟紫来洞（"紫来"之名，约取自老子出函谷关，紫气从东而来之意），使福星观成为全真道在江南地区苏、皖、浙、赣、闽5省的一大丛林。李理山也成为道教界的著名领袖人士。民国时，玉龙道院曾一度主管杭城慈云宫、金鼓洞、鹤林道院、抱朴道院、玄妙观、伍公庙、朱天庙、火神庙、余杭天柱观、洞霄宫、

---

① 施奠东. 西湖志［M］：上海：上海古籍出版社，1995：179.
② 施奠东. 西湖志［M］. 上海：上海古籍出版社，1995：180.

武康升元观、镇海渊德观等多处道观。1937年年底，日军占领杭城，福星观道众爱国爱教，先后三次赈济收容难民达两千余人。次年，分设福星观上海分院。抗战胜利后至杭州解放，福星观一直是杭城道教活动主要场所。

杭城历史上多火患，为祈求消灾降福，玉皇山上有不少与消除火患传说有关的古迹。宫前的"天一池"，大旱不涸，取"天一生水"之义，其用意在于消弭杭城火灾。山腰的"七星缸"，将铁缸按北七斗星星座排列，并在缸周浇铸符篆，意为镇压紫来洞内火龙，防患杭城火灾。

玉皇大帝正月初九诞辰日，因此山上山下，摊贩林立，善男信女，前呼后拥。虔诚信徒还三步一拜，口念"玉皇保佑"上山。一年一度"玉皇诞"庙会，玉皇宫要举行隆重祝寿仪式，诵经礼忏。腊月二十五为玉皇大帝出巡日，这天，玉皇宫举行道场以示迎接。此二日，烧香者众。民国年间，玉皇山上玉皇殿香火甚盛。

民国时期，美国人队克勋（Clarence Burton Day）也详细地记录了玉皇山福星观的玉皇山庙会情形。从他看到成群结队的人们在攀登玉皇山的石阶，就可以看出当时庙会的兴盛场面。

　　在玉皇上帝生日的这一天，可以看到成群结队的杭州人在攀登玉皇山的石阶，这座山就在闸口村和闸口火车站的后面。在玉皇山山顶的竹林环抱之中，矗立着专门奉献给玉皇上帝的福星观。

　　我们跟随着香客的队伍上山，快到山顶时，有一队士兵下来，从我们的身边经过，跟去给玉皇上帝祝寿的香客们混杂在一起。与其说他们有任何尊崇玉皇上帝的欲望，倒不如说他们对此感到好奇。乞丐们抱着瘦得出奇的孩子们躺在福星观大门前讨钱。在道观内的第一个院落里，各种小贩都在兜售食物、蜡烛、焚香和纸钱。

　　跨入福星观新装修过的前殿之后，香客们会把蜡烛和焚香放在玄天上帝的面前，而对于大堂两侧的八天君和四元帅等巨大神像，他们只是偶尔才会瞅上一眼。

　　来到作为主殿的大罗宝殿之后，香客们就可以看到他们前来祝寿的玉皇上帝了。大殿的中央就是统御万天的玉皇上帝之宝座，左右两旁分别是统御万雷的天皇上帝和统御万幸的紫薇上帝。这三位都戴着挂有一串串珍珠的长方形皇冠，玉皇上帝的皇冠上有十三串珍珠，而其他两位的皇冠上只有九串。大殿里在这同一天受到崇拜的还有其他几位道教的神仙，左侧是徐天师和瘟元帅，右边是葛仙翁和张天师。在祭坛上放置着橘子、香蕉、苹果以及香炉。在祭坛和神龛之间还矗立着一个可放置三大排蜡烛的巨大烛台架。当香客们列队从那儿经过时，他们都会把自己买来的蜡烛放在烛台架上，以作为尊崇道教神仙的信物。

在侧殿中也要举行同样的崇拜仪式，供奉在店内右侧的是老子、骑白马和持蚕茧的马鸣、九天后母、南极仙翁；在左侧接受烧香的是眼光圣母菩萨和送子观音像。

跟随持香的香客们走入后殿之后，我们发现位于中央的是斗母（星斗之母），给她烧香便可消祸免灾，不患任何疾病。福星观的道士们在早上十点和下午两点会专门做两次法事。当烧香的妇女们拜完了各路菩萨之后，她们就会在人群边缘上的桌子旁边，一边念经，一边忙碌地折叠着功德钱，或聚在水坑前，用寺庙里的仙水来洗眼睛，以治愈疾病或预防疾病。

下午四点左右，身穿红袍、头戴冠冕的道长站在祭坛前开始领诵，一边轻轻地敲击一个十英寸高的铜磬，以保持诵经的节奏。在他身后站着两列道士，有的摇铃，有的敲木鱼，还有其他敲击铃锤、钹、小锣或响板的道士。他们默默地站在那儿，等道长念完经之后，他们又默默地跪下来，在蒲团上慢慢地磕三次头。在铜磬的伴奏下又一次集体诵经之后，所有的道士们都开始围着祭坛绕圈子，先是顺时针走，然后又逆时针走，还是继续有铜磬的伴奏，但是大家却不再诵经。当他们回到原来的位置之后，每一队的领头者又要鞠三次躬，而其他道士们则按先前的位置站好。

整个仪式一般都要重复一两次，但并没有变化，之后该仪式就结束了。但是从外面来的香客们便接着开始他们各自崇拜玉皇上帝的仪式，其中有许多香客是远道而来的。有些香客会在福星观的客房里过夜，并且为晚上或第二天黎明的法事而付钱，或是为了替自己赎罪，或是为死去的亲戚超度，或两者都有。第二天，他们又会踏上那漫长而累人的归程，但一想到他们顺利完成了自己的宗教职责，并为最后审判日积累了不少功德，心里便感到非常高兴。①

---

① 沈弘．论队克勋对于杭州地区民间信仰的田野调查［J］．文化艺术研究，2010（2）：52－53.

**图 3.1　民国时期杭州的一张玉皇上帝画像**

（图片来源：沈弘. 论队克勋对于杭州地区民间信仰的田野
调查［J］. 文化艺术研究，2010（2）：52.）

6. 半山娘娘庙会

杭嘉湖平原盛产桑、蚕，由于养蚕技术性强，病害防治要求高，从而逐渐
形成到半山娘娘庙祈求保佑的庙会活动。半山娘娘庙会是杭嘉湖蚕农以"祈蚕"
为主要内容而形成的蚕花庙会，是古代和近代杭州影响较大的民间传统活动
之一。

娘娘庙，位于艮山门外半山。据《湖壖杂记》载："在皋亭之半山。神姓
倪，居山下。南宋时，兀术兵至，倪匿山中，惧不免于难，遂自尽。时韩蕲王
方拒敬，梦倪语之以姓氏，云：'受上帝之怜，证神于此。诘朝当战，愿助王
威。'王异之，援枹临阵，有神鸦蔽天而至，鼓翼飞沙，敌骑目迷而败。王表其
异，因加敕封。其墓即在山隅。"据明嘉靖时期胡世宁《撒沙夫人庙记》载：
"神世居仁和，裔出倪氏。时值金兵，神尚属闺女，避乱郊野，饥寒迫切，狼狈
而殒。里人怜其捐躯守志，瘗于皋亭之半山。金兵长驱南逐，康王奔逸，夜梦
神曰：'王但前，吾当助阵。'明日接战，忽狂风大作，向北扬沙，金人目尽瞽，
宋兵鼓勇前追，俘斩无算。高宗即位，首崇祀典，敕封撒沙护国显应半山娘娘，
立庙塑像。"① 据此记载，半山娘娘庙是撒沙夫人庙的俗称。

---

① 陈棠，姚景瀛. 临平记再续（卷一）［M］//孙忠焕. 杭州运河文献集成（第五册）.
杭州：杭州出版社，2009：269.

按《梦粱录》载："半山七娘子庙，在皋亭山，旧传崇善王妹。"①《咸淳临安志》也载："七娘子庙，在皋亭半山。旧传崇善王妹也。"②

除了这四个文献记载的两种说法，在民间还流传着这样一个传说。传说半山娘娘原是个采桑娘子，姓倪。北宋末年，金兵入侵中原，金兀术得知宋朝小康王赵构逃到江南，亲自带兵紧紧追赶。三月初三这天，正是清明，小康王单人单骑逃到杭州北郊半山，又饥又乏，无处藏身，被一身背桑篮，在桑林中采桑叶的青衣娘子掩藏在桑叶筐里，逃过追杀。小康王认为青衣娘子保驾有功，亲口答应她，到杭州登基后，前来接她，册封为贵妃，共享荣华。谁知小康王到杭州做了皇帝后，早把此事忘得一干二净。青衣娘子受不了别人讥讽、挖苦，气得一病身亡。当地就为她在半山上造了一座娘娘庙，称她为"半山娘娘"。

民国时期郁达夫的游记《皋亭山》中记载当时当地人的说法："'半山娘娘，是小康王封的。金人追小康王到了这山的半腰，小康王无处躲了，幸亏这娘娘一把沙泥，撒瞎了追来的金人的眼睛。'又有一个老农夫订正这一个传说：'小康王逃入了半山的山洞，金人赶到了，幸亏娘娘把一篓细丝倒向了洞口，因而结成了蛛网。金人看见蛛网满洞，晓得小康王决不会躲在洞里，所以又远追了开去。'郁达夫则提出了他的见解，说："其实呢，半山庙所祀的为倪夫人；据说，金人来侵，村民避难入山；向晚大家回村去宿，独倪夫人怕被奸污，留居山上，夜间为毒蛇咬死。人悯其贞，故立庙祀之。所谓撒沙，所谓倒丝筐，都是由这传说里滋生出来的枝节，而祠为宋敕，神为女神，却是实事。"

从上面的多种记载和传说中，我们可以看出，半山娘娘所供的神，除所载是"崇善王妹"外，其余的记载和传说，都认为半山娘娘是一个倪姓姑娘，都与救康王有关，只是细节上有异而已。

清明时节，半山娘娘的庙会称为蚕花节，是杭州丁桥、半山一带，甚至是杭嘉湖一带养蚕人非常盛大的一个庙会。蚕农都认为：半山娘娘是掌管蚕桑丰歉的女神。每年农历三月三，也即清明时节，杭嘉湖蚕乡蚕农，座船行上塘河，到半山桥（本名依锦桥）和广济桥上岸，依次上山入半山娘娘庙，在娘娘殿内烧香，祈求当年蚕桑的丰收，"求得菩萨保佑，愿蚕花廿四分"。祈求娘娘保佑蚕业丰收。烧香后再观桃，烧香娱乐两不误。③《民国杭州市新志稿》就载：

① 陈棠，姚景瀛. 临平记再续（卷一）［M］//孙忠焕. 杭州运河文献集成（第五册）. 杭州：杭州出版社，2009：269－270.

② 丁丙. 三塘渔唱集（卷上）［M］//孙忠焕. 杭州运河文献集成（第二册）. 杭州：杭州出版社，2009：374.

③ 朱宝华. 半山观桃旧事［J］. 蓝天园林，2005（3）.

"皋亭山，俗称半山，有娘娘庙祀倪夫人，春时妇女多祈蚕于此。"

民国时期的娘娘庙在半山腰上，坐北朝东南，上下山的山路蜿蜒曲折，比较狭窄，如二人并行须侧身，正如民国时人邵祖平在1932年游皋亭山到半山庙后记述的："半山庙在山半，石磴甚峻洁。"① 这却给"轧"蚕花提供了较好的自然条件。轧蚕花象征轧出蚕花好收成，讨个彩头，这一天，红男绿女可以毫无顾忌地挤来轧去。事实上，这也为男女青年提供了一次郊游踏青交流的机会，也是青年男女表示爱恋的好机会。

民国时人邵祖平在1932年游半山娘娘庙时，记载了当时半山娘娘庙宇的情况和供奉的半山娘娘的仪容："庙宇不宏敞，而颇幽洁。神像头缀珠冠，耕服绿裳，笋珈委佗，威仪甚丽。"② 他也记述其环境的优美："老松十百成群，苍翠拂人。山下菜花之黄，炊烟之白，掩映亦多奇趣"。③

清明时节半山娘娘的庙会为期三天，一直从"头清明"（清明前一天）开始，一直要闹到"三清明"（清明后一天），其中尤以正清明那天为盛。养蚕女子，无论老幼头上都戴着一朵用纸扎成的"蚕花"，男的插在帽上，三五结伴，盛装出行，年长者还会身背红、绿色相间的蚕种袋，蚕农上岸后分别组成"高跷队""提灯队""唱诗队""秧歌队"等队伍，各队锣鼓开道，载歌载舞，浩浩荡荡从四面八方走向半山桥北岸的娘娘庙。庙内有"接蚕花"礼俗，庙中主持先准备一杆秤，一块手帕、一

图3.2　民国年间半山娘娘庙

（图片来源：邵祖平．皋亭山纪游［J］．旅行杂志，1932（6）：42.）

张蚕花纸（在黄纤纸上插二朵蚕花、一簇柏树枝）、一张蚕花娘娘神像、交给祈蚕女，一边唱道"蚕花马，蚕花纸。头蚕长势好，二蚕长势多；好又好，多又多。采得好茧子，踏得好细丝，卖得好银子，造几幢新房子"等祝词。女子毕恭毕敬地将蚕花草纸收藏起来，待蚕茧丰收后再行"谢蚕花"。所以到农历五月

---

① 邵祖平．皋亭山纪游［M］．旅行杂志，1932（6）：42.
② 邵祖平．皋亭山纪游［M］．旅行杂志，1932（6）：42.
③ 邵祖平．皋亭山纪游［M］．旅行杂志，1932（6）：42.

初一日，半山娘娘生辰之日时，杭嘉湖一带祈蚕女子又云集娘娘庙"谢蚕花"（又称"送蚕花"），在娘娘殿祭供一块熟肉，拿出收藏的蚕花纸向蚕花马（即蚕神）默默祈祷，口中念念有词："求得菩萨保佑，愿蚕花廿四分。"然后将蚕花、蚕马烧毁，祈求神灵保佑蚕业丰收。① 烧完蚕香后，养蚕妇女们一定要在娘娘庙附近香市上购买泥塑彩绘蚕猫，带回去放在蚕房里，或馈赠亲友，祈求一年中能避鼠害，有丰收。自南宋高宗年间始至今天，都还香火不断。

蚕花节期间，许多人到此设摊，出售一些工艺品、手工制品、农用器具和小吃等。"艮山门外有皋亭山，地方有娘娘庙，相传后宋高宗南渡时所建者，素著灵异，每当春景暄妍，小本营生者麇集于此，谓之赶香市。"半山桥南北两岸还有马戏、魔术、曲艺、杂耍、皮影戏、看西洋镜等，热闹非凡。

蚕花节原为蚕人祈蚕，但其时适逢清明，万物吐绿，因此蚕花节也成了人们相约清明时节踏青的聚会。据清《康熙仁和志》记载："皋亭山，今山前后桃花最繁，延播十里，游人载酒往来，妇女入半山祈蚕，清明时络绎不绝。"郁达夫在1934年写的游记《皋亭山》中曾有诗句也描写了这一景象："半山桃柳半堤烟，急景清明谷雨前。相约皋亭山下去，沿河好看进香船。"清代范祖述《杭俗遗风》中民国洪如嵩补辑道："三月间，山中娘娘诞辰，游人借此观桃。"②

7. 朱天会

朱天会祭祀明末崇祯皇帝，传说崇祯皇帝朱由俭是五百罗汉转世，民间称朱天菩萨。朱天菩萨是杭州民间崇敬的神祇中最被虔敬的一位，四月廿四日（其死后五七之日）为其生日。朱天会遍及城乡，以上仓桥、柴垛桥两处最为热闹，庙里塑像披发执环，乃自缢于煤山时之形象也。朱天会期间，善男信女都要持斋诵经。同时，要迎神赛会，抬着朱天菩萨巡行，巡行队列除丝弦清吹外，还有地戏、高跷、抬阁，极一时之胜。

8. 元帅庙会

杭州供奉的元帅菩萨，脸孔、手脚全部都是青色的。传说元帅姓温，为明朝一秀才，来省城杭州应试，住在寓所夜读，忽闻鬼言，已下瘟药于井中。温秀才为救杭城父老，就以身投井。第二天，将他打捞起来，只见浑身发青，知他受毒而死。于是被封为东嘉忠靖王。其井就在东牌楼神座下，庙名旌德观，

---

① 朱宝华. 杭州皋亭山民俗文化研究［Z］. 2004杭州市哲学社会科学规划课题成果选编，第293页.

② 范祖述，洪如嵩. 杭俗遗风［M］//王国平. 西湖文献集成（第19册）. 杭州：杭州出版社，2004：29.

这是杭城的老元帅庙。城中还有数处元帅庙，民间称旌德观为有财有势老元帅；上仓桥的忠靖观，为督宪香火院，民间称有势无财仓元帅；清河坊童乘寺为有财无势童元帅；府城街甘泉寺，为穷凶极恶甘元帅；还有所谓活脓倒臭皮元帅，因为其庙在皮市巷的缘故。出会唯旌德观老元帅庙，五月十八日为诞辰日，十六日为出会期。

元帅庙出会声势浩大，除各庙有助会外，抚院以下各衙门均协助大班一副。出会之日，全城七十二班轿夫，每班四五十人，均穿一色衣帽，抬着元帅坐像巡行。巡行划好路线，每到一处换肩，称为"升驾"。神像前，先有无拘霄汉牌一对，长吹一起，后随八员文武判官，都打堆灰脸，手执狼牙棒、乾坤圈，威风凛凛；然后是穿朝衣戴朝帽的各班禁役，杭州捕府还出四个大肚皮刽子手，押着许香愿的"斩犯"二名；最后，是各庙助会的幡竿、香炉、高跷、龙灯、台阁等四五百起。巡行队伍浩浩荡荡，鼓乐齐鸣，鞭炮轰天，轰动整个杭城。据说，元帅巡行，称为收瘟。因为夏秋为疠疫横行之际，经过老元帅亲自出会，可驱瘟辟邪，保全境平安。

9. 胡公庙会

西湖龙井狮峰山麓原有一座胡公庙，祭祀北宋兵部侍郎胡则。传说北宋年间，胡则在杭州做太守时，一次正值龙井四周茶山发生虫灾，"拱拱虫"晚伏晨出，专吃茶树嫩叶，大片大片茶园被吃得只剩下一些枯干硬叶，茶蓬日渐枯萎。胡则听到龙井茶山发生虫灾，亲自前去察看灾情，安抚茶农，叫茶农用石灰粉撒在茶树根上，用石灰水洒在茶蓬上。果然，没有几天，拱拱虫都消灭了。

龙井茶农为了纪念这位贤明的太守，就在狮峰山麓集资建了一座胡公庙，并在农历八月十三胡则生日这天，龙井村和四乡茶农都要到胡公庙赶庙会，以求免灾得福，来年茶叶丰收。

10. 张大仙庙会

张大仙庙在拱宸桥北麓。传说，大仙姓张，清同治十一年来杭，为拱宸桥畔一道士，懂得医药，常常往来附近村庄，为儿童治病，所以乡人都认识他。1878年冬，因过桥坠入运河而死，里人敬重他，就将他葬在桥边。后来，就在其墓上建屋立庙，称为张大仙庙，据说有求必应，一时轰动杭城内外，香火日盛。妓女们也常去祷告。清末民初以来，每逢阴历七月十八日为大仙生辰，当地亦出会巡行。出会队列中，亦有高跷、抬阁、鼓吹等；最引人注目的有青年女子数十人，身穿红绸衣衫、绣花鞋，头上斜插时鲜花卉，但戴着脚镣手铐，装扮成京戏《苏三起解》中的苏三，招摇过市。这些都是拱宸桥的妓女，她们尤信奉之，都向张大仙许下心愿。她们自比"苏三"，表示自己是"有罪之身"，同时期望将来能和苏三一样，有个美好的结局。因此，出会引起轰动、围观。

值得关注的是，民国杭州多元而丰富的民间信仰，以及民间信仰活动的普遍，对杭州经济、文化和社会都产生了重要的影响。这些寺庙不仅是老百姓的悦神娱人的空间，更促进了杭州城市的现代化，促进了旅游的发展，在文化教育与公益慈善事业方面发挥了重要功能。

民国时期杭州的庙会香市，一方面祈祷上苍神灵，以求佑护他们一年发财有望，灾患不生，以求心理慰藉；另一方面，百姓在一年的辛劳之后，庆其有成，借庙会以求娱乐、享受。概言之，名为悦神，实则娱人。如每次赛神，均要演戏，百姓借此以娱乐，同时也促进了戏剧的繁荣与发展。

民国时期杭州的庙会既有宗教维度也有娱乐维度的双效功能。生活困苦又整年劳顿的平民百姓，需要有神的寄托，更需要找到解闷的乐子，而且后者的功能越来越明显，在一定程度上成了主要目的。所以庙会是通过悦神达到娱人的目的。庙会的兴起，事实上也为市民提供了极好的社会交往的机会，开阔他们的视野，尤其对妇女起到了不可低估的作用。①

民国时期，杭州市政府根据杭州城市的特色，把杭州定位为旅游城市。在旅游业尚处于起步阶段的杭州，众多寺庙极大促进了这个新兴旅游产业。由于从前并没有政府的文物管理机构，众寺庙（包括道院和回教清真寺等等）对于开发和保护杭州的风景、文物起了不可估量的作用。只因自古以来和尚们种树、引泉、放生鱼虾，才有了今日的参天古木、清澈山泉、鸟语花香。②

另外，由于杭州历来寺院众多，素食影响民间。南宋作为京城的杭州，出现了不少素菜馆、素食面店，当时供应的素菜已十分丰富，《梦粱录》上列举有夺真鸡、两熟鱼、假炙鸭、假羊时件、假煎白肠等上百个品种。素面有笋辣面、三鲜面等等。清末民初，西湖四周素菜馆不下几十家。除天竺、灵隐、虎跑、净慈、六和塔各寺院、房头办有斋堂、素食店外，市区著名素食店有功德林、素春斋、素香斋、素馨斋四家。功德林历史悠久，为标准素食处。后面三家有"三素斋"之称誉，为杭城地道素菜馆。

民国时期，有钱有闲能四处游山玩水的人除了权贵就是一批文人墨客，大多数的劳动大众仍然是没有旅游的客观条件的，但因为要去给菩萨烧香，善男信女们尤其是江南乡村的女子，就有了既烧香又可游山玩水的机会。随着传统

① 何王芳．民国杭州的宗教信仰［J］．杭州师范大学学报（社科版），2012（1）．

② 李杭育．老杭州：湖上人间［M］．南京：江苏美术出版社，2000：31.

的西湖香市的逐年复苏乃至达到鼎盛，"烧香老太婆"队伍越来越庞大，给杭州旅游带来了活力。另外，随着 1909 年沪杭铁路的通车，随着西湖香市的复苏及繁盛，上海的中国旅行社每逢清明就开驶游杭专列，4 小时即可由沪抵杭。在"烧香老太婆"的队伍中出现了上海摩登男女，更壮大了杭州的旅游队伍。如 1924 年香汛期间，"本埠中西士女前往杭州游览者人数亦多，以至客车均挂往杭州"。①"上海一带多乘火车而来，以截发时装之年轻妇女为多。其或香客之意；不在神乎。"②

　　民国时期杭州的众多寺庙不仅是著名的景点，而且还承担了旅游设施的功能。灵隐、玉泉、龙井、虎跑、云栖等，本来都是寺庙的名称，因寺得名而成为杭州的著名景点。民国时期由于旅游的发展，杭州旅馆尽管增长很快，但一到春秋之季，游客猛增后就难以招架。这时寺庙就起到了很大的补充和缓解的作用。寺庙提供游客歇脚之地，供给游客斋饭和茶水。20 世纪 40 年代曾任浙江省民政厅长的阮毅成在《三句不离本"杭"》一书中说："在西湖游山的人，随地可以见到庙宇，也就随时可以进入禅房。最少，可以喝一杯用本山茶叶新泡的好茶。需要进餐时，也可以随时嘱咐准备素斋。因为沿途的庙宇很多，走累了就随时可以有地方休息，并且有茶、有面、有菜、有饭。所以游山，真是并不费力，也更不费事。"

　　因而可以说，旅游业尚处于起步阶段的杭州，是众多寺庙极大地促进了杭州的旅游产业，而旅游的发展又带动了杭州其他相关产业的发展。从前武林门俗称北关门，是老杭州水陆交通的一大枢纽，自嘉兴、湖州、苏州走水路而来的三吴仕女春游进香者，多泊船于此。每到傍晚，樯帆如林，百货登市，熙熙攘攘，赛过元宵灯市。老杭州之"北关夜市"由此出名。③

　　从 2006 年起，杭州逐步修复了灵隐周边的 32 个香市传统景点，并在 2008 年国庆节前后相继对公众开放。2009 年 3 月 11 日，杭州市政府又高调地在灵隐景区启动了首届"杭州西湖香市春游节"，并将"东南佛国"的佛教文化重新确立为杭州西湖旅游的一张金名片。

①　昨日龙华香汛之热闹［N］. 申报，1924-04-19（4）.
②　建设委员会调查浙江经济所. 杭州经济调查（上）［Z］.1932：140.
③　李杭育. 老杭州：湖山人间［M］. 南京：江苏美术出版社，2000：17，18.

### 五、民间传统体育和博戏的传承①

民间体育、博戏、杂技等休闲活动也得以扩展或日益丰富。

"吴儿弄潮，越女擅剑"这一古代民谚，说明杭州以武术、水上运动为主体的传统体育流传广泛，历史悠久。民国时期的杭州，体育社会组织有增无减，武术等流行社会，1929 年成立浙江国术馆，同年，在杭州举办了享誉全国的浙江国术游艺大会。棋类、水上运动及儿童活动性游戏，如放风筝、踢毽子、荡秋千、跳绳等民俗时令体育活动，在民间普遍流行。

1928 年成立的浙江省立民众教育馆及杭州市第一、二、四民众教育馆以提倡国民体育为任务，它们积极地提倡和推广民间体育，据资料记载，这些民间体育有：踢毽子、跳绳、角力、拔河、摘锦、划船、斗鸡、800 米拉车、100 米跳水、50 米跳凳、升柱、升绳、爬竿、举石担、竞走、跷跷板、秋千、浪木、滑梯、抢石鼓、滑杆、轩轾板、轩轾梯、软梯、木马、浪板、竹桥、平台等。②

（一）水上运动

杭州有"潮甲天下"的钱塘江，有水碧滩险的富春江，还有西湖及众多的河流、湖泊，历来民间水上运动颇具特色。

1. 弄潮

钱塘江边的船民、渔民历来有弄潮的传统。宋代，潮头直拍六和塔下，江中鱼虾常被潮头抛向岸边，渔民或驾舟追逐，或沿岸奔跑，用网兜捕捉，俗称"柯潮头鱼"。捕者必须身手敏捷，进退迅速，方能安然。南宋定都临安后，弄潮成为时尚。每年农历八月大潮时，朝廷在钱塘江举行盛大的水师操练检阅，随后是"弄潮儿"表演弄潮。《武林旧事》载："吴儿善泅者数百，皆披发文身，手持十幅大彩旗，争先鼓勇，溯迎而上，出没于鲸波万仞中，腾身百变，而旗尾略不沾湿，以此夸能。"南宋后期，水军检阅停止，官府对弄潮也屡加禁止。后因江岸淤积，潮头逐渐东移至海宁县盐官镇一带，潮头也比过去衰减，弄潮基本绝迹。据萧山沿江一带居民称，20 世纪 40 年代间，尚有人驾一叶小舟在潮峰中穿越，犹如今之冲浪运动；而渔民至今仍盛行柯潮头鱼。

2. 江湖囵渡

俗称"耍水""嬉水""扎猛子"。自古以来，新安江、富春江、钱塘江沿

---

①　任振泰. 杭州市志（第 2 卷）［M］. 北京：中华书局，1997：312—316. 任振泰. 杭州市志（第 7 卷）［M］. 北京：中华书局，1999：346－395.

②　《浙江省体育志》编纂委员会. 浙江省体育志［M］. 北京：方志出版社，2003：100.

岸及其他水乡居民，许多人从小习水，水性较好。富阳龙山脚下习水者，常有手端馄饨，边吃边踩水过江者。1934 年 8 月，杭州业余游泳爱好者组织长风游泳会和长风游泳队，与上海中青年游泳队一起，发起横渡钱塘江赛。次年 8 月中旬，长风队在九溪徐村兴建钱塘江江滨游泳场，此处为三江汇流处，江面宽阔，暗流湍急，有 11 人参加横渡试验，全部到达对岸。

3. 赛龙舟

又称龙舟竞渡。为杭州民间传统水上体育活动，常于农历五月初五端午节进行。唐代时始有西湖竞渡、钱塘江竞渡，相沿至明清不衰。据《梦粱录》载，宋时临安"二月初八日……龙舟六只，戏于湖中。其舟俱装十太尉、七圣、二郎神、神鬼、快行、锦体浪子、黄胖，杂以鲜色旗伞、花篮闹竿、鼓吹之类，其余皆簪大花，卷脚帽子、红绿戏衫，执棹行舟戏游波中"。清代杭州，每年五月"自初一日至初十日，西湖有龙舟竞渡之戏。舟约四五只，长各四五丈，头尾均高，彩画如龙形。中舱上下两层。首有龙头太子及秋千架，均以小孩装扮。太子立而不动，秋千则上下移动。旁列十八般武器，各式旗帜。门列各枪。中央高低竖立彩伞，尾有蜈蚣旗。中舱下层，敲打锣鼓，旁坐水手，划船若做胜会，大看船停泊湖中，龙舟四围圈转，鱼贯而行。如抛物件，各龙舟水手争抢，最难者莫若钱鸭两物。钱则入水即沉，鸭则下水游去，各有争逐，大有可观。……城里东河中也有，自艮山门来者，以宝善桥之彩虹渡为经典。湖墅诸坝各埠，龙舟多至数十艘，无不往朝半山，归必齐集于东新关。观者杂沓，不减湖中"[①]。清道光年间，西湖竞渡溺毙数十人之多，因而为官方禁止。民国时，端午日杭城东河有竞渡，从艮山门水门来者，游人坐船敲锣打鼓，名曰"游短景儿"。余杭蒋村、萧山城厢镇东门每年端午举行龙舟赛会，至今不衰。

4. 西湖自划船比赛

1932 年春，浙江省民众教育馆首次举办西湖自划船比赛，分一人一桨（湖上船户）、二人二桨（普通市民男、女）共 3 个组别，从湖滨民众教育馆附近码头（今一公园码头）出发，绕湖心亭一周后返回。此后，省体育场、市基督教青年会、市童子军总部等单位，也纷纷举办不同阶层市民参加的西湖自划船比赛。

1947 年，省民众教育馆再次举办全市"成年杯"划船赛，有 77 艘船（其中社会组 45 艘，船户组 32 艘）参赛，是民国期间规模最大的一次。

---

① 钟毓龙. 说杭州［M］//王国平. 西湖文献集成（第 11 册）. 杭州：杭州出版社，2004：487 – 498.

## （二）武术、养身气功

武术是我国练武健身的运动。1911 年辛亥革命前三个月，浙江反清人士在杭州成立国民尚武会。1928 年初，国民政府令改武术为"国术"，并在同年 4 月成立"中央国术馆"，要求各地也各自建立国术馆。杭州市于 1929 年 7 月成立"浙江省国术馆"，省长张静江为馆长，以推动全民习武强身。

1929 年 5 月 3 日，浙江省务委员会会议决定，于该年 10 月在杭州举办一场全国性的"浙江省国术游艺大会"①。由浙江省国术馆承办筹备事宜。消息一宣布，全国各地武术界人士纷纷挑选高手好汉准备应会。10 月 11 日，国术游艺会于西湖博览会闭幕的次日即隆重开幕。来自全国 10 个省、4 个特别市的各路武林高手 395 人到杭。与此同时，来自全国各地的观看者成群结队涌入杭城，市区各旅馆客满。

赛场设在通江桥畔的原清代抚台衙署旧址。走进大门，为一方圆形广场，可容纳 2 万余人。中间偏后为比武擂台，台高 4 尺，阔 60 尺，深 56 尺，基本呈正方形，但台前两角呈圆形，台后方为评判员和检察员席位；后方两头，右为军台，左为新闻记者席位。台左右两侧各为梯形样的特别观众席，台的正面为扇形的普通观众席。会场内外挂满各种标语，如"卫生御侮"（蔡元培题词），"扬我国光"（孙科题词），"群英聚会，来献好身手；秉笔直书，周广我见识"，"盛会集杭城，卫国卫民岂独湖山生色；群英研武术，强身强种堪与日月争光"等等。

大会分表演、比武两个阶段。表演阶段共 3 天，集体拳术由中央国术馆的学员分初级、中级、高级进行；名家表演的有：人称武当"剑侠"、中央国术馆副馆长李景林表演太极剑，曾任蒋介石侍卫官的孙禄堂表演太极拳，"江南第一腿"刘百川表演哨子盘龙鞭，浙江国术馆的张文标和萧品三表演大喜拳和五虎拳，还有特邀来大会表演的万国自由车金牌获得者李成斌表演自由车特技。

从第 4 天开始，进入比武打擂台，这次比武，虽由浙江省主办，但经中央国术馆和国有考试院认可，是一次全国性比赛。擂台得主不但享有全国冠军的荣誉，还有 5000 银元（约合黄金 160 余两）的高额奖金。比赛前，评委已向打

---

① 当时许多人特别是武术界人士对"浙江省国术游艺大会"的名称大惑不解，宣传的是"比武打擂台"，名称为何用"国术游艺"？为此，省内外一些武术团体和名人建议改称"国术比武大会"或"国术运动大会"。但是官方鉴于武术界门派多，性子直，听说比武打擂台，都想为本门争第一，担心闹出人命，故名称不改。对这次大会，民间通常俗称"全国武术擂台赛"。

擂者阐明"以武会友，以技争长，不得故意伤人"的原则，又具体宣布了几项规则，如不准挖眼、扼喉、打太阳穴、撩阴，不准故意逃遁，不得拖延时间。然后由实到的 109 名高手分组抽签，抽到相同号码者成对作战，最后再选各组优胜者进入决赛。

这次武术擂台赛规模之大，规格之高，在全国可说是空前的。此后，不少好手留在浙江省国术馆和十大教练站教武术，一时杭城习武之风大盛。在这股比武大潮的推动下，杭州又新办了许多国术馆、所。苏景由主持的浙江国术馆邀请太极拳传人杨澄甫、武当掌门高振武、"铁腿"刘百川等武术名师，来浙任教，使浙江成为武林高手荟萃之地。当时十大国术教练站是：三圣巷所（汤鹏超主持）、枝头巷所（刘金声主持）、吴山所（韩庆奎、蒋玉坤等主持）、仙林寺所（朱强等主持）、南班巷酒业会馆所（奚成甫主持）、社坛巷所（谢茂林等主持）、琵琶巷所（如修和尚主持）、道院寺所（张士贤主持）、南星桥所（朱孔武主持）、油竹桥财神殿所（朱元江主持）。杭州被日军侵占后，日伪"中央秘书长"褚民谊于 1940 年 10 月发起成立"太极拳操讲习会"。同年 12 月，武术界人士冯斌、阮奉天、王志华等发起组织杭州国术研究会。

此外，清至民国，养身气功多在杭州的武林人士、僧道及军政界失意人士中流传。

（三）掇石墩

举石担、石锁、石皿、石鼎等，历来是杭州民间喜爱的一项健身、练武活动。南宋时，这一活动受到官方鼓励。《武林旧事》记有举石球的天武张、掇石墩的花马儿等六位民间举重能手。通常"墩"以石做成，两边有便于抓握的扣手。明末清初，石墩分为三百斛、二百五十斛、二百斛三个等级，规定举墩必须离地一尺。其他举重器具也有一定的"民规"，如举石担，有单手举、双手举之分，还有扯旗、腰花、头花、颈花等舞举法；石锁有单手抓握、砸肘、背等举法；大刀有冲举、劈举、扯旗、腰花等舞举法。

民国时期，这类民族形式的举重被各类运动会列为正式竞赛项目。中华人民共和国成立后，运动竞赛的举重项目一律改用国际通用的杠铃作为竞赛器材，但民间举石担、舞石锁仍很流行。

（四）民间博戏

为了消遣，为了让生活更多一点乐趣，民国时期的杭州在原有的体统方式基础上，或继承或开发出了一些逗闷的乐子及时令游乐活动。杭城妇女自古喜爱秋千，儿童喜爱踢毽、跳绳等。

据 1935—1937 年省教育厅视察周伯平编写的《浙江民间体育游戏》记载，流行于杭州市的体育游戏有：击鼓传花、龙门夺魁、游西湖十景、叠罗汉、造牌坊、雷戏、打陀螺、滚铁环、老鹰抓小鸡、盲人骑瞎马、障碍跑、周游列国、深山觅宝、二龙抢珠、八仙过海、寻躲哥、蛇蜕皮、跳马、锁担竞走、担水竞走、竖蜻蜓、童子拜观音、打虎跳、打翼子、跳田鸡、翻筋斗、攀竹木、抢四方、打秋千、造房子、三足竞走、跳绳、踢毽等。

1. 垂钓

东汉初，严光隐居富春江七里泷，以钓鱼自娱。南宋几朝皇帝也喜爱垂钓。《武林旧事》记高宗"淳熙九年八月十五日，驾过德寿宫……命小内侍进彩竿垂钓"。当时街市有专售钓竿、钓钩的商店。杭州地区通常流行排钓、滚钓、弓钓等钓法。在钱塘江激流中，人们常用甩钓（也称"海钓"），有时能钓住几十斤重的大鲶鱼。

2. 踏青、登高

《梦粱录》中载有南宋临安清明踏青、重阳登高盛况："官员士庶，俱出郊省坟……车马往来繁盛，填塞都门。……不论贫富，倾城而出。"民国以后，各中小学都把清明前后与重阳前后定为春秋两季的"远足日"。

踏青、登高这些传统时令游乐活动，既是对传统节日礼俗的继承，又是人们出于对娱乐的需求，既达到了驱邪消灾的心理满足，也达到了娱乐养生的目的。

3. 信鸽

早在南宋，杭城宫廷、民间即多有养鸽者，有"万鸽竞翔朝圣都"的诗句。1935 年 9 月，省体育场举办南京—杭州信鸽试放，参加信鸽百余羽。

4. 棋牌

南宋时，宫中设"棋待站"，供皇帝随时召见对弈。《武林旧事》载有当时十五名著名棋手姓名（象棋十名，围棋五名）。绍兴年间，洪迈著《棋经论》十三篇，棋道人著《自出调来无敌手》等，对中国象棋的发展起了重要作用。围棋在杭州流行不及象棋。清康熙年间，杭州著名围棋国手徐星友，是当时围棋"棋圣"施定庵的老师，所著《兼山堂弈谱》《残局专集》《绘声园弈谱》等至今仍有影响。

民国期间，杭州不少茶馆、说书场设有中国象棋的棋摊、棋擂台。最著名的是设于湖滨喜雨台的棋茶室，它的棋擂台不仅吸引杭州高手，外地以至香港、澳门及东南亚各国的棋手也常有专程来杭打擂台的。1934 年 5 月 19 日，由上海棋手偕英、美、奥、捷、荷、意、芬、塞浦路斯、丹麦、印度等 14 国棋手来杭，在之江大学做了一次表演赛。

除了围棋和象棋外，还流行五子棋和西瓜棋。

五子棋是流传于民间的一种棋类游戏。它可借用象棋棋盘，亦可以纸上画成 8×8 或 12×12 小方格棋盘；以蚕豆或象棋子当棋子。对局时，双方各备若干枚棋子，轮流落一子上盘，谁的 5 枚棋子呈一直线，即可吃掉对方任意一只棋子。棋子下完后，每次按直线随意移动一次，以吃完对方棋子为胜。

西瓜棋是杭州民间传统儿童博戏。一般就地或在面板上画圆形西瓜一个，交叉十字四分，然后再在东南西北画半圆形，中间十字交叉处画小圆。双方各执有区别的六粒棋子，放在各自一方的交叉点上，豁拳定先后，然后轮流下子，每走一次只能走一子，每子沿线一步。下棋的目的就是设法围歼对方的棋子，当逼得对方的子无法走动时，如三子连成一圈套，围住对方一子，就可将该子吃掉，以一方吃光为输。

民国以来，西方传入的扑克牌在杭州也开始流行。

民国以来，"清一色"三字流为谚语，即从麻雀牌而来。玩时亦有庄家，四人轮值，值遍谓之一圈。"轮流坐庄"亦成为谚语。庄家赢，得连任之。谓之叉麻雀，讹曰打麻将。钟毓龙在《说杭州》一书中道："杭州在清末尚少通行。民国后，以军阀之酷好，美其名曰酒后娱乐。缙绅士子从而效之。甚至学校教师，退课之余，昼夜雀战，劳神伤财，废时失业，良可深慨。"

5. 猜拳

猜拳又称"豁拳"和"拇战"，为杭人民间饮酒助兴时的一种博戏。系指两人同时出拳伸指，并同时喊出一个数字，以符合双方伸出的手指所表示的数字之和者为胜，凡 3 次而为一决，负者罚饮酒。所喊数字，均含吉利之词，如"一定中""两相好""三六顺""四季发财""五子登科""六六顺""七星高照""八仙过海""九九归一""十全福"等等。

猜拳还有两种玩法。一是以手势模拟锤（或石头）、剪刀（或锥子）、布（或纸）之形，握拳、伸食指中指、张手，以相克取胜负。一是以筷子对敲，每敲一下同时喊出虎、鸡、虫、棒等其中一种，以相克决定胜负。一般 3 次而决胜负。

猜拳除两手对垒外，还有摆擂令，行此令不限人数，以酒量大的人自摆擂台，为擂主。擂主先自饮一大杯，向合席众人宣战，席中不拘哪一位，均可应战，应战者也先饮一杯，再与擂主猜拳。擂主败，则让出擂台，由胜者继任擂主。还有一人分别与席中每个人猜拳，犹如过关斩将，称为"通天拳"，还有猜拳只许出手、不许张口的"哑拳"，以及两人对垒，空猜其拳，而他人饮酒的

"空拳"等等，种类繁多，酒令百出。

### 6. 斗蟋蟀

杭人俗称斗蛐蛐儿，以蟋蟀相斗为戏的娱乐活动，为杭州民间喜闻乐见的一种博戏活动。南宋时，杭州斗蟋蟀之风盛行，官居宰相的贾似道还专门在西湖葛岭建造"半闲堂"，与姬妾斗蟋蟀取乐，他还写出世界第一部关于蟋蟀遴选决斗和饲养的专著《促织经》。被称为"蛐蛐宰相"。民间斗蟋蟀时，双方蟋蟀需称体重，然后放入盆中，以草或马鬃引斗。一时，两雄对峙，劈头便咬，扭打一起，互不相让，直到一方支持不住，才告一段落。民国时，杭城多有斗蟋蟀的赌场，湖滨鸟儿茶会楼上，就是专门以斗蟋蟀开赌场。钟毓龙在《说杭州》一书中记载了他曾在杭州翰聪甫的位于大塔儿巷的住宅中看过斗蟋蟀。"入门，则蟋蟀摊列处皆是。厅上左右中三处设三桌，为斗之地。桌上各置一竹制之扁盒，广约三寸，长约八寸，高约二寸余，微作圆形，以竹丝为之，可见其中斗时之情形。中设一闸，分为两部，斗时则启之。两头各开小门，为蟋蟀出入之地。欲斗者，先各将其蟋蟀置一小盒中，以戥称之，轻重适合，然后可斗。赌者之钱，多少任意，但须向账房中易取筹码，桌上无现钱也。蟋蟀分入扁盒后，中座之公证人乃高呼'帮花'。帮花者，旁观之人亦得视其某一方之蟋蟀为可胜而以钱加入某一方也。扁盒之两旁尚有圆形之小竹筒，各置多数蟋蟀，时时以蟋蟀草撩之，使之大鸣，以助斗兴。帮花既毕，公证人乃将扁盒中之闸木取去，两蟋蟀相见而斗，胜败旋分矣。帮花者如博胜，持筹码至账房中易钱，则以八折交付，此设斗场者牟利之法也。"

### 7. 踢毽子

"正月踢毽子，二月放鸢子"，这是杭州地区流行的儿歌。踢毽子也称"踢箭子"，由古代蹴鞠运动演变而来。杭州踢毽子之风盛于南宋。临安城里专营毽子的店铺。一般在冬季进行，可以暖身健体。

毽子以布或布缝裹小铜钱为底座，上插一束鸡毛（或鹰毛等）。踢法有盘踢、拐踢、蹦踢、间踢等。比赛方法多样，单人赛比踢数，比花式等。集体赛则在场地中央画一宽约 1 米的"河"，将场地平分为二，两队各站一区，一队先将毽子踢过"河"。对方需在毽落地前或第一次着地反弹时将毽踢回对区，如此反复往返。一方未能将毽子踢回对方区域者即失 1 分，以 10 分为一局，采取五局三胜制，称为"踢过河毽"。

20 世纪初，欧美近代体育进入中国以后，踢毽子仍是杭州青少年喜爱的活动。民国时期，杭州民众教育馆曾举办过两次踢毽表演，有单人单脚计数踢、双脚计数踢、双脚交换踢、串联花式踢等几十种踢法。

### 8. 放风筝

杭人称风筝为"纸鸢""鸢儿"，为民间岁时娱乐风俗。大多在春风和煦的清明节前后。风筝的技艺全在做工，从扎细竹骨架，到糊以纸绢，涂以彩绘，调准提线，系以长线，各道工序十分讲究。风筝形式多样，一般是用细竹或竹片扎成骨架，模仿蝴蝶、蜈蚣、凤凰等禽、鸟、虫形状或人物形象，糊上棉纸或薄绢，上画彩色图案。放飞时，在风筝的拉力中心，拴上提线，再与放线联结，借助风力，飞上天空。

自南宋始，杭城已有放风筝比赛活动。南宋时风筝制作工艺相当发达，放风筝在杭州成为盛行的娱乐游戏。《武林旧事》记载南宋白堤"桥上少年郎，竞纵纸鸢，以相勾引，相牵剪截，以线绝者为负"，并有专售纸鹞的商店十几家。

民国时期以至今天，放风筝仍为人们盛行的娱乐游戏。民国时期杭州曾举行过三次风筝比赛，其中第三次于1935年7月在梅东（今梅登）高桥体育场举行，由杭州市工部局举办，有50多只鹞子参赛，这是中国近代一次规模较大的风筝比赛。

### 9. 跳绳

原为庭院游戏活动，后发展为民间竞技运动。

跳法有三种：一种是游戏性跳绳，边跳边伴唱，以娱乐为主；一种是技巧性跳绳，有单脚跳、换脚跳、双脚并跳、双脚空中分跳、蹲跳、反手跳、侧卧式跳等多种花样动作；一种是快速性跳绳，有快跑跳绳比赛和原地正反快跳比赛之分。跳绳的方式有个人与集体之分，双人对跳、多人同跳、鱼贯顺序跳，都是集体跳绳的主要形式。绳亦有两种：一种长绳供多人跳，由两人摆绳；一种短绳由单人双手摆绳，自摆自跳。

### 10. 抽陀螺

俗称"抽贱骨头"，为杭州民间传统儿童游戏，通常在冬春进行。

陀螺有陶制、木制、竹制、石制多种，以木制居多。木制陀螺为圆锥形，上大下小，锥端常加铁钉或钢珠。玩时，以绳绕陀螺使其旋于地，再以绳抽打，使之旋转小停。抽打得越狠旋得越快，故称"抽贱骨头"。抽陀螺亦可进行相互竞赛，一人先抽，不停抽击，抽到陀螺停止为输，再由另一人继续抽击。

除了抽陀螺外，还有一种铁制、塑料制的陀螺可以用拇指、食指相旋。以学龄前儿童玩耍较多。

### 11. 七巧板

又名智慧板、乞巧板、七巧牌，是杭州民间流行的一种传统智力玩具。这种拼版游戏，相传由燕儿图演变而来。原为在文人雅士中玩的一种室内游戏，后流传到民间，逐步演步成为拼图板玩具。七巧板分别为7个不同形状的小块，合则为正方形，经拼凑，可成人物动态、动植物形象、住房建筑、山亭楼阁、船桥车马、花卉鸟虫以及各种几何图形，变化无穷，巧妙异常。可一个人玩，也可几个人进行各种比赛。由于设计科学，构思巧妙，变化无穷，能提高人的想象和判断能力，活跃形象思维，启发儿童智慧。民国年间，七巧板是杭州幼稚园学习的课件之一。

12. 套圈

套圈是一种民间游戏。用硬板纸绘制成各种小动物，并在小动物纸板后面支一个小木棍，使小动物以能立于地上。游戏开始，把小动物散立在场地上，在距离场地两米左右的地方画一白线，作为起点线。游戏者手持若干藤圈，站在起点线外去套小动物，每套住一物，可获奖一分。

13. 猜灯谜

俗称猜谜子，是我国独有的富有民族风俗的一种文艺形式。其基础是谜语。谜语始于春秋战国时代，秦汉以后日臻成熟，南宋时杭州文人于元宵节将谜语贴在花灯上，引人猜测，故名"灯谜"。灯谜通常以事、物或诗句、成语、俗语、人名、地名等文字为谜底，以隐喻暗示，形似或描写其特征为谜面，供人猜测。对发展儿童智力和联想力有很大益处。

14. 捉七

这是民间的一种儿童游戏。就是用零头缝制的七只小计（类）袋（麻将牌大小）。游戏时撒向桌面，然后取出其中一只，抛向上空。当空中那只"七"尚未落到桌面时，抛"七"者即迅速用手聚捉散于桌面的其他"七"。捉"七"时以不碰动未被捉取的"七"为准（若有碰动即判为失败）谁能顺利捉完桌上的"七"即算取胜。

15. 挑香棒

又称游戏棒。这是民间的一种儿童游戏活动。旧时农历七月三日民间有插"地上香"的风俗。地上香下端均有一根竹棒，香烧完之后，留下的香棒便成了小孩们的游戏工具。游戏时，参加者手抓一把香棒，使其散架在桌上，然后取一根香棒作挑竿，将散于桌上的香棒逐根挑出来（以不碰动另外香棒为准），最后看谁挑取的香棒最多。

16. 滚铁环

是民间的一种儿童游戏。游戏时，参加者手控顶端弯成V字形的铁棍或铁丝，推动一个直径60厘米左右的铁环，向前直跑或绕圈跑，谁以最短的时间跑的路程最远（铁环不倒），谁即获胜，此项游戏对培养儿童的耐力和专心大有益处。

17. 跳皮筋

此游戏以女孩玩耍较多。以细牛皮筋结成绳子，长约三四尺，两人扯绳各一端，随着牛皮筋的上下弹动，以一人或数人跳绳。基本动作有点、迈、顶、绕、转、掏、摆勾、踩、摆踩、踢等。一般分为三个高度：两臂自然下垂拉牛皮筋；将牛皮筋举至与肩齐平；一臂上举拉牛皮筋。并有单人和集体两种跳法。在基本动作的基础上联合而成各式花样，一个联合动作跳 2×8 拍。比赛时须三个不同高度上跳出不少于三个不同的联合动作，要求准确、熟练，连贯协调，舒展自如，节奏感强。

18. 弄手影

杭州民间传统儿童游戏。在民国时也十分普遍。手影游戏十分简便，且历史悠久。《都城纪胜》记杭州瓦舍众伎"杂手艺"中就有"手影戏"一项。手影戏不要复杂设备，只要一烛或一灯，甚至一轮明月，就可以展开巧思，通过手势的变化，创造出种种物的形象，因手影主要作给儿童看，儿童喜爱动物，于是兔子、狗、猫等就成了手影主要表现对象。"像不像，三分样。"通过形似的手影游戏，可以启发儿童的联想思维。

19. 抓子儿

杭州民间妇女、儿童喜玩的传统室内游戏。所谓"子"，除石子外，还有李核、桃核、杏核、盛沙的小布袋等等，玩法有两种，动作不外掷、拾、承。一种玩法，每人衣袋中各备一堆子儿，出子儿时，大家同声唱念："出，出，一大把，不出一个就出俩。"念毕，张开手掌，谁多谁先抓。一次决出后，将大家所出子儿归拢一处，撒在桌上，讲好"抓三"还是"抓二"，若抓三，则只能抓那些自然形成的以"三"为一组的，抓完则止。另一种以出子多者先抓，先将子儿全部兜在掌心，然后抛起，翻过手掌，以掌背承下落之子儿再抛一次，迅速翻过手掌，以掌心承子儿，要求掌背上所有的子儿必须全部接在掌心，跳出手心者，叫"炸子儿"，则前功尽弃，承得的子儿全部归自己。

20. 挑花花线

此游戏大都于七夕佳节女孩子玩耍。以红线一根，打结成圈，由一女孩以双手拇指、食指，先挑成一长方形。然后由另一女亦用拇指、食指，将长方形挑成另一图形，这样两人可以变换各种图形，直到变换不出花样。据说会挑花花线的，大家称之为"巧女"。

综上而言，从1911年到1937年，随着新兴的近代休闲空间出现和拓展，随着原有的传统休闲空间现代化，城市休闲设施增多，休闲景观丰富，休闲空间体量增大，系统趋于完善，休闲空间凸显。

从渐趋成熟的城市休闲体系，休闲设施结构调整的现代性趋势，大众化的休闲娱乐市场，休闲文化品牌的建设（西湖博览会、西湖风景区及西湖滨水休闲带）来看，都揭示了民国杭城休闲空间发展的现代性特征。休闲空间的发展对杭州城市的现代化发展具有重大意义。当然这种休闲空间的建设未及深入和全面展开，但局部的建设对城市和社会产生了积极的影响。

我们同时也应当看到，休闲娱乐空间的拓展，尤其是近代旅游娱乐项目的出现和开发，它们对于改变社会上层的生活方式与观念更为明显，而下层则参与较少。所以休闲娱乐空间尽管已经有相当拓展，但对于下层民众来说，对他们的生活与生活方式有影响，但不深入和强烈。

# 第四章  奠基：旅游城市的成型

　　杭州内有风景如画的西子湖，外临气势磅礴的钱塘江，气候温和，物产丰富，交通发达，历史文化悠久。独有的自然美景与浓厚的人文底蕴，为杭州旅游城市的创建提供了客观条件。

　　从气候条件看，杭州地处亚热带季风气候区，四季分明，气候温和，光照充足，雨量充沛，植被丰富，自然条件非常适合人们四季游玩。从自然环境和资源看，杭州"三面云山一面城"，城在山水中，山水在城中，杭州城市有着得天独厚的自然环境。市区群山环绕，江河纵横，绿树成荫，风景秀美。杭州拥有西湖、千岛湖、富春江、新安江的山水，古运河的文化，钱塘江的大潮，构成了丰富的旅游资源。尤其是因为位于城市中心的西湖，使杭州这座城市别有韵味，具有了其他城市无法比拟的自然优势。"三秋桂子，十里荷花"，春夏秋冬，景色各异，阴晴雨雪，风姿百态，西湖不仅占着山水之胜，林壑之美，还因为历史上著名的民族英雄岳飞、于谦、张煌言和辛亥革命烈士徐锡麟、秋瑾、陶成章等埋骨于此青山绿水之中，因为遍布南北山区的古代石窟造像、景点中的碑刻和建筑，使西湖又充满了浓郁的文化色彩和艺术魅力。"未能抛得杭州去，一半勾留是此湖"，这是到杭州后最普遍的眷恋。

　　文化是城市的灵魂。杭州积淀了5000多年的历史文化，素有"人间天堂"之称。从城市建制以来，已有2200多年。杭州是历史上八大古都之一，文物古迹众多，历史底蕴和文化积淀非常深厚。自隋代开通大运河以后，杭州便成了南北经济、文化交流的枢纽，从而成为东南重镇。到唐初，杭州经济进一步发展，成为东南名郡。此后吴越建都杭州。"东南形胜，三吴都会，钱塘自古繁华。烟柳画桥，风帘翠幕，参差十万人家。"这是北宋大诗人柳永在千古绝唱《望海潮》中对杭州的赞美。直至南宋，杭州更以富庶华贵、休闲安逸著称于世。"山外青山楼外楼，西湖歌舞几时休？暖风熏得游人醉，直把杭州作汴州！"休闲安逸的杭州吸引了无数文人骚客、社会名流来此游览观光和休闲，他们或西湖泛舟、或书院求学、或龙井问茶、或酒肆对酌……"江南忆，最忆是杭州"，白居易把人们对杭州休闲生活的眷恋之情描述得入木三分。从历史上看，杭州也是国内休闲文化、休闲传统最为深厚、最为浓郁的城市之一，在中国的休闲文化史上占有重要地位。

精致和谐的山水风光，悠久丰富的历史文化，发达的经济优势，以及长期安逸的生活，造就了杭州文化的休闲个性。面对近邻上海迅速崛起，面对杭州自身的特性，1927 年 5 月杭州市政府成立后就确立了"风景都市"的发展方向，杭州市政府通过重点开发西湖风景区、强化与旅游业配套的基础设施建设和城市管理，完善和配套城市旅游设施，提升旅游资源的档次，扩容景观空间，诞生旅游业，杭州的旅游进入一个新的发展阶段。杭州的旅游资源优势和旅游城市特色因市政府的决策引导和政策扶持而日益显现，杭州城市个性和功能优势得到充分发挥，旅游城市的特色显著增强。

至 20 世纪 30 年代，杭州俨然成为一个著名的旅游城市，旅游城市的形象凸显。概括而言，其原因有三。其一，自清末至民国时期，相继建成了沪杭甬铁路和浙赣铁路，陆续修筑了杭州至上海、南京、宁波、金华、安徽等地的公路，开设了钱塘江、大运河的轮船公司，市区开辟了马路，有了公共汽车和电报、电话，兴建了电厂和自来水厂。现代的交通电信和公用事业设施，促进了杭州的商品交流和工业生产，促进了杭州旅游业的发展。其二，北伐胜利后至抗日战争以前，社会比较稳定，经贸旅游活动开展，杭州凭借得天独厚的自然和地理环境，成为全国著名的旅游胜地。其三，也是主要的原因，与民国时期杭州市政府的"风景都市"的城市定位和规划是分不开的。民国杭州市政府在寻求适合杭州城市的独特发展道路、发挥城市功能优势方面发挥了主导作用。

总之，由于政治、经济、文化以及地理、自然等方面的历史和现实因素的影响，民国时期杭州城市的休闲娱乐功能在城市建设和城市经济发展中占有主导地位。在这主导地位中，又以旅游为核心进行发展和培育，建设旅游型城市成为这一时期杭州的发展特色。

### 一、近代旅游的发展

杭州自古就有"天堂"之称，旅游自古发达，从来都是文人骚客、行商坐贾的云集之地。宋室南渡后，西湖就成为著名的旅游观光区。诗人林升曾描述了当年西湖的繁华景象："山外青山楼外楼，西湖歌舞几时休？暖风熏得游人醉，直把杭州作汴州。"元明时，杭州兴起了传统的西湖香市，届时有大量香客从四面八方涌入杭城，进香求神，贩货购物。至清代已成为固定的节日，主要有吴山香市、天竺香市、昭庆香市和岳坟香市。其中以昭庆香市为最盛，每逢香市，妇女云集，杭州的绸缎、龙井茶叶、张小泉剪刀、舒莲记扇子、孔凤春香粉等手工艺精品，均是外地游客来杭必购之物。为了更好地方便游客游览西湖及附近风景名胜，继明代田汝成著有《西湖游览志》后，清乾隆年间，杭州人翟灏、翟瀚兄弟合著了《湖山便览》。书中西湖景点增加到 1016 处，光绪年间重刊，是为杭州最早的导游书籍。

清末至民国时期，杭州相继建成了沪杭甬铁路和浙赣铁路，又陆续修筑了杭州至上海、南京、宁波、金华、安徽等地的公路，开设了钱塘江、大运河的轮船公司。市区开辟了马路，有了公共汽车、电报、电话，兴建了电厂和自来水厂。近代化的交通、通信设施的修建，促进了杭州商业和工业的迅速发展，杭州的旅游增长迅速，并出现了质的飞跃，即旅行社开始出现，标志着近代旅游的开端。

北伐胜利后至抗日战争前，社会相对稳定，经贸旅游活动蓬勃发展。为将杭州发展成为旅游城市，市政府加大了西湖风景区的建设力度。当时有识之士普遍认为：“西湖的种种设施管理，都与市政有密切的关系。我们要把杭州市当作一个游览市，西湖的景色，当然要靠市政当局来设计号召不可了。”① 为此进行了一系列的工程：增辟湖区公园、修缮名胜古迹、完成西湖周边造林计划、疏浚湖区、禁止营葬等。

政府还通过一系列的活动来刺激旅游活动的开展，加强杭州的影响力，促进杭州旅游事业的发展。如 1929 年召开西湖博览会；1930 年春杭州还举办过全国运动会，竞赛、参观、游览的人士云集，有万余人参加大会。

伴随着杭州旅游的发展，兴起了一系列与旅游相关的产业和管理接待机构。据 1932 年《杭州市经济调查》资料，当时有旅馆 168 家，从业人员 1528 人；有菜馆 80 家，从业人员 1143 人；有饭店 258 家，从业人员 891 人；有面点店 283 家，从业人员 1044 人。1932 年杭州市政府成立了杭州市游客局，专门办理外国人来杭事务，从事旅游宣传和接待工作，如编印中英文游览小册，分寄欧美各地，扩大宣传。从 1932 年 1 月到 1934 年 3 月，游客局共接待了外国游客 1.27 万余人。②

除了旅游的人数大大增多外，近代杭州旅游的发展主要表现在几个方面。一是旅行社开始出现，标志着旅游业的产生和近代旅游的开端；二是大量导游

---

① 唐季清. 杭州市之前瞻与后望［J］. 道路月刊，1936，51（第 2 号）.

② 杭州市政府十周年纪念特刊［Z］//杭州市档案馆. 民国时期杭州市政府档案史料汇编. 1990：7.

书籍的出版；三是交通运输业开始介入旅游业，运输业与旅游业建立了更密切的联系；四是旅馆业和餐饮业出现了为旅游者的专门服务；五是旅游景点和设施的建设成为经营性项目，旅游胜地的建设有所发展。

### 二、景观时空的拓展

民国年间，新的景观空间的生成和景观空间的美化，体现了景观建设现代化的滥觞。

据明代田汝成《西湖游览志》载，当时已有 5 条游览线路：孤山路，有景点 15 处；南山路，有景点 50 余处；北山路，有景点 200 余处；吴山路，有景点 50 余处；浙江路（今江干一带），有景点 15 处。清代旅游线路扩展至云栖一带，游览景点增加到 1000 余处。民国以后，西湖景点和文物古迹不断增多。西湖周围先后新建了湖滨公园、中山公园、哈同花园、西湖大礼堂、浙江忠烈祠、辛亥革命纪念馆、秋瑾墓、灵隐寺大悲阁等，并整修了翠微亭、岳王庙、黄龙洞、钱王祠、保俶塔、西泠印社、俞楼等。经过不断的整治，西湖得以大放光彩，声誉益隆，逐渐成为杭州的城市名片。从 1912 年至 1916 年，孙中山先生曾 3 次来杭，对西湖大加赞赏，誉之为"国宝"。他说："西湖之风景为世界所无，妙在大小适中。若瑞士之湖嫌其过大，令人望洋兴叹；日本之芦之湖又嫌其过小；令人一览无余。惟西湖则无此病，诚为国宝，当益加以人工之整理，使世界之游客皆来观赏其真价。"这大大促进了杭州旅游的发展。

民国年间，西湖的湖山景色在空间上有很大突破，除了苏堤春晓、柳浪闻莺、花港观鱼、曲院风荷、双峰插云、雷峰夕照、三潭印月、平湖秋月、南屏晚钟、断桥残雪等西湖十景外，又新增了六桥烟柳、九里云松、灵石樵歌、浙江秋涛、北关夜市、冷泉猿啸、葛岭朝暾、孤山霁雪等钱塘八景和湖光春社、玉带晴虹、吴山大观、梅林归鹤、湖心平眺、宝石凤亭、蕉石鸣琴、凤岭松涛、玉泉鱼跃、天竺香市、黄龙积翠、云栖梵径、韬光观海、西溪探梅、小有天园、漪园、留余山居、篁岭卷阿、吟香别业、瑞石古洞、香台普观、澄观台、六和塔、述古堂等二十四景。①

民国年间，杭州旅游景区数量增长是迅猛的。在据徐珂《增订西湖游览指南》的记载，1915 年杭州景观共计 89 处，具体分布如下：孤山路 7 处，北山路

---

① 干人俊. 民国杭州新志稿（卷二十五）［Z］. 浙江图书馆古籍部影印本.

14 处，南山路 26 处，江干路 10 处，城中路 9 处，东皋路 6 处，北墅路 4 处。①据陆费执原辑、舒新城重编：《实地步行杭州西湖游览指南》，1929 年杭州景观共计 187 处，其中沿湖区 49 处，孤山区 28 处，葛岭区 16 处，北山区 18 处，南山区 39 处，吴山区 13 处，江干区 15 处，西溪区 19 处。②据赵君豪《杭州导游·名胜》，1937 年杭州景观共计 463 处，其中湖中区 14 处，孤山区 42 处，北山区 128 处，南山区 136 处，西溪区 46 处，江干区 31 处，吴山区 66 处。③从1915 到 1929 年，杭州旅游景观从 89 处增加到 187 处，再到 1937 年，增加到463 处，二十年间，旅游景观增加到了 5 倍多，可见景区的开拓力度之大。

杭州景区的空间范围也在扩大，从西湖逐步向郊区风景名胜扩展，包括塘栖长桥、富阳鹳山、临安天目山、白龙潭、桐坞、梵村等，形成了短长途交错的旅游线路网。民国时期，余杭超山是和苏州邓尉、无锡梅园并称的江南三大探梅胜地之一。按步游、舆游、舟游和骑马游的不同交通工具，可分为一日游、三日游、五日游、八日游，到十日游、十五日游等，"惟个人之经济、精神、时间不尽相同，须按个人状况而定游览之路线及日数"。当时步游与舟游相结合最受游客欢迎，而且一般都选择两日游，具体行程安排大致如下：第一日自涌金门出发，进小南湖，在高庄午餐，绕丁家山经宋庄去金沙堤，由西泠桥洞而入里西湖，出断桥至钱塘门登岸；第二日自新市场出发，直达三潭印月，转湖心亭，折而谒岳庙，进午餐后，由岳庙出自湖滨，折向左步行，经秋墓、苏墓，过西泠桥，环绕孤山一周，命舟在放鹤亭下相候，及登舟中流击桨，在葛岭孤山之间，可试"空谷回声"之胜，然后至钱塘门登岸。④

美国人 R. F. FITCH 在其《西湖行程：描述西湖的主要景点及钱塘江》（1929 年）中向西方游客推荐的线路有第一行程的西湖北线：昭庆律寺、大佛寺、保俶塔、抱朴道院、紫云洞、岳坟、先烈祠、秋瑾墓、苏小小墓；第二行程的杭州最有名的寺庙：玉泉寺、灵隐寺、韬光寺、北高峰上的财神庙、上天竺、中天竺、下天竺；第三行程的西湖南线和龙井山：净慈寺、雷峰塔、张苍水祠、法相寺、石屋洞、烟霞洞、龙井、理安寺；第四行程的钱塘江边的景点：六和塔、之江大学、五云山、云栖寺、虎跑寺；第五行程的西湖和孤山：平湖

---

① 徐珂. 增订西湖游览指南［M］//王国平. 西湖文献集成（第 10 册）. 杭州：杭州出版社，2004：671 – 715.

② 陆费执，舒新城. 实地步行杭州西湖游览指南［M］. 上海：中华书局，1929：5 – 25.

③ 赵君豪. 杭州导游·名胜［M］//西湖文献集成（第 10 册）. 2004：1128 – 1164.

④ 陆费执，舒新城. 实地步行杭州西湖游览指南［M］. 上海：中华书局，1929：111 – 112.

秋月、放鹤亭、徐锡麟墓、三忠祠、忠烈祠、孤山公园、左蒋二公祠、西泠印社、刘庄、三潭印月、湖心亭；第六行程的杭州城内的商店、寺庙及景点：回回堂、舒莲记扇庄、金华火腿公司、翁隆盛茶叶店、恒丰绸庄、胡庆余堂、东岳庙、仓圣庙、城隍庙、八卦坛、丁仙阁、宝成寺；一日行程：灵隐寺、玉泉鱼跃、岳公庙、抱朴道院、放鹤亭、忠烈祠和十六罗汉、西泠印社、三潭印月、回回堂、大街上的商店；钱塘观潮；桐庐七里泷游玩；他还特别提到了一条别有趣味的趁车旅行：天主教修会墓地、钱王陵以及诗人苏东坡常去之地，认为非常值得一游，希望有更多的游客能来这里旅游。

民国年间，杭州的湖山景色不仅在空间上有扩容，在游览时间上也有很大突破。

杭人有四时赏花的习俗。南宋时有重九赏菊，"禁中与贵家皆此日赏菊，士庶之家，亦市一二株玩赏"。① 明清时发展为"茶坊菊景"，由花匠扎各式大小盆景，出租与各茶肆陈设。民国后，"孤山公园菊花极多，佳种不可数计，爱菊者群往观赏"。② 赏菊已从室内转向室外。民国时期，玩赏四时景色，内容更为丰富。春天有"孤山月下看梅，八卦田看菜花，虎跑泉试新茶，保俶山看晓山，西溪啖煨笋，登双高峰望桑麦，三塔基看春草，初阳台望春树，苏堤观桃柳，西泠桥玩落花，小阁听雨"；夏天有"苏堤看新绿，东郊玩蚕山，三生石谈月，飞来峰避暑，压堤桥夜宿，湖心亭采莼，晴湖观水面流虹，山晚听轻雷断雨，乘露剖莲雪藕，空庭坐月鸣琴，看湖上风雨欲来，步山径野草幽花"；秋天有"西泠桥畔醉红树，宝石山下看塔灯，满觉陇赏桂花，三塔基听落雁，胜果寺石岩望月，水乐洞雨后听泉，资岩山下看石笋，北高峰顶观海云，策杖园林访菊，乘舟风雨听芦，保俶塔顶观海口，六和塔夜玩风潮"；冬天有"湖冻初晴，远眺雪霁，策蹇寻梅，三茅山顶望江天雪霁，西溪道中玩雪，山头玩赏腊梅，山居听人说书，扫雪烹茶玩画，雪夜煨芋谈禅，山窗听雪敲竹，除夕登吴山看盆景"。③

### 三、旅游业一枝独大

清末民初，杭州旅游增长快速，因而旅游设施相应地有了较快的发展，尤

---

① （宋）吴自牧. 梦粱录（卷五）［M］. 杭州：浙江人民出版社，1980.

② 钟毓龙. 说杭州［M］//王国平. 西湖文献集成（第11册）. 杭州：杭州出版社，2004：507.

③ 杭州地方志资料第一、二辑：民国杭州市新志稿专辑［Z］. 杭州市地方志编纂办公室，1987：253，254.

其是到了二十世纪二三十年代，旅游活动迈入了近代，旅游业呈现蓬勃之态，数量和体量上都有了巨大的进步。

从旅游业的构成上来讲，主要有三大支柱行业，即旅行社、住宿业、交通业。旅行社、以住宿为主的旅馆业以及交通运输业也渐成体系，并形成了一定规模，具有一定的旅游接待能力。在民国年间的杭州城市经济中，旅游业一枝独大，旅游业中又以旅馆业为最。

（一）旅行社的成立，标志着旅游业的开端，标志着古代旅游向近代旅游的转变

为了满足旅游日益发展的需要，为了夺回洋人之利。1923 年 8 月 15 日，上海商业储蓄银行旅行部成立。同年 9 月 1 日在杭州设立分社，后改名为中国旅行社杭州分社，又称杭州中国旅行社（以下简称中旅），实行股份制经营。初创时社址在湖滨路 69 号，先后设立金华支社、莫干山夏令办事处等，主要业务是为游客洽购车票，代定游船，出租汽车，预定旅馆，雇佣导游，后扩大到承办中外游客的团体旅游等。这是杭州建立最早、经营规模最大的第一家股份制旅游企业。在杭州旅游发展史上具有划时代的意义，它标志着杭州近代旅游业的开端，也标志着古代旅游阶段走入了近代旅游的阶段。

中旅成立后，杭州的旅游线路，开始按风景名胜的分布和交通条件而形成，后逐步向旅游企业经营的路线发展，从西湖向郊区邻县风景名胜扩展，形成了短长途结合的旅游线路网络。当时按照步游、舆游、舟游和骑马游的不同交通工具，分为一日游、三日游到十五日游等。中旅针对市场需求，首先推出的旅游线路是：杭州至莫干山（避暑），杭州至桐庐富春江（舟游），杭州至海宁（观潮），杭州至超山（探梅），还有杭州至天目山、诸暨五泄、金华北山等。不但线路安排合理，而且服务周到、价格优惠。一时间，中旅吸引了省内外大量游客的注意，初步树立了自己的品牌。

1928 年，省政府决定举办规模空前的西湖博览会，中旅意识到这是一个巨大的商机，立即投入大量的人力、物力进行宣传。1929 年，在西湖博览会开幕前夕，中旅联合杭城其他各个旅游服务部门，先后出版了《西湖指南》（英文）、《西湖游览指南》《杭州导游》《英文杭州指南》等一批导游图书，并发行袖珍杭州西湖图、西湖风景图片等。博览会期间，中旅为方便游客，会同上海银行，在大门处设立了临时分社和银行办事处。临时分社备有座椅、卧榻，供游客休息，代为游客定旅馆，租汽车、人力车、游船等，出售导游读物，介绍西湖土特产，出售旅游纪念品等。中旅从香港、南京、北京、天津等大城市组织了数十个旅游团来杭参观游览，一时间，中旅吸引了省内外大量游客的注意，

在杭州又组织大批游客去游览富春江、莫干山，大力拓展了旅游业务。

1934 年，美国芝加哥博览会期间，中旅编印的英文中国旅游手册（其中有大量篇幅是叙述杭州的游程）在会上分发，轰动一时。不久，中旅还出版了《苏杭》等英文旅游指南，分寄欧美各机关、团体、铁路、轮船公司等，这是中国旅游企业最早向国外发行的宣传品。

1934 年，中国旅行社还组织了中国旅行社杭州分社汽车部股份有限公司，开展汽车客运业务。业务范围包括杭州市区，还包括杭桐威路至威坪、杭塘路至塘栖、杭徽路至黄山、沪杭路至上海、京杭长广路至南京各路沿线的包车业务。收费标准为市区内每小时 3 元，全天以 10 小时为限，收费 20 元。

抗日战争期间，中旅被迫解散。直到 1945 年 10 月 5 日才复业，但是仅有职工 18 人，并恢复金华支社和莫干山办事处。

另外还有一些非专业性的旅行社，它们是：上海友声旅行团杭州支部、杭州基督教青年会社会服务部导游社、京沪沪杭甬铁路管理局车务处杭州旅行服务所。① 它们所从事的业务与旅行社相类似。如杭州基督教青年会社会服务部导游社长期为会友及社会人士提供住宿业务，提供游览观光接待服务。从 1921 年开始发动组织会友及眷属，在杭州及嘉兴南湖等地参观游览。又于次年，接待数百人的旅游团来杭游览，负责游览行程及食宿安排。又如京沪沪杭甬铁路管理局车务处杭州旅行服务所，推出 8 项服务：接送行李，代雇车轿，代订旅舍，供应餐点，辅助导游，代办设计，揭示（安放）名胜指导牌，开驶春游、探梅专车。②

1947 年杭城又开办了一家专业旅行社——太平洋旅行社，业务与中旅相同。市政府也于 1947 年成立了杭州名胜导游处，聘请专门人员指导旅游事宜。

（二）旅馆业（住宿业）的欣欣向荣

自南宋以来，杭州的旅馆业就很发达。绍兴二年（1132 年），办有都亭驿、怀远驿、樟亭驿等官办驿站，专供外国使臣和来京官员下榻。站内设施考究，服务项目齐全。另外，在运河码头的旅店为招徕商人入住，都兼营货物存放业务，濒临西湖的旅馆，环境幽雅，多为文人墨客、考生学子所住。清代，杭州客栈、宿店大多设在望仙桥、闹市口一带，主要有清泰、正泰等旅馆。在沪杭铁路未通前，杭州的旅馆，只有学院前杭府前的人和堂、得升堂，清河坊里爵禄栈，板儿巷里名利栈，还有仁和栈、鼎升栈等老式客栈，睡的是板铺，坐的

---

① 杭州市旅游事业管理局. 杭州市志：旅游篇（送审稿）[Z]. 1994.
② 张烈鉴. 京沪、沪杭甬铁路之游览业务 [J]. 铁道月刊，1937，2（12）：55，56.

是条凳，点的是油灯。

1895 年杭州被开辟为通商城市，对外贸易不断扩大，进出的旅客渐次增加，拱宸桥日租界一带聚集了很多大型的客栈，比如大方栈、大生栈等，床位数都在 50 以上①。1909 年沪杭铁路的开通，城站一带立即繁荣起来，兴起建新旅店之风。城站路福缘巷口清泰旅馆是最早开办的新式旅馆，城站边的城站旅馆最精致，城站对面是著名的迎銮旅馆。此外，上等旅馆还有上板儿巷口的清泰第一旅馆，城站南面的宁绍旅馆，金刚寺巷口的华兴旅馆，福缘路口的正泰旅馆等。此外，还有城站上首的望江，金刚寺巷内的五和，新福缘路的汇恒，羊市街的大通，这些旅馆房间数大小不等，价格也贵贱不等。至于城站相近的万安、同安旅馆等则是小工们的宿舍，收价较廉。②

辛亥革命后，西式和中西结合的新式旅馆更是不断涌现。辛亥革命后，旗营开辟为新市场。杭州的商业中心从传统的吴山城隍庙一带转移到了新市场和西湖周边。新市场建成后，沿湖兴起了一大批高档旅馆，较为著名的有湖滨旅馆、西湖饭店、瀛洲旅馆、沧州旅馆、环湖旅馆、聚英旅馆、岭南饭店、清华旅馆、清泰第二旅馆等，大都"建筑精良，房屋宽敞，登楼一望，山色当门，湖光在牖"，尤以清泰第二旅馆规模最大，设备最佳，有热水汀装置，在当时颇为稀罕。里西湖一带也新建了许多旅馆，除了面山靠湖、洋楼高耸的新新饭店外，还有蝶来饭店、大华饭店、西泠饭店、杏花村酒店、惠中旅馆等。尽管价格昂贵，但因靠近西湖，风景旖旎，仍有不少人来此投宿，多为达官贵人、富商大贾、社会名流。如西泠饭店，建设前考虑到"政界要人、商贾大亨等游客更需相当之旅店，妥为招待"③。市区的大旅馆不仅接待旅客住宿，有礼堂的饭店可供举行结婚仪式及摆筵席，客房可供宾客休息。食宿条件的不同档次可以满足不同人群的需要，且在同一旅馆中还有不同档次的客房供客人选择。1937年 5 月，杭州大陆旅馆，优等官房每床法币 0.9—1.4 元，头等官房每床 0.6—0.8 元，经济客房 0.3—0.5 元。④

据1915 年的调查统计数据显示，当时杭州的大小旅馆数量为74 家，而位于

①　丁贤勇，陈浩，译编.1921 年浙江社会经济调查［M］.北京：北京图书馆出版社，2008：322.
②　王兰仲.小说的杭州西湖指南［M］.北京：古今图书社，1929：13.
③　琅玕.杭州西泠饭店［J］.旅行杂志，1930（9）：13.
④　任振泰.杭州市志（第4卷）［M］.北京：中华书局，1999：87.

新市场附近的有 18 家，仅次于城站周围的 21 家①，成为杭州旅馆饭店的第二大聚集地。20 世纪 20 年代旅馆建设初具规模，1921 年杭州的旅馆数量就达到了 110 余家，其中具有接待国外游客能力的旅馆有 10 余家②。20 世纪 30 年代初期，杭州旅馆已有 168 家，从业人员 1528 人，资本总额达 621870 元，营业总额达 838750 元（见表 4.1），资本总额在当年杭州 9 大门类商业的 96 业中排名第一。每年营业以 3 月至 8 月间最旺。旅馆集中于湖滨和环西湖一带最多，约有 50 余家，也以新市场各旅馆生意最红火，次则为城站一带。当时，杭城大小旅馆可分为数种：特等的建筑壮丽，设备亦佳，里面附设餐厅、礼堂、弹子室、理发室、洗澡间等；稍次为甲等、乙等旅馆，虽不富丽，但规模相当大，设备亦清洁完善，适于普通旅客居住。③

**表 4.1　1931 年杭州旅馆业统计表**

| 牌号 | 地址 | 职员人数 | 资本额（元） | 营业额（元） |
|---|---|---|---|---|
| 聚英 | 花市路 | 60 | 50000 | 72000 |
| 瀛洲 | 延龄路 | 40 | 32000 | 60000 |
| 清华 | 延龄路 | 55 | 30000 | 52000 |
| 杭州 | 湖滨路 | 29 | 30000 | 45000 |
| 环湖 | 湖滨路 | 10 | 30000 | 42000 |
| 清泰第二 | 延龄路 | 10 | 24000 | 42000 |
| 天然 | 湖滨路 | 12 | 34000 | 41000 |
| 湖滨 | 仁和路 | 64 | 9000 | 28000 |
| 新新 | 里西湖 | 40 | 9000 | 23000 |

---

① 徐珂. 增订西湖游览指南［M］//西湖文献集成（第 10 册）. 杭州：杭州出版社，2004：724 - 728.

② 丁贤勇，陈浩，译编.1921 年浙江社会经济调查［M］. 北京：北京图书馆出版社，2008：322 - 323.

③ 李乃文. 杭州通览［M］. 北京：中国文化出版社，1948：5.

续表

| 牌号 | 地址 | 职员人数 | 资本额（元） | 营业额（元） |
|------|------|---------|-----------|-----------|
| 大陆 | 延龄路 | 17 | 3000 | 21000 |
| 江南 | 闸口 | 3 | 700 | 20000 |

注：此表只统计了当年营业额在 20000 元以上的旅馆。
资料来源：建设委员会调查浙江经济所．杭州市经济调查（下）［Z］.1932：365.

　　作为杭城高档旅馆代表的新新旅馆建于 1922 年，为六层洋楼建筑，内设会议厅、藏书间、弹子房、舞厅、听书馆等，食宿、娱乐、卫生设施较为完善，历来是各界名流下榻之处，何应钦、胡适、郁达夫、梅兰芳、周信芳等均曾入住。新新饭店也是受西方游客喜爱的酒店，西方游客为了确保能住进这家酒店，可以事先去预订房间，并叫脚夫来火车站接站。①

　　西泠饭店园林优雅清静异常，特备汽车迎送宾客，并建松径供喜好优雅景致者上下。内部设有小图书馆，内备有小说、杂志等读物供游客阅览。另有大小餐厅、舞厅、电话、网球场、游泳池等。房间内部装饰、布置考究，"富有美术观念"。非但在杭州居于领先地位，"各大商埠亦所罕有"。各种招待均极周到，"实有家庭化焉"。②

　　另一豪华旅馆——蝶来饭店在西泠桥畔凤林寺旁，为鸳鸯蝴蝶派作家陈蝶仙之子陈小蝶于 1930 年开办，在当时堪称一流。蝶来饭店依山筑楼，飞檐翘角，丹柱宽廊，具有东方古典之美，内部陈设豪华，有跳舞厅、酒吧间，备有小汽车接送宾客，其气派居诸馆之首。

　　1935 年兴建完成的大华饭店，"距车站汽车仅五六分钟可达，地位幽雅，登楼远眺，全湖风景，悉入眼帘。其建筑式样，内部设备，无不精巧美伦，屋顶花园、露天电影、网球、跳舞厅、钓鱼台等，所以为旅客健身计者，至尽至备，礼堂庄严伟大，卧室则每间均连浴室，并装有电话及无线电等，家具均用最新式样，中西餐膳聘有名厨，色味俱佳，侍者受严格训练，对于服务礼貌，尤加注意，另纠导庭院部，所聘交际员，均熟悉名胜风俗，谈吐恭雅，并备有最新式汽车多辆，送往迎来，凡足以谋顾客之舒适者，可谓无微不至"③。

　　湖滨旅馆也不惜投入巨资选址西湖边，建造洋楼，引进西方现代化的设施

　　①　［美］R. F. FITCH. 西湖行程—描述西湖的主要景点及钱塘江［M］//王国平．西湖文献集成（附册），杭州：杭州出版社，2004：601.

　　②　琅玕．杭州西泠饭店［J］.旅行杂志，1930（9）：15 .

　　③　杭州大华饭店落成［N］.申报，1935 - 06 - 10（10）.

设备，提供游艇和骑马服务。正如其在开业时宣传的："本馆不惜巨资，特在西湖新市场湖滨路选地数亩，建造西式高大洋房数十幢，地占优胜风景，天然空气充足，最合卫生，至于房间之清洁、陈设之精美、膳食之讲究、伺应之周到尤以敢自诩为独一。馆中备有电灯、电话、电铃、邮箱、游艇以及舆马花木。夏设电扇、冬设壁炉，凡可以娱乐嘉宾、便利旅客者无不应有尽有……"①

西湖饭店1924年在开业广告中也将其设施和娱乐项目详陈："本饭店开设杭州新市场湖滨路，自建新式三层楼，高大洋房百有余幢，空气充足，设备完全。凡礼堂餐间，男女浴室，电术整容，剔脚擦背，电炉电扇，电灯电话电铃，铜床珠帐，汽车马车包车，藤舆湖船汽艇，冷热自来水，屋顶花园，水泥平台球场，弹子房，欧西钢琴，以及一切娱乐等项，无不应有尽有。专售中西大菜，特聘上海一枝香名手烹饪。"②

城站旅馆也仿西式建筑，"层楼复室，楼凡四层，上层为楼外楼屋顶花园，下三层为卧房，数百数十间"③，并设有阅报室、酒吧等。1924年夏，城站旅馆屋顶花园兼屋顶茶室开设楼外楼露天电影场，这是杭州首家电影场。

可以看出，民国时期杭州涌现出的大批旅馆以西式或中西式居多，大都拥有现代钢筋混凝土结构的现代楼房，房间陈设有比较齐全的近代化住宿设备，安装了浴室、水汀或壁炉、电扇等，配有餐厅、舞厅、弹子房等现代娱乐设施，采用先进的经营管理方式，提供齐全周到的服务。休闲娱乐设施的增加是这些新建饭店的显著特点之一。

民国时期杭州的旅馆在数量和分布上、硬件和软件上、规模与水平上都有了质的提高。

对于当时杭州旅馆的收费情况，时人王兰仲曾有记载，"城站方面新兴之际，城市旅馆的价目，当然不及城站，及至新市场发达，城站各旅馆的价目又赶不及新市场了；倘就一年四季而论，自然春季里定价最贵，秋季里稍微好些，夏天又次之，冬季取价，只有春天的一折和两折"。④ "春夏二季，房间售价大率照码八折，至冬令减至四五折。"⑤ 1915年时，74家旅馆中，大餐房为三元

① 杭州西湖湖滨旅馆先行交易广告［N］．申报，1915 – 06 – 03（1）．
② 杭州西湖饭店先行交易择吉开幕露布［N］．申报，1924 – 04 – 05（2）．
③ 徐珂．增订西湖游览指南［M］//王国平．西湖文献集成（第10册）．杭州：杭州出版社，2004：724.
④ 王兰仲．小说的杭州西湖指南［M］．北京：古今图书社，1929：14.
⑤ 西湖名胜快览［M］//王国平．西湖文献集成（第10册）．杭州：杭州出版社，2004：1063.

至二角，官房为三元至一角五分，客房为八角至八分①。20 世纪 20 年代，新市场一带旅馆的每间房间价格在二角至六元四角，在拱宸桥、江干、城站、福缘路、清泰门、金刚寺巷、羊市街等处，不下数十家，房间价二角至五六角。② 抗日战争前，旅馆业房间的价格自 4 角至 24 元不等（表 4.2）。

表 4.2　杭州一些旅馆的设备和房间价格

| 名称 | 地址 | 设备 | 房间租金 | 电话 | 备注 |
|---|---|---|---|---|---|
| 大华饭店 | 湖滨路 | 浴室、水汀、电扇。共 43 间，多数有浴室 | 双人房约 20 元及 22 元，连膳 | 1007 1008 | |
| 西泠饭店 | 里西湖 | 浴室、水汀、电扇。有浴室者 30 间，无浴室者 30 间 | 单人房 8 元至 10 元，双人房 16 元至 24 元，连膳 | 3001 | |
| 新新饭店 | 里西湖 | 浴室、电炉、电扇 | 单人房 8 元至 10 元，双人房 15 元至 18 元，连膳。不连膳 4 元至 10 元 | 2781 | 新房子 30 间，内 12 间有浴室；旧房子 30 间，均无浴室 |
| 葛岭饭店 | 里西湖 | | 不连膳自 5 元至 10 元止。连膳自 6 元至 18 元止 | 2939 | |
| 西湖饭店 | 湖滨路 | 浴室、水汀、电扇，共 100 间，有浴室者 20 间 | 有浴室者自 5 元至 8.8 元，无浴室者自 7 角至 4.4 元，饭食在外 | 2997 2998 | 阴历 二、三、四 月，七、八、九月无折扣，其余日期八折 |

---

① 徐珂. 增订西湖游览指南［M］//王国平. 西湖文献集成（第 10 册）. 杭州：杭州出版社，2004：724 - 728.
② 西湖名胜快览［M］//王国平. 西湖文献集成（第 10 册）. 杭州：杭州出版社，2004：1063 - 1064.

续表

| 名称 | 地址 | 设备 | 房间租金 | 电话 | 备注 |
|---|---|---|---|---|---|
| 清泰第二旅馆 | 仁和路 | 浴室、水汀、电扇，共118间，有浴室者10间 | 自8角至6.8元，连浴室者自3元起，饭食在外 | 2651 3535 | 阴历 二、三、四月，七、八、九月实收，其余日期六折 |
| 蝶来饭店 | 西泠桥边 | 浴室、水汀、电扇，共31间，内18间有浴室 | 自3元至10元，不连膳。均系独铺，只有一间双铺 | 1740 | 膳食每天4元，小孩十岁以下每天2元 |
| 新泰旅馆 | 延龄路 | 浴室、火炉、电扇，共95间，内有10间连浴室 | 自6角至6元，自5元起有浴室，饭食在外 | 2972 2973 2835 | 阴历 二、三、四月，七、八、九月实收，其余日期六折 |
| 杭州饭店 | 湖滨路 | 浴室、火炉 | 4角至3元 | 3286 | |
| 大上海饭店 | 湖滨路 | | 6角至6元 | 2838 | |
| 环湖旅馆 | 湖滨路 | 火炉、电扇，共88间，内有8间连浴室 | 自6角至6.4元，自5.2元起有浴室，饭食在外 | 2205 2206 | 阴历 二、三、四月，七、八、九月实收，其余日期六折 |
| 清华旅馆 | 延龄路 | 火炉、电扇，共71间 | 自7角至5.5元 | 1855 1856 | 阴历 二、三、四月，七、八、九月实收，其余日期六折 |
| 湖滨旅馆 | 仁和路 | 火炉、电扇，共80间 | 自6角至4.8元 | 1995 1939 | 阴历 二、三、四月，七、八、九月实收，其余日期六折 |
| 叙英旅馆 | 花市路 | 火炉、电扇，共120间 | 单人房6角至2.6元，双人房1.2元至6.4元，饭食在外 | 3240 2523 | 阴历 二、三、四月，七、八、九月实收，其余日期六折 |
| 东方饭店 | | 共有房间42间，内2间有浴室 | 自8角至8元，连浴室者有二间6元至8元，饭食在外 | 2415 | 阴历 二、三、四月，七、八、九月实收，其余日期六折 |

| 名称 | 地址 | 设备 | 房间租金 | 电话 | 备注 |
|------|------|------|----------|------|------|
| 瀛州旅馆 | | 有房间84间，均无浴室 | 自6角至6元，饭食在外 | 1301 123 471 | 阴历二、三、四月，七、八、九月实收，其余日期六折 |
| 来宾馆 | 刘庄 | 房间18间，均有浴室 | 自3元至10元止，饭食在外 | 3404 | 阴历二、三、四月，七、八、九月实收，其余日期对折 |
| 沧州旅馆 | | 有房间80间，均无浴室 | 自8角至6元止，饭食在外 | 3368 3369 | 阴历二、三、四月，七、八、九月实收，其余日期六折 |
| 清泰第二旅馆 | 西天目山新村 | 布置摩登 | 自1元起6元止，西餐4元每天 | | |

资料来源：赵君豪.杭州导游［M］//王国平.西湖文献集成（第10册）.杭州：杭州出版社，2004：1195－1197。

概括而言，抗日战争前，杭州旅馆价格：有卫生间的双人房间每铺（下同）45公斤大米（战前每公斤大米约0.123元），外加小账1公斤大米。普通双铺17.5公斤大米，外加小账1公斤大米。普通单铺房间7公斤大米。1945年房间起讫价：城站旅馆0.4—3元，清泰第一旅馆0.2—0.6元，西湖饭店0.45—0.48元，湖滨旅馆0.4—3元，环湖旅馆0.3—2元，沧州饭店0.3—2元。[1] 档次不同的旅馆和客栈，满足了不同层次客人的需求。

（三）交通业

古代旅游阶段，基本依靠自然力，以人力、畜力、水力、风力为主的舟船和车马等交通工具，因而外出区域有限，费时费力，旅行艰辛，在很大程度上限制了旅行和旅游发展。

近代以后，科学技术的进步，特别是蒸汽机技术在交通运输中的应用，如

---

① 任振泰.杭州市志（第4卷）［M］.北京：中华书局，1999：87.

蒸汽轮船、火车的出现，交通工具出现了质的飞跃，使大规模远距离的人员流动成为可能。而且费用相对低廉、速度提升、运载能力增加、外出范围扩大。近代以后，铁路和公路网络日渐形成，因之，外出旅行和旅游的队伍日益扩大。近代交通工具的发明，还产生了新的旅行方式，例如铁路旅游、游轮旅游等等。这些都促进了近代旅游质的飞跃，并诞生了近代的旅游业。

民国时期的杭州兴起了铁路和公路建设的热潮。清末至民国时期，杭州相继建成了沪杭甬铁路和浙赣铁路，又陆续修筑了杭州至上海、南京、宁波、金华、安徽等地的公路，开设了钱塘江、大运河的轮船公司。市区开辟了马路，有了公共汽车等。现代化的交通设施的修建，促进了杭州商业和工业的迅速发展，更是带动了杭州旅游的迅速增长。

至 20 世纪 30 年代，杭州的内河航运、铁路、公路等的现代交通网络已初步建成，使得外出旅游的规模、地域范围和内容都发生了巨大的变化。更为重要的是，运输业开始介入旅游业，使运输业与旅游业建立了更密切的联系，成为旅游业中重要的三大支柱之一。如京沪杭甬铁路管理局成立"京沪杭甬铁路管理局车务处杭州旅行服务所"，利用铁路交通优势，在沿线风景区开展旅游业务，先后推出余杭超山游、杭州灵峰探梅游、德清莫干山避暑游，并在莫干山建有铁路旅馆接待游客。

1. 轮船航运和铁路交通

杭州有京杭大运河、钱塘江、富春江等丰富的河流水系，水上交通条件优越。大运河是早期外地游客来杭州的主要通道，乘船到达杭州。前已述及，轮船在杭州的引进始于晚清，民国初年获得较大发展。有了轮船，水上旅游交通更加发达。民国初至抗战前夕，杭州的航运业达到鼎盛，参与航运的企业越来越多，航线越拓越长，覆盖地区越来越广。1904 年，乘轮船往来杭州和上海之间的客商有华人159797 人，洋人685 人；往来苏杭的有华人77768 人，洋人181人。1905 年，乘轮船往来杭州和上海之间的客商有华人175906 人，洋人894人；往来苏杭的有华人109295 人，洋人173 人。[1] 据1932 年的统计，杭嘉湖地区的内河航运共有小轮企业43 家，汽船86 只，总计988.13 吨，航线遍及各主要内河，并延船至上海、苏州等地。[2]

轮船运费相对较低，还可以便利铁路未能通达的地区，并产生了轮船旅游

---

① 中华人民共和国杭州海关. 近代浙江通商口岸经济社会概况：浙海关、瓯海关、杭州关贸易报告集成［M］. 杭州：浙江人民出版社，2002：752.

② 袁成毅. 浙江通史（民国卷下）［M］. 杭州：浙江人民出版社，2005：74.

的新方式，这是内河航运的优势。正如杭州关在统计中所指出的那样，1910 年
由杭州乘轮至上海，头等舱每客 2.5 元、二等 1.8 元、三等 1 元、四等 0.5 元，
而铁路则相应比之贵出将近一倍，头等 4.11 元、二等 2.84 元、三等 1.58 元、
四等 0.95 元。"船资便宜足以引起一般人民游行甬沪之兴，休息日赴沪一次，
所费不及 1 元，来回船票仅售洋 4 角耳。"1914 年航运往来沪地旅客，极形寥
落，委以旅客心理，多乐搭乘铁路之故。然而没有直接铁路轨道通达的苏杭一
路，往来旅客，仍如旧观。而且 1915 年航运旅客数目增多，显见铁路乘客，多
属途径嘉兴，搭轮往来内地之人士也。① 行驶于沪杭间的轮船，在江墅铁路建
成后，在拱宸桥与艮山门两处设码头，就是为了和铁路相衔接。

　　轮船和火车的联合运营也因之逐渐形成气候。1915 年，江墅增开观潮专车，
杭沪铁路在阴历八月十八日开驶观潮专车，并与海宁轮船、上海电车商定联运
办法，以便旅客往来。② 1916 年，为吸引和便利上海游客到莫干山避暑度假，沪
杭铁路局杭州站特别置备了小轮船与火车衔接载送旅客。因而从上海早上八点
出发，到下午八点就可以抵达莫干山上，效果良好。中国旅行社在杭江铁路开
通后，于 1934 年推出金华、杭州七日游的旅游产品。这也是很典型的火车和轮
船联运的游程。主要行程如下：第一日，由沪乘火车出发，当晚到达杭州并住
宿；第二日，渡钱塘江，乘浙赣铁路至金华，顺游金华塔；第三日，乘山轿游
览北山，下午由竹马馆车站乘山轿至兰溪，当晚乘快船沿江下驶；第四日，清
晨，由严东关改由小火轮拖带下驶（自此以下即系闻名海内之富春江，10 时左
右到达严子陵钓台），下午，由桐庐换乘江轮，返抵南星桥，换乘汽车至杭州；
第五日，上午游览黄龙洞、玉泉、灵隐寺，下午九溪十八涧；第六日，游湖；
第七日搭车送回上海。还说明了此次旅游的费用和标准，每人应摊旅费 1 人
（团）洋 75 元、2 人洋 61 元、3 人洋 56 元、4 人洋 50 元。由兰溪至桐庐船只系
包用性质。上述用费，火车以二等计算；住宿采取中式上等旅馆，山轿系用三
名轿夫轮抬，如体重逾 160 磅者，加夫另算。③

　　铁路运输是近代旅游的主要客运方式。杭州的铁路交通，主要有沪杭甬铁
路、江墅铁路和浙赣铁路。1906 年开工修建沪杭甬铁路。同年开工的还有江墅
线（南起杭州江干闸口，北止拱宸桥新埠），这是杭州最早的一段铁路。1909

---

① 中华人民共和国杭州海关. 近代浙江通商口岸经济社会概况：浙海关、瓯海关、杭州关
　　贸易报告集成［M］. 杭州：浙江人民出版社，2002：768，344，782，785.
② 地方通信·杭州［N］. 申报，1915－09－19（7）.
③ 浙东游程［J］. 旅行杂志，1934，8（第 11 号）：106.

年沪杭铁路建成通车，以城站为总枢纽，在城内设有六站：闸口、南星桥、城站、艮山门、笕桥、拱宸桥。1910 年曹甬铁路开工，1913 年建成通车。1936 年杭曹铁路开工，次年建成通车。1930 年，杭江铁路（后改名浙赣铁路）开工修建。这些铁路的建设，使得进出杭州变得便捷起来。从杭州始发至嘉兴、上海的列车，从最初每天的 2 对增加到 17 对；经过杭州站的列车有 15 对，可通达宁波、南京、上海、广州、北京、南昌、福州、天津、济南、武汉等大城市，极大地促进了杭州旅游事业的发展。

由于铁路运输具有安全、速度快、运载量大的优势，铁路运输当时颇受旅客和旅行社的喜爱。如轮船从上海至杭州约 18 至 25 小时左右，但火车只需要四至六小时，而且载客量大，所以火车的竞争优势十分明显。如 1924 年 4 月 18 日为耶稣复活节，"本埠新闻、银行以及各机关均各封关，放假四日，故前夜（17 日）下午七点二十分由沪开杭之十二号夜快车乘客人数，异常拥挤，共挂头二三等客车二十辆之多，一千七八百人。又昨日（18 日）上午七点二十五分，由沪开杭之专车，共挂头二等客车六辆，约计乘客五百余人，尤以上午八时之特别快车及九时之慢快车，以及下午一点二十五分之午快车人数为更挤轧，以至各列车均添挂车辆，所有南北两站存站客车，悉数挂杭云"。① 据 1932 年杭州市经济调查，在杭州各火车站（城站、南星桥、闸口、艮山门、拱宸桥、笕桥），1927 年的进站人数总和为 129.57 万人，出站人数为 143.56 万人，到 1937 年进站人数上升到 152.46 万人，出站人数为 147.89 万人。1933 年 1 月至 4 月，沪杭甬铁路的客流量为 1823058 人次②，全年约为 530 万（5240770）人次。

从铁路运输的业绩上看，浙赣铁路 1933 年度旅客业务运输收入达到 1220422.97 元。③ 沪杭甬铁路客运收入在 1918 年达到 1684442.85 元，1934 年 7 月至 1936 年 6 月一年里客运收入上升到 4380995.69 元。④ 大幅上升数据的背后就是越来越多的民众出行愿意选择乘坐火车。

为了吸引更多的人外出旅游，提升业绩和收入，铁路部门实施了一系列的举措。

首先是内部设置旅行社的机构，为游客提供旅游服务，如京沪杭甬铁路管理局车务处设杭州旅行服务所。推出 8 项服务，接送行李，代雇车轿，代订旅

---

① 赴杭游客之拥挤［N］. 申报，1924 – 04 – 19（14）.

② 沪甬杭线营业统计比较表［J］. 京沪、沪杭甬铁路日刊，1933（第 699 号）：130.

③ 二十二年度浙赣铁路运输进款统计表［J］. 浙江省建设月刊，1935，8（12）："统计" 4 – 5.

④ 杨玄博. 民国杭州与新式交通［M］. 杭州：杭州出版社，2013：94，213.

舍，供应餐点，辅助导游，代办设计，揭示（安放）名胜指导牌，开驶春游、探梅专车。①

　　其次，推出一系列旅游专列。如沪杭铁路特开"夜间专列""假日专列""游杭专列""观潮专列""探梅专列"。如1919年春定期添开夜车，往返两次，"（一）于下午六点钟由杭开行，约十点钟到沪，以便旅客转乘沪宁铁路十一点钟开行之夜快车赴宁。（二）于下午九时许由沪开行，以便沪宁快车及特别快车之乘客转乘该夜车来杭（约夜午一旬钟到杭）。除大中站外，各小站均不停车云"。②

　　1916年沪杭甬铁路局又专门开驶由沪至杭的海宁观潮列车并组织观潮旅游。由上海乘坐专车可抵达长安，再换船前往海宁目的地。③从此，沪杭铁路局开行海宁观潮专车形成惯例。1922年发行的《增订西湖游览指南》指出，8月18日前后，至杭州江干观潮，上海游客可乘沪杭甬火车，上海南站、北站每天开行4次；沪杭甬铁路局为解决观潮者乘车困难，"沪枫（泾）车加快车一次，江墅（闸口、拱宸桥）车加客车3次"，"又有上海至闸口者3次，嘉兴至闸口者3次"。

　　还和旅行社合作专辟游杭专列。从1924年起，每年春季特开游杭专车，组织旅游团旅游。《申报》还曾专门报道过1926年4月1日的游杭专列，计有头等乘客一百人，二等乘客二百八十九人，三等乘客二百人。车座宽余，绝无拥挤之苦。专列报告抵杭时，已邀地方军警允许，免予检查。并与永华汽车公司特约公共汽车送客，抵杭站时，准十时五分。此次行程令游客非常满意。④游杭专车因为适宜、享用舒适、行程迅捷、精神愉快的优势，颇受上海来杭游客的热捧，因而"四月二三日间，顾客大集，所购车票，悉数售罄"。⑤除了每年的3月至5月，大规模地组织春季游杭专列外，还会在12月于次年3月，又大规模地组织赴杭州超山探梅专列。时人邵俊康曾作记载："这次旅行的程序，完全依照本局车务处编印的探梅手册所设计，上午八点三十五分，乘十一次车由上海赴临平，下午一时许到超山。"⑥

　　1934年4月为方便上海人士春季游览杭州，又加开沪杭间星期尾游览列车，

① 张烈鉴.京沪、沪杭甬铁路之游览业务［J］.铁道月刊，1937，2（12）：55，56.
② 地方通信·杭州［N］.申报，1919-03-24（7）.
③ 沪杭甬铁路开驶观潮专车广告［N］.申报，1916-09-06（1）.
④ 上海银行游杭专车经过详情［N］.申报，1926-04-07（15）.
⑤ 游杭专车旨趣、杭游专车往返记［J］.旅行杂志（春游特刊），1928（2）：1，110.
⑥ 邵俊康.超山探梅记［J］.京沪、沪杭甬铁路日刊，1936（第1521号）：194.

游客可在每星期六12时35分乘车至杭州，游览西湖风景名胜后，翌日晚7时乘火车返沪。①

再次，铁路部门还经常展开宣传营销。铁路部门经常采用折扣优惠方式进行促销。推出团体票与定期票，给予价格上的优惠和服务上的优待，以资招徕。适时地印制宣传小册，专门编印书籍，宣传介绍风景名胜，鼓动人们游览的兴趣。如1935年12月编印的《浙赣铁路沿线风景选胜》，详细介绍沿线风景，鼓励民众"有愿作全线或某一区域风景之游览者，请即函询杭州西兴江边本局运输科，自当详尽奉答"。②沪杭甬铁路局车务处编印发行的超山探梅小手册，深受旅客好评。

此外，京沪、沪杭甬及津浦铁路为"招徕旅客计，乃设立四等车。其票价按寻常三等收百分之六十五，几与轮船票价相等……逢站必停，吸收沿途贫苦工人及农民之运输，营业异常发达。"③ 这种票价低廉的客车的增设，大大增加了火车的客运量，方便了中下层民众的出行。

2. 公路和公共汽车

正当火车进入杭城带来巨大变化的同时，一种更为便捷的代步近代交通工具汽车出现了。20世纪初，汽车开始出现在北京、上海、武汉等重要城市。杭州出现汽车则稍晚，1917年浙江都督杨善德带进汽车一辆，1919年杭州广济医院院长梅藤购进汽车一辆，这是杭州也是浙江有汽车的开始。

1922年冬，杭州开始出现了大众化的代步工具——公共汽车，最早的经营者为宝华汽车行和永华汽车行。1922年曾在上海英商电车公司任稽查工作的潘宝泉认为杭州这样的省会城市，又有众多著名的风景旅游点，具有发展城市交通的有利条件，于是邀集股东集资成立宝华汽车行，举办市内公共汽车。同时，杭州大世界游乐场经理陆宝泉也合伙组织永华汽车行，这些公共汽车同在湖滨与灵隐间往返行驶。这是杭州有公共汽车之始，但一些守旧派以行驶洋汽车有损西湖古朴风光责难这一新生事物，人力车夫也因行驶汽车影响生意而反对。两家汽车行为反对外来压力，增强经营能力，协议合并组织永华汽车公司，陆宝泉任经理，潘宝泉任事务主任。公司主要经营公共汽车，兼营出租小客车业务，有可乘十余人的客车1辆，另有小客车7辆，兼营出租业务。还专门经营湖滨至拱宸桥小客车出包业务，每辆次收费5元，此为杭州最早的客运出租汽

---

① 任振泰. 杭州市志（第2卷）[M]. 北京：中华书局，1997：208.

② 浙赣铁路局. 浙赣铁路沿线风景选胜 [Z]. 1935：1.

③ 金士宣. 铁路运输业务 [M]. 天津：大公报馆出版部，1932：276.

车。1923年又陆续增添较大型客车6辆，并在洪春桥设有简易修车场。

杭州建市后，市区道路次第拓宽，环湖及市区大街均有公共汽车开行。又有汇通公司经营清泰街至昭庆寺的公共汽车，因营业清淡不久停歇。

1929年西湖博览会开幕后，参观者云集，公共汽车发挥了很大作用，也刺激了经营者的积极性。于是汽车行如雨后春笋般开设起来，专营出租小包车，同时又有货运汽车行的设立，营业渐行发达。会后不久，永华汽车公司出资浇灌了新市场至灵隐的柏油马路，并延长线路，在迎紫路、青年路口添设站亭。西湖博览会给出租汽车行业带来生机，杭州营业汽车行自西湖博览会后逐渐兴起。

1928年，拱三段（拱宸桥至三廊庙）公路竣工，沟通了城区与6条省道干线（浙赣线、浙闽正线、浙闽复线、浙皖正线、浙皖副线、浙苏线）的公路交通网络结构。20世纪30年代以后，随着杭绍路、杭长路、杭平路、杭富路、杭余路、杭塘路、杭瓶路等线陆续开通，旅游车队有了很大的发展。据统计，1931年杭州有之江、永华、宝华、西湖、海丰、黑猫、三友、龙飞、震昌、大亚、兄弟、上海、中央汽车行13家，汽车141辆，其中自用汽车83辆，营业汽车58辆（营业情况见表4.3）[①]。为上海、南京等地游客来杭游览和组织本地游客至富春江、莫干山、超山以及绍兴、诸暨、金华等地旅游提供了便利。当时车队还供旅客租赁，收费标准为每小时3元，每日20元。[②] 1932年，永华公司出资修筑新市场至灵隐的柏油马路，国民政府实业部准予其专营20年，以资鼓励。1934年省公路局在客运经营中，设立湖滨营业所，兼营小客车出租和游览包车业务，开辟杭州至海宁、天目山、黄山、严子陵钓鱼台等长途出租旅游客运路线。至此杭州小包车去周边风景名胜的旅游业务日益丰富（见表4.4）。

**表4.3　1931年杭州汽车行经营概况**

| 名称 | 开设地点 | 汽车数（辆） | 营业额（元） | 备注 |
|---|---|---|---|---|
| 之江 | 延龄路156–158号 | 5 | 16400 | |
| 永华 | 仁和路口 | 5 | 16382 | 仅指小包车一部而言 |
| 宝华 | 延龄路131号 | 4 | 6000 | |
| 西湖 | 延龄路106号 | 4 | 21000 | |

---

① 建设委员会调查浙江经济所. 杭州市经济调查（上）[Z].1932：165–166.

② 白云居士. 游杭快览 [M]. 杭州：浙江正楷印书局，1936：76.

续表

| 名称 | 开设地点 | 汽车数（辆） | 营业额（元） | 备注 |
|------|----------|--------------|--------------|------|
| 海丰 | 延龄路 151 号 | 6 | 12000 | |
| 黑猫 | 平海路 108 - 110 号 | 5 | 10000 | |
| 三友 | 延龄路 161 号 | 4 | 5000 | |
| 龙飞 | 岳坟路 45 号 | 5 | 12000 | |
| 震昌 | 井亭桥 48 号 | 4 | 540 | 该行于 1931 年 10 月开始营业，故营业收入如左数 |
| 大亚 | 仁和路 36 - 37 号 | 4 | 3500 | |
| 兄弟 | 花市路 48 - 50 号 | 4 | － | 于 1932 年 4 月新开 |
| 上海 | 延龄路 221 - 222 号 | 3 | 5000 | |
| 中央 | 吴山路 40 号 | 5 | 7200 | |
| 总计 | | 58 | 115022 | |

资料来源：建设委员会调查浙江经济所. 杭州市经济调查（上）［Z］. 1932：165 - 166。

与此同时，城区内部公交线路也日益扩展。到 1931 年，公交线路发展到 7 条，总行驶里程达 73.5 公里，共有营业汽车 58 辆。[①] 其中专辟从湖滨至六和塔的第四路为景区环线，"该线利用杭富线公路，自湖滨分站向南驶，经湖滨路、涌金路、南城脚下、南山路，过清波桥，至长桥折西，经净慈寺前、赤山埠、四眼井、虎跑，越岭经，至六和塔下江边，中间有涌金门、清波门、净慈寺、赤山埠、四眼井、虎跑、金童桥等 7 站，并在长桥、小天竺临时停车"。1933 年 3 月和 5 月又开通湖滨至留下，湖滨至笕桥的公交线路，营运里程分别为 14.30 公里和 12.14 公里。

---

① 建设委员会调查浙江经济所. 杭州市经济调查（上）［Z］. 1932：165.

表4.4  租用小包车由杭州至各风景区游览定价表

| 风景地点 | 单程车价（元） | 来回车价（元） | 免费停留时间 | 附注 |
|---|---|---|---|---|
| 玲珑山 | 14 | 20 | 6小时当天来回 | |
| 天目山 | 21 | 32 | 1天 | |
| 莫干山 | 10 | 18 | 1天 | |
| 超山 | 6 | 9 | 3小时 | |
| 云栖 | 3 | 4.5 | 2小时 | |
| 小和山 | 4 | 6 | 3小时 | |
| 严子陵钓台 | 22 | 33 | 6小时 | 1. 超过停留时间，每1小时收费1元；超过1天者，第一天收费10元，第二天起每天7元。 |
| 天台山 | 45 | 70 | 2天 | 2. 其他风景区，价目临时核定 |
| 方岩 | 56 | 88 | 1天 | |
| 仙都 | 65 | 100 | 1天 | |
| 石门洞 | 80 | 120 | 1天 | |
| 南明山 | 70 | 105 | 1天 | |
| 雁荡山 | 80 | 120 | 2天 | |
| 雪窦山 | 45 | 68 | 1天 | |
| 黄山 | 56 | 90 | 3天 | |

资料来源：陆费执，舒新城. 实地步行杭州西湖游览指南［M］//王国平. 西湖文献集成（第10册）. 2004：953；浙江省公路局交通史编委会运输篇编写组. 浙江省公路交通史运输篇（上册）资料长编［Z］. 1983：21。

　　另外，商办永华汽车公司也在湖区开辟专供游览的路线。从湖滨起，止于迎紫路，共设9站，每站均可自由上下车，游览附近名胜。该公司后又开西湖大礼堂电影院专车，自湖滨直达大礼堂，"开车时刻，依照每班电影开映时刻提早一小时"。当时西湖边公共汽车的起讫处，皆设有牌柱，以指引乘客。搭乘公共汽车必须遵守各项规则，大致有：鱼贯上车，不得争先恐后；不得攀登车身或狭门处；车上不得吸烟和吐痰；车辆开动时，勿随意上下，或将手臂伸出窗外，遭到危险；不得与司机交谈；所携物件不以妨碍他人为原则等。①

　　公交车的运营给游客的游玩提供了方便，正如时人所说："自从新市场一带改造了马路。旗下营抵灵隐直达了汽车。游客都便利了不少。花几个小银元，

---

①　李乃文. 杭州通览［M］. 北京：中国文化出版社，1948：8.

可以省却不少代步。随意直达岳坟公园。"①

到抗战爆发前夕，杭州有汽车行24家，营业车辆87辆，运货汽车39辆，自用汽车307辆②。除永华外，较大的还有三友汽车行、大亚汽车行、之江汽车行、中央汽车行、西湖汽车行、中国汽车行、浙江汽车行、无敌汽车行、赫金汽车行、海丰汽车行等。汽车已经成为杭州市最重要的交通工具。

市内公共汽车票价。最初1922年行驶湖滨至灵隐一线公共汽车交通票价：特等车（全程）小洋5角，普通车（全程）3角。到1936年实行以站计价，每站法币0.03元。③ 二十世纪二三十年代，市区公共汽车线路的全程票价基本在0.24元至0.36元之间；杭州至各地的汽车客运票价根据行程远近分别从几角到十多元不等（见表4.5）。

表4.5 杭州至各地各路段单程票价表　　　　单位：元

| 杭平路 | 杭塘路 | 杭余路 | 杭临路、杭温路 | 杭善路 |
|---|---|---|---|---|
| 至乔司0.39 | 至临平0.51 | 至余杭0.78 | 至临海6.39 | 至嘉善1.47 |
| 至海宁0.92 | 至超山0.66 | | 至温州 10.55（二等）<br>9.45（三等） | 至枫泾1.59 |
| 至海盐2.00 | 至塘栖0.75 | | | 至崇德0.63 |
| 至乍浦2.33 | | | | 至桐乡0.90 |
| | | | | 至濮院1.05 |
| | | | | 至嘉兴1.23 |

此外，杭州还出现了专为观潮而设置的车队。

气势雄伟的钱塘江大潮，素有"天下第一奇观"之誉。到清末民初，江流改道，祭潮、弄潮风俗湮没，而观潮风俗依旧盛况空前，历久不衰。观潮最佳地点移至三堡、五堡、七堡及海宁盐官等地。自民国以来，越来越多的民众前往海宁观潮。有词以描述那时观潮的盛况："潮来万马并头腾，潮近千崖接踵崩。忽作火车驰轨响，海塘人立最高层。"④ 1916年，杭州开通赴海宁观潮专

① 松庐.游西湖［N］.申报，1928-04-10（17）.
② 杭州市政府十周年纪念特刊［Z］//杭州市档案馆.民国时期杭州市政府档案史料汇编.1990：93.
③ 任振泰.杭州市志（第4卷）［M］.北京：中华书局，1999：88.
④ 林之夏.海宁观潮竹枝词［M］//丘良壬，潘超，孙忠铨.中华竹枝词全编（第4册"浙江卷"）.北京：北京出版社，2007：706.

车，沪杭公路上就出现了观潮车队。时人蒋维乔就曾做过记载："民国五年，沪杭路初开观潮车时，余即赴海宁观潮。"① 不过当时游客还不是很多，而且"沿江支搭临时草棚，设备极简"。② 随着公路的陆续开通和旅游车队的发展，1931年10月，中旅联合其他旅行社组织了一支规模颇大的旅游车队赴海宁观潮，返城时"游客汽车衔接不下百辆"。

表4.5　杭州至各地各路段单程票价表（续表）　　　　单位：元

| 杭长路 | | 杭徽路 | | 杭桐威路 | |
| --- | --- | --- | --- | --- | --- |
| 至武康 | 1.00 | 至临安 | 1.61 | 至富阳 | 0.78 |
| 至三桥埠 | 1.07 | 至於潜 | 2.56 | 至新登 | 1.27 |
| 至莫干山 | 1.41 | 至昌化 | 3.10 | 至窄溪 | 1.58 |
| 至湖州 | 1.85 | 至颊口 | 3.83 | 至桐庐 | 1.85 |
| 至长兴 | 2.37 | 至顺溪 | 4.20 | 至芝夏 | 2.14 |
| 至江苏宜兴 | 2.90 | 至安徽三阳坑 | 4.74 | 至建德 | 2.78 |
| 至江苏溧阳 | 3.60 | 至歙县 | 6.08 | 至淳安 | 4.24 |
| 到江苏句容 | 5.00 | 至屯溪 | 6.96 | 至界口 | 5.18 |
| 至南京 | 5.20 | 至黄山 | 8.00 | | |

资料来源：陆费执，舒新城. 实地步行杭州西湖游览指南［M］//王国平. 西湖文献集成（第10册）. 杭州：杭州出版社，2004：950－952。

就杭州城市交通而言，机动车的引进及其发展，是一次真正意义上的革命。汽车缩短了城乡之间的距离，使人们的旅行变得方便可行，汽车赋予了人们前所未有的流动性和方便性。双层客车、游览客车、市区客车、普通客车等不同档次车辆的投入使用，满足了各种消费层次游客和市民的选择需要。

由于汽车在当时属于新生事物，汽车数量少，而且价格相对高昂，只有少部分人可以经常选择汽车作为交通工具外出旅行，普通民众则难以承受，以选择铁路和水运居多。

3. 城市内部及景区里的交通运输

民国时期杭州的市内公共交通工具主要有轿子、马匹、脚踏车、人力车、汽车等，随着城市的发展，各类交通工具历经盛衰消长，市内公共交通工具不断更新进化。

① 蒋维乔. 八堡观潮记［J］. 旅行杂志，1931，5（10）.
② 蒋维乔. 八堡观潮记［J］. 旅行杂志，1931，5（10）.

清末民初，杭州市内的公共交通工具主要是轿子和马匹。

轿是古代重要的交通工具，历史悠久。轿有官轿与民轿之分，前者华丽富贵，后者简便实惠。杭州官轿始于南宋高宗时期，朝臣上朝、出巡时可坐轿，驿站也配有官轿。民轿盛行于清末和民初，有花轿、乌壳轿、凉轿、兜子轿、三斗轿等。清末民初，杭州著名的大轿埠有72家，各埠均有当官值班。其余小轿埠遍及全城和风景区，有110处。小轿埠归大轿埠管理。轿夫除官府的轿班、豪富商私人雇用轿夫外，其余一律划分地域归轿埠管理。轿夫大多为贫苦者，落埠须出一笔"落埠钱"。每个轿埠均设竹筒一个，中放竹签，上书轿夫姓名。有来雇轿者，抽签叫名，以分先后，以免抢生意。抽中之签，放置筒外，轮完为止。所得酬金，轿埠抽一成；若少报，查获者罚唱堂会一夜、全埠轿夫草鞋一双，因而无人敢作弊。

以轿代步者，大多为"三寸金莲"的女子、阔佬、官员和老人。达官贵人游览湖光山色，乃至娼妓出堂，都视以轿代步为气派。辛亥革命以后，平等思想开始出现，年轻人坐轿开始有了点压力，但以轿为生者在杭城仍有一两千人之多。不过，随着民国以后市区道路建设的日臻完善，火车、汽车、汽轮等新式交通工具的兴起，"旧式肩舆（轿子），仅供春秋二季游客香客乘之"。1915年，杭州菜市桥、慈云两处有轿埠，配有小轿十余乘。至1932年，全市较大的轿行仅存26家，较大的有灵隐埠、茅家埠、利泰埠、熙春埠、聚英埠、东方埠、大通埠、瀛洲埠、鸿升埠等，总轿数为209乘，总资本5460元，当年营业额22500元。① 1935年出版的《西湖导游》也记载："全市各埠轿行，较大者犹存二十六家，计轿二百零九乘。""湖滨各大旅馆，如西湖饭店、清华旅馆等，均自备轿舆供客乘坐。"轿夫均系临时雇佣，平时大多兼拉人力车。游览名胜时，大约每夫每日连轿租需一元四角。抗战时轿业凋零。至1948年轿业复兴，有轿行21家。1953年轿行自行歇业。②

以骡马作代步工具，在杭州也有悠久历史。古代，驿站是主要的交通工具，谓之乘驿。杭州在南宋时有马递和急脚递设置，为传递军报所用，有金字急脚递，则专递御前文字。元代称驿站为"站赤"，杭州境内置有驿站9个，共配马696匹。民间也开始养马。清代杭州在吴山驿、浙江驿配马30匹，马夫14名。

民初杭州还有一些北方人以养马出租为业，清波门、钱塘门、武林门一带均设有马棚，专门经营骡马租借业务，供官绅富豪子弟及游客沿湖游览乘骑，

① 建设委员会调查浙江经济所. 杭州市经济调查（上）[Z]. 1932：180.
② 任振泰. 杭州市志（第5卷）[M]. 北京：中华书局，1997：303.

他们跟着租借者小跑，既可做向导，也为收钱。当时亦有出殡者租马。出租的马以钟点计算，每小时租银 4 角，每日租价 3 元至 4 元不等。至 1914 年，全市养马出借者有 30 人，计有 24 马匹。后因湖滨一带行人众多，车辆辐辏，驰马易肇事，所以杭州市政府于 1947 年明令禁止在市区骑行。① 为维持马夫生计，准许在松木场、净寺两处供人乘骑。1949 年初，养马人回乡，租马结束。

自行车，又称脚踏车，大约在清代光绪年间传入杭州。当时为富豪之家的奢侈品，后逐步成为营业性出租和自备的代步交通工具。民国时多称脚踏车，已是杭州重要的交通工具。

自行车出租，最早见于光绪年间的云飞车行。民国初期有同昌、华发等车行。车租以新旧论价，新车每小时 2 角，半新 1 角 5 分，旧车 1 角，日租金 1 元 5 角（大洋）。至 1928 年，经杭州市工务部门登记发照的自用自行车约有 2000 辆，营业自行车 600 辆。② 20 世纪 30 年代初，自行车"占全市各种车辆之最多数"，全市自用自行车已有 3748 辆，另有自行车行 72 个，自行车 450 辆。但当时只能通行于市区。1936 年各省实行互通车辆以后，省建设厅制定规章，由建设厅为主管机关，申请登记，具领牌照，可以在省内公私道路及订有互通汽车协定的外省公私道路互通行驶，因此自行车的数量激增，1937 年上半年，自用和营业自行车已达 11000 余辆，出租车行 136 家。日伪时曾停业。抗战胜利后，有 36 家复业。中华人民共和国成立前夕，有自行车 9632 辆，其中出租车 1096 辆。中华人民共和国成立后，随着人民生活水平普遍提高，购车代步千家万户，出租车相继消失。直到改革开放，旅游业发展，自行车出租业又开始出现，在风景点、宾馆等设出租点。

人力车，俗称黄包车。人力车由日本人礁加于 1870 年发明后，约在 19 世纪 80 年代末 90 年代初出现在杭州街头，最初主要出现在拱宸桥的日本租界，所以杭州人又称它为东洋车。与轿子、骡马车相比，人力车具有轻便、快捷、价廉等特点，一些有经商头脑的人，纷纷投资人力车行。由于它具有的优点，进入杭州后发展较快，成为旧式交通工具轿子的有力竞争力量，并且在 20 世纪 20 年代初汽车进入杭州后仍然以较快的速度增长。由于人力车的发展，造成了轿夫营业量的减少，形成了情绪的对立，大街小巷时常发生轿夫与车夫互殴的事。据 1912 年 4 月 15 日《申报》报道："杭州自人力车出现后，发展迅速，轿行营业大减，千余轿夫，生计为难，昨在吴山四景园开会，集议对策。"然而，政府

① 任振泰. 杭州市志（第 5 卷）［M］. 北京：中华书局，1997：303.
② 任振泰. 杭州市志（第 5 卷）［M］. 北京：中华书局，1997：306.

当局认为，轿子容纳的人数少，价格昂贵，且速度缓慢，已明显跟不上都市生活的快节奏，故于 1915 年 11 月 15 日公布了《取缔轿埠之规定》。在社会革故鼎新潮流的影响下，人力车取得了最后的胜利。

人力车价格便宜、便捷惬意，尤其适合独自乘坐，往往就成为本地人上下班，外地人游西湖的首选交通工具。据载，1928 年乘坐人力车从湖滨至岳坟只需 2 角，至灵隐为 4 角，至天竺为 5 角，若以时计价则为每小时 2 角。① 可以说，人力车在很大程度上弥补了公共汽车的不足。

20 世纪 20 年代，杭城西边的城门和城墙开始拆卸，道路日渐拓宽，一些踏步桥改为平面桥，人力车畅通无阻。此时，人力车又进行了多次技术改造，先由高大铁木轮改为橡皮轮（1912 年 11 月 20 日，省会警察局规定，人力车的轮子必须用橡皮轮胎，以保护路面），后又出现了钢丝轮橡胶充气胎人力车。人力车行有行规，除先交押金和找保人外，每天须交车租，按四六或三七拆账。政府对人力车管理严格，各街道有指定停车处，车费以站计，不得乱收费。车夫还需穿蓝色背心号衣，不得沿途争揽客人，不得酒后拉车，犯者重罚。在没有公共汽车前，人力车成为杭城民间最普遍的交通工具。

从民国初年，杭州有人力车 50 辆，到 1916 年增至 519 辆，已是主要的交通工具，1920 年达到 1124 辆，1924 年已经突破 2000 辆，达到 2183 辆。② 杭州正式建市初期，有营业人力车 3080 辆③，1932 年全市已有营业人力车 3492 辆，另有自用人力车 1362 辆，车夫达 8800 余人。④ 当时，在乌龙巷还组有人力车业职工俱乐部，下设总务、教育、救济、娱乐、体育 5 股，专门办理有关人力车职工娱乐及福利事宜。为加强对日益增多的人力车的管理，规范人力车营运，市政府制定了《杭州市人力车管理规则》，规定"车辆须经工务局审查、检验合格证及牌号方可营业……营业人力车之牌号须钉附左侧叶子板上"。⑤ 并对人力车行业进行了整顿。

1929 年西湖博览会期间，因车辆不敷供应，由各车行特制新颖美观的人力车 100 辆，专在会场使用，博览会闭会后继续在市内营运。1937 年因丝绸业衰

① 陆费执，舒新城.实地步行杭州西湖游览指南［M］.上海：中华书局，1929：171.
② 建设委员会调查浙江经济所.杭州市经济调查（上）［Z］.1932：170.
③ 杭州市政府十周年纪念特刊［Z］//杭州市档案馆.民国时期杭州市政府档案史料汇编.1990：92.
④ 建设委员会调查浙江经济所.杭州市经济调查（上）［Z］.1932：170，177.
⑤ 张光剑.杭州市指南［M］.杭州：杭州市指南编辑社，1935：57.

落，失业工人增多，又开放人力车320辆。① 同时，政府当局鉴于人力车行操纵营业，车夫备受压迫的状况，订立《自拉营业人力车办法》，开放自拉车480辆。至抗战前夕，杭州有营业人力车4305辆，另有自用人力车约1500辆。② 虽然此时汽车已大量出现于杭城街头，但人力车仍是杭城重要的交通工具。国民党浙江省政府议决，杭州的营业人力车在1941年前以4500辆为限，不再开放，并决定余额200辆悉数充作自拉车。中华人民共和国成立后，人力车于1956年绝迹。

**表4.6　1912年至1956年杭州市人力车（黄包车）数**

| 时间 | 数量 | 时间 | 数量 |
| --- | --- | --- | --- |
| 1912年 | 50 | 1930年 | 3463 |
| 1913年 | 112 | 1931年 | 3492 |
| 1914年 | 381 | 1932年 | 4300 |
| 1915年 | 417 | 1933年 | 3920 |
| 1916年 | 519 | 1934年 | 2850 |
| 1917年 | 519 | 1935年 | 3651 |
| 1918年 | 714 | 1936年 | 4300 |
| 1919年 | 805 | 1937年 | 4305 |
| 1920年 | 1124 | 1938年 | 4503 |
| 1921年 | 1127 | 1939年 | |
| 1922年 | 1949 | 1940年 | 2455 |
| 1923年 | 2183 | 1941年 | 4305 |
| 1924年 | 2212 | 1946年 | 3651 |
| 1925年 | 2312 | 1947年 | 6498 |
| 1926年 | 2409 | 1949年 | 3700 |

---

① 任振泰. 杭州市志（第5卷）［M］. 北京：中华书局，1997：303.
② 杭州市政府十周年纪念特刊［Z］//杭州市档案馆. 民国时期杭州市政府档案史料汇编. 1990：93，98.

| 时间 | 数量 | 时间 | 数量 |
|---|---|---|---|
| 1927 年 | 2947 | 1954 年 | 1524 |
| 1928 年 | 3089 | 1955 年 | 1015 |
| 1929 年 | 3105 | 1956 年 | 绝迹 |

资料来源：任振泰. 杭州市志（第五卷）[M]. 北京：中华书局，1997：304.

1943 年春，杭州开始有了三轮车，这是南洋三轮车股份有限公司，从上海引来三轮车十多辆，在湖滨大戏院旧址开张营业。后来又有嘉兴人在吴山路 7 号开设杭州三轮车股份有限公司，备车 20 辆。其时车辆采用齿轮差速器，踏时很费劲。这一年秋，日本人在开元路设西湖三轮车株式会社，投放新颖三轮车 20 辆，时称"抛江车"，经营租赁业务，生意很好，南洋、杭州两家被挤垮。抗战胜利后，有三轮车行 18 家，最大的是友联公司，有车 110 辆，占市区营业车的 69.7%。1948 年市区有车 371 辆，1949 年有车 939 辆。①

4. 名目繁多的游船

西湖游船既是一种交通工具，又是一种特殊的游览工具，还是湖面上一道浮动的风景线，正所谓，"游西湖者必雇游艇，方可放手中游，纵情山水"②。

专供游人游览西湖的游船，始自隋唐。清代的船埠以涌金门外最盛。民国时期，杭州旅游业发展迅速，西湖游船的数量、款式、种类日益增多，"湖中各式游船者，不下数百只"，主要有水月楼、龙头、明玉、十样锦、百花、兰言舫、罗船、乌龙、梅槎、四不象、小划船、渡船、画舫、篷船、汽船、灯船、秋千船、云舫、看工船等。据 1932 年《杭州市经济调查》记载，当时西湖共有大小游船 622 只，游舫 593 只，内计画舫 36 艘，划子 557 只。从业人员千余人。游船大多聚集在湖滨公园、公共运动场及沿湖各埠。

当时的游艇，大者有画舫、篷船两种。画舫，陈设尚雅，行动较慢。篷船有大号、二号、三号之别。其次有划子，分有篷、无篷两种，无篷划子价廉，游客多乐乘之。③"每当夕阳西下时，湖内舟子咸聚岸边兜揽生意"，其中数量最多的要数改良式小划船，上有白色荷叶边布篷，以蔽阳光，船的扶栏有雕花木板和铜栏杆两种，座位有板椅、藤椅、沙发等，中间放置小方桌，置有暖水瓶、茶点、棋牌等，可以品茗对弈，这类手划船在淡季时，船家多拆去装设充

---

① 任振泰. 杭州市志（第 5 卷）[M]. 北京：中华书局，1997：304.
② 石克士. 新杭州导游 [M]. 杭州：杭州新新印刷公司，1934：119.
③ 任振泰. 杭州市志（第 2 卷）[M]. 北京：中华书局，1997：212.

作货船。渡船则无任何装饰，专门停靠在涌金门、钱塘门、岳坟外招揽客人，坐满即开，价格便宜。画舫一般分为里外三进，外面可摆一两桌酒席，里面备有床铺，以供游人休憩，船两侧装有玻璃窗，也有装木板窗或百叶窗的。篷船，俗称板踏儿，为西湖游船中最大者，篷下有窗，舱内有桌椅炕床，起坐甚为宽敞，雇佣时须预订，1929 年价格约每日 3 元，"盛日倍之"。① 汽船在当时为时兴之物，"用小划船一只，尾置一小机器，机声轧轧，其驰如飞，极乘风破浪之乐"，主要码头为湖滨、三潭印月、中山公园、湖心亭等。除此之外，还有专供文人雅士书画、题咏、赛诗、宴饮的赛诗舫，供学生做功课的读书舫，供杂耍艺人表演的游艺船，供僧尼使用的斋饭船，供军士娱乐的军娱船和专载商人、歌妓、香客的小脚船等。

西湖游船票价。1924 年 4 月，《杭州指南》载："西湖多游船，大曰篷船，小曰划子。其舟资以日计，均需 1 元。半日则减十之五，而划子之值再减，亦须 2 角以外。如遇香市及佳节，价格倍蓰矣。"1931 年，无篷手划子多渡客过湖用，取资极廉，每人次约铜元 10 枚。有篷划子中铜栏、藤椅划子，每日取 1 元 5 角。木栏划子 1 元 3 角。如以时计，每小时给资 2 角，各以到达地点计。无篷划子每至 1 埠需付 2 角，来回 4 角。1936 年 1 月，《浙江新闻报·杭州通》记载："划子种类分藤椅、板凳、沙发、木椅三四种，租资之高下当视其船优劣与时间之多寡以为断，大约每日 1 元至七八角，画舫则每日两三元。"

此外，还有香船，杭人俗称烧香船，是嘉兴、湖州、苏州、无锡及杭州城郊一带香客乘坐的篷船、快船的总称。每年西湖香汛，由香头组织本乡本村育桑养蚕的农妇，集体来杭烧香拜佛，以祈一年蚕花丰顺。此间香船蜂拥杭城，多时可达千余艘，少时也有五六百艘。香船大多停泊在松木场附近的湖荡，并要向荡主交停泊费。

### 四、杭州游客局的设置

民国成立初期设有外交部特派浙江交涉署，专门负责有关外国人来浙游历事宜。1929 年该部门裁撤后，有感于"杭州市为风景区域，各国人士来杭游览者，年有增加，故导游事务，日渐繁重"，规定杭州市范围内凡不属外交的外人事务，自 1930 年 1 月 1 日起全部归并市政府办理，并根据事务性质将之分配于秘书处及各局科。专门办理国外游人来杭事宜，编印中英文游览宣传册分寄欧美各地，从事旅游宣传和接待工作。

---

① 中国旅行社. 西子湖 [Z] . 1929：108.

　　为繁荣工商业，吸引游客，又因为"历来国内外人士来杭游历者，摩肩接踵，惟外来游客，对于向导指点，向乏正式机关，负责办理，游记指南，又苦未能全备，故一切颇感生疏困难，本政府为发扬国光，繁荣市面起见，特设游客局，专任招待游客事宜"①。因而杭州市政府于 1932 年 1 月，设立了专门的管理机构"杭州市游客局"，下设问讯、宣传两股，专门办理国外游人来杭事宜，编印中英文游览小册分寄欧美各地，从事旅游宣传和接待工作。当时的游客局既是市政府的旅游管理机构，同时又是一个接待中外游客的经营服务单位。"所有旅客莅杭，旅馆安息，舟车雇定，陪伴导游种种事件，均可代定代办，十分圆满……贵客如来杭游览，下车后即祈亲临城站游客局问询处接洽。"②

　　经过不懈努力，游人"远近皆来，四时不绝"。除传统的香客外，上海、南京、广州等地的游客日益增多，欧美、日本的国际旅游者来往也日趋频繁。从 1932 年 1 月到 1934 年 3 月，在两年多时间里，游客局共接待了外国游客 12700余人。③

　　1934 年，杭州游客局裁撤后，"所有关于外人事务"，包括导游等均归并市政府秘书处兼办。因来杭外国游客"日见增加"，秘书处指派专人负责办理该项事务，后又成立"外人护照查验处"6 所，集中办理外国游客签证事项。同年10 月 1 日，省政府成立了名胜导游局，在沪杭甬、浙赣铁路及市总汽车站均设立咨询处。

　　日伪杭州市政府也曾成立杭州市国际观光局和西湖名胜管理处，但在沦陷的八年期间，杭州的旅游业遭受了沉重打击。许多风景名胜荒芜，文物古迹失修，庄园别墅废弃。抗战胜利后，市政府为了重振旅游业，利用铁路、公路增开旅游专车，并兴建了不少旅馆、饭店及娱乐场所，在一定程度上促进了旅游业的发展。1947 年 4 月，为方便旅客游览，市政府还在断桥边设立了杭州名胜导游处，聘请精通英语的专业人员负责指导一切游览事宜，陈列本地名产，供人参观，陈设书报，以供阅览及休憩。

　　20 世纪 30 年代初期，市政府还组建了杭州市旅游事业研究委员会，对旅游业进行宣传和组织协调工作。杭州市旅游事业研究委员会还署名印行了《新杭州导游》一书。

①　杭州市政府游客局启事［J］．杭州市政季刊，1933（1）．
②　杭州市政府游客局启事［J］．杭州市政季刊，1933（1）．
③　杭州市政府十周年纪念特刊［Z］//杭州市档案馆．民国时期杭州市政府档案史料汇编．1990：7．

### 五、旅游图书的涌现

历代颂扬西湖的诗词、游记、志书的印行流传，不断提高着西湖的知名度，使西湖成了人们向往的游览胜地。最早的有《吴越春秋》《梦溪笔谈》《都城纪胜》《西湖老人繁胜录》《西湖梦寻》《武林掌故》等。为了更好地方便游客游览西湖及附近风景名胜，继明代田汝成著有《西湖游览志》后，清乾隆年间，杭人翟灏、翟瀚兄弟合著了《湖山便览》。书中西湖景点增加到1016处，光绪年间重刊，是为近代杭州最早的导游图书。

民国时期，杭州导游手册或指南手册也层出不穷，详尽地介绍自然人文名胜，详尽地说明交通路线与费用，以及相关的游程安排与指导。20世纪初，原先的旅游图书大多"年代久远，不足为游客之指导也"，再加上杭州旅游的快速发展，因而催生了一大批新式旅游图书。1926年，由商务印书馆发行的《西湖游览指南》，作者徐珂参考了《杭州府志》《仁钱邑志》《西湖志》《湖山便览》《梦粱录》《武林旧事》《西湖游览志》《西湖游记》《神州古史考》《西湖纪述》《孤山志》《钱塘遗事》《西湖杂记》《西湖小史》等五十余种方志史料。可信度非常高。之后，又有《银色的西湖》《西湖名胜快览》《新杭州导游》《西子湖》《杭州》（俄文版）等问世。

20世纪30年代，主要的导游图书有凌善清的《怎样游西湖》（1932年）、易家钺的《西子湖边》（1935年）、沈雨苍和张国雄合撰的《西湖胜迹全集》（1936年）、《游杭快览》（1936年）、赵君豪《杭州导游》（1937年）等。1941年，杭州处在日伪的统治下，日本学者木村重在杭州考察后著有《杭州》（日文版）一书，在当时的日本国内也有较大的发行量。战后，西蒙书店出版了帝青编的《西湖游览新导》，宋经楼书局发行了守安编的《游览杭州西湖新导》，书后附有《杭州西湖明细全图》。此外，陆续发行的还有《西湖新指南》《杭州西湖导游》《杭州名胜导游》等。1948年，英国人乔治·伯德（George Bird）著有英文版《杭州游记》（*HangChow Holidays*）。

这一时期旅游图书另一大特点是风景照片的广泛应用，摄影技术的不断普及带来了大量精美导游图册的面世，较早的有1919年商务印书馆摄制的小册子《西湖风景画》。1927年，黄炎培等编纂的《西湖》两册，系《中国名胜》第四卷第一、二集，首次向国人全方位介绍西湖的山水绝胜，对当时的旅游界、艺术界影响非常大。1928年，由二我轩照相馆摄影，日本游客重重木编写而成的《西湖风景图说》。同年，西湖一朵花发行所出版了由海上重来客编辑的《银色的西湖》，以照片的形式介绍西湖的风景名胜，每张照片画面清晰、选景绚丽。

除此之外，慎修斋书社出版楼辛壶的《西湖十景》画册、西湖鑫记书局发行的由西湖闲闲居士编辑的五彩西湖全景《名胜西湖》、友声旅行团出版的风景照片集《西湖倩影》等颇受游客的青睐。1929 年出版的《西湖百景》更是收集照片120 余张，"合成名胜百景，并与每景之下，详考各种记载，编成中英文简要说明"。

整个民国时期，影响最大的旅游图书要数 1929 年中华书局出版，陆费执、舒新城合编的《实地步行杭州西湖游览指南》。编者在序言提到了编写此书的原因与目的："今日之西湖，几成中国之大公园，如欧洲之瑞士。惟外人游杭，多限于时间或乏于向导，只得近湖而止，仅窥一斑，皆不足以言畅游、全游、远游，于是名山佳景，多淹没而无闻焉。坊间已有之指南、导游、游记之书，或偏于局部，或过于泛泛，或抄袭旧志，或得之耳闻……欲其为实地指导，势有未能，仅供参考，尚属有用。作者共花三年时间实地游览西湖山水，每至一处，观察记载必详，以补前书之遗漏。读者得此，按图索骥，当亦不致茫然不辨东西，可视为一熟手之良伴也。"全书叙述翔实，文笔流畅，通俗易懂，销量甚广，当时外地游客几乎人手一册。书中首先介绍了杭州历史沿革与区界，西湖的形成、发展概况与旅游分区，主要有沿湖区、孤山区、葛岭区、北山区、南山区、吴山区、江干区、西溪区和城区 9 区；之后又详细介绍了苏堤春晓等西湖十景、九里云松等钱塘八景、湖山春社等新二十四景以及春夏秋冬四时风景，传统的良辰佳节；最后一部分为西湖及周边游览行程与须知，并插有西湖十景图、沿湖区图和旅游路线图；为便于游客的出行、食宿、购物等，书尾处还附有杭州著名商品一览表、杭州酒饭馆一览表、杭州旅馆一览表、游湖舟轿车马雇价表、浙江省各路汽车里程、价目、时刻表等，真正做到了"一书在握，万事不愁"。

这些旅游指南，不仅提升了杭州的知名度，更是方便了到杭游玩的游客，因而也广受欢迎。如 1929 年出版的《西子湖》，"不及一载，即已售罄"[①]。

### 六、旅游购物品的多彩

杭州的手工业向来比较发达，一直是东南手工业的中心之一。著名的手工精品"五杭"——杭扇、杭线、杭粉、杭烟、杭剪，蜚声海内外。民国成立以后，举国上下"振兴实业"的热潮对手工业的发展产生了巨大的促进作用。尤

---

① 赵君豪. 杭州导游［M］//王国平. 西湖文献集成（第 10 册）. 杭州：杭州出版社，2004：1114.

其是第一次世界大战期间，列强忙于争霸，对华商品输出锐减，给手工业的发展提供了前所未有的契机。杭州传统手工业抓住这一时机，热衷引进国外的技术与设备，积极改革传统生产方式，千方百计提高产品质量，创出并保持了张小泉剪刀、舒莲记和王星记扇子、西湖绸伞、西湖织锦（都锦生丝织风景片）、天竺筷、边福茂鞋子、孔凤春化妆品、李德顺厨刀、王老娘木梳等一批经久不衰的传统特色产品。1929 年的西湖博览会上，张小泉近记剪刀、舒莲记折扇、沈碧云的刺绣梅屏等 7 个产品获特等奖，徐凤樵的雨伞、边福茂的缎鞋、孔凤春的莲花霜等 12 个产品获优等奖，王星记的竹刻、升昌的皮鞋皮件等 16 个产品获一等奖。这些特色的传统产品成为人们来杭后会购买的旅游纪念品，在一定程度上促进了旅游业的发展。

在当时那个购买力有限的年代，人们在旅游购物时多倾向于生产和生活的必需品。因而在民国时期，杭城打造的旅游纪念品多为生产和生活用品，以适应当时需求和具有地方特色的实用品为主。

在民国时期每年有一大批烧香客会涌入杭州各寺庙烧香，烧香也是农民的购物旅游。这些香客的各种需求，他们的行程安排以及在杭州产生的贸易量，极大地影响了手工业生产和城市商业生活的形成。这在一份女香客典型的购物清单上可见一斑：脂粉、剪刀、丝绸、丝线以及扇子是最为有名的杭产品。①

1925 年 7 月，在燕京大学任教的美国教授马尔智（Benjamin March）携新婚妻子多萝西（Dorothy）来杭州度蜜月时，他留下的记录也最可以反映当时杭州旅游特色商品的情形。

> 今天又是下雨天，午后我们到城里逛商店。尽管一周前我刚买了一对扇子，可现在我还想买一把心仪已久的竹扇，上面镂刻着竹叶，我想按照中国人的习惯，在扇子一面画上三潭印月图，另一面写上一首诗。我们一路逛到了扇子店，终于买到了我想要的那一把，另外也给多萝西买了一把新扇子，加上一些纸张。接着，我们又继续在其他店里搜寻，找到一把坚固而男性化的油纸伞，那可是杭州有名的，很久以前我就在期待，要是我最终来到这座城市，一定得买一把这样的伞。我们就这样走走停停，这儿看看，那儿瞧瞧。杭州城真是富有趣味。……在刺绣店中，我们驻足观看人们正在制作富丽的外衫、窗帘以及其他的帘子织品。这些男人和男孩的灵巧手艺是难得一见的，只见一条条的金线在图案上游动，图案下往往连

---

① 汪利平. 杭州旅游业和城市空间变迁（1911—1927）[J]，朱余刚，侯勤梅，译. 史林，
2005（5）：100-101.

接着其他颜色的丝线，各种丝线穿插糅合在一起，整件刺绣便显得颜色得体。杭州还以生产剪刀而出名，剪刀店面生辉，一排排明亮闪光的产品沿墙摆在匣子中。……然后又到一家布庄，为多萝西选了旅行装的布料，她还挑了一匹非常漂亮并独具杭州特色的布料，准备明年夏天做裙子用。①

1937 年出版的《杭州导游》上介绍了旅游购物的主要名产，主要有翁隆盛、方正大、享大的产自西湖龙井的茶叶，九溪茶场的藕粉，万隆的家乡肉，张小泉近记的剪刀，老大纶、恒丰、九纶、万源等店的绸缎，高义泰的布，都锦生、启文丝织厂、国华、西湖美术厂的丝织品，孙源兴的纸伞，舒莲记、王星记的纸扇，孔凤春的花粉，老恒泰的丝绵、邵芝岩、石爱文、胡开文的墨笔，方裕和的莼菜，胡庆余堂、叶种德堂、万承志堂的国药，方裕和的山核桃，还有塘栖的枇杷和杨梅。②

钟毓龙在《说杭州》中也提到："五杭之外，尚有大井巷各小作坊生产之天竺筷、竹编香篮、王老娘木梳，以及开元路孙源兴之仿洋纸伞、都锦生首创之西湖绸伞等，均为各地游客所乐购者。"

下面仅举当时最典型的，游客多会购买的杭州产品。

（一）纸伞、绸伞

伞，古称"盖"，最初用鸟的羽毛制成，后采用罗绢、纸等原料。明清时期，我国的制伞业甚为发达。而早在唐宋时期，杭州丝绸就已经妙称江左，至明清更是机杼甲天下，杭绸也成为上贡珍品，西湖绸伞正是古老制伞业与精致杭绸的完美结合。

杭州纸伞驰名已久，"盖纸伞价廉而物美，且晴雨咸宜，颇能到处受人欢迎也"。清末民初，洋伞大量输入，传统纸伞销路日减。以开元路孙源兴伞铺为代表的杭州纸伞业不甘落后，奋发创新，改良旧式雨伞，柄作弯形，包以铜皮，形式颇为雅观。伞骨以富阳所产之紫竹为主，伞面纸张多用浙东所产之皮纸，坚牢耐用，质量胜于同类之洋伞，且价格低廉，迅速占领了江南各省的雨伞市场。当时的纸伞主要种类有老头伞、文明伞、小花伞等，其中老头伞伞纸层数较多，笨重却耐用，色呈灰暗，长二尺六寸至三尺，多行销于四乡农民及牛马贩商，产量不多；文明伞由老头伞改良而成，长一尺八寸至二尺六寸，形式美观，携带便利，颇适合普通市民需要，销数甚广；小花伞系仿自日本，长一尺

---

① 马尔智日记［N］．杭州日报，2009 - 11 - 13.

② 赵君豪．杭州导游［M］//王国平．西湖文献集成（第 10 册）．杭州：杭州出版社，2004：1201 - 1202.

二寸至一尺六寸，短小精致，伞面印有西湖十景及各种花色图案，色彩秀丽，青年女子及孩童极为喜欢，乐于采购。① 实际上，伞之尺寸有大小，柄有竹木之分，顶有铜竹之异，细分之下达数十种。

杭州纸伞最吸引人处在于它完全用手工制成，工艺极为复杂，"伞之优劣，系乎原料之配合，与手艺之巧拙"。制造纸伞的原料为伞骨、伞斗、伞柄、桃花纸、桑皮纸、桐油、青油、柿油、铜钩、铜顶、糨糊、藤圈等，多产自本市及周边地区。制伞大致可以分为制柄、拣骨、糊伞、上油等几个步骤。先将伞骨缘端缚以棉纱，然后用柿漆糊伞面纸于骨上；糊糨糊时注意厚薄适宜，过厚则伞面硬而不柔，过薄则易于脱落；待糨糊干后，于纸缘加纸一层，伞顶加纸两层，再行上油，油为桐油与青油搀和而成，桐油可使纸牢固，青油则有减去桐油臭味之效；油干之后，加以整理，一把精致的杭州纸伞即告完工。

据 1935 年调查，杭州年产文明伞约 5 万把，小花伞约 40 万把，其中伞店制造者仅占 30%，大部分为湖墅、武林门一带居民作坊自制。② 每至春夏二季，杭州纸伞销路最畅。因为"我国妇女多不戴帽，借伞以避炎日，故购买者众"。20 世纪 40 年代以后，杭州纸伞"于伞面之图案，纸张之薄韧，伞柄之雕刻，益臻美化"，较大的纸伞行有胡福兴、俞恒兴、周永兴、振和、永顺兴、陈祥顺、胡振兴、昌记、金恒和、朱润兴等。③

1928 年至 1929 年间，都锦生东渡日本考察织锦技术时，仿日本阳伞而制成造型美观、晴雨两用的西湖绸伞，别致大方，风行一时，但当时还只是偶尔的零星生产，伞面图案也只有"三潭印月""平湖秋月"等 4 种。1932 年，都锦生丝织厂艺人竹根斐、游静芝等创制了第一批西湖绸伞。它以竹作骨，以绸张面，式样美观，携带轻便，深受游人喜爱，时有"西湖之花"的美称。都锦生还特地邀请电影明星胡蝶、徐来等来杭，为绸伞试制成功庆典剪彩和做广告宣传。由于销路甚广，利润丰厚，制伞作坊纷纷兼制西湖绸伞。是年年底，杭城兼营西湖绸伞的作坊 27 家，资本 12800 元，从业人员 120 人。④ 1935 年，杭城出现了第一家专门制造西湖绸伞的作坊——"振记竹氏伞作"，门庭若市，行销甚广。之后，又有王志鑫等专业作坊的创办。

西湖绸伞的特色在于圆形伞面绸薄如蝉翼，织造细密，色彩瑰丽，透风耐

---

① 浙江省商务管理局.杭州之特产［Z］.浙江省商务管理局，1936：24.
② 浙江省商务管理局.杭州之特产［Z］.浙江省商务管理局，1936：30.
③ 浙江工商年鉴（1946 年）［Z］.1947：345.
④ 杭州市政府社会科.杭州市二十一年份社会经济统计概要［Z］.1933：17.

晒，易于折叠。伞骨则采用江南独有的淡竹做成，篾质细洁，色泽玉润，即使烈日曝晒也不弯曲。伞面上还采用喷、刷、绣、画等多种技法，描绘西湖胜景和花鸟虫兽等，色彩绚丽夺目。网状形伞架给人以精工细琢之美感，收拢绸面镶嵌在伞骨中间，一丝不吐，平整服帖，犹如一节玲珑淡雅的天然竹筒，富有浓厚的江南水乡韵味，这是其他伞所望尘莫及的。西湖绸伞既可用于夏日遮阳，又可作舞蹈、戏剧、杂技等的表演道具，是达官贵人、富家小姐、游客和艺术界钟爱的高档艺术品。民间流传的《白蛇传》中"湖畔赠伞"的故事更是为西湖绸伞平添了一份浪漫色彩。

### （二）张小泉剪刀

杭州剪刀是我国著名的传统手工艺品，历史十分悠久，素有"杭剪甲天下"之称。杭州剪刀代表产品当属张小泉剪刀。张小泉剪刀初创于明崇祯年间，选用龙泉、云和等地的好钢制造，精巧耐用、别致大方。后凡经营剪刀业者，均喜张小泉牌号，时人有"青山映碧湖，小泉满街巷"的描述。"张小泉"的字号遍布杭城，唯在店号后加上某记以资区别，如"近记""老双近记""琴记""进记"等，其中数"张小泉近记"为老字号，产品亦胜一筹。

清末，随着生产经营的发展，剪刀业的分工日益精细，逐渐由前店后场演变成炉作、白工和商号三部分。清宣统二年（1910 年），杭州已有 12 家剪号，制剪作坊几十户，此时的张小泉剪刀已不仅仅是一个牌号了，实则代表了杭州整个剪刀业的工艺水平。民国初期，杭州的剪刀业在加快生产经营的同时，制剪技术也有了很大的飞跃。张小泉剪刀相继在 1910 年南洋第一次劝业会和 1915 年巴拿马万国博览会上获奖。1919 年，张小泉近记首创剪刀抛光镀镍的新工艺，并获得农商部 68 号褒奖。1921 年，张小泉洪记首开刻花工艺，大大美化了剪刀外观。20 世纪 30 年代是杭州张小泉剪刀发展的鼎盛时期，剪刀的制造技术日臻完善。据 1932 年调查，全市剪刀厂有 42 家，从业人员 231 人，年产各类剪刀 64 万余把，花色品种多达 160 余种，1931 年营业额达到 19.9 万元。[①] 除了在全国各地销售外，还远销南洋群岛、欧美等地。经营规模较大者除张小泉近记外，主要还有太平坊之张小泉晋记、大井巷之张小泉大井记、三元路之张小泉老双井记等（具体见表 4.7）。在这一时期，制剪业又分为大制剪业与小制剪业。其中大制剪业以城隍牌楼王明生为最大，年产大剪刀 2.5 万把；小制剪业以湖墅珠儿潭楼阿火家为最大，年产小剪刀 3.8 万把。[②]

---

① 建设委员会调查浙江经济所．杭州市经济调查（下）［Z］．1932：427，430.
② 建设委员会调查浙江经济所．杭州市经济调查（下）［Z］．1932：191.

当时，一把张小泉剪刀从打制到出售要经过多个环节的配合，先由制剪工场以手工制成料胚，再由剪号加以精工磨琢，使其形式美观，锋口快利，式样大小不一，各适其用。一般工序为制胚、锉白、上眼、出口、镀镍、刻字（花）等。根据用途不同，张小泉剪刀有平面剪（即家用剪刀）、裁缝剪、圆头剪、洞庭剪、银作剪、五虎剪、羊毛剪、猪毛剪、丝把剪、茶叶剪等数十种，还有深受农商学界青睐的剪枝剪、芽接刀和纱布剪，其中又以平面剪之五号剪最畅销，每把价格约小洋一角。[①]

**表 4.7　1933—1935 年杭州张小泉剪刀店营业概况表**

| 序号 | 店名 | 资本额（元） | 近三年营业数（元） | | |
| --- | --- | --- | --- | --- | --- |
| | | | 1933 年 | 1934 年 | 1935 年 |
| 1 | 张小泉荫记 | 1000 | 6200 | 6100 | 6000 |
| 2 | 张小泉琴记 | 1000 | 3600 | 3000 | 3600 |
| 3 | 张小泉近记 | 10000 | 49000 | 34600 | 42000 |
| 4 | 张小泉近记支店 | 并入总店 | 15482 | 16000 | 17200 |
| 5 | 张小泉鼎记 | 1000 | 3000 | 3000 | 3000 |
| 6 | 张小泉鹤记 | 1000 | 3500 | 3500 | 3200 |
| 7 | 张小泉大井记 | 1000 | 12500 | 9400 | 11600 |

注：本表在引用时做了一些修改，只统计了资本额在 1000 元以上且三年的营业数均在 3000 元以上的 7 家较大剪刀店。

资料来源：浙江省商务管理局．杭州之特产［M］．浙江省商务管理局，1936：12—13。

### （三）王星记扇子

杭州是我国生产折扇之名邑，自古以来就有"杭州雅扇"之美称。相传杭扇在南宋时已誉满天下。据《中国实业志》（浙江卷）记载，清代"杭城营纸扇者总计有五十余家，工人之数达四五千人"。到民国时期的 20 世纪 30 年代，由于服装的改变及电扇的通行，纸扇受其影响经营大减，只剩下十多家（附带经营的除外），当时，扇坊多集中于太平坊、扇子巷、官巷口一带。杭扇品种繁多，做工精美，既有昂贵精美的，也有普遍实惠的，可满足上层人士，也可满足普通民众，因而深受杭州百姓和外地游客的喜爱。扇子的主要功能以纪念品、艺术品、装饰品及演剧之道具为主。1931 年扇业营业数达 15.89 万元，其中以

---

① 浙江省商务管理局．杭州之特产［Z］．浙江省商务管理局，1936：19.

张子元店最老，舒莲记营业数最大，每年营业数几乎占全部扇业的三分之二。1927年，舒莲记遭火灾，营业逐年减色。创办于1875年的王星斋第二代王子清乘机扩大规模，并冠以"王星记"字号。以"三星"为注册商标，不惜重金大做广告，尤其是在西湖博览会上的成功宣传，声名鹊起，逐步成为杭扇中的精品。

1933年，王星记出产各类扇子一万余把，营业额25000元，是其创办资本的5倍之多。[1] 主要品种有折扇、葵扇、团扇、羽扇、纨扇、雕翎扇、鹅毛扇等，以春夏两季为销售旺季，秋冬淡季时兼营瓜皮帽、毡帽等。除在浙江省销售外，大部分运往上海转销平津及山东各地，还远销南洋一带。王星记扇传统制作流程为手工削成扇骨，再加以磨光、雕刻、上漆、贴金、穿孔、钉眼，最后用桃花纸糊成扇面。[2]

1937年抗战爆发，王星记勉力将制扇工场迁至绍兴柯桥，再将门市部迁到上海。为打开局面，王星记积极调查上海各阶层用扇情况，设计制造了各种黑白花扇，薄利多销。至抗战后期，王星记已成为杭州扇业中唯一名庄。1944年王星记出品各类扇子14400把，并在《浙江商务报》上打出"品质兼优、式样新颖、中国第一、历史悠久、环球驰名"的宣传广告。当时王星记扇子的扇骨有象牙、玳瑁、檀香、乌木、紫檀、湘妃竹、水磨竹、桃丝、珊瑚、虎皮等14种，制扇原料中的皮纸产于於潜、柿漆产于诸暨、竹产于天目、宣纸产于泾县，只有金银锡箔产于本地。

（四）天竺筷等为代表的竹器制品

杭州竹器制造业向来发达，是手工业的重要组成部分，一般分为竹器店、竹器作坊、天竺筷作坊和梳篦作坊等。史载，"西湖诸山皆种竹，故乡间人家，多数以竹为器，赖竹为原料，有作为桌椅书架等具，制售于市上以为主……编成大小香篮，式样甚多，非常玲珑，工颇精细，各地来游者大多购去盛物"。

20世纪30年代，杭州市出售竹篮、竹烟管、玩具、花伞及其他竹器之店不下20家（所售具体产品及价格见表4.8），约半数店家聚集在新市场一带，以春秋两季需求最旺，顾客多为"各地士女来杭进香游览者"，全年营业额约4万元。[3]

---

[1] 浙江省商务管理局. 杭州之特产［Z］. 浙江省商务管理局，1936：50.
[2] 建设委员会调查浙江经济所. 杭州市经济调查（下）［Z］.1932：431.
[3] 建设委员会调查浙江经济所. 杭州市经济调查（下）［Z］.1932：330.

表 4.8　民国二十年（1931 年）杭州竹器店统计表

| 产品类别 | 产品名称 | 单件价格（元） |
|---|---|---|
| 篮子类 | 网篮 | 1 |
| | 小菜篮 | 0.2 |
| | 盒子篮 | 0.45 |
| | 状篮 | 7 |
| | 纱篮 | 1.2 |
| | 香篮 | 1.2 |
| 手杖类 | 木手杖 | 0.45 |
| | 藤手杖 | 1.4 |
| | 竹手杖 | 0.8 |
| 玩具类 | 小状篮 | 0.45 |
| | 小圆篮 | 0.6 |
| | 四木马 | 0.4 |
| | 小汽车 | 0.55 |
| 竹烟管类 | 广竹 | 0.25 |
| | 烟筒头 | 0.04 |
| | 烟匣子 | 0.2 |

资料来源：建设委员会调查浙江经济所. 杭州市经济调查（下）　［Z］. 1932：328 - 330。

　　竹器作坊根据所出品不同，又可分为圆篾作坊、圆竹作坊、专制蒸笼、菜罩、盖篮的作坊和专制竹篷的作坊，主要生产竹篮、煤箩、蚕匾、淘米箩、竹床、竹椅、竹橱等，约有 170 余家，全年营业额约 6 万元。① 其中以香篮最为别致，主体用竹篾编制，上缀线网，下镶脚方，呈长方形，外刷红黄油漆，有浓郁的地方特色。在旅行包尚未流行时，香篮是游客用来盛放土产的一种美观实用、携带方便的理想器具。特别是在每年香汛期间，大批香客挎香篮出入杭城，使香篮名播外地。梳篦作坊在杭城约有十余家，以新市场的老王大兴和大井巷的姚德兴、王老娘、邱记最著名。产品除销售杭州市外，还销往宁波、上海等地，全年营业额约 4 万元。②

————————

① 建设委员会调查浙江经济所. 杭州市经济调查（下）［Z］. 1932：330.
② 建设委员会调查浙江经济所. 杭州市经济调查（下）［Z］. 1932：331.

天竺筷以杭州、临安一带所产苦竹（又称文武竹）为原料，以轻巧美观、价廉实用著称，南宋时期就随着西湖的美名而流传甚广，"四方游客莫不购之，以赠亲朋好友"。特别是因筷身饰有云头雕有佛像，每逢香节，香客都争相购买天竺筷。天竺筷之得名，是因为其由西湖旁天竺山所产纤细之实心竹制成。到了近代，真正由天竺竹制成的天竺筷，为数已极少，实际上99%的天竺筷原料来自宁波。天竺筷只是日常生活中的小用品，其制造虽不十分困难，但工序颇为烦琐。普通的制筷程序一般分为十步：原料之修理，筷之取材，选材，刮青，画花或烫花，着色，镶头，锉脚，上蜡或上香油，选择捆扎。① 天竺筷之所以能享誉海内外，关键在于用料考究，苛求质量。每道工序均严格把关，尤其是烫花、画花要求最高，非熟练技工不能胜任。

民国以后，杭州天竺筷业有了较大的发展。据1930年《工商半月刊》第2卷第4号记载，当时杭城大小制筷作坊不下二三十家，大多集中在大井巷及打铜巷一带，从业者百余人，天竺筷种类多达百余种。全城经售天竺筷之店铺，约有五十余家，以乾泰顺及王老娘两家为最大。其中大井巷及清河坊一带专营批发业务，湖滨筷店则以零售为主，兼营梳篦或篾篮。据1932年印行的《杭州市经济调查》载，20世纪30年代初期，天竺筷业全年营业额达五六万元。② 20世纪30年代中期以后，社会动荡不安，天竺筷业发展萎缩，杭城制筷作坊仅剩8家，资本额2400元，年营业额39500元（具体各作坊营业状况见表4.9）。专业工人仅20人左右，基本为家庭工场，店主兼做男工，女工则多由家中之妯娌妻女任之。

**表4.9　民国二十四年（1935年）杭州天竺筷业各作坊营业统计表**

| 序号 | 店号 | 地址 | 资本数（元） | 营业数（元） | 备注 |
|---|---|---|---|---|---|
| 1 | 锦润昶 | 大井巷 | 500 | 7000 | 多做本埠及外埠批发 |
| 2 | 汤顺兴 | 大井巷 | 400 | 7000 | 多做本埠及外埠批发 |
| 3 | 陈永兴 | 大井巷 | 400 | 6500 | 多做本埠及外埠批发 |
| 4 | 王老娘邱记 | 大井巷 | 400 | 5000 | |
| 5 | 王老娘顺记 | 大井巷 | 300 | 4000 | |
| 6 | 王老娘永记 | 大井巷 | 300 | 4000 | |

① 浙江省商务管理局. 杭州之特产［Z］. 浙江省商务管理局，1936：72-77.
② 建设委员会调查浙江经济所. 杭州市经济调查（下）［Z］. 1932：331.

续表

| 序号 | 店号 | 地址 | 资本数（元） | 营业数（元） | 备注 |
|------|------|------|------------|------------|------|
| 7 | 庆裕号 | 大井巷 | 200 | 3000 | |
| 8 | 仁昌永 | 新市场 | 300 | 3000 | |
| 合计 | | | 2800 | 39500 | |

资料来源：徐世治．杭州天竺筷之调查［J］．浙江商务，1936，1（5）：129。

值得一提的是，抗战前夕，杭城共有各类商店 1.46 万家。由于抗日战争和解放战争的影响，到 1949 年，市区仅有商号 1507 家，但服务性行业却得到发展，那些专为游客、香客、山客、水客服务的商家几乎占了一半。从这也可看出旅游行业在当时的发展。

### 七、民国时期杭州旅游的特征

从世界范围来看，19 世纪初期，旅游已开始具有现今意义上"旅游"的特征。表现在因消遣目的而外出的旅游者在规模上超出了原有的传统商务旅行者，正因为此，英文中的旅游（Tourism）一词也于此时开始问世。此外以营利为目的的旅游商业机构鳞次栉比，1845 年在英国诞生了世界上第一家旅行社，标志着近代旅游的开始和旅游业的诞生。

从杭州范围来看，民国时期是杭州旅游活动发展过程中重要的承上启下的阶段，这一时期的旅游活动开始具有现代意义的特征，以消遣为目的的旅游人数大大增长，旅行社开始出现。它宣告了旅游业的正式诞生，标志着杭州的旅游活动进入近代旅游阶段，旅游活动开始成为一项经济活动。

#### （一）主动旅游意识的形成

明清及以前，社会以农业经济为主，农耕生活特点不易诱发旅行和旅游动机；而且当时旅行和旅游的条件很差，人们也缺乏主动旅游的意识，因为这意味着旅途的艰辛和不安全。因而在那个年代，人们不轻易出门，"父母在，不远游，游必有方"。① 郁达夫也曾回忆起三十多年前从富阳到杭州时，家人对此的担忧，很典型地说明了这一点：

自富阳到杭州，陆路驿程九十里，水道一百里；三十多年前，非但汽

---

① 论语·孟子［M］．北京：北京燕山出版社，2001：35.

车路没有，就是钱塘江里的小火轮，也是没有的。那时候到杭州去一趟，乡下人叫作充军，以为杭州是和新疆伊犁一样的远，非犯下流罪，是可以不去的极边。因而到杭州去之先，家里非得供一次祖宗，虔诚祷告一番不可，意思是要祖宗在天之灵，一路上去保护着他们的子孙。而邻里戚串，也总都来送行，吃过夜饭，大家手提着灯笼，排成一字，沿江送到夜航船停泊的埠头，齐叫着"顺风！顺风！"才各回去。摇夜航船的船夫，也必在开船之先，沿江绝叫一阵，说船要开了，然后再上舵梢去烧一堆纸帛，以敬神明，以赂恶鬼。……祖母为忧虑着我这一个最小的孙子，也将离乡别井，远去杭州之故，三日前就愁眉不展，不大吃饭不大说话了；母亲送我们到了门口，"一路要……顺风……顺风！……"地说了半句未完的话，就跑回到了屋里去躲藏，因为出远门是要吉利的，眼泪决不可以教远行的人看见。①

时人陆丹林在其游记《杭徽印象》中，也曾感叹杭徽公路未建成前旅途的艰辛和不易：

> 从前有水陆两程，陆路无车须要步行（或乘轿），爬山越岭十天八天，才能够到达，要是碰着阴雨，那就留滞途中至十余至二十天也说不定了。故杭州俗语有"十日上徽州"的话。从水路呢，是由浙江的钱塘江至淳安，折入徽境，虽可免却跋涉的艰苦，但是钱塘七十二滩的险要，舟行也不容易的。平日也要十天左右，倘遇河流潮涨或者江水干涸，那就要搁浅难行了。黄梅天气，淫雨连绵或者是八月中旬江潮暴涨，钱塘江水顺流而下舟只往来，危险更大。一般胆小的旅客宁愿跋涉苦劳，不肯冒险乘舟了。因之徽州出外营生，一旦离家，多是十年二十年才回乡一次，实因交通梗塞，使他们不得不如此的。②

这样的情况下，人们是不会轻易外出旅行的。

至清末民国以来，随着经济的发展，航运、铁路、公路的建设和交通工具的革新、通信设施的发展、旅游专业机构的出现，各种档次的旅馆业的兴盛，人们的出行越来越方便快捷和安全，人们不用再惧怕出远门。如杭徽公路余临段通车后，"每日上午8时起下午4时止为开车时间，车分长短，长班由余杭直

---

① 郁达夫. 远一程，再远一程！——自传之五［M］//郁达夫全集（第四卷）. 杭州：浙江文艺出版社，1992：344–345.

② 陆丹林. 杭徽印象［J］. 道路月刊，1934，43（第2号）"游记"：1.

到临安，短班沿路由乘客上下，亦有包车，随时可以开驶，此路一端与杭余路相接，故昔日安徽茶商自临安以至杭，或乘舟或用肩舆，有一日尚不能安抵杭州者，今则不须两小时，即可达西子湖滨矣"①。

而且，辛亥革命后，民国政府引入周休制，这大大刺激了人们外出旅游的愿望。旅游的风尚因而也就发生了变化。接受西式教育的中产阶级特别重视周末和节假日的休闲、消遣，外出度假旅游形成一种风尚。

（二）旅游队伍扩大，但仍缺乏群众性

民国年间，随着经济的发展，交通工具的革新，扩大了旅行和旅游的人数；但能参加真正消遣旅游的人还局限于少部分，还缺乏广泛的群众性。

古代旅游的主体是极少数的官僚士绅。进入近代旅游以后，旅游队伍扩大，一些富裕的城市市民，如公务员、职员、教师，甚至一些学生也参与进来。但是占据人口大多数的工人和农民没有成为旅游的主体，因而民国年间的旅游人数虽有很大的增长，但仍然缺乏群众性。

如杭徽公路线旅游业务比较冷清，并未达到预期的效果；杭富公路在1935年时虽有客车16辆，但平均月收入仅为3803元；杭塘路平均月收入仅为2600元。② 这当然有很多的其他因素，其中一个重要原因就在于当时能外出旅游的主体是豪绅富户、达官贵人和一些名人雅士，广大的普通工人、农民还不能加入到旅游的队伍中来。

（三）旅游胜地得到了迅速的开发和发展，人文景观开始与自然景色融合，改变了单调的旅游形式

旅游业的出现和发展，其对社会经济发展的推动以及旅游城市的影响，引起了政府和民众对名胜古迹的保护修缮的重视，旅游景点的开发也变成一种经营性行为。西湖风景区的建设是最典型的例子。民国时期西湖风景区古迹的修缮，人文景点的拓展和建设，景区环境的美化，使得杭州西湖人文与自然更加融合。西湖景观因而也更具吸引力，正如时人所说："因为在死的景物之外，又添上了一个活的意境，就愈显得美妙和叫人留恋了。"③ 景区和景点的建设也更加重视对旅游资源人文内涵的挖掘和建设。1929年西湖博览会后，就有人指出："西湖博览会之主要目的，在于财富方面；其于人文设施，盖未遑也。……自今以后，西湖之新发展，当注重于文化，而向山中另开胜境。……欲求'闲忙适

---

① 浙江长途汽车事业［J］. 道路月刊，1924，12（第2号）"调查"：5，6.
② 浙江省公路运输状况调查表（民国二十四年八月）［J］. 公路，1935，1（1）：205.
③ 孙恩霖. 片段的回忆［J］. 旅行杂志，1936，10（1）：57.

中'之地，必推西湖环湖诸山。所谓'一处是金粉楼台，一处是竹篱茅舍，一处是桃柳争妍，一处是桑麻遍野'。洵足令人心旷神怡，超然于尘埃之外。"①

此外还出现了轮船旅游和铁路旅游的新旅游方式，如前面讲到的"游杭专列""观潮专列""探梅专列"等等。时人曾有文章记述"浙赣铁路旅游"，分享了他的旅游心得。他的大致行程："十三日由沪起程赴杭。抵南星桥站后，由浙赣路局之招待员招待至三郎庙渡口，登特备之专车。予于是晚十时许展轮启行，翌日晚十时许抵南昌南站，于军乐鞭炮交奏之声中下车出站，随招待员至预定之旅馆下榻。翌晨九时许，在南昌南站举行通车典礼。十六日晚五时许起程返杭，十七日晚六时抵杭。计自沪至南昌，往返共经六日六夜，除沪杭线之往返不计外，计在浙赣路线者四日四夜。而此四日四夜中，在南昌仅两日一夜，大部分时间，俱耗于旅途之车中。昔人谓'走马观花'，予之此行，则直如电光之一瞥，盖罗走马观花之时间为尤暂也。"② 虽然限于当时火车时速，在火车上的时间占了大半，但这种旅游方式在当时也别有风味。

(四) 旅游业地位逐步确立，风景都市逐步形成

古代旅行和旅游活动没有专业的组织机构参与代理，人们的旅行和旅游是以个人为单位的个体消费活动。而到了近代，由于旅游代理业的出现，旅游活动开始成为一项经济活动，并推动了团队旅游的出现。

专门为旅游者服务的旅行社诞生并发展；交通业介入旅游业，和旅游业的联系加强；旅游景点的开发成为经营性的活动；旅馆业和餐饮业出现了为旅游者的专门服务，如"酒菜馆在新市场一带者，多杂外省口味。有所谓川菜、京菜、苏菜、粤菜，惟价值稍昂。东城一带及江干湖墅之菜馆，价值略贱，但均为杭州口味"③。在游客较多的新市场，餐饮业为了适应外来游客的需要，推出各地菜肴，以适合游客的口味。

民国年间，以旅行社、交通运输业、旅馆业为主要支柱的旅游业逐步确立了地位，三大支柱行业在杭州的经营活动已经形成规模，产生了良好的经济效益，成为杭州城市经济中的重要环节。

民国杭州地方政府确立"风景都市"的城市定位，大力发展旅游事业，主导旅游城市的发展方向，这在当时中国的旅游发展史上是特别的、卓越的和有

---

① 张其昀. 西湖风景史 [M] //王国平. 西湖文献集成（第10册）. 杭州：杭州出版社，2004：271.

② 鹤庐. 浙赣铁路旅游之一瞥 [J]. 国讯旬刊，1936（120）：278.

③ 建设委员会调查浙江经济所. 杭州经济调查（上）[Z]. 1932：138.

远见的，杭州城也最终在市政府的努力下，在民国年间就成为一座闻名国内的旅游城市。

（五）旅馆业兴盛，成为城市经济发展的标杆，大力促进了旅游的发展

美丽的风景，在便利的住宿条件和交通条件的保障下，就成为游客所乐意前来欣赏的地方。"若要发展旅游业，旅馆食堂多做积极之布置，给游客良好的印象，展延逗留时期。在游览中心地点之旅馆，应该提供便利游憩特殊之设施。""游客之莅临与否往往系于交通设备之便利，而逗留时日之便利，而逗留之日久暂，则大抵依据食宿条件之情形为条件。"①

前已述及，在1911—1937年间，提供住宿的杭州旅馆大量涌现，以西式或中西式居多，大都拥有较好的环境，拥有现代楼房，现代的居住设施和娱乐设施，提供齐全周到的服务。在当时，旅馆业盈利较高，是杭城所有商业中最好的行业，成了杭州城市经济发展的标杆和引领。即使在1931年，受"九一八"事变影响，杭州的商业有所萧条，"各业商店之亏折闭歇者，日有所闻"，然而旅馆业非但没有关闭歇业一家，反而还在这一年新开了8家店，"在此百业衰替之际，是业独如是发达"②。这一年，杭州市各式旅馆共计168家，从业人员1528人。

民国时期，杭州旅游的发展促进了旅馆业的繁荣，旅馆业的繁荣和转型又大大促进了杭州旅游和旅游业的发展。它不仅带来了可观的经济收入，而且提高了杭州旅游的美誉度和知名度，提高了游客的满意度，提升了杭州城市的接待能力和水平。正如时人所评价的那样："吾国不少佳山水，而西湖之名独著，与北美黄石、瑞士贵孟并驾齐驱。西子何幸得人青睐，良以湖面虽广，而无风涛之险，山林虽幽，而无毒虫猛兽之虑。加以轮轨可通，旅途无劳跋涉，客舍空备，起居极形舒适，安全便利，这非其他名胜可比，是以游客乐就，年以数十万计。"③

在杭州政府一系列政策和措施的有力推动下，杭州在民国时期成为一个著名的休闲旅游城市。从旅游的六大要素来讲，吃、住、行、游、购、娱已形成一定的体系。从旅游构成的三大要素（旅游者、旅游资源、旅游业）来讲，三大要素在民国年间渐次发展。旅游客体的旅游资源得到很大的提升，文化和自

---

① 余贵棠. 游览事业之理论与实际［M］. 北京：中国旅行社，1944：164.
② 建设委员会调查浙江经济所. 杭州市经济调查（下）［Z］. 1932：209.
③ 中国旅行社. 西子湖［M］. 北京：中国旅行社，1929：153.

然的融合更加紧密；旅游介体的旅游业诞生并形成了一定的规模，成为当时城市经济中的重要产业；旅游主体的旅游者日益增多。除传统的香客外，上海、南京等地的游客日益增多，人群扩大。欧美、日本的国际旅游者来往也日趋频繁。来杭的游人，"远近偕来，四时不绝"，"近年来，不但居民日增，游人蚁集，即欧美各国人士，慕名而来的每年达万人以上。外人曾把它当作东方的日内瓦湖看待。因之，杭州的地位更蒸蒸而日上"①。据当时杭州海关对过往旅客的统计数据，1923 年国内来往旅客 480144 人，外国旅客 2219 人，共计 482363人，1928 年上升为国内来往旅客 688966 人，国外旅客 1186 人，共计 690152人②。1932 年，杭州市游客局成立，更加推动了旅游的发展，从 1932 年 1 月至1934 年 3 月，两年时间里，游客局共接待外国游客高达 12700 多人，大大超过1923 至 1928 年间的 4573 人。1930 年至 1936 年，外国人来杭人数累计达 32845人。其中 1936 年一年境外游客突破万人次，达 10419 人次。③ 由于杭州旅游增长快速，旅游设施相应地有了较快的发展，尤其是到了 20 世纪二三十年代，旅游活动迈入了现代，以旅游业为主的休闲服务业呈现蓬勃之态，数量和体量上都有了巨大的进步。

因而在 20 世纪 30 年代，杭州已成为一座典型的休闲旅游城市，休闲城市形象凸显。

---

① 唐应晨. 杭州市政的鸟瞰 [J]，市政评论，1936，4 (8).
② 光绪二十二年至民国十七年杭州关验放来往通商口岸华洋旅客统计（1896 年至 1928年）[M] //中华人民共和国杭州海关. 近代浙江通商口岸经济社会概况：杭州宁波温州海关贸易报告集成. 杭州：浙江人民出版社，2002：923.
③ 杭州市政府十周年纪念特刊 [Z] //杭州市档案馆. 民国时期杭州市政府档案史料汇编. 1990：7.

# 第五章 滥觞：城市娱乐的现代化治理

民国政府是以民主价值作为基础的现代型国家形态。① 民国杭州政府成立后，按西方现代文明的模式进行城市建设和管理，促进杭州走上现代化道路。从城市定位和功能的认知，到城市基础设施、城市市政的建设，再到城市管理方式、管理的思想理念都出现了由传统向现代的历史转变，在这种转变中，传统性因素不断削弱，现代性因素不断增长。

民国时期杭州城市休闲空间的管理将从两个方面论述：城市休闲基础设施建设和城市休闲管理与制度保障。休闲设施建设和功能完善是推动城市休闲发展的重要动力因素。城市休闲空间借助休闲基础设施，使居民和游客获得更好的休闲体验，保障和提升休闲需求和休闲质量。休闲基础设施建设是城市休闲空间建设的基础和关键，也是政府建设城市的现代性体现。杭州城市政府对休闲娱乐业和民众休闲的管理也是休闲得以发展的重要推力。此外，失范休闲的存在也必须要求休闲管理。

## 一、城市休闲基础设施的建设

杭州风景都市的城市发展定位后，民国杭州市政府成立后加大资金投入，进行休闲空间建设，有针对性地进行了一系列休闲配套的基础设施建设和城市管理。市政府成立后的十年来，市政建设主管部门工务局"对市区以内，则按照各段情形，建筑道路，以利交通，疏浚河道，以资灌溉，而便航运。整理西湖名胜，开辟公园，吸引旅客，繁荣市面。在市外则谋交通之连络，分别缓急，次第举办"②。"杭州为风景都市，各项设施，务求整齐美化。"③

---

① 何善蒙.民国杭州民间信仰［M］.杭州：杭州出版社，2012：43.
② 陈曾植.十年来之工务［Z］//杭州市档案馆.民国时期杭州市政府档案史料汇编.1990：85.
③ 陈曾植.十年来之工务［Z］//杭州市档案馆.民国时期杭州市政府档案史料汇编.1990：95.

　　在辛亥革命以后的杭州城市建设中，几乎每一步都有政府的参与。许多重要环节离开了政府的筹组和支持不可能成功。从民初新市场的开拓、城区规则、市区道路的建设，到自来水厂、邮政、电信、公交、电力、旅游等各方面，政府或直接筹组工程建设机构，或以财政拨款、发行专项债券以及征收特别税等方面筹集资金支持。

　　杭州市政府成立后加大资金投入，开始以西湖景区开发为重点的风景都市的建设工作，并有针对性地进行了一系列城市基础设施建设和城市管理。杭州市政府在城市基础设施建设与工商业管理等方面开展的工作中，休闲空间的改造和建构也成为这一时期的重要内容。开辟公园、建立民众运动场、民众教育馆、图书馆、游乐场等。城市空间的现代化改造带动了新型休闲空间的出现与传统休闲空间的变革，这种改变一定程度上推动了传统空间由封闭向开放的转变。

　　在城市休闲基础设施建设上，除了前已述及的市区道路建设外，对于照明灯、公厕、绿化等的建设也颇有建树。

　　民国初期，由于受当时经济条件和客观条件的限制，城市公共照明一直处于落后状态。杭州市政府成立后，工务局接收路灯管理工作。全市划分为 32 个路灯区，工务局根据实际需要逐渐增添。20 世纪 20 年代末，杭州市区道路大规模改造，市面日益繁荣。为与新式路相配套，西湖、白堤、北山路、湖滨路及市内繁盛地带的旧式路灯被改装成新式大号路灯，总数达五百余盏。不仅光线充分，便利行旅，而且也更美观了。市内偏僻小巷的路灯则由业主根据《杭州市私立路灯管理规则》自行安装。1933 年，为便于路灯管理，工务局将全市重新划分为 16 个路灯区，将路灯编号，以巡视检查。截至 1936 年底，全市共计有各式路灯 4862 盏，比市政府成立时的 2488 盏增加近一倍①。为加强路灯维护，市工务局自 1931 年起聘请专职灯匠负责维修，还购置路灯汽车一辆在市内巡视，遇有损坏路灯立即修复，十分便捷。但由于杭州市的路灯安装不统一，路灯的制式和照明效果参差不齐。汉口市政府参事董修甲在调查杭州市政时即注意到"杭州市各重要街道之路灯灯光，尚属充足，其普通街道与巷道之路灯，似尚不甚光亮，但杭市收入甚少，建设事业繁多，能有如彼之整顿，已非容易。"② 公共照明设施的建设不仅方便了人们的夜晚出行，还给人们夜晚的生活

①　陈曾植. 十年来之工务［Z］//杭州市档案馆. 民国时期杭州市政府档案史料汇编. 1990：85.
②　董修甲. 调查京沪杭三市市政报告书（续）［J］. 新汉口市政公报，1930，2（1）：45.

带来了休闲的色彩。

另一个重要方面是公共厕所的建立。民国初期，当时人们卫生意识较差，维持良好的环境对于杭州发展旅游城市也具有相当大的影响。于是浙江省政府民政厅颁布了训令20716号，勒令将市区内旧有的厕所及粪坑拆除并修建改良公共厕所，整理市容。当时杭州市已经有公共厕所二十多间，在建的也接近此数目。并且还通过规范挑夫的工作时间来减少其对城市环境的影响。① 城市公共卫生不仅体现了城市整体素质，还影响着城市的整体形象，在中国传统社会中人们对于公共卫生这方面的重视相当少，而随着杭州的旅游城市形象的日渐突出，政府对于此方面的重视也日益加强。

风景区、公路人行道及西湖周围的绿化也是杭州休闲基础设施建设的重要内容，"树艺工程，亦为市政设施之要素，于市容上卫生上，均处于重要地位，尤其在以风景明丽著称之杭州市，更借此以资点缀"②。市政府成立前，人行道树和园景树总计不过两千六百余株。1927年，杭州市政府成立后，省会工程局改组为杭州市工务局，下面就专门设有树艺队、浚湖队。工务局为了适应大规模种植树木花草的需要，着手增设花圃苗圃，在枸桔弄辟有苗圃58亩，在松木场辟有花圃18亩，培育各种花卉、树木数以万计。为了提高杭州城市的绿化，工务局进行了大量植树建设。据统计，杭州市1928年植树总数最多，达58000株；1929年植树达11724株。如此大规模的树木种植，为杭州的绿化建设奠定了重要基础。除此之外，人行道上的树木种植也颇受重视。1930年杭州市政府在人行道共植树1307株，其中苏堤数目最多，共593株。玉泉路次之共220株。其他在北山路、南山路、湖滨路和平海路都种植了大量树木。③ 从1927年起，杭州市政府在十年间共栽植一般行道树17827株，公路人行道树7316株，风景名胜处所植树18494株，西湖周围夕照山、宝石山、南屏山、丁家山造林种植树苗7164587株。④

对公园等风景区基础设施的建设追求现代性和艺术性。1928年杭州市工务局"沿湖建筑铁筋电灯柱，园之三面，均围以铁栏，园内添置长椅、水泥凳。

---

① 浙江省政府民政厅训令第二〇七一六号（中华民国十八年十月）[J]．浙江民政月刊，1929年（24）：211．

② 陈曾植．十年来之工务 [Z]//杭州市档案馆．民国时期杭州市政府档案史料汇编．1990：87．

③ 民国一九年度杭州市各公园植树统计表 [J]．市政月刊，1931，4（5）．

④ 陈曾植．十年来之工务 [Z]//杭州市档案馆．民国时期杭州市政府档案史料汇编．1990：87．

至花草之培植，假山之堆砌，园径之整理，俱趋美化。"①1930 年春季，在圣塘路附近用浚湖淤泥填地，开辟了二十余亩的湖滨第六公园，并配备了饮食店、厕所等设施；湖滨六个公园完工后（统称为湖滨公园），对公园整体进行规划、整修，并完善园内基础设施："规划苑路花坛，栽植芝草花木，在沿湖一面，改造铁链水泥栏杆，装置电灯，添设椅凳，以便市民朝夕游览，随地休息。"② 由于这些基础设施的建设，西湖和湖滨公园不仅更加美观，更具现代性，也更具艺术性。时人描述道："旧时的湖滨公园，除了有几株垂杨疏柳和几张供人小憩的石凳外，可说是一片荒场，一些也没有园林的点缀，自从今岁国民政府命令，将杭州市划为艺术区后，此间的市政府，对于整顿公共场所，可说是不遗余力。最近又在省政府会议席上通过孤山公园改为中山公园。所以对于诸园的布置，益须精心规划，以造成一个纯艺术之园。所以那个清淡的湖滨公园，便顿时壁垒一新了，园中的布置，如假山咧，幽径咧，都匠心独运，布置的极其优美，其余一草一木，也都加以艺术化的点缀，吾人踏进了这个艺术之园，便觉心神为之一清了。"③此外还加宽了苏堤和白堤，路面实现水泥硬化，路旁种植花木设立亭台。杭州市政府为了方便游客，并在断桥设立了公共电话处，在上午八点和下午十点间免费为游客提供电话服务，不收取分文费用。同时还设立公共阅报室供游客阅读。与此同时，还颁布了相关条例来规范工作人员。根据《杭州市政府令第一八号  兹制定杭州市西湖公共电话处简章公布之杭州市西湖公共电话处简章》第二条，本处附设公共阅报室，每日购备沪杭日报各三份。第四条，凡游客来处通话者但须于定式薄上填写姓名及通话处所，不收分文。第五条，本处为保管电机及报纸起见，设勤务工一名，对于游客不得有傲慢行为。④ 由此可见，民国杭州政府对休闲设施的建设已开始关注细节。

综上所述，1927 年杭州市政府成立后十分重视城市的基础建设，尤其注重与休闲设施相关的建设，历经十年的努力，通过重点开发西湖风景区，强化城市休闲配套设施的建设和近代化改造，使休闲空间的档次有所提升。市政府在市政报告中也称："年内从事建设，拓宽道路，整理风景，游客纷沓，市面日益繁荣。"

① 民国浙江史研究中心. 民国浙江史料辑刊（第 1 辑第 6 册）［M］. 北京：国家图书馆出版社，2008：97.
② 杭州市政府十周年纪念特刊［Z］//杭州市档案馆. 民国时期杭州市政府档案史料汇编. 1990：85.
③ 松庐. 游西湖［N］. 申报，1928-04-10（17）.
④ 杭州市政府令第一八号［J］. 市政月刊，1931，4（4）.

### 二、城市休闲管理与制度保障

在城市休闲基础设施建设的同时，民国时期杭州市政府在休闲娱乐领域的治理也走向近代化。民国时期，政府对休闲娱乐的管理经历了一个探索、试验、修正和定型的过程。政府对休闲娱乐空间的管理从最初的"以禁为管"的封堵型管理模式向以"内容审查"为主的许可证管理模式发展。

#### （一）专门化的管理机构和组织的设立

民国时期，随着民间娱乐的发展，政府在治安、社会秩序上对娱乐业做出了一些规定和管理，如在每一个戏院或游艺场都设有"军警弹压席"。当时散兵游勇，经常在戏院里寻事闹架，一闹则全场观众逃避一空，戏院老板毫无收益，所以老板们重礼请来军警坐待"弹压"。设置铁路警察保障旅客的生命和财产安全，如沪杭甬铁路于1916年设置铁路警察等。

此外，还健全专门的管理机构和组织，出台专门的管理规范。

1919年，省教育厅在旗下营建立公众体育场，并设有专职的体育指导4人，代表省教育厅组织指导体育活动和体育竞赛。梅东高桥浙江省立体育馆建立后，也设立了严密的组织结构，以便对体育场进行科学有序的管理。其设有各个分支部门。主要有指导部、编译部、事务部和各种委员部。指导部负责组织、管理、训练和竞赛。编译部负责调查、编译和统计。事务部负责会计、文书、保管和厂务。并且指导部、编译部和事务部共同构成了常务会议。各委员会下有体育研究委员会，体育推广委员会，体育辅导委员会和民众业余委员会。各个部门和委员会各司其职，共同维持着体育场的合理运作。

1927年，文化娱乐业由市教育局第三科艺术股和社会股主管。同年，市教育局改科。1928年2月，杭州市成立"影片戏剧杂艺审查委员会"，有专职委员14人，可派委员随时前往各电影院、游艺场、说书场等检查，"杂艺听包之种类，有歌舞、武术、魔术、清唱、小戏、杂耍等数种，其表演之内容，常须予以指导或纠正"。[①] 1930年5月，文化娱乐业由教育科第三股、社会科第一股共同管理。抗日战争杭州沦陷后，文化娱乐业由日伪市政府社会局主管；1940年起，由第一科（社会）、第四科（教育）管理，直至1945年抗日战争胜利。

抗日战争胜利后至1949年，文化娱乐事业由市政府教育局第二科和社会科管理。教育局第二科管内容审查及游艺人员培训、艺术改造等。社会科管营业

---

① 杭州市档案馆. 民国时期杭州市政府档案史料汇编［Z］. 1990：153.

审批。为了集合各有关单位，共同管理民间娱乐事业，在教育局第二科的主持下组织了"杭州市民娱乐审查委员会"，由社会、公安、党部等单位为委员，另外还请了几位对娱乐事业熟悉或有研究的人参加。这个会的任务是审查节目，做出批准或修改意见，给教育部门参考。教育部门与娱乐事业的接触面广，控制范围大。

在市政府工务局成立时内设保管股，并在《杭州市工务局章程法规》中专列《杭州市工务局第四科分股办事细则》，明文规定保管股办理"市内古迹及名胜公园之保管，并保存美术上有价值的公用建筑物"。①

还有在前面章节中所提到的杭州游客局和杭州旅游事业研究委员会等这些旅游管理机构和旅游研究组织，尤值得一提。

（二）现代化的休闲娱乐管理和规范

1. 旅游事业的发展计划和城区规划

民国杭州城市规划的主要内容是区域划分。关于城区规划，民国杭州政府是比较先知先觉的。"近世市政学者，莫不举分区计划为举办市政之首要。诚以国外各大都市，当其建设之初，向采放任主义，无所谓分区。故至今日，栈房工厂、学校住宅，凌乱杂处，毫无秩序，而事实既成，变更非易，市民深感精神上之痛苦，复蒙物质上之损失，因而发生交通、卫生、治安、经济、居住以及社会、思想、风纪种种问题，具难得根本之解决，于是分区制度，应运而生。"②

1927 年 4 月 28 日，国民党中央政治会议浙江省分会第三次会议，议决通过筹办杭州市市政厅案，划杭县所属城区（杭州市与杭县的界线在杭州建市后屡有变动）及西湖全部设置杭州市，即东南沿海塘至钱塘江闸口一带，西至天竺、云栖，北至笕桥及湖墅拱宸桥，全城包括城区、西湖、湖墅、皋塘、会堡及江干 6 个区。这是杭州设市之始。后来根据国际上通行的都市分区制，按城市功能把全市划分为商业、工业、行政、学校、码头、农业、教育、住宅、风景、森林等区；大致以旧城厢区及湖墅、拱宸桥沿街一带为商业区；拱宸桥西岸及江干闸口为工商业区；沿钱塘江一带为码头区；笕桥附近为农业区；以艮山门车站为中心的区域为行政区；浙江大学所在地附近为教育区；松木场、青石桥及上塘河一带为住宅区；新市场及西湖一带为风景区；西湖西南山林为森

---

① 杭州市政府. 三个月之杭州市政［Z］. 1927：306.

② 吕贤浚. 杭州市分区计划［J］. 杭州市政季刊，1933，1（1）：4.

林区。①

1932 年浙江省公路管理局提出浙江省旅游事业发展计划，制定了以杭州为核心、将浙江及周边主要城市的风景名胜联络起来划分而成的六大游程线路②，基本奠定杭州旅游发展的格局。1932 年，杭州市政府拟定了城区的分区计划，并绘有《市政府分区计划草图》。把城区规划出市中心区、政治区、商业区、工业区、住宅区、风景区，对于风景区做出了如下规定："西湖风景区城，为目下杭市命脉所萦，是以规划务求远大，限制亦应从严。兹拟规定北至西溪东至三台湾、湖滨路、南山路、纬四路、江墅路、商业地带背面及馒头山麓之林荫道路，南至江干工业区北面及钱塘江边，西至市界，悉属该区范围以内。另划松木场南首，里西湖及南山路一带为风景住宅区，即别墅区。净心亭、白乐桥、岳坟、茅家埠、于坟、八卦田、六和塔等地势平坦，交通便利之处，为新村区。各准建造住宅及开设分区规则内列举之合作社与小规模商店。工业建筑，除公益上不可少者，如电气变压所等外，无论何种，概在禁止之列。至在上述二种特定区域以外之地，惟不连属之房屋，其性质为临时者，得市政府之特许，始准建设。"③ 分区计划制定了近代城市工业区的选址标准，工业区需取运输便捷，地价低廉，并在下风向的地域为宜，认为在西子湖畔，游侣如云，实不应有工厂设在附近，致满目烟突林立，黑烟缭绕，令游客生不快之感，此为杭州市特有之点，似乎应予顾到。而且规定在风景区内不得建造必要设施之外的任何建筑，以求不破坏风景，不影响美观。这些先进理念，在当时已属不易。

2. 注重对主流意识形态的灌输和审查

民国时期，随着休闲娱乐的发展，市政府不仅对旅游做出计划和规划，并且政府在治安、社会秩序上也对休闲娱乐业做出了规范和管理，1928—1936 年，杭州市政府先后制定的有关文化娱乐业管理办法就有 7 件④。

民国时期杭州市政府对于休闲娱乐领域的管理，注重对主流意识形态的灌输和审查，严格审查休闲娱乐节目，注重风化，强调精神与思想的控制。

1928 年，日本出兵山东，占据济南，残害中国人民的特殊时期，杭州市政府就指出："窃念国家兴亡，匹夫有责。当此革命尚未完成之际，前方将士正在牺牲，后方民众亦宜鼓励精神，奋发努力，共同团结，助作后盾……对于本市

① 傅荣恩．江浙市政考察记［M］．新大陆印刷公司，1931：61 - 62.
② 发展浙江省旅游事业计划［J］．浙江省公路管理局汇刊，1933（3）：5.
③ 吕贤浚．杭州市分区计划［J］．杭州市政季刊，1933，1（1）：5 - 6.
④ 任振泰．杭州市志（第 7 卷）［M］．北京：中华书局，1999：331.

游艺场表演麻醉社会之戏剧，如最近电影院所表演之《毛毛雨》《妹妹，我爱你》等，当令停止，各剧场应表演激发勇气，鼓励爱国之剧情。"①

夜宵粥店为了吸引客源，雇用女招待。这些女招待的工作时间，一般自下午1点开始，到晚上12点为止。"粥店老板利用女人的媚眼与笑靥来诱致顾客而扩大他们的营业。"② 杭州市政府为了整顿风纪，下令由公安局规定饮食店女招待的服装形式，严禁奇装艳服和轻浮举止，以免对青年男女和社会风化造成不良影响。

杭州市政府重视在民众教育馆设立演讲所，引导社会改良。1928年，杭州市政府规定，在通俗演讲所进行的演讲，必须定期上交演讲稿及听讲人数目。演讲内容应是关于鼓励爱国，劝勉守法，增进道德，灌输常识，启发美感，提倡实业，注重体育，劝导卫生等方面的。1930年，浙江省政府公布《浙江省县市通俗演讲所暂行规程》，规定演讲所应当以"阐扬党义，启发民智"为宗旨。讲演内容应是关于党义的、关于民族精神的、关于国家大事及地方政治的、关于现行法令的、关于公民常识的、关于科学常识的、关于改善风俗或者民性的、关于当地特殊事项的。③

民众教育馆开展的很多内容是对市民进行新式休闲方式的引导。浙江民众教育就提倡市民正当的娱乐：提倡工余读书、提倡妇女体育，举行郊游野宴，演述家乘故事，革除不良娱乐。④ 茶园是普通老百姓喜欢光顾的休闲场所，它也成为政府对民众进行意识形态渗透的场所。

又如公园的建设。当时新建的公园既是一个休闲空间也是一个重要的社会教育空间。在杭州及中国其他城市出现的近代公园都兼具向民众灌输现代观念与意识的教化功能，如建设纪念性公园——中山公园；杭州西湖孤山旁有秋瑾墓、浙江先烈祠、阵亡将士墓，使得以清代皇宫园林为主的孤山，改变成为纪念辛亥革命烈士为主的园地；湖滨公园内有国民革命军北伐阵亡将士纪念塔、陈英士铜像及八十八师抗日阵亡将士纪念塔等。⑤ 公园因而也就成了向人们宣传革命思想、国家观念的阵地，对公众精神起到潜移默化的作用。

针对公园内出现的可能滋生不良风气的行为，也有意识地加以制止，如《申报》中所载："湖滨公园，一届夏令，夕阳西下之后，咸来此纳凉。从前自

① 杭州市政府通告第57号［J］. 市政月刊，1928，1（第7/8号）：23.
② 杭州的宵夜粥店［N］. 申报，1934-08-11（15）.
③ 浙江省县市通俗讲演暂行规程［J］. 市政月刊，1930，3（第1号）：26.
④ 提倡正当娱乐［J］. 浙江民众教育，1933，（5）：105.
⑤ 中国旅行社杭州分社. 杭州导游［Z］. 1947：21-22.

三公园以下，林木深密，易于藏污纳垢，而野鸳鸯之来此幽会者，时有所见。去秋警厅工程局有鉴于此，乃提议改建，将丛生之树木，尽行除去，而砖石叠就之栏杆，亦改用铁制者。如是则一览无遗，易于稽查云。……女郎乘坐自由车，为湖滨特有之现象，逢星期休假，一班女学生，成群结队，连翩而来。日前警务会议，因女郎乘坐自由车，以致游蜂浪蝶，借为猎艳之具，而追驰奔逐于马路之上，实于风化，大有妨碍，故决议禁止云。"①

又如政府注重电影的教育功能。1934年9月，浙江《东南日报》副刊上刊登了《什么影片是观众需要的》，指出："电影的最终目的不仅是娱乐观众，而是教育观众，给观众以精神上、意识上的滋养，所以影片应当是且必然是写实主义的，内容充实。"② 国民政府建立后，突出了电影的教育功能，电影成为国民党实行党化教育的重要手段。1929年，国民党史浙江省党部购置了柯达16毫米的电影摄影机，在集会、纪念活动等各种场合进行拍片和放映。20世纪30年代初在上海的全国教育电影推广处成立后，杭州、嘉兴、宁波等地的基督教青年会、民众教育馆经常租借影片和放映机开展电影放映活动。浙江省教育厅还举办了全省电化教育人员训练班，1934年至1936年间，省教育厅先后建立省电影巡回队、省学区教育电影巡回队。国民党为了配合党化教育，对电影的拍摄和放映做了许多的限制。

民国时期，欣赏戏曲、电影、说书等是杭州群众喜爱而普及的娱乐形式，因而也是审查的重点。杭州市政府于1928年2月，成立影片戏剧杂艺审查委员会，凡属影片戏剧杂艺等均须于表演前，送经委员会审查核准后，始得公演。1931年起，中央电影检查法公布施行，凡关中电影之审查，统归中央办理，所以杭州市影片戏剧杂艺审查委员会停止了审查影片的工作。1932年2月，关于戏剧说书的审查事项，统归浙江省民众娱乐审查委员会办理，于是杭州市政府对于审查民众娱乐的事项就是负责杂艺，于是将影片戏剧杂艺审查委员会撤销。市政府依照电影检查法及浙江省民众娱乐检查通则的规定，派定专员，随时往各电影院游艺场检查，并随时派员前往各说书场调查说书情形，分别予以奖惩。对检查杂艺的工作也是如此。杂艺包括武术、歌舞、魔术、清唱、小戏、杂耍等六种，其表演之内容，杭州市政府经常检查并给予指导或纠正。1933年6月，主管杭州市民众娱乐的杭州市政府教育科第三股还专门印行了《杭州市民众娱乐章则汇刊》。

---

① 湖滨小闻［N］. 申报，1926 - 07 - 21（17）.
② 黄静波. 浙江电影纪事［M］. 杭州：浙江古籍出版社，1993：31 - 33.

管理内容中就有关审查有如下规定：

集体演唱有固定场所的：（1）由前台经理逐月向教育科（局）报告演唱剧目，以曾经公布或审查批准演出者为限。（2）新编排的戏剧或说唱表演等，须将剧本或剧情说明、幕表、歌曲、说唱概要等，送教育科（局）审查，经批准公布后才得上演。如不可能用文字说明的用照片亦可。在必要时，在公演前进行试演，首场公演必须通知检查员到场。平时，检查员随时到表演场所检查演出内容。

个人经营，无固定场所的，如说书、清唱、杂艺等在茶店或其他流动地点演唱者，由演唱者自己报告，自送审查，办法如下：（1）将演唱节目、回目、时间、地址等，每星期向教育科（局）报告一次，演唱内容以曾经审查批准为限。（2）如有新编材料，须先将内容说明或唱词等送审，经批准后才可开演。一般堂会表演可不报告。

管理内容中对于违规者做出了惩罚条例。根据《杭州市公共娱乐场所取缔规则》的规定，对违规者分别予以警告、处罚或停演等处分：违反党义提倡邪说者，海淫海盗有伤风化者，提倡迷信谣惑人心者，情状惨酷有伤人道者，其他有害观众身心者。第三项所说的"迷信"包括神话、宗教、鬼怪等。所以当时很少有神话戏，《西游记》也被认为是迷信戏禁止演出。1936年上海有一个京剧班子，演《西游记》出名，除上海租界外，都禁止主演。京剧传统戏《五花洞》是《西游记》的片段，改名为《唐僧取经》后，才在南京和杭州演出。

《浙江省审查民众娱乐暂行规程》也规定，戏剧说书有下列情事之一者应予以纠正或禁止：违反党义提倡邪说者，迹近煽惑有妨治安者，提倡封建思想者，提倡迷信者，迹近海盗引导作恶者，描述淫亵诱惑青年者，情状惨酷有伤人道者，侮辱个人或团体之情事者，其他有害于观众之身心者。此外，还规定各种民众娱乐事业能引起观众美感并合于下列标准之一者给予奖励：唤醒民众精神者，提倡民治思想者，灌输科学知识者，其他有益于观众之身心者。①

管理内容中还有检查制度。

（1）派定检查员，随时到表演场所实地检查，检查有没有该取缔者。

（2）新排戏剧或节目首次公演时，必须通知检查员临场检查，检查实际演出与审查批准范围是否相符。

（3）分期举行各项比赛，作为个别检查。每半年每人必须有一次比赛表演，用作考绩。

---

① 杭州市政府教育科 . 杭州市民众娱乐章则汇刊［Z］. 1933：11 – 12.

管理内容中还有关于登记制度。

凡游艺演员必须先经登记，发给许可证后，方得登台表演。办法如下：

（1）凡戏院游艺场所聘请的游艺人员，由经理向教育科（局）登记，经发给许可证后，才得登台表演。

（2）凡个人经营演唱的，必须经过训练，加入社团（杭滩安康正始社、杭绍剧春秋社、说书评话温古社及其他杂艺研究会），由社团集中申请登记，经发给证书后，方可公开表演。

在对娱乐事业的管理中，杭州市政府还加强对演艺人员的训练，并做了相关规定。1931—1937年，政府主管部门为加强演出管理，杭州市政府对经常在市区流动演唱的游艺演员，规定须经过训练，才可登记给证，允许演唱。一来可以提高游艺演员的教育程度和素养，二来可以加强风化和法规教育。"在杭市内以游艺营业之演员，不仅品类不齐，分子复杂，即如教育程度，亦多低劣浅薄，市府于十九年度起，开办游艺党员训练班。"[1] 训练一般每年举行一次。每次训练两个月，每星期授课18小时，分六天授课。前一个月扫盲，演员是文盲的从这时开始识字；后一个月业务训练。非文盲的演员实际只参加训练一个月。内容除法规条文外，还有表演和游艺改良等。业余训练的课程有：党义、常识、法规、游艺改良法、通俗歌曲、表格填报等。"党义"是根据国民党的宣传内容，"常识"包括历史、地理、自然科学等，"法规"是有关游艺表演、登记、审查、检查取缔等规定条文。其他课程及临时讲课内容，都是要使演员谨守法规，乐于为当政者服务。前期任教课的由文教馆民校中人担任，后期由党政中人担任。教育科（局）为班主任。[2] 从1931年到1937年杭州市共办过八届，受训人数达718人次（见表5.1）。[3]

---

① 陈成仁. 十年来之教育［Z］//杭州市档案馆. 民国时期杭州市政府档案史料汇编.
  1990：153－154.

② 任振泰. 杭州市志（第7卷）［M］. 北京：中华书局，1999：331.

③ 陈成仁. 十年来之教育［Z］//杭州市档案馆. 民国时期杭州市政府档案史料汇编.
  1990：154.

表 5.1 1931 年—1937 年杭州市八届游艺演员训练班

| 届别 | 第一届 | 第二届 | 第三届 | 第四届 | 第五届 | 第六届 | 第七届 | 第八届 | 各届共计 |
|---|---|---|---|---|---|---|---|---|---|
| 毕业年月 | 1931年7月 | 1932年6月 | 1933年7月 | 1934年7月 | 1935年7月 | 1936年6月 | 1937年1月 | 1937年6月 | |
| 说书 | 64 | 55 | 15 | | 28 | 8 | 1 | | 171 |
| 杭剧 | | 7 | 33 | 3 | 53 | 26 | 2 | | 124 |
| 绍剧 | | 1 | 16 | | 35 | 5 | 4 | | 61 |
| 话剧 | | 6 | | | | | | | 6 |
| 平剧 | | 17 | | | 2 | 34 | 6 | | 59 |
| 滩簧 | | | | | | 26 | 14 | | 40 |
| 文书 | | | 3 | | | | | | 3 |
| 吹唱 | | | | | | 69 | 18 | | 87 |
| 杂艺 | | 6 | 3 | | 11 | 17 | 1 | | 38 |
| 各类合计 | 64 | 92 | 70 | 3 | 129 | 185 | 46 | | 589 |

注：第八届尚在训练中，没有毕业，受训人数计为 129 人。

资料来源：陈成仁. 十年来之教育［Z］//杭州市档案馆. 民国时期杭州市政府档案史料汇编. 1990：154.

经过训练、入社、登记、许可演出的游艺演员，还必须参加每月一次的《通俗讲稿》讲解学习。此项讲稿，由教育科（局）派人做讲解。这些材料是叫他们做街头宣传和演出回目时选择适当机会，运用插入，对广大群众进行宣传。材料的内容是配合当时统治政权的施政措施，如兵役、捐税、选举、"新生活"等。

国民政府还对演艺人员所必须承担的义务做出了规定。

个人经营或参加数人合营的游艺演员，除履行各种规定事项外，必须担任两项义务工作：

（1）参加义务宣讲团，逢节日或特别宣传时，分队出发做街头讲演或化装演出。

（2）在演唱游艺时，选择适当回目，插入教育科（局）所编印的《通俗讲稿》的大意或歌曲，进行宣传。①

以上主要是针对戏曲杂艺做出的管理，此外对电影也进行了重点管理。凡戏院的新建开业以及电影业社团组织的成立，都须经市政府商业审查委员会审查合格，正式发文，才准予登记经营。对社团组织，凡电影业重大事情及活动，均须呈报市政府获准方可实施。1931年起，中央电影检查法公布施行，凡关中电影之审查，统归中央审查办理，政府正式公布《电影审查法》及实行规则，规定由内政部、教育部组成电影审查委员会审查发给准映执照的影片，方准上映。有修改、删剪的，在证书上批明。杭州市内电影（戏）院在上映前，须将证书送市教育局（科）验证后才可放映。

无论是从娱乐方式的规定与提倡，娱乐内容的鼓励与禁止等方面，借助政权的力量，使主流意识形态不断渗透到民众思想中，如对三民主义的信仰、对共产主义的排斥、对国民党革命历史的崇敬、对国际意识的培养等。②

尽管民国杭州政府的意识形态的渗透和风化审查有维护其统治的保守落后一面，但我们也可从中得到启示，现代休闲空间的建设除了考虑休闲者的身心愉悦和获得经济利益外，也应有意识地把休闲空间塑造为一个提高国民素质的精神空间。

（三）娱乐业逐步纳入定级管理和有序发展的轨道

民国时期杭州政府对各旅馆进行不同的类型及等级划分，更好地对其进行管理。1913年6月12日浙江省公布了《修正旅店营业取缔规则》把旅店业分为旅店、客栈、宿店三大类，并制定了相应的规范管理条例。20世纪30年代开始旅馆业成立了同业公会，对旅馆进行了新的分类，把全市的旅馆业按不同的设施规模分为一正、一副、二至九共十个等级，并沿用到抗战后。

1935年《杭州市西湖游船管理规则》颁布，对游船进行科学的管理，游船船主营业之前应先向工务科领取声明书，经检验合格后方准行驶，并规定游船许可证以一年为有效期，"营业游船须停泊指定码头，船夫应在船上守候不得进行兜揽；游船夜行时一律置红灯一盏于船尾；游船应备箩筐以备收储果壳纸屑，不得将果壳等任意倾入湖中任何部分"③。

---

① 赵晨. 解放前杭州的民间娱乐事业［M］// 政协杭州市委员会、文史资料研究委员会. 杭州文史资料（第六辑）. 杭州：浙江人民出版社，1985.

② 刘丰祥，等. 民国时期城市政府对民众休闲的管理研究［J］. 旅游学刊，2009（9）：27.

③ 杭州市西湖游船管理规则［Z］. 杭州市档案馆藏，档案号 L003 - 001 - 230.

　　民国初年，因为缺乏管理，湖滨公园内各类不文明现象不断上演，游人随意攀折园内花木、践踏草坪的现象时有发生，赌博以及嫖娼等更为影响城市形象的恶习也在新市场出现，"近来花木枯折，路径洞芽，绿绒草地，几易黄沙，一至晚间则凌乱之状，更不可以究禅，昨（一日）晚九时许，第二公园之第三露天椅上竟卧一精赤条条，一丝不着之人，以致过者男子嗤鼻，女子掩面，真觉太不雅观"①。夏季湖滨公园"乞丐、小贩等擅入园中，对客兜揽，殊多滋扰"②。"昔年一至夏日，湖上游踪略稀，邑人辄挟名妓，至湖滨开一房间，吞云吐雾，至倾家荡产者有之。"③对此，杭州市政府对公园加强管理，制定办法。针对游人破坏公物等不文明行为明令予以禁止，"取缔游人攀折花木，逾越藩篱，损坏公物及俯卧凳椅种种情弊"④。针对有乞丐、小贩入园的情况，市政府将各区公园两端的园路进行拦截，加高公园砖撒，游园之人只可由公园大门出入，并加派岗警看守。市政府并于1933年1月至4月间，会同省公安局，设立了2间收容所，由各区警署对这些流民乞丐进行捕送，后因经费不足，收容所关闭。7月，杭州市政府邀请各机关团体进行会商，最终商定治标与治本双管齐下的办法。设立流民乞丐临时收容所，派警员巡视，有乞丐就捕送至该处。收容所所需的经费由市政府先拨银一百元，并由第四区各坊坊长酌量进行捐募补助。等到新市场所在的第四区肃清后，再推广到市区其他区坊。最根本的治理方法是创办一所游民工厂，专收流民乞丐，教会他们适当的生活技能。9月，市政府决定创办游民工厂，工厂仿造感化习艺所办理，当时经费暂定为30000元，分为6000股，每股洋5元，请市商会会同各业筹集3000股，请各区区长会同就地士绅筹集3000股，要求三个月内筹集完毕。⑤此外，还特意成立了游民工厂筹备委员会，制定相关章程。

　　湖滨公园一带在民国初期允许车马随意行驶，政府对湖滨骑马现象不加阻拦，市民亦认为骑马较乘车乘轿游览西湖更为自由，在湖滨路一带跑马的习惯便一直存在，然而随着市政建设的不断完善以及新市场一带人数不断增加，商业持续繁荣，湖滨跑马对民众生活的消极影响越来越多，跑马有时甚至造成人身伤害，1928年4月1日《杭州市报》刊登的《严令取缔湖滨跑马》一则新闻中明确表示对在新市场一带的往来车马从严办理："令仰该局（指公安局，笔者

---

① 湖滨公园之新牺牲［N］.之江日报（新闻第3版），1917-07-03.
② 加派岗警取缔公园［N］.之江日报（新闻第3版），1917-07-12.
③ 凌善清.怎样的游西湖［M］.上海：大东书局，1932：107-108.
④ 加派岗警取缔公园［N］.之江日报（新闻第3版），1917-07-12.
⑤ 筹办游民工厂［J］.杭州市政季刊，1933，1（4）：19-20.

注）即便遵照，会同宪兵营出示布告，严行禁止一切人等在湖滨跑马，其在他处地方，务须饬令马主佩戴警铃，以资为号，否则不准营业。"①

此外，杭州市政府规定娱乐场门票戏券及各种游艺之价须明白揭示不得额外多取。公共娱乐场内之茶工案目人等须着一定服装。②

市政府还出台了一系列有关休闲行业的整顿和规范，相继颁布了《杭州市取缔菜馆规则》《杭州市取缔旅店规则》《杭州市取缔轿埠规则》《杭州市取缔影片戏剧杂艺规则》《杭州市广告取缔规则》等规章制度。

杭州市政府以现代化的管理方式对娱乐场进行管理，这与传统娱乐场所的管理模式已有很大不同。设立巡警，完善规则，规范管理，这些是政府市政管理现代化的表现。杭州市政府对休闲娱乐空间的管理，也达到了一定的成效，展现了不断走向现代文明的杭州城市社会和市民文化。

（四）市政府对于市容的整治和娱乐业饮食卫生和安全的重视和管治

在娱乐管理过程中，市政府对于市容的整治和娱乐业饮食卫生和安全的重视和管治，显示出民国政府对休闲空间的管理已经向现代过渡。

为了提高城市的形象，政府对市容市貌进行整顿。民国年间对市容市貌的整治，"当以取缔建筑，为市政建设之先决要务"，"建筑物为都市轮廓，关系市容，至深且巨，本市以西湖著称，风景特胜，每见一部分市屋，门面破败，墙色剥落，不啻西子而蒙不洁，实一遗憾，以是整理市容，事属要图"，"鉴于杭州为中国唯一名胜之区，若非厉行限制其建筑物，不足以维护固有之风景，遑论增益湖山之美观"。③

当时市工务局的陈曾植认为：本市建筑从未有取缔而纠正之者，因而1916年，省会警察厅创发建筑许可证，并规定街路等级宽度等办法，是杭州市建筑取缔的发创。1927年，杭州市政府成立后，立即参照1925年省会工程局所订的取缔建筑暂行规则，又采集上海市和广州市的现行规则，再参酌就地情形，先后制定了《杭州市工务局取缔建筑暂行章程》、《杭州市取缔建筑暂行规则》以及《建筑师及绘图员登记规则营造业登记规则及取缔开采山石规则》，并公布实行。1928年还公布了《杭州市拆让各街路转角处房屋临时办法》，对违反标准的临街房屋进行强制拆除。"建筑而须取缔，所以促进交通，保持居住之安全，

① 严令取缔湖滨跑马 ［N］. 杭州市报（新闻第 3 版），1928 - 04 - 01.
② 修正杭州市取缔公共娱乐场规则 ［J］. 浙江民政月刊，1928（6）：12.
③ 陈曾植. 十年来之工务 ［Z］//杭州市档案馆. 民国时期杭州市政府档案史料汇编. 1990：89，92.

以及整顿高空，维护风景。"1929 年后，更加强对城市建筑的管理规范，1929
年 6 月，颁布《杭州市取缔建筑规则》，规则有 244 条之多，市政府希望通过这
些管理规范，使杭州成为东方之瑞士，中华之乐园。1931 年，在结合之前的实
施经验，并参考北京、上海的规定后，重新制定《杭州市建筑暂行规则》，于
1932 年 12 月呈准浙江省政府公布施行，此为杭州市"有呈准施行建筑规则之嚆
矢"。1937 年 2 月，审时度势，又修正出台《杭州市取缔建筑规则》。依法治理
杭州市建筑，以美化市容。

从杭州市政府十年间对建筑的整治来看，主要有签订路线、审核建筑图样、
取缔违章建筑、取缔危险建筑，以及考核制图者与建筑业。就签订路线而言，
在民国初年，对于临街建筑，规定其必须向相关主管机关申请派员进行勘察，
按照所在街道的规定宽度，就地签订界桩。杭州市政府成立后，规定凡建造房
屋及其他建筑物，须由业主绘送建筑图样。在 1929 年，就签订了 2234 件路线
案。1936 年，1000 件路线案。就审核建筑图样而言，是从 1927 年才开始的，建
筑房屋，须先绘送建筑图样，审核后发给建筑许可证，才准开工。规定除注意
建筑之坚固美观外，还要求公共场所等建筑须采用分散式，并多留隙地；建筑
物露出天空之外墙，应涂以不反光之暗淡颜色；风景区域之建筑物，尤须富有
美术性，不碍天然风景，并具有东方建筑色彩等。

1930 年计核发建筑许可证 1632 件，建筑费约 191 万元。就取缔违章建筑而
言，1930 年违章建筑案件 240 件，1936 年 608 件。对于取缔危险建筑而言，
1935 年至 1936 年间，为厉行新生活运动，并积极整饬市容起见，对于风景及繁
盛区域，加以普遍之整理，认为确系危险，并碍及市容之建筑物，均分别通知
计拆造和拆除者，有忠清大街、延龄路、性存路、新民路、清泰路、仁和路等
处，四百余户，修葺者计二百余户。为了市容更加美观，规定对于新建筑物，
于审核图样时，倍加注意，务期于市容风景，两无妨碍。对于旧有建筑物，如
沿路房屋之门面及墙垣有陈旧不洁者，应油漆刷新，并每年举行总检查一次；
名胜及其他公共场所之房屋，不整洁或不适当者，应修葺改善等。1936 年杭州
市工务局发出整改通知 4700 余件，收效也较好，油漆或刷新者就有 31 户。①

为美化市容，1934 年明令规定各商店不得以破旧布片或篾篷等为遮阳，其
撑杆并须距离地面六尺以上；畜养家犬各户，应申请市政府登记领照，该犬外
出时并须加以口罩；人力车均应靠左行驶，不得争先并行；已经筑成行人道上

---

① 陈曾植. 十年来之工务［Z］//杭州市档案馆. 民国时期杭州市政府档案史料汇编.
1990：89 – 92.

及车马道地段，行人均须在行人道上靠左前进，以免车辆冲撞之危险；在街道或公园及其他人公共场所内，无论何人，不得将瓜皮果核及食物滓屑任意抛弃；不得随意便溺；在新市场区之垃圾及秽物，均需存储自备之垃圾箱内，俟清道夫摇铃收到时，送出倾倒。有违反者，均照违警法处罚。①

杭州市政府特别重视植树绿化，把它当成是市政建设的重要方面。因为这对于市容、卫生有重要影响，在以风景秀丽著称的杭州更能借此以点缀。杭州建市后，市工务局负责对风景区、公路人行道及西湖周围的植树绿化工作。计十年间共植一般行道树 17827 株，公路人行道树 7316 株，风景名胜处所植树 18494 株，西湖周围夕照山、宝石山、南屏山、丁家山造林种植树苗 7164587 株。工务局还专门设立树艺队，专门负责整修公园名胜花木及行道树木。为了适应大规模种植树木花草的需要，还在枸桔弄辟有苗圃 58 亩，在松木场辟有花圃 18 亩，培育各种花卉、树木数以万计。

杭州市各项广告向来没有专门管理，致使纸张揭贴，形色杂陈，市帘旗帜，招展遍市②。尤其是美术广告，杭州市向有墙壁油漆广告之设置，在市内闹热街衢，所有墙垣，几无不占，红绿错乱，色彩夺目，对于幽静雅闲之湖山美景，不无损碍。市政府对此有深刻认识，指出："杭州为风景都市，各项设施，务求整齐美化，广告内容既于社会风俗人心，至有关系，而于市容外表，尤不容忽视。"③ 市政府成立后规定"凡市内各项广告，均须经本府许可，始准装贴"。对于揭贴广告、悬挂广告、传单及游行广告，美术广告都进行了相应的整治。1929 年 9 月《杭州市广告取缔规则》颁布，1935 年 7 月，《修正杭州市广告管理规则》公布。为清洁市容，1934 年，杭州市政府明令各种广告不得在广告场外随便张贴，不准悬挂跨街广告及招牌④。1936 年，决定取消揭贴广告，取缔墙壁油漆广告，于适当地点由市政府建立美术广告牌，至 1937 年，全市共设置 74 处。在政府的切实整顿和管理之后，乱贴广告的现象有所改善，广告收入也较以前增多。⑤ 广告秩序渐趋整齐。虽然城市广告业由混乱状态走

---

① 张信培. 十年来之卫生 [Z] //杭州市档案馆. 民国时期杭州市政府档案史料汇编. 1990：163，164.

② 陈曾植. 十年来之工务 [Z] //杭州市档案馆. 民国时期杭州市政府档案史料汇编. 1990：94.

③ 陈曾植. 十年来之工务 [Z] //杭州市档案馆. 民国时期杭州市政府档案史料汇编. 1990：95.

④ 张信培. 十年来之卫生 [Z] //杭州市档案馆. 民国时期杭州市政府档案史料汇编. 1990：163.

⑤ 董修甲. 调查京沪杭三市市政报告书（续）[J]. 新汉口市政公报，1930，2（1）：46.

向有序经营是个漫长的过程，杭州市政府不可能在短时间内彻底改变广告业的旧观，但其对整顿广告意义的认识在当时颇为超前。①

　　民国政府在茶楼、酒肆、饭店、旅馆等公共休闲场所的卫生和安全上注重检查和管理。民国年间杭州市强化运用卫生运动会和演讲竞赛、宣讲巡演的方式来普及市民和企业的现代卫生意识，侧重宣传。认为"市区之真正清洁，不在乎家家户户之装潢美丽，而在乎市民之各自遵守清洁"。1929 年至 1930 年间，举行沿街大扫除仪式，分送宣传品、张贴卫生标语，进行有关卫生的各种游艺。1931 年更是以卫生展览、卫生演讲、文字宣传、化装宣传、儿童健康比赛，免费注射防疫针、饮食店业卫生指导等的形式发起夏季卫生运动大会。1932 年 5 月 15 日起，由卫生科分派医师及卫生稽查员，对全市饮食业商店进行检查，并于 5 月 17 日、18 日和 19 日分别召集饮食业、旅馆业、理发澡堂等行业的经理与店内佣工，在指定场所，开展培训，听讲杭州市政府所定的法规及卫生应有之知识。计茶坊、酒肆、饭铺、中西菜馆等在内的饮食业者有五百多人，旅游业有二百多人，理发澡堂业有二百多人分别参加了培训。1934 年，更是在游艺场所加映宣传清洁卫生的影片，举行宣传会。1934 年 1 月，对全市清洁进行总检查，凡市区内商店住户均需检查；1935 年 12 月至 1936 年 1 月，又进行清洁检查。按照民政厅颁布清洁检查标准，检查厨房、厕所、饮水、环境四个方面，分成甲、乙、丙三个等级，丙等为不合格，检查后用颜色纸条（红色纸为甲等、绿色纸为乙等，紫色纸为丙等），分等级贴在各商店住户门首，被认定丙等的，于三日后再行复查。检查标准为：甲等：厨房清洁状况，与厕所不接近，室内宽敞，厕所大小便有一定处所，并无污染地面情形，井之周围清洁状况，环境清洁，房屋宽敞，空气光线均充足。乙等：厨房与厕所不接近，但龌龊，厕所龌龊，不用便桶，井水混浊，但不在附近洗衣物，房屋宽敞，空气不佳，但清洁。丙等：厨房与厕所接近，且龌龊，无厕所，用露天坑厕，且随地小便，有饮水井，构造不良，贴近厕所，并在附近洗衣物，房屋狭隘而暗，窗户不齐，地面潮湿，垃圾堆置。1934 年共检查了 37782 户，甲等为 4509 户，乙等为 21051 户，丙等为 12222 户。②

　　1936 年 5 月夏令卫生运动会，除检查商店住户外，还面示改善方法及卫生

---

①　赵可.民国时期城市政府行为与杭州旅游城市特色的显现［J］.中共杭州市委党校学报，2004（2）：55.

②　张信培.十年来之卫生［Z］//杭州市档案馆.民国时期杭州市政府档案史料汇编.1990：165－169.

方面各种指导（见表 5.2）。

表 5.2　1936 年夏令卫生运动会检查情况

| 指导改善卫生者 | 检阅时已改善者 | 指导改善卫生者 | 检阅时已改善者 |
| --- | --- | --- | --- |
| 旅馆公寓共 231 家 | 共 316 家 | 豆腐店共 121 家 | 共 221 家 |
| 茶馆共 301 家 | 共 403 家 | 菜场共 2 家 | 共 13 家 |
| 酒楼共 252 家 | 共 716 家 | | |
| 娱乐场所共 3 家 | 共 7 家 | | |
| 浴室共 14 家 | 共 13 家 | | |
| 理发店共 238 家 | 共 313 家 | | |
| 冷食店共 112 家 | 共 211 家 | 肉店共 46 家 | 共 311 家 |
| 其他商店 2772 家 | | | 其他住户 3061 家 |

资料来源：张信培. 十年来之卫生［Z］//杭州市档案馆. 民国时期杭州市政府档案史料汇编. 1990：170.

　　市政府为规范日益繁荣的游艺场、影戏院、戏园和其他以营业为目的的公共娱乐场所的经营秩序，为了娱乐场所的安全和卫生，杭州市政府规定开设公共娱乐场所须具两家以上殷实商铺保洁；规定公共娱乐场所应具备的设备有：在适宜地方分设男女厕所，每日至少洗涤一次并随时施用避疫药水；须于余地内开凿水井，多备水缸满储清水，但地近河池及设有自来水者不在此限；须备水龙及各种救火器具；灯火与可燃之物接近处须以铁片遮隔之；厨灶及易惹火患之处须为适当之防备。还规定在营业时间大门、侧门、太平门均不得加锁或在旁堆积杂物。每日营业时间至迟不得超过午后 12 时。①

　　民国杭州市政府在涌金门外设立了西湖游泳池，为减少游泳者的负担，除了提供长期券外还特别出台了团体游泳券优待办法。团体游泳券比长期游泳券少收票价的四分之一（每券大洋一元五角）。游泳池内还组织了免费游泳培训班，每个星期的一三五由教练授课，二四六由初学者自由学习。② 这样的训练方式不仅时间安排合理，还有利于初学者的自我学习和改进。除了有成人的游泳馆外，杭州市西湖游泳池还新增了儿童游泳池，游泳池深三尺到三尺半，规定只有八岁以上的儿童才能在家长的陪同下练习游泳。不仅考虑了儿童的娱乐，更保证了娱乐的安全。

①　修正杭州市取缔公共娱乐场规则［J］. 浙江民政月刊，1928（6）：11，12.
②　本场西湖游泳池开放［J］. 浙江体育月刊，1935，2（11）：100 - 104.

　　民国年间，杭州市政府在休闲娱乐管理中的地位在上升，各项管理已逐渐走向现代化，这一转变是城市市政管理方式的进步，反映了城市公共休闲空间在城市发展进程中所占地位越来越重要，体现了城市文明的发展与进步。民国杭州市政府对休闲娱乐空间的建设和治理也是其调控城市发展的重要手段之一，可以引导地方经济的发展，促进经济和地方文化的协调；可以满足社会的需求，协调空间公平，倡导风尚，提升生活质量。民国时期杭州市政府在休闲娱乐上的管理虽仍具有消极性的一面，有维护其统治保守落后的一面，但对休闲娱乐场所的规范和管理总体上还是起到了促进作用。杭州市政府对休闲娱乐业和民众娱乐的管理是民国杭州休闲娱乐持续发展的重要推力。

# 第六章  民国杭州城市休闲娱乐
## 建设的价值与影响

民国时期是现代转型的重要时期，意味着它呈现出与传统社会较大差异的特点，如社会结构的变化，新的社会风气的倡导，现代商业经济的兴起，娱乐方式的现代转变等等。而在我们的研究视野中，民国时期又是一个被忽略的时代。

民国时期是考察中国近代社会如何经过艰难曲折，逐步地、缓慢地向现代化中国发展的不可回避的历史环节。民国时期，由于受到辛亥革命及中西文化的碰撞与交汇的影响，在物质生活、精神文化生活乃至社会习俗等方面都发生了深刻变化。杭州作为民国时期浙江乃至全国的政治、经济与思想文化重地，民国杭州史的研究具有特殊的历史和现实意义。民国杭州社会娱乐研究必将有助于深入探究近代杭州社会如何走向现代化之路的历史轨迹，它是一面具体、生动展示一个时代特征和社会风貌，从而揭示近代杭州社会逐渐迈向现代化之路轨迹的镜子。民国时期，是一个不该被遗忘的时代。

在经济、政治、社会风俗、自然环境等因素的影响下，民国时期的杭州休闲空间得到了前瞻性的发展。这种休闲空间的变迁反过来影响着杭州城市今后的经济文化发展。民国时期的杭州对休闲有意识的营建给当今杭州城市的发展带来了巨大的效益。当然，囿于当时的经济水平，民众的受教育程度以及当时政府治理水平等多方面的因素，民国时期的杭州也出现了休闲失范和民众休闲水平低下的局面。这是时代的局限也是现代化转型中付出的代价。

民国杭州城市娱乐的变迁不仅受政治、经济的影响，同时也会对上层建筑和经济基础产生一定的反作用。比如，民国时期杭州奢靡、浮华的这种风气必然像催化剂一样，侵蚀政权的肌体，加速政治的腐败。又如趋新的社会风尚有利于新思想、新观念的传播，从而有利于营造政治变革的形势，当然社会风尚对政治的影响往往不是直接的。①

　　民国时期杭州市民的休闲生活方式与近代城市诸种鲜活的要素息息相关，形成了与近代工业化生产方式紧密适应的消费方式、娱乐方式。民国杭州出现了大量的茶馆、酒楼、会所、公园、电影院、剧院、报馆等公共场所和空间；蔬菜、肉食、粮店等副食品店，服装、器物用品等百货店，以及住宅、旅馆等居住设施日益发达；涌现出一批自由结社的社会组织，在社会公共事务方面发挥了颇有影响力的作为。近代城市市政建设及公益事业的扩展，正是在市民社会团体与官方的共同推动下实现的，使杭州在民国时期一跃成为有影响力的旅游都市。市民传统社会的许多思维定式发生了明显的改变，比如生活中的崇洋之风、经商逐利之风、奢靡之风等都表现了新的社会心理和新的价值追求。这一切均程度不等地彰显了市民社会的气息和特征。

　　民国时代是一个社会转型时期，是一个亦旧亦新，变革与继承相互依存的时期，也就决定了娱乐生活所具有的传统特性和现代转型的特点。

## 一、催化和建构：休闲城市品位日益凸显

　　休闲空间在民国年间的发展变迁，体现了休闲空间与城市发展的密切联系。城市休闲空间为人们休闲活动的实现创造了条件，并极大地促进了城市经济与社会的发展。休闲空间的建设在促进经济增长与社会发展方面具有重要的意义。民国杭州城市休闲空间的建设对于提升人的生活品质与生存境界的人本意义和现实价值也凸显出来。

　　1937年春，"西安事变"后，杭州举行国共正式谈判。上海一个编辑在游杭时所发的感叹，可从一个侧面看出当时杭州休闲城市建设成就的效应：

　　　　这几天真是不得了，杭州既作了游玩的中心，又成了政治的中心，冠盖云集……要是世界和平主义抬头，侵略者销声匿迹，人类相亲相爱的时候，则中国理想中之都会，不是南京，也不是北平，更不是西安，而是杭州。只要杭州建了都城，把西湖锐意建设一下，我可保证国内决不会再有内战发生的可能，因为无论是哪一个强镇，只要请他来游一下京师……先为之布行馆于湖滨，饮之于楼外楼，然后驾一舸之扁舟，命干练大员以相从，徜徉于六桥三竺间，任有天大别扭的事，到这儿也只得抛开……玩了两三天后，然后从容进言曰："你老哥驻地的贫瘠，中枢是知道的，久有想

---

　　① 孙燕京. 晚清社会风尚研究［M］. 北京：中国人民大学出版社，2002.

调剂调剂的意思，就是这浙江的主席，请老哥屈就，你看这里的风光多好！"这位固然也有些想尝尝苏东坡"西湖长"的风味，但究也放不下追随了许多年的部下，于是就提出增加军饷问题……于是双方就在湖艇上，三言两语，把行将生灵涂炭的天大事情解决……蒋委员长被劫西安，你想他会被困于杭州吗？这决没有的事……所以，这次要人的聚会，不在政治中心的南京，而偏移到游玩中心的杭州来，这实在是当事者的聪明过人处……①

（一）形塑杭州城市形象

休闲娱乐空间的开发，既可以满足市民的休闲需求，也是改善城市环境、完善城市功能、突出城市个性、创造城市品牌、提升城市质量与竞争力的重要手段。城市休闲空间对于城市成长有着重要的意义，它既是城市发展的产物，同时反过来形成一种创造力，影响着城市的社会生活，构筑城市的氛围与气质，形塑城市的风格。休闲空间的合理建设与布局既能增强城市的亲和力、凝聚力，又可提高城市的知名度和美誉度。一个城市的休闲空间开发的程度，休闲设施的完善，都是构成城市吸引力的因素。

民国年间，杭州茶楼酒肆、影戏院、公园等充分拓展，形成多元的休闲空间体系，并渗透到城市的日常生活中，成为形塑城市风格品位的创造性力量。民国杭州休闲空间的建设，既是对城市自然风貌的保护与升华，也是对城市文化气质的提炼与优化。民国杭州休闲空间的建设，加强了基础设施建设，改善和美化了城市环境，使得杭州城市更生态宜居，使得杭州城市形象更加鲜明，从此杭州成了人们心中秀美景色，休闲城市的代名词。正如时人描述杭州地方印象时说道：杭州是"沉浸在一种悠闲、安逸、静默的环境中的"城市。②"在上海的人们，提起春天，便会联想到旅行，更会联想到杭州。杭州好像是上海人们旅行的唯一目的地。上杭州去，一年一度，杭州是百去不厌的。"③ 一个城市的休闲气质往往在一些历史文化空间、在普通人的日常生活中得到最佳体现，而这些因素又潜移默化地在一个又一个时代中，不断积淀，成为城市最本质的特征之一。

在1927年杭州建市前，城市的卫生是不容乐观的，正如《1921年浙江社会经济调查》中提到的"无论是在城市的街道，还是在乡村，大多不太干净，到

① 李杭育. 老杭州：湖山人间［M］. 南京：江苏美术出版社，2000：151-153.
② 黄萍苏. 杭州——地方印象记［J］. 浙江青年，1934（1）：291.
③ 赵君豪. 旅行杭州［Z］. 旅行杂志，1934，8（第4号）：3.

处是臭气弥漫、污秽郁积。……1902年时，虎列拉（霍乱）病流行，杭州城内外出现过死亡一万多人的惨剧"①。1927年杭州市政府成立后，为创建美丽风景城市，在卫生局下负责街道清洁、河流清洁、沟渠整理、垃圾扫除、监督公共场所之清洁等卫生工作。② 城市清洁为之改进。为美化市容，净化空气，市政府相当重视街道绿化工作，1927至1937年的十年间共种植行道树17827株，林荫大道的出现为杭州风景增色不少。时人发出赞叹："杭市的道路广阔，道旁树木整齐，为国内其他各大都市所不及。"③ 有人甚至说"苏州的建设至少与杭州差上十年"④。"杭州新市场的街道，上海南市的街道，只怕比较。我偶然到西湖去逛逛，住在杭州新市场一天，下一天又到上海南市。才下火车就得了一种感觉：杭州新市场的街道宽得很，上海南市虽是街道，也有宽的，但是窄得很多；杭州新市场的街道都种了树，上海南市的街道没有一棵树；杭州新市场的街道干净得很，上海南市的街道零零碎碎的垃圾多得很；杭州新市场的街道平坦得很，上海南市的街道不平得很；杭州新市场的街道，行路的人闻不到臭气，上海南市的街道常有一阵一阵的臭气。"⑤ 杭州市政府的建设和整治取得了良好的成效，有效地提升了杭州的城市形象。

另外，休闲空间的建设，使得杭州本地居民和外来游客共融共乐，空间合一，游客游览方式与市民游憩方式的融合，方式共融，推进和谐。

（二）完善城市功能，促进城市发展

随着经济的发展和社会的进步，市民阶层的成长，必然导致市民对休闲娱乐活动的需求增长和更多休闲娱乐空间的需求。城市需要具备游憩的功能，而城市空间的开发就是发展城市这一功能。

城市公共休闲空间是一个城市发展必不可少的要素之一，其与城市发展、人民生活关系密切，城市中相当多的游憩、体育、文化、社交等需要通过公共休闲空间来完成。城市公共休闲空间则通过场地及设施直接向居民提供放松、消遣等各项服务，而且，城市公共休闲空间也往往是文化中心、商业中心、娱乐中心，其价值在于其内部各项社会功能的完善。它不仅是广大市民休闲、娱乐、交往的公共场所，同时也是一个展示城市物质文明和精神文明的窗口。城

---

① 丁贤勇，陈浩，译编. 1921年浙江社会经济调查 [M]. 北京：北京图书馆出版社，2008：38.

② 葛成慧. 记杭州二个月之卫生工作 [J]. 卫生月刊，1928（3）：25.

③ 唐季清. 杭州市之前瞻与后望 [J]. 道路月刊，1936，51（2）：54.

④ 裴可权. 苏州杂写 [J]. 学校生活，1935，118：325.

⑤ 道路见闻录·两日间街道的比较 [N]. 申报，1920-06-19（18）.

市休闲空间的相应发展，才能推动城市休闲活动和休闲文化的发展。

城市休闲空间的建设与城市社会发展不可分割，休闲空间因城市社会兴而起，因城市社会衰而败，城市休闲空间内设备完善，管理科学是城市繁荣的一种象征与结果，而城市的衰败通过城市公共空间的落寞反映出来，可以说，休闲空间的开发程度是城市发展的晴雨表。

杭州休闲空间的建构是杭州城市经济社会发展和民众生活不可或缺的重要组成部分，随着时间的推移，其重要性和优越性会逐渐显现。杭州城市的发展需要休闲事业的发展和进步，而休闲事业的进步又促进了杭州城市的发展，二者的互动构成了杭州城市的初步现代化。城市化决定了休闲空间建设的起点及路径，而休闲空间完善了城市空间的发展。城市休闲空间不断扩大、内部设施不断完善的过程亦即城市公共空间不断扩张，在城市发展中所占地位不断上升的过程，这一过程折射出城市发展与市民生活方式的现代化演变。

休闲还是一个非常人文和有效的社会治理手段。西方大城市休闲空间中各种资源的分配其实是政府调控整个城市协调发展的手段之一，政府利用休闲资源，加强对地方社会经济文化的统一发展规划，并协调解决城市中出现的诸如社会贫富差异、空间公平、生活质量等问题，通过对不同区域休闲旅游资源的开发，满足社会的多元需求，从而有助于构建和谐的城市空间，同时这也是城市休闲空间功能营造的重要目的之一。因此，"以休闲资源为核心的大都市休闲空间规划"成为政府管治手段中的重要方式和规划调控模式。①

民国年间，公园、运动场、影戏院、展览会场等这些新型休闲公共空间的出现和市政建设的完善，是杭州城市社会发展的必然结果，与城市发展阶段相适应，反过来也完善着城市功能，极大地提高了杭州的城市化水平，推动着城市的发展。民国年间杭州娱乐业的发展，推动了城市产业结构合理化、城市功能的多样化、城市经济活动的专业化和社会化、城市基础设施完备化、城市管理科学化民主化等等，促进了杭城现代化转型。其城市功能由单一的生产型商品集散地向近代风景旅游型的转变。

（三）保护文物，美化环境，改善基础设施，提升生活质量

城市休闲空间是人工环境和自然环境的融合，提供一种人造环境与自然环境之间的平衡，达到美化城市景观，提高城市的美感。它是创造宜人城市环境的重要场所，消除人性需求与现代建筑之间的不协调感。

---

① 张中华，张沛. 西方城市休闲空间规划研究评析及启示 [J]. 国际城市规划，2012，
　　27（2）：98.

民国杭州确定旅游城市的定位，依赖的就是自己的历史古迹和自然山水。为了更好地营建休闲空间，对文物古迹进行了很大的修复和重建，大力建设公园。民国初年，杭州国民党人的聚会地——白云庵，改为辛亥革命纪念馆。1913 年，孙中山专程至白云庵，书写"明禅达义"的匾额。1917 年，修建了灵隐寺的大悲阁。1930 年，修建了翠微亭、春淙亭，翻建天王殿。1918 年、1923 年、1933 年几次修建岳王庙、岳坟。1923 年至 1931 年间，修建黄龙洞。1923—1924 年，修整倾废的钱王祠，并构筑园林。1933 年，修建了已倾斜的保俶塔。至抗战前，岳坟、保俶塔、钱王祠等一大批历史文物景观得到了维护、修整；建设了湖滨公园、中山公园、城站公园等，杭州的园林景观也得到了极大的改善。这些工程，在美化杭城景观和环境的同时，更使得杭城那份自然和文化的融合，现代和传统融合的韵味浓郁。

与此同时，民国时期杭州还新建了不少的旅游景观，旅游资源日益丰富，西湖景点和文物古迹不断增多。杭州主要游览景点从 1915 年的 89 处发展到 1937 年的 463 处，极大丰富了杭州的空间景观。

为了营造风景都市，除了名胜古迹的修建和保护，景观的拓展和扩容，西湖的疏浚，还有交通、电力等公共基础设施的逐渐配套建设，街道园林的绿化，市容的整治，卫生的讲求，现代娱乐场所的引入，这些不仅使得杭城的环境越来越整洁美丽，而且便利了城市居民的生活，提升了他们的生活质量，给他们以幸福感。亚里士多德说过："幸福在于休闲之中。真正的快乐来自休闲带给你的幸福感。"民国年间杭州休闲空间的发展，必将在一定程度上提升居民的生活品质，提升居民的幸福感。

加尔布雷斯在《富裕社会》里认为，生活质量是指人们生活的舒适、便利程度以及精神上所得的享受与乐趣。休闲生活状况和休闲空间的开发程度，是城市生活质量的重要反映。休闲可以提升人的幸福感和满意度，在当今社会的生活质量评价体系中，城市公共休闲空间的区位条件、等级质量、城市休闲社会情况正在成为评价城市生活质量的要素。

（四）提升素质，引领新生活

杭州休闲空间的建设，丰富了市民休闲生活，促进了城市市民素质的提升，这也是其重要的一个影响。休闲可以养精蓄锐、激发灵感、发掘潜能、启发心智、提高创造力等，这都有利于提高劳动生产力，实现社会劳动力的再生产，这是首要的意义。作为一种全新的生活形态，休闲还可以增加工作以外的个人兴趣发展，身体素质的提高，人格完善，心理构架的合理。

　　辛亥革命后杭州市政府积极建设运动场所、游泳池、民众教育馆、图书馆、游乐场、公园等，就是要提高市民素质，这也是民国杭州市政府有了现代国家"民乃国家之本"的政治理念的表现。

　　民国年间休闲空间的建设，无疑深刻地影响了人们的生活，潜移默化中改变民众生活方式，朦胧细雨中将现代生活方式一点点渗透进人们的生活理念里。马路的开辟，快捷的现代交通工具改变了人们的空间观念和时间观念，改变了"日出而作，日落而息"的时间观念，人们的娱乐方式得以丰富。城市文化观念对城市休闲空间产生了巨大影响，同时城市休闲空间作为城市文化的物化表现，承递着城市文化中最具活力的信息，又把理念和精神传导到市民生活当中。在一定程度上，这些休闲空间又成为新生活的引领者。

　　城市休闲空间的建构与休闲场所的设置，促进了市民欣赏美景、寻求娱乐放松的休闲意识。如公园建成后，游夜湖、公园纳凉就成了市民喜爱的休闲方式。"最堪骋怀游目者，为湖滨公园，每当夕阳西下，红男绿女，往来不绝。"① "游夜湖之举，乐趣何在，实不易言，老实说来，不过大家凑热闹。犹记昔年天虚我生之幼子六月十八'游夜湖'归，人问其有所见否，对曰'湖上尽是船，船上尽是人，人上尽是汗。'此语真恰当幽默之至。所谓'游夜湖'之乐，如是而已！于此有不可解者：杭州人士似对'六一八'记忆甚牢，永矢勿忘；而于'九一八''一·二八'则淡焉，不消耗其些许记忆之力，异矣！"② 时人的这番议论和表示的不解，恰也反映了民国时期杭州市民游夜湖的休闲之风浓郁。"新市场之营业以娱乐事业为多。茶馆、饮食店栉比鳞列，五色之旗飘扬街衢，每至下午，摩肩接踵，纷沓而至。人力车价值几较平时加倍，戏园闭幕时座客星散，往往有求车不得者。"③ 这就是1915年时来新市场游玩的热闹场景。在西湖边，经常可见穿西装、旗袍甚或马裤、短裙的摩登男女游玩，以至于老杭州那些守旧的人们不禁哀叹说：西湖边上的这类妖精，看来是比和尚还多了。④ 民众的消遣方式因这些休闲空间的出现而得以丰富。

　　杭州市政府也注重通过休闲娱乐空间来进行社会教育和治理，寓教于乐。20世纪30年代初，浙江教育厅发布的"拟订改进民众娱乐计划"中就说道："以民众娱乐足以充实民众生活，为健全社会必不可少之事业，若仅取缔严禁，

---

　　① 范祖述. 杭俗遗风 [M]. 上海：上海文艺出版社，1989（影印本）：55.

　　② 杭州通. 六一八游夜湖 [J]. 越国春秋，1933（30）：2.（1933 - 08 - 12）

　　③ 西湖之初春 [N]. 申报，1915 - 03 - 11（6）.

　　④ 李杭育. 老杭州：湖山人间 [M]. 南京：江苏美术出版社，2000：205 - 206.

不加积极奖进，则娱乐事业势难发达，民众生活不免板滞。且民众娱乐具有充分的教育功能，尤宜因势利导，发挥光大之。"① 比如，杭州市政府通过制定公园等休闲空间的游览规则、规范秩序，培养人们遵守公共道德规范，向民众灌输现代观念与意识。这些休闲娱乐空间除了满足市民的身心愉悦和获得经济效益外，还被有意识地塑造为一个提高国民素质的精神空间。因此民国时期杭州的城市休闲娱乐空间具有很强的娱乐空间和社会教育空间重合的特征。

　　休闲空间的建设对于促进市民素质的作用。1930 年，杭州《市政月刊》就发文指出："市公共娱乐行政，系都市计划中一重要部分。我国人民素不注重娱乐，故对于娱乐行政，亦无人研究探讨。结果，则勤劳者终日勤劳，积劳成疾，酿成种族衰弱之根源，游惰者无所事事，作烟酒嫖赌，种种不道德不正当之娱乐，虚耗光阴与金钱，伤风败俗，为害孰甚。欧美各国则不然，各城市对之公共娱乐，莫不悉心经营，公共娱乐之种类既多，各种事业之成绩自佳。良以一人之精力有限，苟竟日碌碌，不事休息，则精神疲乏，工作自因之而穷劣。是以为市民谋正当消遣计，为社会提高道德计，不得不提倡公共娱乐。公共娱乐之事业甚多，如公园、运动场、游戏场、艺术馆、跳舞馆、戏院等，莫不为公共娱乐之地，其中最重要者，首推公园，故计划都市时，宜特别注意之。"② 这从一个侧面可以说明，这些公园、运动场、游戏场、戏院等休闲空间的建设，不仅可以给市民提供正当消遣的场所，又是提高社会道德的重要途径。端方等人对诸如公园之类的休闲空间的作用也曾说过："广开风气，则庶几民智日开，民生日遂，共优游于文囿艺林之下，而得化民成俗之方，其无形之治功，实非浅鲜。"③ "公园者，可以养吾人之道德心者也。试观各文明国，其国人必富于道德心。岂其生而如斯耶。盖有以养之也。养之法，导以极高尚之娱乐。故国家愈文明，其公园愈多。惜乎！吾国人不知也。且天下事苟能引起吾人之美感，则情操自能高尚，精神自能涵养，公园能引起人之美感者也。园中一草一木一禽一鱼，均有活泼自然之妙。人游其中，而美感自生，美感生而道德心亦因之而生也。"④ "人心本无善恶，习于善则善，习于恶则恶。青年人意志不坚，又感其生活之干燥无味，设无高尚娱乐为之领导，无有不流入歧途，饮恨终生。图书馆如能善诱此等青年舍低下之娱乐而就高尚之图书，不但沦落可免，身心

① 浙教厅拟订改进民众娱乐计划［Z］．湖北教育厅公报，1931，2（2）：30．
② 丁明．市公共娱乐行政［J］．（杭州）市政月刊，1930，3（5）：4．
③ 雷颐．公园古今事［J］．炎黄春秋，2008（4）．
④ 孟昭范．公园可以养成市民之道德心［N］．申报，1926－01－04（11）．

亦得所也。"①

民国年间娱乐空间的建设和引导，使民智有所转变。在未完全抛弃旧观念的同时，也不断接纳新的思想。人们的休闲意识也在不断提升，追求一定的生活品质，从休闲娱乐中追求精神的愉悦。甚至出现了不以财富的多寡来衡量快乐的一些新风尚。正如时人所说"余意则谓旅行即娱乐也。起居大旅社，趁急行瞭望车。或讬身浮海之宫殿。固娱乐矣……余尝有句曰，平生初历即佳境。境无穷斯乐亦无穷。故善游者虽苦亦乐，不善游者虽乐亦苦。世有能从吾游者乎，须知此中固自有乐地也"。②

当时人们就意识到了旅游等这些休闲活动，对于提升国民素质以振兴国家的认识："我以为在此刻时候，旅行是值得用力提倡的。以为我们感觉到从家庭出来，要达到国家的路上，再进一步，走上世界的路途，第一个条件，是要眼光远，眼光如何而后远？惟有旅行可以得到。尤其是我们中国人，特别需要旅行。"③"故老于旅行者，对于国中地理、历史、经济、风尚等等，恒有普遍之认识，即对于国家古往今来，有整个之认识；而惟认识其国家，始油然而起爱护其国家之心，不待勉强而致。试观我国人民，何为而对于国家之利害，有若秦人视越人之肥瘠，漠不相关，实以未当认识国家之故。导游机关提倡旅行，同时予旅行者以种种之便利，推其结果，必使旅行者愈众，浸假而认识国家，爱护国家者愈众，而后国之基础赖以立，国之事业赖以振。"④

（五）推进女性休闲空间从封闭到开放的转变，促进女性休闲意识觉醒

民国时期，女性休闲空间值得关注。在近代以前，女性在杭州确实扮演过活跃的角色，如女香客是杭州香市的主要消费者，外地来进香的女游客和杭城女性居民的身影也成为香市风景的一部分。杭州女性居民是节庆活动的积极参与者，四时行乐。元宵灯市就是杭城妇女最主要的自我展示场合。从南宋临安到清代杭州至民国杭州，城市的女性居民一直保持积极参与城市活动的传统，娱乐自己、展示自己，凝聚女性的群体，使杭城具有水性柔美的城市性格。但总体来说，古代女性的休闲活动方式和内容受到极大的局限，休闲空间以家庭和私人空间为主。

随着社会的进步，随着民国杭城休闲公共空间不断出现，这些公共休闲空

---

① 丘山．图书馆为高尚娱乐地方［J］．中央军校图书馆报，1934（5 – 11）：119.
② 汪亢虎．旅行与娱乐［N］．申报，1924 – 12 – 19（19）.
③ 赵君豪．黄任之先生访问记［J］．旅行杂志，1935，9（第12号）：61.
④ 黄伯樵．导游与爱国［J］．旅行杂志，1936，10（第1号）：3.

间出现了女性的身影，并成为都市新女性们标榜自己作为现代女性健美活泼、欢乐开放的文明生活的一种场所。汪慧珍在《女子与娱乐》一文中就说到："时代不停地变迁，环境也跟着潮流转动，我们女子已不为男子制定的礼教所威胁了，我们也得去参加社会上的高尚娱乐。……我们要以运动作娱乐，教导子女弟妹作娱乐，研究学术作娱乐，综合说一句话：求娱乐要在有益于身心事物上去探索，不要作浪费的虚浮行为。以娱乐来满足自己的欲望。"①

湖滨公园建成后，成了女性娱乐自己、展示自我的舞台，"往来游人如梭：男的、女的、老的、少的、小的、美的、丑的、长的、短的、瘦的、胖的，总之光怪陆离，无所不备，游人中最能惹起人们注意者，则为湖滨第四公园中某女校之学生队，伊等排成一整齐之队伍，聊坐于湖岸上，口中大唱其'娘娘太太们，做做大好事，布施一个铜钱…'的叫花歌"②。"青年女子多剪发，衣长衣，每当夕阳西下时，徜徉于湖滨公园，一若与西子争艳，其乐诚不可及。"③"走入第一码头，抬眼一望，只见湖堤上来往的男女愈多了，也有女的跟男的，一先一后行走的，也有男女并肩喁喁细语，且说且走的，也有手挽手臂挽臂，共同闲步的，那湖滨的出光水色，在晚晴天气中，益发秀美无伦，似在增加情人的快感。堤上杨柳，风头里一摆一摆的摆着，似一队新式的舞女。"④"女郎乘坐自由车，为湖滨特有之现象，逢星期休假，一班女学生，成群结队，连翩而来。"⑤在西湖边上，几乎每天可见穿着学生装的文静女子在画画写生。

还值得一提的是，20世纪初期，杭城女性也开始参与体育活动。就全国来说，杭州是提倡女子体育最早的地区之一。在清末，杭州就成立了妇女放足会，主张男女平等，只有放足，妇女才可以参加正当的体育活动。20世纪初，还出现了女子学堂，开设体操课，为此，1917年2月，杭州紫阳山麓严官巷的杭州普成女校，特附设女子体操讲习所，招生60名，学制一年，专门培养女子体育教习。1920年，杭州女子体育学校在清波门陆官巷创办，旨在提倡女子体育。1932年，杭州女青年会为提倡女子体育休闲，发起妇女竞走比赛，从开元路、涌金门、清波门、长桥到净寺，再从净寺原路返回开元路会场。1934年，杭州又举行女子三千米长途竞走比赛，借以引起女子运动之兴趣⑥。1945年至1946

① 汪慧珍.女子与娱乐[J].妇女生活，1932（13）：106.
② 小新闻[N].杭州民国日报，1927-07-18（9）.
③ 杭州之行[N].申报，1927-07-12（16）.
④ 王兰仲.小说的杭州西湖指南[M].北京：古今图书社，1929：43.
⑤ 湖滨公园[N].申报，1926-07-21（17）.
⑥ 沪杭举行女子长途竞走赛[J].妇女共鸣，1934，3（12）：57.

年间，浙江省体育场举办过杭州市"季宽杯"女子自行车比赛和庆祝"三八"妇女节篮球锦标赛。据统计，从 1945 年 10 月至 1947 年 11 月，至省体育场参加锻炼的女子为 32961 人。①

1930 年 4 月在杭州举办"民国第四届全国运动会"，此次运动会盛况空前，举办非常成功。此届全运会设女子正式竞赛项目，有四百多名女子运动员参加。女子在运动会上参加体育比赛的现象还引起了当时媒体的很大关注，天津《大公报》这样评价道：

> 此次大会有一极好之情形，即女子参加者之踊跃是也。国人习于文弱，女子尤甚，袅袅婷婷、多愁善病为中国美人之写照，以致国民半数尽成废人，种族孱弱，影响百祀。近十年来，教育家渐知注重女子体育，第五届远东运动会在中国举行，女子参加团体游戏者已有一千余人；第六届在日本开会，我国女子曾有排球队及网球员渡海远征；第七届在马尼拉召集，亦有中国女子排球队躬与其盛，虽无赫赫之名，以视旧日女子足不出闺阃者，故已大有进境。前年第八届上海之会，正值宁汉风云、战机迫切，中国女子乃只有排球一项参列，论者惜之。此次全国大会，沪、杭、平、津自不待论，远至哈尔滨亦有女生选手跋涉水陆与华南、华中之女健儿一较高下，如孙桂云女士声威震于南北，其尤著者也。抑女子选手不但人较历届为多，其成绩亦复有突飞之进步，试就百米、五十米、跳远、跳高之纪录观之，即可证明……由此可见中国家庭生活显有变化，盖女子受家庭传统思想与习惯之束缚最甚，女子而能从事户外运动，则其家庭之开通可知，此从任何方面言均一可喜之事也。

在 1926 年第 6 期《良友画报》上刊登了杭州弘道女学学生做跳"土风舞"和杭州女子中学学生在玩球戏。在当时的《越国春秋》1933 年 9 月 2 日上还专门刊登了一幅女学生的照片，摄影者蒋炳南说："近年女子体育日渐发达，女学生多具健康美，此实中国民族前途之佳兆也。"

另外，杭州这个风景城市也吸纳着广大的外来女性游客，女性外出来杭州旅游在当时也是一个新潮流。1921 年 4 月，"北京女师校旅行团三十余人，定今明日到杭，寓省教育会。""江苏女师校旅行团八十余人，明日亦准时到杭，寓清华旅馆。"②

---

① 《浙江省体育志》编纂委员会．浙江省体育志［M］．北京：方志出版社，2003：123．
② 杭州快信［N］．申报，1921－04－15（7）．

此外，在民国年间杭州电影创作中，有以女性角色为主体的"杭州想象"模式，如《桃花泣血记》（1931 年）、《母性之光》（1933 年）、《船家女》（1939 年），迂回地以女性象征杭州，营构出"女性化城市"这一城市意象。①

（六）促进社会经济的发展，带动相关行业发展

休闲可以带来巨大的经济收益，成为城市经济收入的重要来源，可以促使各种新兴行业产生，减少失业压力，增加新的就业机会，带动新产业发展。休闲空间可以为人们的娱乐、旅游、消费等各种休闲活动提供空间，用来支持有效的经济参与，从而直接参与城市经济的创造。

民国时期杭州城市休闲空间的发展一方面带动了城市休闲产业的系统发展，也促进了休闲产业结构的调整与优化，带动了一系列相关行业的发展，如旅游业、茶馆酒肆和餐饮业、文化娱乐业、交通业和土特产商店等等，并提供广阔的就业渠道，促进了经济的发展，工商业繁荣。林风眠在《美术的杭州》中就说道："杭州的绸缎、茶叶、雨伞、竹筷、纸扇以及其他土特产，不是在春秋两季生意销得最多吗？杭州的旅馆、酒菜馆，不是在春秋两季生意最好吗？为什么呢？不是因为在春秋两季是西湖景色最好，游人最多的时候吗？"

民国建立至抗战前，社会经济总体不断发展，在局部的动荡之中江南地区相对稳定，杭州的休闲旅游活动正常开展并呈现扩大趋势。"杭州擅湖山之胜，风景清幽，游人如织，比年以来，因轮轨衔接，交通益便，每岁旅客约四十万人，输入之现金约四百余万元。此项收入直接利济民生，间接调剂金融，收益良非浅鲜。"②

1936 年清明节，有记者调查上海人坐火车出游的情况。除去前几日不算，光前日和昨日的两天时间，不论旅游的地方和人数，都是去杭州的最多。仅坐火车到杭州去的上海人就有一万余人，大大超过去其他城市如金华兰溪（500 人）、苏州（400 人）、无锡（300 人）、黄山（100 人）、天目山（约 80 人）、莫干山（50 人）的旅行人数。记者还估计了费用，大约平均每人 35 元，那到杭州的这一万余人的游览费用就是 35 万余元。③这些还没算上从沪杭公路乘车来的和从水路来杭州的上海人。

众多游客的到来，为杭州经济注入了活力和源泉。为游客服务的直接行业和间接行业不断兴起。

---

① 张勇. 杭州电影的发展历程与美学嬗变［J］. 文化艺术研究，2012，5（1）：191.
② 发展浙江省旅游事业计划［Z］. 浙江省公路管理局汇刊，1933（3）："计划"第 5 页.
③ 上海人春游的豪兴［N］. 申报，1936 - 04 - 10（15）.

　　游客日渐增多后，人力车随之兴盛。据统计1918年，杭州有1300辆，次年环湖马路通行时增至1800辆，1924年已有人力车2500辆，1927年达到3080辆，从业人员将近4000人。① 杭州各铁路站的收入也是随着游客的每年增长，而呈现连续上升态势（见表6.1）。在这一时期，杭州旅馆业更是呈现出了勃勃生机，成了经济发展的标杆和引领。"杭州因有湖山胜景，每年招到游客频繁，是以旅馆事业，异常发达。全市统计，大小旅馆不下百数十家之多。"② "新市场的旅馆，多得来真正不可开交，然而一到香市里，和外国清明节还是居住不下。"③ 每到春季，尤其是四月清明前后，西泠饭店、新新饭店等旅馆，所有房间，早已预订一空。④

表6.1　1927—1931年杭州各站五年营业收入比较表

| 年份 营业收入（元） 站名 | 城站 | 南星桥 | 闸口 | 艮山门 | 拱宸桥 | 笕桥 | 合计 |
|---|---|---|---|---|---|---|---|
| 1927 | 742356 | 405287 | 65755 | 46349 | 62287 | 29439 | 1351473 |
| 1928 | 793312 | 459382 | 68962 | 51851 | 76926 | 31250 | 1481683 |
| 1929 | 782185 | 483053 | 71992 | 52721 | 76647 | 34953 | 1501551 |
| 1930 | 816840 | 510048 | 78868 | 59569 | 68985 | 35361 | 1569671 |
| 1931 | 935708 | 490102 | 88857 | 77215 | 67885 | 33273 | 1693040 |

　　资料来源：建设委员会调查浙江经济所. 杭州市经济调查（上）[Z]，1932：157.

　　正如当时人所感叹的"细为逐一检查其铺张门面，如火如荼者，决不出乎茶肆、酒肆、戏园、食物店之数者。而真正之商业，杳乎不可得见"⑤。这些足以见证民国时期杭州休闲业的发达，休闲业对杭州城市经济稳定和发展的推动，对相关企业的带动，它是城市经济的"发动机"，它成为民国年间城市繁荣的主要依靠和晴雨表。

　　民国时期杭州休闲空间建设虽未非常直接引发杭城市民生活状况的改善，但休闲空间的建设中对城市日常活动空间的改造，在一定程度上引发了生活方

---

① 杭州市人力车概况及车夫生活概况 [J]. 市政月刊，1930，3（第3号）：42.
② 白云居士. 游杭快览 [M]. 杭州：浙江正楷印书局，1936.
③ 王兰仲. 小说的杭州西湖指南 [M]. 北京：古今图书社，1929：14.
④ 上海人春游的豪兴 [N]. 申报，1936 – 04 – 10（15）.
⑤ 岁尾年头杭州游记 [N]. 申报，1916 – 02 – 25（14）.

式的变化。城市社会、城市市民与休闲空间以相互联系、互为影响的方式，逐步实现着各自在近代的转变。

如今，生活在休闲城市下的杭州人民从民国时期以至今天，城市居民的幸福指数都是很高的。2004 年，新华社主办的新闻杂志《瞭望东方周刊》与芝加哥大学教授、中欧国际工商学院行为科学研究中心合作，对全国各大城市进行了一次幸福指数测试，结果表明：杭州人幸福指数最高。此后连续十多年荣登榜首。幸福的味道在杭州人的心中、眼中。

杭州如今之所以能脱颖而出，是与杭州选择"东方休闲之都"的定位有密切关系的，而休闲之都的打造与民国时期杭州休闲城市空间的建设是分不开的。休闲化程度对一个城市吸引力起着非常重要的作用，因而民国时期杭州休闲的空间建设对今天的杭州是有着巨大的影响和启示的。

### 二、冲撞与迟滞：休闲失范与社会病态

辛亥革命后，在革故鼎新的潮流中，杭州旧的封建伦理道德和礼教等受到一定程度的冲击，城市娱乐的新风尚纷纷出现。经由市政府自上而下的倡导和民间团体自下而上的呼应，比之晚清时期，民国时期的杭州移风易俗潮流有了更为深入、广泛的发展，社会风俗变革的广度与力度有了显著增长。然而，社会的兴革及事物的新陈代谢是一个复杂的扬弃和汲取的过程，由于近代中国社会形态与现实国情的复杂性、特殊性，此期杭州城市娱乐的现代转型，仍具有显著的迟滞性和不平衡性。

民国时期杭州休闲方式的变化，相当程度上是对西方文化进行融汇吸收的结果。一系列变革所引起的嬗变，必然会引起民众的人生价值、人生追求诸多方面的变化。而这种变化，并不是完全基于原先基础的一个渐进的或者是缓慢的自然过程，在相当程度上可以说它是由于外部的冲击而造成的。英、法、美、德、俄、日等国文化对我们的冲击，对杭州民众的休闲生活产生巨大的影响，经过几十年，甚至更长的时间最终沉淀在老百姓的生活之中。在这过程中，经过了吸引、消化和改造，一些有害的毒素被消除了，甚至被唾弃了，但也有许多丑恶的东西也舶来了。①

民国时期的杭州，伴随着社会变革，旧风尚的破坏大于新风尚的建设。西方文化不断传入杭州，引起杭州社会的变化，却呈现出旧思想、旧文化、旧风

---

① 仲富兰．图说中国百年社会生活变迁（1840—1949）［M］．上海：学林出版社，2001：序言．

尚、旧习惯的剔除不彻底，新风尚的建设不巩固，甚至来不及建设的局面。这种局面导致了社会失范行为的产生。在杭州都市化的过程中，社会快速变迁，打破传统规范，传统规范丧失了约束力，而新的社会规范却尚未建设完成，在这种规范缺失、中西文化冲突中，个人的欲望无法受到社会适当的节制，社会的一些成员难以适应或是适应不良，因此出现了较多的如吸毒、赌博、嫖娼等失范休闲行为。

根据艾米尔·多克因姆（Emile Durkeim）提出的反常理论（Anomie Theory），在都市化的过程中，社会快速变迁，传统规范丧失了约束力，社会处于无规范状态，个人的欲望无法受到社会适当的节制，因此休闲中的失范行为（Deviant Behavior）较多。另一方面，社会解体理论认为休闲失范问题的产生是由于社会解体，也就是社会的每一个部分之间难以适应或是适应不良。社会解体有三种形式：规范缺失（Normlessness）、文化冲突和崩溃。社会解体产生的结果是个人的休闲活动失去了可依循的社会规则。就休闲活动中的犯罪问题而言，社会解体学者认为，一个社会失范越严重，例如高离婚率、高人口流动率、高失业率等，则该社会就越容易产生犯罪等失范的休闲行动。此外，克里福德·R. 肖（Clifford R. Shaw）和亨利·D. 麦克凯伊（Henly D. mckay）研究了区位环境与休闲失范行为之间的关系。他们认为，城市环境的退化与解体是休闲失范问题滋生的重要原因之一。其研究成果表明，经济情况越差、人口结构异质性越高、人口流动越频繁、家庭越破碎，人们就越容易从事失范的休闲活动。犯罪学家 Star 于 1978 年提出更为具体的失范区位理论（Deviant Place Theory），强调人口密度高、贫穷、住商混合使用、流动性大以及荒废等区位上的特性，会削弱民众的道德情感与社会的控制机能，助长了休闲失范问题。这些理论说明，不良环境容易滋生失范的休闲行为。

休闲风俗变迁的迟滞性，表现在移风易俗运动虽蓬勃发展，但传统习俗仍在城乡社会生活中居于主流地位，其中的许多蛮风恶俗依然根深蒂固，难以铲除，而新风新俗却难以普及。

（一）黄赌毒的陈渣泛滥

1912 年，南京临时政府成立后，除了全力建构共和政体的基本框架外，更以行政命令的方式大力推进社会风俗的革新。在这个过程中，杭州一方面积极执行中央政府的除旧布新政策；另一方面又结合杭州本地的特点对“旧染污俗”进行大规模的革故鼎新。中央和地方合力掀起的波澜很快演变成为一种时代性的潮流。在这股社会潮流中，杭州的社会风尚出现了前所未有的革命性变化。

旧习，当时称"旧染污俗"。南京临时政府成立后，即颁布"限期剪辫""禁赌""厉行禁烟"和"劝禁缠足"、禁唱淫戏、管制娼妓等法令，铲除"旧染污俗"，扭转社会风气。杭州也把移风易俗放在相当重要的位置上，颁布了相应的地方法令，采取了一系列改革措施，如禁止崇拜神权迷信、禁鸦片、放女足、剪发辫、禁止婢女、禁止贩卖人口、禁止溺婴等，并取得了显著的成效。这显示了民初革故鼎新社会潮流所向的威力。正因为如此，杭州社会风气在辛亥革命之后明显好转。上述举措在杭州市贯彻执行，在很大程度上冲击了封建社会的陈规陋习，起到了解放思想、革故鼎新的作用。

但是，随着时间的推移，吸烟、赌博"死而复生"，政府虽多次下令整顿，仍收效不大。举吸食鸦片为例，杭州跟随浙江省政府，于1911年底、1912年、1933年禁毒限期禁绝三次。1932年7月公布浙江省厉禁吸食红丸办法；1933年3月28日，杭州法院将所有充公的鸦片、红丸、赌具等在新市场公众运动场进行公开的焚毁。① 但实际情况不容乐观。"禁烟事业，近来当局虽似稍稍注意，然以外土之来源滋多，内地之售吸未尽。殊未许乐观。读自治禁烟会通告各界公函，可以知禁烟尚无进步也。"② 虽曾数次严禁，但"终以禁者未具决心，吸者未明利害"，③ 以致烟毒蔓延。1917年以后，余杭等各县"山陬海噬，从前产烟的地方仍旧把鸦片栽种起来"，"虽严令督刮，根株难绝"，原先取得的禁烟成效殊鲜。④ 此外，约于1917、1918年间红丸在浙江开始出现。⑤ 杭州闸口一带还成为上海红丸运浙的聚散地，在杭州有红丸世界的名号，在江干一带，常有贫寒苦力三三两两躲在幽僻处抽红丸。1936年，萧山县政府曾召开消毒大会，当众焚毁收缴的烟土烟具，但全县烟馆有增无减，仅临浦山阴街就有私烟馆18家，瓜沥镇有乌烟盘20多处。⑥ 1936年左右成为杭州烟毒最深的年份。

因此，民国时期杭州流行一个谚语，曰："三鸟害人鸦雀鸽"，鸦就是鸦片烟，雀就是麻将，鸽是指当时的白鸽票即彩票。

还有前已述及的嫖娼之风盛行，性市场的繁荣。20世纪30年代，杭州市不仅公娼存在，私娼也泛滥，公、私娼总数达到6000人左右，占杭州女性人口的

---

① 杭州近事：杭州法院将所有充公之鸦片红丸赌具等于三月廿八日在新市场公众运动场焚毁 [J]. 摄影画报，1933，9（14）：1.

② 内地之禁烟责任 [N]. 申报，1919-03-26（11）.

③ 潘公展. 铲除烟毒与民族复兴 [N]. 申报，1936-04-20（16）.

④ 辜孝宽. 禁烟 [Z]. 浙江省地方行政干部人员讲习所，1939：89-89.

⑤ 梅公任. 亡国灭种的鸦片烟祸 [M]. 北京：北平书友书局，1935：4.

⑥ 《萧山县志》编纂委员会. 萧山县志 [M]. 杭州：浙江人民出版社，1987：979.

比例达3%—3.5%，与上海妓女占女性人口的2.3%—3.6%相较，是相当惊人的。①

## （二）自杀

从社会层面看，自杀也是一种社会的病态，因为自杀的原因多因社会环境导致。在民国时期的杭州，自杀的现象也颇多，如1932年5月20日报载：一两日内西湖附近自杀者多至3起。此外，据统计（见下表6.2），1928年有87人自杀，1929年有115人自杀，1930年有132人自杀，1931年有104人自杀。自杀者多，而且自杀人数有逐年上升趋势。自杀的原因有因生计困难、营业失败、堕落、疾病、被骗、冤抑、失业、失恋、家庭纠纷等等。自杀的方式有服毒、自缢、投水、跳楼等，前面三种方式以女子为较多采用。

表6.2　1928—1931年自杀人数统计表

| 原因 | 1928年（人） | 1929年（人） | 1930年（人） | 1931年（人） |
|---|---|---|---|---|
| 生计困难 | 20 | 30 | 28 | 19 |
| 营业失败 | | 1 | 3 | |
| 堕落 | | 4 | 7 | 4 |
| 疾病 | 1 | | 1 | |
| 被骗 | | 2 | 1 | |
| 冤抑 | 7 | 10 | 14 | 12 |
| 失业 | 5 | | 14 | 7 |
| 失恋 | 10 | 23 | 23 | 10 |
| 家庭纠纷 | 35 | 34 | 9 | 20 |
| 其他 | 5 | 5 | 20 | 23 |
| 不明 | 4 | 6 | 12 | 9 |
| 合计 | 87 | 115 | 132 | 104 |

自杀者中，男性高于女性，而且以中青年居多。1928年至1931年，男性有234人自杀，女性有204人自杀，男性自人数杀高于女性自杀人数。1935年自杀人数达到抗战前最多，为157人，其中男性就占104人。这在一定层面上说明，男子在家庭和社会责任中承担着主要角色，因而承受的压力也越大。1931年，

① 罗衍军.民国时期的娼妓书写与治理——以杭州（1927—1937）为中心［J］.浙江社会科学，2008（5）：99.

男性自杀者有 63 人，女性 41 人，共计 104 人，其中 19 岁以下的 7 人，20—29 岁的 32 人，30—39 岁的 18 人，40—49 岁的 7 人，50—59 岁的 4 人，60—69 岁的 3 人，其他不明年龄的 33 人。可以看出自杀者以中青年居多，尤其是 20—29 岁年龄段的人。

（三）奢靡之风的愈演愈甚

随着工商业、旅游业的发展，杭州市民的思想观念随之发生变化，奢靡之风愈来愈盛。"绚外而槁中"，成了杭州市民生活的一个明显特征。

在"西化"风的影响下，在一些上层达官贵人和名流、买办、有钱人家，出现了一种华丽奢侈之风。他们求体面，比阔气，坐洋车，盖洋房，比吃比穿，比享受，这在上海、广州、武汉、南京、杭州、天津、北京等地最为显著。一位《大公报》记者到沿海一些大城市考察之后写道：即使在民初各地动荡不安和经济发展不快的情况下，那些官僚政客"饮酒挟妓自若也，观剧豪赌自若也"。

这种华丽奢侈之风也蔓延到了杭城一般市民的生活中。1932 年印行的《杭州市社会经济调查》也指出：一般人之服食居住，似更趋阔绰。此则因地近上海，习趋繁华，一经物质之诱惑，相率勉力追逐，以绷撑场面。一叩其内容，各人所受经济上之压迫，殆有不堪言状者。自国际经济势力侵入以来，吾国大都市无不呈现外强中干之象，而杭州为尤甚。[①] 据 1930 年统计，全国每一成年男工消费之所需为每月 8.2 元，而杭州达到 10.34 元，高于全国平均数，且远高于上海、苏州（上海为 6.24 元，苏州为 6.91 元)[②]。

有人感叹，近代中国人学西方，学享受既快又容易，学政治变革和经济发展则很难学会，不是走了样，就是新瓶装旧酒。这在民国初年表现尤为突出。华丽奢侈需有经济实力去支持，所以这种不良风气从一个侧面反映了经济的发展，但消费水平应该适应经济的增长速度，不应为了面子、为了阔气，去肆意浪费钱财，这在一程度上也阻碍了中国现代化的脚步。[③]

休闲应该是有浓厚的精神旨趣，然而民国时期杭州休闲存在层次低下的现象，炫耀性的休闲消费，物质主义的休闲消费普遍存在，奢靡之风越来越盛。

① 建设委员会调查浙江经济所. 杭州市经济调查（下）［Z］. 1932：608.

② 工商部. 全国工人生活及工业生产调查统计总报告［M］//李文海. 民国时期社会调查丛编：城市（劳工）生活卷. 福州：福建教育出版社，2014：4.

③ 李喜所. 民国初年生活观念和习俗的变迁［M］//薛君度，刘志琴. 近代中国社会生活与观念变迁. 北京：中国社会科学出版社，2001：159 – 160.

如果休闲缺乏精神的灌注，那么当生活富足、终于不再为填饱肚子而发愁，甚至连飞禽走兽、山珍海味都吃腻了的时候，人们在休闲中便只能寻欢作乐、纵情声色。过度追求物欲的休闲形式本身就是有害的。

奢靡之风蔓延于杭州，是清代乾嘉以来社会安定，经济发展，市民生活水平普遍提高，形成强烈消费需求的结果。自民国以来，杭州商业贸易、金融和近代工业渐次发展，谋食容易，来居者众，他们带来了资金，也带来了消费的热情，受这种需求的驱使，杭州的商业和娱乐发展繁荣。在商业繁荣的导引下，奢华之风也愈演愈烈。茶馆、戏院、酒肆、烟馆、妓寮等空前发达，一派灯红酒绿的景象。富裕者吃喝嫖赌，挥金如土，受其影响，一般市民也追求居必华屋，衣必锦绣，食必粱肉，出必车马的生活方式。

奢靡之风，表面上看是生计之外的"无益"之需，但它无处不在地刺激着市民的消费欲望，这种消费欲望无疑又带动了都市娱乐、服饰、饮食、建筑、交通的迅猛发展。

奢华之风反映在服饰打扮上，表现为追求高档和标新立异。绅商子弟衣服光怪陆离，一衣之值，少则数十金，多致数百金。颜色必求其丽，花样务取其新，镶滚密缝，更求其合式。有钱妇女在装饰上更舍得花费。首饰之费，非万金不能办；服用所需，非千金不能办。妇女服饰的翻新速度较男子尤甚，花边镶滚日新月异，几个月前还时髦的样式，几个月后就过时了，所以每个月都得制多套衣服。特别讲究自我包装以吸引嫖客的妓女，更不惜花费巨资穿着打扮，以服饰的标新立异、不断翻新为谋生手段。她们道德顾忌较少，敢为天下先，善于标新立异。妓装多艳丽，入时、夸张、出格，且富于变化，它与新潮、时髦几乎是同义语。因而妓女着装在民国时期成为妇女服饰变化潮流的领头羊，是民国杭州服饰语言的创造者和代言人。

1932 年印行的《杭州市经济调查》指出：杭市原为丝绸出产之地，殷富之家，服用本爱华丽，加以近来各地游客来杭者大多奇装异服，争妍斗艳，本好华饰之杭市男女耳濡目染，乃起而效之。且又与上海接壤，举凡奇服时装，朝见于沪上者，夕即相示于湖滨。以至于制服工人应接不暇，成衣铺则闾里相望，西装店亦毗连开设，自成一街（新民路）。青年男女莫不以西装革履相尚，质料以及高贵之舶来品为荣。绸料原为本地出产，服用者亦无不推陈出新，争相夸耀。故每年服用所费，为数颇巨，即简单之中等家庭，亦非一二百元不足应付。近年丝绸棉布之价格虽有下落之势，市民零购仍嫌高贵。

饮食方面，晚清之前，整个杭州饮食习俗以满足生理需求、简单的娱乐交往和民俗活动为特征。自清宣统元年（1909 年）沪杭铁路通车后，杭州与外界的交流日趋频繁，流动人口，特别是来杭州旅游的中外宾客激增，他们不仅带来了各自的饮食风俗，而且带来了饮食的欲望和热情。另外以商业交往为主的各种社会交往大增，刺激了饮食娱乐业的迅猛发展。饮食从满足生理需求和简单娱乐为主，转向重在以饮食为交友娱乐之道，追求舒适高档和多种口味。受其影响，杭州富人的饮食消费水平不断提高，大吃大喝者不乏其人，结果各饭馆竞相提价。在 20 世纪 20 年代末，只吃一顿普通的西餐，每人需花 0.7—1.5 元，酒及小费另外开支。中餐的上席价高者每桌 20 余元，加上茶、酒、小费等各项开销，非 30 余元不可；中席者在 12 元以上；最普通者在 8 元上下。这是大饭馆的价目。在寻常饭馆，炒菜一盘约二三角钱①。如果家非中产阶级，日常饮食颇难应付。

1932 年印行的《杭州市社会经济调查》中就曾指出：

> 杭市社会因商贾较多，游客接踵，酒馆饭店之所供应者多山珍海味。西餐每客价格，自一元至一元七角半。中餐每席，自六元至二十四元。和菜一客，则须一元起码。炒菜一盆，亦非二三角不办。住家商铺日常口腹之所恣，亦不离鸡鸭鱼肉。上层者之享用，与在京沪者相等，每月每人所费约在十元以上。中等社会之膳食，大约每月自五六元至八九元不等。一家五口计，日常食用所费约一元左右。至于贫民，或以玉米荞麦果腹，腌萝卜皮下饭。以一根油条二个大饼过一日者，亦为数不少。盖若辈常因工作不定，奔波终日，间至饭馆用便饭一餐，其价亦在一角以上，一日之辛劳，实不足以供其食用也。②

杭州人在鱼、肉等副食品方面的消费水平也不低。据统计，1928 年共销鱼类 1244700 斤，1929 年共销鱼类 1154520 斤。当时杭州市 40 万人口，平均每人每年约买 3 斤鱼。1928 年共宰杀鹅、鸭 36503 只，共宰杀猪 26801 头，每头猪平均 80 斤，每年共销猪肉 2144080 斤，平均每人每年约买 5 斤猪肉。

民国时期，西式卷烟在杭州渐行，吸食西式卷烟也成杭州人之喜好，同时，吸旱烟者也仍多。

---

① 据统计，1928 年杭州市工人最高月工资 60 元，最低月工资 15 元。

② 建设委员会调查浙江经济所. 杭州市经济调查（下）［Z］. 1932：608.（笔者注：1931 年全年平均粳米价为每石米 11.48 元，干黄豆为每石 11.8 元，干青豆每石 7.0 元，大黄鱼每斤 0.224 元，草鱼每斤 0.2 元，鲫鱼每斤 0.32 元，鲜虾每斤 0.4 元，猪肉每斤 0.336 元，牛肉每斤 0.256 元，羊肉每斤 0.2 元，鸡每斤 0.5 元，鸭每斤 0.4 元，鸡蛋每个 0.05 元，青菜每斤 0.03 元，盐菜每斤 0.05 元，豆芽每斤 0.025 元，豆腐每块 0.01 元，花生每斤 0.136 元，盐每斤 0.1 元，白糖每斤 0.144 元，茶叶每斤 0.54 元）

从沪杭甬铁路运入的卷烟"由上海南北两站装运"，运往杭州的"年约三四百车"①。为了增加卷烟的销售，当时杭州西式烟草的广告宣传也是非常多，大多以西湖美景加美的方式进行广告宣传。其中 PINHEAD 牌香烟，不仅用西湖美景做背景，而且多展现休闲娱乐的场面，如一家三口休闲的场景（儿童嬉戏、父亲休闲、母亲闲步）或桥下荡舟游戏的温馨欢乐的场景。

因为杭州市民，甚至幼童妇女近来多喜吸纸烟，故卷烟中纸烟一项，每年销数颇巨。据杭州市政府所编《社会经济统计概要》载：1928 年共销卷烟 1010 箱，每箱 5 万支，合计 5050 万支，按当时杭州市人口 42 万计，平均每人 120 多支。仅买烟卷一项，人均支出约 0.5 元，全市每年要支出约 21 万元。所以杭州市政府不得不禁令，不许未成年之男女吸食，烟铺也不准售给未成年人。市政府还通过演讲，劝告市民戒绝，以期卷烟的消费量可以减少，以免虚糜②。

蓬勃兴起的饮食业渗入其他娱乐业，成为娱乐业不可缺少的组成部分。江干花牌楼妓院约有二三十家。嫖客往往在妓院喝茶吃点心，称"摆茶围"，请客叫局吃"花酒"，全席称"摆台面"，房中半席为"吃便饭"。这些酒食，或由妓院，或由酒家操办。1930 年前后一席花酒约 24 元，几乎是和当时旧政府低级办事员月工资相等，其他赏赐还不在内③。在妓院吃"花酒"，或在酒家茶肆戏园叫妓女来陪客，是当时最常见的饮食娱乐方式。

就城市社会而言，奢靡之风是一把双刃剑。一方面它以超乎常规的消费驱动城市工商业的活跃与发展，营造出都市令人目眩的繁华；另一方面由奢靡营造出的都市之魅力又不可避免地会诱发人间的浮躁，导致社会道德的败坏，社会风气的败坏，并阻碍了移风易俗运动的发展。

烟馆、赌场和妓院，是民国杭州枝繁叶茂、盛开不放的"恶之花"，虽政府当局再三禁止，但禁而不止。据 1932 年《杭州市经济调查》统计，1928 年，江干有 22 家妓院，妓女人数 59 人；拱宸桥有 223 家妓院，妓女人数达 434 人④。

它们之所以深深地扎入杭州的社会土壤中，并与整个市民生态错综地纽结在一起，影响着市民的生活、市民的行为和市民的心理，其原因颇多，其中因杭州商贸发达导致的奢靡之风蔓延，无疑是非常重要的因素。大抵可以说，烟

---

① 陈佐明等. 杭县—东南—大都会［Z］. 京沪、沪杭甬铁路日刊（第 734 号），1933 - 07 - 31，第 207 页.

② 童振藻. 浙民衣食住问题之研究［M］. 木砚斋，1931：19.

③ 何永德. 杭州娼妓史话［M］//近代中国娼妓史料. 石家庄：河北人民出版社，1999：177 - 182.

④ 建设委员会调查浙江经济所. 杭州市经济调查（下）［Z］. 1932：652.

馆、赌场和妓院之盛，是民国时期杭州都市快速现代化的代价。

民国时期杭州城市娱乐的变迁，其总体趋向是中西新旧风俗文化日趋融合，杭州人的休闲生活方式日趋现代化，其进步性不言而喻，其现代化的趋势不可阻挡。然而，由于政治的腐败、西方文化中负面性因素的影响、民间风俗的传承性等诸多原因，社会上的一些旧习复起，奢侈之风、盲目崇洋之风亦愈演愈烈，吸食鸦片毒品和嫖娼之风越燃越炽，因而也显现出变迁进程中的负面效应。

民国时期是近代中国社会转型的重要时期，更是杭州城市品位形成的重要时期。辛亥革命后杭州的政治生态和经济社会发展，是杭州市民社会日渐生长、发育的社会背景和经济基础。以日常生活消费为中心，杭城居民在衣食住行、现代休闲娱乐等方面表现出有别于其他城市的集体记忆的符号。城市娱乐生活出现了革故鼎新的趋势，异质性因素不断增加。

民国杭州城市娱乐的变迁呈现为传统与现代的双重变奏的特色，中西新旧思想交汇碰撞是杭州社会休闲娱乐生活变迁的动因，在具体的变迁态势上，各个层面在变迁广度、深度、向度、力度上均呈现为不均衡状态，而正是经过民国时期社会经济的变迁，杭州在城市文化的解构与重构进程中，一个以消费与休闲为代码的城市品位日益凸显。

# 结　语

精致和谐的山水风光，悠久丰富的历史文化，消费型城市的特点，以及长期安逸的生活，造就了杭州文化的休闲个性。较之于国内其他城市，民国时期杭州的休闲气息是浓郁的，市政府对休闲空间的建设是前瞻性的，并引领了当今杭州城市的发展格局。这是一个不应被遗忘的时代。

1912年上海《时报》曾有《新陈代谢》的评论文章称："共和政体成，专制政体灭；中华民国成，清朝灭；总统成，皇帝灭；新内阁成，旧内阁灭；新官制成，旧官制灭；新教育兴，旧教育灭；枪炮兴，弓矢灭；新礼服兴，翎顶礼服灭；剪发兴，辫子灭；盘云髻兴，堕马髻灭；爱国帽兴，瓜皮帽灭；阳历兴，阴历灭；鞠躬礼兴，拜跪礼灭；卡片兴，大名刺灭；马路兴，城垣卷栅灭；律师兴，讼师灭；枪毙兴，斩绞灭；舞台名词兴，茶园名词灭；旅馆名词兴，客栈名词灭。"它十分形象地概述了具有革新意义的全方位的新旧交替，反映了进入民国后万物更新的社会新景象。"舞台名词兴，茶园名词灭；旅馆名词兴，客栈名词灭"说的是娱乐方面的变迁。这同样是适用于杭州的。民国时期杭州社会生态环境的变迁，特别是社会制度和经济形态的变化，引起了娱乐生活观念的突变和社会风俗习惯的飞跃。

民国时期的杭州，城市娱乐的变迁主要体现在以下几个方面：其一，政府开始主导旅游城市的发展方向。其二，旅馆业成为社会经济中的引领和标杆，以旅游业为核心的休闲业成为杭城的主导业态。其三，休闲方式日益社会化，休闲空间从封闭走向开放，促进了城市公共空间的成长。其四，休闲方式呈现中西并立，西式休闲方式的主体和范围主要以士绅阶层和新兴的市民阶层为主；中下层的百姓仍以传统的休闲方式为主，佐以新式的休闲娱乐方式。其五，由于习俗的传承性和时代的局限性，民国杭州城市娱乐的发展呈现很大的受制性，而且娱乐生活中出现了奢侈之风和休闲失范的现象。

### 一、民国杭州休闲娱乐的发展与城市现代化进程之关系

民国时期是一个继晚清之后进一步由传统社会向现代社会艰难转型的"过渡时代"，也是一个中西文化既激烈冲突、相互胶着又日益融合的历史时期，新旧递嬗的持续过渡型社会形态。民国时期是考察中国近代社会如何经过艰难曲折，逐步地、缓慢地向现代化中国发展的不可回避的历史环节。近代社会由于受到辛亥革命及中西文化的碰撞与交汇的影响，在衣食住行和休闲娱乐方面都发生了深刻变化。以民国时期杭州的城市休闲娱乐为研究对象，最能具体、生动地展示一个时代的特征和社会风貌，从而揭示近代杭州社会逐渐迈向现代化之路的轨迹。

民国时期，城市休闲娱乐受西方生活方式的影响较大，呈现西式与中式融合的趋向。在风景都市的城市定位中，城市基础设施日益建设和完善，陆路、水路交通畅达，新的近代休闲活动引入，原有的传统休闲活动仍在发展，公园广场、体育场馆、健身场点不断兴起，影戏院、博物馆、展览馆、文化馆也不断涌现，茶楼、酒馆、旅馆、饭店林立，休闲设施的建设已达一定的规模，休闲空间的体量增大，多元情趣的城市休闲娱乐体系形成，使得民众的娱乐生活更为丰富多元，选择更为自由，公共生活空间更为扩展，休闲娱乐方式更趋于市场化和大众化。杭州城市休闲不仅弥漫在山水园林、酒肆茶楼、花鸟虫鱼、民间百戏中，也渗入展览馆、公园、影戏院、游乐场、西餐厅、咖啡厅、舞厅等近代休闲场所中，从一个侧面显示民国杭州都市生活的繁荣和文明程度。当然，休闲娱乐空间的演进与城市的经济、社会和文化水平相适应，民国休闲娱乐空间的发展还是受制于当时城市经济发展水平，很难有普及性。

民国时期，伴随着交通通信的发展，报刊、书籍、广告、电影等大众传媒的发展，城市娱乐业的兴起，杭州城市休闲娱乐已形成传播机制的市场化，文化接受的大众化、传播方式的直接性，这些使得作为一种"权力"的休闲娱乐从传统特权阶层中解放出来，这对于造就一种有别于正统文化、精英文化的近代市民文化传统，产生了积极的影响。民国杭州休闲娱乐空间的开放和扩大，休闲娱乐空间的社交、教育功能凸显，休闲娱乐业的崛起，促进了城市公共空间的成长和社会关系网络的构建，为日益增长的市民政治表达、救灾济困等公共利益诉求、公共舆论的发展提供了从基础设施到公众聚集等多方面的基础条件。正是因为有这些公共活动场所的存在，市民阶层的政治参与和政治关怀才

能成为可能。①

在杭州城市现代化的进程中，有一个现象值得关注。民国杭州经济现代化的最大特征是繁荣的商业推动了杭州经济的发展，而不像其他城市则是由工业来推动。杭州城市现代化中商业的作用比工业的作用要大得多。商业中又以饭店为代表的休闲娱乐业为最兴。还值得注意的是民国杭州是如何在区域经济的带动下走向近代化的。杭州在面对近代工业发展的大潮时，以风景旅游城市的定位和发展娱乐业来带动城市现代化，谋求适合城市自身的发展道路。

### 二、民国杭州休闲娱乐的特征及当代意义

民国时期杭州已成为一座著名的旅游城市，也是城市娱乐比较发达的城市之一，具有休闲娱乐业较发达、娱乐设施较全、娱乐消费较强等特点。民国杭州娱乐内容的世俗化、传播机制的市场化、文化接受的大众化，是前所未有的变革。民国时期杭州城市休闲娱乐的发展和建设具有时代特征，可以给我们以启示和借鉴。

（一）休闲娱乐中心与商业中心的趋同性

民国时期，杭州休闲空间的开发模式是据点式的，选择资源集中或商业繁华地带，因而呈现出商业中心即休闲中心的格局。

杭州城的空间结构，在民国之前，城隍山一带是杭州的商业中心和娱乐中心。从1896年杭州开埠到1912年清朝灭亡期间，随着沪杭铁路的修建以及车站的设立。城站随之成为新的商业和娱乐中心。1914年2月2日的《申报》就说道："热闹地点之变迁，旧历新年杭城热门地点向推城隍山者。……自国民公所改组市场后，贸易骈集，一般趁或儿风者，纷至沓来（杭谚呼热闹为或儿风），较昔年城隍山益形挤拥。此外，如城站之迎辔、武林第一楼、模范剧院、益智社等处每到晌午，竟有人满之患，其热闹可以想见。而城隍山上、西子湖边则虽新年中，仍游人寥寥，不免令人生今昔之感矣。"城隍山附近"即有游者，亦不过顶礼之香客，旅行之来宾而已。年来萧索愈甚。所谓茶楼酒肆面馆，及各式摊场，均已无有。即民房亦拆毁殆尽。仅一四景园茶室，聊供往来者驻足解渴，如硕果之仅存"②。

辛亥革命后，新市场建立，成为新的商业中心，商业和休闲业互相促进随

---

① 傅才武. 近代化进程中的汉口文化娱乐业（1861—1949）［M］. 武汉：湖北教育出版社，2005：302，323.

② 范祖述，洪如嵩. 杭俗遗风［M］. 杭州：六艺书局，1928：3.

之成为休闲和商业中心的聚焦地,取代了城站的娱乐业中心地位。辛亥革命后,整个湖滨路及与之相连的区域开辟新市场,图书馆、展览馆、体育场等公共娱乐设施被大力推进;旅馆业、饮食业、服务业等休闲娱乐业不断兴起与发展。①如在延龄路和迎紫路的交叉口建起四幢两层楼的商品陈列馆(1927 年改名浙江省国货陈列馆),在湖滨路南端建有浙江省公众体育场和民众图书馆。新市场一带旅馆、饭店、茶馆、摄影馆、书店、剧院等服务业及百货业不断兴起与发展,环湖有新新、蝶来、金城、西湖四大饭店,有湖滨、环湖、清泰第二、聚美、新泰、华兴等高级宾馆,有楼外楼、聚丰园、多益处、知味观、天香楼、西悦来、高长兴等菜馆和功德林、素馨斋等素菜馆。② 至 1915 年秋,新市场逐渐形成。自新市场和湖滨公园的兴建以来,由于新市场地理位置优越,有车路直达武林、钱塘、涌金、清波各门,和上中下三城区域融为一贯,再加以先进的基础设施、在城市道路系统中的中心位置,这里很快成了最繁盛的商业地带,也随即成了最密集的休闲娱乐中心,剧院、旅馆、饮食业、茶楼酒肆、照相馆等鳞次栉比。"原来城站与清河坊大街的繁盛商业市面,集中在旗下营,拱宸桥百业萧条"③,新市场和湖滨的商业中心和娱乐中心地位最终确立。尤其是 1929 年西湖博览会后新市场湖滨一带更为兴旺,取代了城站的娱乐中心地位。时人阮毅成就说"民国成立以后,拆除了旗营,将旗营改辟为新市场,因其与西湖相连接,遂取城站的市场而代之"④。1917 年,一位到杭州观光的游客发现,在"新市场"主要马路延龄路上,除了宾馆、茶馆、书店和饭店之外,几乎没有其他商业。⑤ 以旅馆业来说,"以新市场各旅馆为最发达,历年均有盈余;次则城站,长客较多,营业尚佳"⑥。1929 年的《西湖游览指南》中,共介绍了 76 家饭店,基本都位于西湖湖滨区域。

以湖滨新市场为中心,东有沪杭铁路终点站城站市场,南有位于钱塘江北岸集散木材炭的江干市场,北有运河终点以"三行一市"(米行、纸行、箔庄及鱼市场)的拱墅市场,加上鼓楼至官巷口的旧市区,构成一个商业网络和休闲娱

① 徐和雍. 民国时期的杭州 [J]. 杭州大学学报,1990,20(4):109.
② 徐和雍. 民国时期的杭州 [J]. 杭州大学学报,1990,20(4):109.
③ 钟韵玉. 抗日战争前日本人在拱宸桥 [M] //政协杭州市委员会,文史资料研究委员会. 杭州文史资料(第 8 辑). 杭州:浙江人民出版社,1987:41.
④ 阮毅成. 三任杭州市长的周象贤 [M] //杭州市政协文史委. 杭州文史丛编(政治军事卷下). 杭州:杭州出版社,2002:554.
⑤ 汪利平. 杭州旅游业和城市空间变迁(1911—1927)[J]. 朱余刚,侯勤梅,译. 史林,2005(5):104.
⑥ 建设委员会调查浙江经济所. 杭州市经济调查(下)[Z]. 1932:364.

乐网络。商业繁荣之地即娱乐繁荣之地。

（二）休闲娱乐空间有相当程度的拓展，而休闲活动却远未普及

民国以前，杭州的休闲空间多见于庙台厅堂和茶馆戏台，并无多少公共娱乐设施。民国以来，杭州逐渐出现近代的影戏院、近代公园、近代体育设施和场地，构成一个多元的休闲空间系统。但在当时，由于杭州社会经济发展和人民生活水平还相对较低，因而休闲活动远未普及，且休闲水平低下。同时，自主性、个性化休闲方式不足。

衣食住行是人们日常生活中必不可少的，是基本生存需要，而休闲娱乐则更注重的是精神生活层面的，是生存之外的高级需求。人们在基本生存满足之后才会追求休闲娱乐需求。民国时期，杭城一般市民生活的主要支出就是饮食类，其次是服饰类和住用类，用于生存的需要是主要的，文化娱乐等的休闲支出也有，但所占比例极低。

据 1932 年印行的《杭州市社会经济调查》中指出：上层者之享用，与在京沪者相等，每月每人所费约在十元以上。中等社会之膳食，大约每月自五六元至八九元不等。一家五口计，日常食用所费约一元左右。至于贫民，或以玉米荞麦果腹，腌萝卜皮下饭。以一根油条二个大饼过一日者，亦为数不少。盖若辈常因工作不定，奔波终日，间至饭馆用便饭一餐，其价亦在一角以上，一日之辛劳，实不足以供其食用也。[1]

据 1931 年统计，杭市农民共有 3.2 万余户，16 万余人，其中有自耕农占 20%，半自耕农占 22%，佃农占 34%，兼业农占 15%，雇农占 9%[2]。除了自耕农及半自耕农尚能自给外，其余佃农、雇农即使终年劳作，所获缴完租后不足以维持温饱，生活较困苦。所以在农闲时，男子必兼营工商；女子做完家务外，还必须帮助耕地及做一些女红以贴补家用。据载，杭市农民每户年支出为 393.44 元，其各项支出比例为：食物 62%，衣物 22%，纳租 8%，肥料 5%，其他 3%。据此可知每户食物费用支出约 240 余元，按一家五口计，每人每月约占 4 元；衣物的费用支出是每户约 80 元，每人每月约占 1 元多。所以可以推断出，当时杭市农民的收入只能主要用来购买食物，而且衣食尚不能完全保证，更不必谈及教育、娱乐、旅游等。一遇到婚丧等事或遇灾年歉收，就不得不向地主或富农借贷。借贷用途基本有以下几种：家用 40%，婚丧 20%，土地房屋 17%，肥料 7%，农具 5%，赌博 4%，种子 3%，其他 4%。可以看出，就是所

---

① 建设委员会调查浙江经济所. 杭州市经济调查（下）[Z]. 1932：608.
② 建设委员会调查浙江经济所. 杭州市经济调查（上）[Z]. 1932：268.

借贷中用于家用的也是最多，婚丧次之，土地房屋农具及赌博又次之。借贷用于日常消费的占了68%，用于生产的占32%。①

据统计资料显示，20世纪30年代初，杭市工人约有10万，其中以纺织工人为特多，其次为运输工人、人力车夫等。在缫丝、丝织、火柴、制鞋、棉织等工业中女工人数比较多。女工的年龄大多在20岁以内。据1930年工商部统计，杭州的工业工人总数达16171人，杭州的工业工人平均月收入为30元，平均每月消费为28.03元，其中饮食类占56.33%，衣着类为8.35%，房租为10.96%，燃料为7.53%，杂项为16.83%。② 男工每月最高工资38元（电话业男工），最低7.2元（毛刷业男工），普通13.5元；女工最高为20.4元，最低为8元，普通为12.33元；童工多为5.10元。③ 1930年，杭州丝织、棉织、印刷、钟表、锡箔等28个行业工人月均收入13.83元。④ 另据铁道部财务司调查科编的《京粤支线浙江段杭州市县经济调查报告书》（见表7.1），1930年，在一些行业中男工的月平均工资为16.5元，女工的月平均工资为13元。大体而言，20世纪30年代初杭州成年工人，最低的约为每月七八元，最高的约为近四十元左右。普通工人的每月工资在15—20元之间⑤。据1932年杭州市经济调查，一般的工薪阶层年收入在200—500元之间。

表7.1　杭州工人的月收入情况（1930年）

|  | 火柴业 | 丝织业 | 缫丝业 | 造船业 | 碾米业 | 建材业 | 制伞业 |
|---|---|---|---|---|---|---|---|
| 男工 | 27.0元 | 20.0元 |  | 14.0元 | 13.0元 | 13.0元 | 12.0元 |
| 女工 | 10.5元 | 15.0元 | 13.5元 |  |  |  |  |

资料来源：铁道部财务司调查科编．京粤支线浙江段杭州市县经济调查报告书［Z］．铁道部财务司调查科，1931。

而在1930年，白米为0.16元每斤，猪肉为0.31元每斤，布匹为0.8元

---

① 建设委员会调查浙江经济所．杭州市经济调查（上）［Z］．1932：266-267.
② 工商部．全国工人生活及工业生产调查统计总报告［M］//李文海．民国时期社会调查丛编：城市（劳工）生活卷．福州：福建教育出版社，2014：11.
③ 工商部．全国工人生活及工业生产调查统计总报告［M］//李文海．民国时期社会调查丛编：城市（劳工）生活卷．福州：福建教育出版社，2014：48，109.
④ 浙江省建设厅第六科．杭州市工人生活状况［J］．浙江省建设月刊，1930（4）.
⑤ 杭州市政府社会科．杭州市十九年份社会经济统计概要［Z］．杭州市政府印行，1931：36-39.

每尺。①

从这些数据可以看出，当时杭州工人收入主要用以购买食物，在其他日常开支上捉襟见肘。每月收支平衡者为79.01%，仅仅只能维持一般的生活水平；略有盈余者比例只有3.43%；入不敷出者占据17.56%。② 这表明大多数的工人收入状况一般，在家庭负担方面压力较大，且在娱乐上的消费很低，每月只有0.2—1元。③

这从当时各类商店所占的比重可以看出（见表7.2）。据统计，1931年市区共有大小商店10363家，资本额为9199272元，营业额为97942703元，从业人员48662人④。在1931年从杭州市区各类商店所占比重中可以看出，光穿和吃、住类的营业数比例就占到了75%以上。

**表7.2　1931年杭州市区各类商店所占比重**

| 类别 | 家数（%） | 资本数（%） | 营业数（%） | 职工数（%） |
|------|----------|------------|------------|------------|
| 服饰类 | 14.35 | 16.04 | 15.03 | 16.75 |
| 饮食类 | 37.40 | 40.54 | 48.33 | 39.36 |
| 住用类 | 16.11 | 15.68 | 11.77 | 16.52 |
| 燃料类 | 3.40 | 3.20 | 3.23 | 2.64 |
| 医药卫生类 | 5.63 | 8.22 | 4.71 | 7.02 |
| 文化娱乐类 | 3.93 | 6.43 | 7.50 | 4.82 |
| 婚丧祀用类 | 2.70 | 1.22 | 0.53 | 2.09 |
| 日用杂货类 | 15.06 | 7.95 | 6.65 | 9.36 |
| 居间类 | 1.42 | 0.72 | 2.34 | 1.44 |

资料来源：任振泰.杭州市志（第3卷）[M].北京：中华书局，1999：27-28。

杭州市普通市民的工资指数和生活水平较低，这就制约了他们的休闲活动。

除了经济的窘迫外，还缺乏空闲时间。杭市工人每天工作时间基本超过8小时，最普遍的是10小时，缝工甚至多到14小时。而且节假日很少。工商部于1930年编的《全国工人生活及工业生产调查统计总报告》中指出，工人工作

---

① 铁道部财务司调查科.京粤支线浙江段杭州市县经济调查报告书[Z].铁道部财务司调查科，1931：137-139.

② 浙江省建设厅第六科.杭州市工人生活状况[J].浙江省建设月刊，1930（4）.

③ 建设委员会调查浙江经济所.杭州市经济调查（下）[Z].1932：621-622.

④ 建设委员会调查浙江经济所.杭州市经济调查（下）[Z].1932：463.

时间每年假期最多者为上海有 67 天，杭州是年假期最少的城市之一，才 3 天，而且基本上是年节之假。① 1930 年时，杭州工人每日工作时间最多达 12 小时，最少为 7 小时，大多是 11 小时，每年放假日数大多为 3 天。② 星期日放假的只有缫丝类、绸类、火柴类少数行业，其余多不放假。

当时能享受得起休闲生活的阶层多是商店的高层管理人员和公务员。商店大职员、公务员年收入在 500—1000 元之间，商店经理及高级公务员等年收入达到 1000—2000 元。这些阶层生活质量较高，开支有结余，并在娱乐消费上的支出达到了每月 2—8 元（见表 7.3），文化娱乐教育等方面的杂项支出占到了32% 以上。③ 因而这些政府官员、士绅与新型知识分子是占据新型休闲空间的主要人群。而据 1931 年统计，杭州人口总数为 52.3569 万，其中商人、公务人员、教育者分别只占 11.28%、1.54% 和 0.54%。④ 公务员、士绅和新型知识分子在总人数比例中只占很少数。

表 7.3　1931 年杭州市各业人员生活程度概况表

|  | 公役及机坊工人 | 小学教员及商店小职员 | 商店大职员及公务员 | 商店经理及高级公务员 |
|---|---|---|---|---|
| 年收入概数 | 200 元 | 500 元 | 1000 元 | 2000 元 |
|  | 每月费用支配数（元） | 每月费用支配数（元） | 每月费用支配数（元） | 每月费用支配数（元） |
| 食粮 | 6 | 7 | 7 | 8 |
| 菜蔬 | 3 | 6 | 10 | 18 |
| 菜点 | / | / | 1 | 2 |
| 调味品 | 0.8 | 1 | 2 | 2 |
| 其他 | 0.2 | 0.5 | 1 | 5 |
| 食用类总计 | 10 | 14.5 | 21 | 35 |

① 工商部.全国工人生活及工业生产调查统计总报告［M］//李文海.民国时期社会调查丛编：城市（劳工）生活卷.福州：福建教育出版社，2014：3
② 工商部.全国工人生活及工业生产调查统计总报告［M］//李文海.民国时期社会调查丛编：城市（劳工）生活卷.福州：福建教育出版社，2014：10.
③ 建设委员会调查浙江经济所.杭州市经济调查（下）［Z］.1932：621-622.
④ 建设委员会调查浙江经济所.杭州市经济调查（下）［Z］.1932：645, 647.

续表

| | 公役及机坊工人 | 小学教员及商店小职员 | 商店大职员及公务员 | 商店经理及高级公务员 |
|---|---|---|---|---|
| 衣服 | 1 | 5 | 8 | 18 |
| 被褥 | 0.5 | 0.5 | 1 | 3 |
| 帽鞋 | 0.4 | 2 | 4 | 6 |
| 其他 | 0.1 | 0.5 | 2 | 3 |
| 服用类总计 | 2 | 8 | 15 | 30 |
| 电器 | / | 1 | 2.5 | 4 |
| 煤油 | 0.5 | / | / | / |
| 煤 | / | / | / | 2 |
| 柴炭 | 1.5 | 2 | 2 | 3 |
| 火柴 | 0.04 | 0.06 | 0.06 | 0.1 |
| 其他 | / | / | / | 1 |
| 燃料类总计 | 2.04 | 3.06 | 4.56 | 10.1 |
| 房租 | 2 | 6 | 10 | 25 |
| 修饰费 | / | / | / | 0.05 |
| 家具 | 0.2 | 0.5 | 0.7 | 2 |
| 其他 | 0.2 | 0.2 | 0.5 | 1.5 |
| 居住类总计 | 2.4 | 6.7 | 11.2 | 28.55 |
| 交通费 | / | 0.8 | 2 | 6 |
| 邮电费 | / | 0.2 | 1 | 3 |
| 交际费 | 0.2 | 0.5 | 2 | 5 |
| 教育费 | 0.1 | 1 | 3 | 4 |
| 祭祀费 | 0.5 | 1 | 1 | 2 |
| 卫生费 | 0.5 | 1 | 2.5 | 4 |
| 娱乐费 | 0.2 | 1 | 2 | 8 |
| 工费 | / | / | 3 | 6 |
| 消耗费 | 0.4 | 3 | 5 | 6 |
| 纳税 | / | 0.5 | 1 | 2 |

|  | 公役及机坊工人 | 小学教员及商店小职员 | 商店大职员及公务员 | 商店经理及高级公务员 |
|---|---|---|---|---|
| 其他 | ／ | 1 | 2 | 5 |
| 杂项类合计 | 1.9 | 10 | 24 | 51 |
| 所有类合计 | 18.34 | 42.27 | 76.26 | 154.65 |
| 每月盈亏数 | 亏 1.68 | 亏 0.6 | 盈 6.07 | 盈 12.01 |

资料来源：建设委员会调查浙江经济所. 杭州市经济调查（下）［Z］, 1932：621–622.

休闲活动的远未普及，以旅游活动为例。据 1935 年 8 月的统计，杭富公路平均月收入仅为 3803 元，杭塘公路平均月收入仅为 2600 元。收入颇丰的要算萧绍路和京杭路的杭长路，因为与杭江、沪杭等铁路相连接，往返频繁，1935 年前后，平均每月收入为 4 万多元和 2 万余元①。总体上来看，汽车客运的票价相对昂贵，而普通民众生活水平较低，难以承受，导致公路的营业收入水平总体并不高。如沪杭公路的杭乍段公路通车后，由于票价昂贵，乘客甚少。② 据沪杭甬铁路局统计（见表 7.4），1933 年游客（以游览为目的的旅客）人数为 3.7378 万人，比 1932 年游客人数尽管增长了 2.3 倍左右，但也仅占总旅客的 0.71%。③ 这个数据表明，在外出的旅客中，以游览消遣为目的外出旅游的人数只占极少数。这说明旅游人数虽在增长，但广大劳动人民仍不是旅游活动的主体，旅游活动远未普及。

**表 7.4　1932—1933 年沪杭甬铁路载运旅客统计**　　（单位：人次）

| 等级年份 | 普通 | | | | 政府 | 优待 | 游览 | 定期票 | 总计 |
|---|---|---|---|---|---|---|---|---|---|
| | 头等 | 二等 | 三等 | 四等 | | | | | |
| 1932 年 | 13929 | 199568 | 3908260 | 984732 | 64518 | 9273 | 16483 | 1185 | 5197952 |
| 1933 年 | 17902 | 201010 | 3767291 | 1089208 | 113791 | 13770 | 37378 | 420 | 5240770 |

资料来源：铁道部参事厅第四组. 铁道年鉴（第 2 卷）［Z］. 铁道部秘书厅图书室，1935：822，874。

---

① 叶家俊. 浙江省公路运输状况概述［J］. 浙江省建设月刊，1935，8（12）"报告"：34.

② 海盐县武原镇志编纂小组. 武原镇志［M］. 上海：上海人民出版社，1991：230.

③ 铁道部参事厅第四组. 铁道年鉴（第 2 卷）［Z］. 铁道部秘书厅图书室，1935：822，874.

1933 年，时人在《六一八游夜湖》中也提及了当时休闲层次的低下："是夜十一时，湖滨公园已人山人海，挤得水泄不通。然有一事甚可怪，即此时湖上小艇尚有多艘停泊岸旁，其中阒无一人，榜人男妇，憧憧往来，向客兜揽生意。此种情景，可想见陆上人多，而湖中人少，变可推知空手逛者多，而破钞畅游者少，而更可于此证明情形虽极热闹，社会一般经济终属不景气也。"①

民国杭州休闲空间尽管有相当程度的拓展，但因普通民众生活的贫困化，使得休闲空间的拓展不可能有更大的发展，因为它从根本上缺乏内在的推动力。② 城市发展速度和发展水平制约了杭州休闲空间的发展。可以说，休闲是衡量一个国家和地区经济发展的标志。

在民国杭州，政府、士绅与新型知识分子成为城市建设的主要推动者，同时也成为占据新型休闲空间的主要人群。城市普通市民在整个近代公共空间改造的过程中，可以说一直没有成为改造的主角，而是被迫随着公共空间的变化安排着自身生活的方式。

（三）政府对休闲娱乐空间开发的主导意识明显，管理地位上升

民国时期的杭州，从经济发展的角度看，当时的休闲空间建设是先天不足的，却极有前瞻性。这种前瞻性的发展自然与政府的主导密不可分。

首先，民国杭州政府确立了"风景都市"的杭州城市发展方向，以西湖风景区为重点开发对象，推进杭州休闲空间的建设，民国杭州政府显现出了在推动城市休闲空间发展上的主导性作用。民国杭州政府在进行休闲空间建设时，把许多社会教育活动融合进行，寓教于乐，把休闲空间和社会教育空间重合，因而休闲空间也是对民众进行现代观念与意识形态渗透的场所。如建设中山公园，旁有秋瑾墓、浙江先烈祠、阵亡将士墓，使得以清代皇宫园林为主的孤山，成为纪念辛亥革命烈士为主的城市公园；湖滨公园内设有陈英士铜像、国民革命军北伐阵亡将士纪念塔及八十八师抗日阵亡将士纪念塔等。③

其次，民国时期杭州市政府对休闲空间的管理走向近代化。设立专门化的管理机构，如 1932 年至 1934 年间设立了"杭州市游客局"等。在休闲空间的治理过程中，市政府对于市容的整治和饮食卫生有着较为严格的规定，显示出民国政府对休闲空间的管理已经向近代过渡。以妓院治理为例，民国杭州政府

---

① 杭州通．六一八游夜湖［J］．越国春秋，1933（30）：2.

② 陈蕴茜．论清末民国旅游娱乐空间的变化——以公园为中心的考察［J］．史林，2004（5）：100.

③ 中国旅行社杭州分社．杭州导游［Z］．1947：21 – 22.

积极展开治娼活动。1929 年，杭州市政府核准公布《限制妓女取缔办法》，开始废娼运动。无果而终后，重新回复到对公娼核发执照、征收妓娼的治娼模式，积极展开娼妓管理。杭州市政府对娼妓业做出了明确具体的规定，其中包括对从事性交易的人发放执照，1936 年杭州市为 86 名公娼核发了营业执照；定期免费为从事性交易人员进行体检，规定其从业的地点等。① 严厉打击私娼。虽然，从总体上来说，杭州市政府的废娼运动失败，治娼成效也并不显著，以致 1934 年时杭市私娼仍旧"招摇过市，出入旅馆"②。但杭州市政府在娼妓治理中体现了铲除社会阴暗面、展现政权尊严的理念；杭州市政府在娼妓治理中更多考量城市形象的树立，彰显其是负责任的现代化政权。③

在民国时期的杭州，从经济发展的角度看，远不到富裕社会，更不用提"休闲时代"，当时的休闲空间的建设和休闲产业的发展是先天不足的，却是极有前瞻性的。这种前瞻性的发展自然与政府的主导密不可分。

民国时期杭州市政府确定杭州旅游城市的发展方向，使杭州的旅游资源优势和旅游城市特色因城市政府的决策引导和政策扶持而日益显现，并以西湖风景区开发为重点带动市政建设和经济文化发展，从而使杭州城市个性和功能优势得到充分发挥，提升了城市现代化的水准，打造了旅游城市的显著特色。这种城市特色及功能优势至今还影响着杭州的城市发展方向。④

（四）休闲娱乐空间开发中不注意古城保护，忽视休闲娱乐设施与风景的和谐

由于时限和当时认识水平，民国杭州政府在进行休闲娱乐空间开发时存在不注意保护古城的缺陷，也没有注重休闲娱乐设施与风景的和谐。

1916 年 1 月，兴武将军行署对杭州新市场阮性存等人的来函做出批复，认为振兴新市场的真正治本的方法是要兴建住宅、创办工厂。⑤ 这必将使西湖风景区蒙上污染的黑烟。又如民国时期杭州兴建私人别墅山庄蔚然成风，至 1929

① 杭州市政府检验娼妓规则 ［J］. 市政月刊，1930，3（7）："法规"第 20 页.

② 杭市私娼充斥 ［N］. 新民报，1934 – 03 – 27.

③ 罗衍军. 民国时期的娼妓书写与治理——以杭州（1927—1937）为中心 ［J］. 浙江社会科学，2008（5）：101.

④ 赵可. 民国时期城市政府行为与杭州旅游城市特色的显现 ［J］. 中共杭州市委党校学报，2004（2）：51.

⑤ 兴武将军行署批商住民阮性存等禀为新市场寥落乞维持由 ［Z］. 浙江省政府公报，1916（17）：12，（1916 – 01 – 22）.

年，西湖四周的别墅已达31幢、山庄14座①，虽然有些别墅山庄成为新的游览景点，但这些别墅山庄多为欧式建筑，西式建筑与西湖整体的风景不相和谐。又如在修筑道路中把古桥梁一味地进行拆除改建，使之失去古朴的原有风味，只因为要适合近代交通发展的需要，却没有做好规划和保护。到1937年，杭市原有的桥梁均已次第改建，改为水泥钢骨桥梁的有开元桥、泗水坊桥、笕桥、归锦桥、盐桥、新宫桥、普安桥、宝善桥、有玉桥、下仓桥、庆春门桥、清泰门桥、章家桥等；改建木桥的有延龄桥、定海村桥、过军桥、屏风山桥和九溪桥等。② 钟毓龙在《说杭州》中也提到，1929年因拓宽马路，位于羊坝头的始建于唐代的凤凰寺的大门及望月楼建筑悉被拆去，至为可惜。思澄堂前原有砖砌钟楼一座，也于拓宽马路时拆去。

时人就批评道："惜晚近以来，欧风东渐，而园苑庄墅，喜略参西式，虽足以点缀湖山，然不免唐突西子矣。"③ 甚至有人说"若把西湖比西子，而今西子着西装"。④ 弘一法师（李叔同）在《我在西湖出家的经过》中也说道："因为多年没有到杭州去了，西湖边的马路洋房也渐渐建筑得很多，而汽车也一天比一天增加，回想到我以前在西湖边居住时，那种闲静幽雅的生活，真是如同隔世，只能托之于梦想了。"德国传教士卫礼贤（Richard Wilhelm）于1925年来杭州时，也给予了尖锐的批评："将一个丑陋的上海兵工厂式的宾馆设在西湖边上，这实在是一个拙劣的想法，而事实上又并非独此一处。这些现代外来工业的阴暗色调经常侵犯一些天然美景，因为他们往往是以一种居高临下的高级文明形式而出现。由工业展销会、青年妇女协调会等组成的生活宾馆公司，在湖边建了一座粗俗的建筑。……这难道就是西湖，传奇和神话的天堂？背后的工厂烟囱并不比莱茵河边的好到哪里去。"⑤时人徐志摩也痛心疾首西湖的"俗化"："雷峰也羞跑了，断桥折成了汽车桥，哈得在湖心里造房子，某家大少爷的汽油船在三尺的柔波里兴风作浪，工厂的烟替代了出岫的霞，大世界以及什

① 西湖名胜快览［M］//王国平.西湖文献集成（第10册）.杭州：杭州出版社，2004：1046-1049.
② 杭州市档案馆.民国时期杭州市政府档案史料汇编［Z］.1990：86.
③ 西湖名胜快览［M］//王国平.西湖文献集成（第10册）.杭州：杭州出版社，2004：1046.
④ 阮毅成.三任杭州市长的周象贤［M］//杭州市政协文史委.杭州文史丛编（政治军事卷下）.杭州：杭州出版社，2002：554.
⑤ 卫礼贤.中国心灵［M］.北京：北京国际文化出版公司，1998：124.

么舞台的锣鼓充当了湖上的啼莺。西湖，西湖，还有什么可留恋的!"①

自1907年杭州于清泰门设置车站起的近百年时间里，70%以上承载城市历史和记忆的古城和历史街区被损毁，因而城市逐渐失去了可识别性和特色，杭州的景观也逐渐失去了特色。② 大规模的古建筑在杭州城市现代化的路途中被丢弃了，能唤起人们历史回味的载体也就越来越少了。市民社会生活的特质也随之不断消退，原本一脉相承的空间环境出现了裂痕。

徐志摩在当时就指出：

> 经营山水的风景是另一种事业，决不是开铺子，做官一类的事业。平常布置一个小小的园林，我们尚且说总得主人胸中有些丘壑，如今整个的西湖放在一班大佬的手里，他们的脑子里平常想些什么我不敢猜度，但就成绩看，他们的确是只图"每年我们杭州"商界收入的总数增加多少的一种头脑!③

这在当时是很有见地的，旅游和休闲事业的发展，不仅需要经济效益，还需要社会和环境效益的统一，这才是可持续的、有根基的发展。

综上所述，民国时期杭州休闲娱乐的建设给我们的启示和借鉴也是应思考的。

休闲娱乐空间的演进过程与城市的经济、社会和文化水平相适应。美国著名的城市理论家芒福德说过："真正影响城市规划的是深刻的政治和经济的转变。"城市休闲空间作为促进城市发展的建设活动，需要经济基础的支持，同时，休闲空间建设过程本身就是一种经济过程，与城市经济结构的变化有着密切的关系。我们可以看出，民国时期，杭州城市休闲空间的主要特征是分布比较集中，主要分布在临近西湖区块；类型渐多却仍较单一。休闲空间开发模式上选择了以优先开发城市中心地带或资源富集地的据点式开发，节省投资并易形成标志性空间，此种模式对于满足市民休闲需求的能力上是有限的，却与经济基础薄弱的现状是相适应。由于当时还没有城市绿地、社区休闲空间的概念，因此，中小型公共休闲空间缺乏。此外，当时经济和认识水平所限，这些休闲

---

① 徐志摩. 丑西湖［M］//王国平. 西湖文献集成（第14册）. 杭州：杭州出版社，2004：394.

② 杭州市规划局，杭州市城市规划编制中心. 迈向钱塘江时代·战略规划［M］. 上海：同济大学出版社，2002：10

③ 徐志摩. 丑西湖［M］//王国平. 西湖文献集成（第14册）. 杭州：杭州出版社，2004：394.

空间的建设只是大尺度的"场所"，缺少严格的设计和维护方案，休闲空间缺少精致和细节,① 艺术美感不强。休闲主题与文脉的打造不够，独特的地方休闲文化的构建不够。在民国时期的杭州，还存在一种特殊的休闲空间就是流动娱乐休闲空间，这是民间艺人组成的戏班通过走街串巷的方式"卖艺"，为居民提供流动型的娱乐观赏活动，这也是当时居民休闲的一种方式和空间。

民国时期，杭州休闲娱乐空间开发建设中对于古城的保护是欠缺的，对历史文脉的传承是不够的，这势必会削弱杭州历史文化空间特征的鲜明性，应引以为戒。休闲娱乐空间应有深厚的历史内涵，应有鲜明的地域文化特征，要尊重历史文脉，对其加以保护和延续，而不是盲目追求时尚。要注重对文化和品质的追求，而不是忽视城市休闲娱乐空间的精神和文化构成。

从城市的历史文化、发展需求出发，创造既能传承历史，又具有时代特征的城市休闲娱乐空间。以人为本，重视文化传统，给具有历史意义的地段增加新的用途，并协调与周围环境的关系，以达到城市人地关系和谐，是当今世界城市休闲空间建设的潮流。②

民国年间，杭州城市娱乐生活中出现了休闲失范行为，给我们的启示是：培育良好的休闲风尚需要时间，需要一套行之有效的制度作保障，也需要提高市民的文化素质。在杭州引进和提倡新风尚的时候，往往对传统风俗习惯不加甄别，简单地以为传统就一定是"旧"的，就一定要破除，而且常常先"破"为"快"。比如提倡消费，简单地把"俭约"风俗否定了，同时没有及时在民间倡导一种励精图治的精神，反而助长了铺张的、攀比的、奢靡的风气，而且愈演愈烈。在研究现代化建设的今天，应该引起我们的警惕。③

民国时期杭州城市休闲娱乐的变迁与杭州城市社会的巨大变革相表里。民国时期杭州城市休闲娱乐的变迁不仅受政治、经济的影响，同时也会对上层建筑和经济基础产生一定的反作用。城市休闲娱乐的建设程度与经济基础是相适应的，是社会对于群体的经济利益再调整的过程。城市休闲娱乐建设既是城市空间的变化，更是社会结构的变迁，是经济发展，城市居民生活方式、文化心理、价值观念变化的折射。城市休闲娱乐的变迁，可以从一个最基本的层面反映社会文化所经历的变化，可以更真实、更生动、更丰富地表现历史的本相。可以说，民国杭州休闲娱乐空间变迁即是杭州城市近代化的缩影，反映着城市

①　韩振华. 休闲城市发展要素研究［M］. 杭州：浙江大学出版社，2014：164.
②　江益超. 城市休闲空间的构建［J］. 上海商业，2010（3）：59－61.
③　孙燕京. 晚清社会风尚研究［M］. 北京：中国人民大学出版社，2002.

社会经济运行模式。更值得关注的是，在迈向现代化中杭州选择了发展休闲业作为契机，这是一种创新，是杭州在迈向现代化的道路上的自我选择，这一选择影响深远。

最后用汪利平在《杭州旅游业和城市空间变迁（1911—1927）》一文中所说的来做个结尾吧："杭州的魅力不仅在于她拥有看似纯洁的自然美，更在于她具有公认的超越时间的永恒性。"

# 参考文献

**一、档案、史料类**

上海档案馆藏：中国旅行社杭州分社档，档号 Q275 - 1 - 443 - 4、Q275 - 1 - 189 - 140.

浙江省档案馆档案：浙江省建设厅档（1927—1937），全宗号 L033.

浙江省公路局档（1928—1937），全宗号 L085.

浙江省邮政管理局档（1914—1937），全宗号 L090.

浙江省电政管理局档（1916—1937），全宗号 L091.

杭州海关档（1896—1937），全宗号 L059.

杭州电气股份有限公司档（1911—1937），全宗号 L096.

杭州市档案馆档案：杭州市政府档（1912—1937），目录号：旧 3 - 1 - 10.

杭州市档案馆. 民国时期杭州市政府档案史料汇编（1927—1949）[G]. 杭州市档案馆，1990.

杭州市档案馆. 杭州概况：解放前夕杭州社会情况调查 [Z]. 杭州市档案馆，1999.

杭州文史研究会，民国浙江史研究中心. 民国杭州史料辑刊 [G]. 国家图书馆出版社，2011.

中国第二历史档案馆. 中华民国史档案资料汇编（第 1 - 5 辑）[G]. 江苏古籍出版社，1991—2000.

浙江省档案馆. 浙江民国史料辑要（上）[Z]. 浙江省档案馆.

范祖述. 杭俗遗风 [M] //西湖文献集成，杭州出版社，2004.

干人俊. 民国杭州市新志稿 [Z] //杭州市地方志编纂办公室. 杭州地方志资料（第一、二辑）. 1987.

杭州市地方志编纂办公室. 杭州地方志资料（第三辑）[Z]. 杭州市地方志编纂办公室，1987.

傅荣恩. 江浙市政考察记 [Z]. 新大陆印刷公司, 1931.

建设委员会调查浙江经济所. 杭州市经济调查 [Z]. 1932.

吴相湘、刘绍唐. 民国史料丛刊（第 16 种）：西湖博览会筹备特刊 [Z]. 影印本,（台北）传记文学出版社, 1971.

杭州市政府社会科. 杭州市二十一年份社会经济统计概要 [Z]. 1933.

杭州市政府秘书处. 杭州市市政特刊 [Z]. 杭州市政府秘书处, 1935.

杭州市政府秘书处编辑室. 杭州市政府十周年纪念特刊 [Z]. 杭州市政府秘书处, 1937.

杭州市政府秘书处. 半年来之杭州市政（民国卅五年七至十二月）[Z]. 杭州市政府秘书处, 1947.

杭州市政府. 十个月来之杭州市政 [Z]. 杭州市政府, 1946.

杭州市政府编辑股. 三个月之杭州市政 [Z]. 杭州市政府, 1927.

杭州市政府秘书处. 杭州市政府现行法规汇编 [G]. 杭州市政府秘书处, 1936.

杭州市政府秘书处. 杭州市政府现行法规汇刊 [G]. 杭州市政府秘书处, 1930.

杭州市自来水筹备委员会. 杭州自来水创始纪念刊 [Z]. 杭州市自来水筹备委员会, 1931.

杭州自来水厂. 杭州自来水 [Z]. 1935.

杭州市工程局. 改造杭州市街道计划意见书 [Z]. 1927.

章渊若. 街道与市政. 上海泰东图书局, 1929.

杭州市政府工务局. 杭州市水道沟渠调查表 [Z]. 1928.

杭州铁路工程局工务科. 杭江铁路工程纪略 [Z]. 1934.

浙江省电话局杭州市分局. 杭州自动电话装置工程报告 [Z]. 1932.

张其昀. 浙江省史地纪要 [Z]. 1925.

姜卿云. 浙江新志 [Z]. 1934.

童振藻. 浙民衣食住问题之研究 [Z]. 木砚斋, 1931.

李文海. 民国时期社会调查丛编 [Z]. 福建教育出版社, 2004—2005.

浙江省通志馆. （民国）重修浙江通志稿 [Z]. 浙江省图书馆, 1982.

齐耀珊修, 吴庆坻. 民国杭州府志 [Z]. 1922.

丁世良, 赵放. 中国地方志民俗资料汇编 [G]. 书目文献出版社, 1989.

（明）田汝成. 西湖游览志（二十四卷志余二十六卷）[Z]. 上海古籍出版社, 1998.

（清）翟灏，翟瀚辑；王维翰重订．湖山便览［Z］．上海古籍出版社，1998.

张光剑．杭州市指南［Z］．杭州市指南编辑社，1935.

邵鸿达．杭州指南［Z］．杭州指南社，1948.

杭州市文化运动委员会．杭州大观［Z］．杭州市文化运动委员会，1948.

李乃文．杭州通览［Z］．中国文化出版社，1948.

京沪沪杭甬铁路管理局．杭州［Z］．京沪沪杭甬铁路管理局，1934.

倪锡英．杭州［Z］．（上海）中华书局有限公司，1936.

叶华莱．杭州游览手册［Z］．中华基督青年会，1947.

中国旅行社．杭州导游（增订版）［Z］．中国旅行社，1948.

上海古今书店编译所．杭州指南［Z］．上海古今书店，1924.

樊迪民．西湖新指南［Z］．西湖出版社，1936.

沈雨仓，张国雄．西湖胜迹全集［Z］．浙江正楷印书局，1935.

周润寰．游西湖的向导［Z］．世界书局，1929.

金啸梅．西湖名胜指南［Z］．上海华新书局，1923.

徐珂．增订西湖游览指南［Z］．商务印书馆，1916.

厉之．都市卫生与杭州［M］．市政府卫生科，1935.

政协杭州市委员会文史资料工作委员会．杭州文史资料（第1－24辑）［G］．政协杭州市委员会文史资料工作委员会，1982—2000.

政协杭州市委员会文史资料委员会．杭州文史资料（第25辑）：杭垣旧事［G］．浙江省农科院科技印刷厂，2001.

杭州市政协文史委．杭州文史丛编（政治军事卷、经济卷、文化艺术卷、教育医卫社会卷共4卷）［G］，杭州出版社，2002.

浙江省政协文史资料委员会．浙江文史集粹（教育科技卷、文化艺术卷、社会民情卷等共5卷）［G］．浙江人民出版社，1996.

沈钟灵．新生活与娱乐［M］．南京中正书局，1935.

范铨．公众娱乐［M］．上海普益书局，1933.


## 二、方志、辞典类

浙江民俗学会．浙江风俗简志［Z］．浙江人民出版社，1986.

叶大兵．浙江民俗［M］．甘肃人民出版社，2003.

陈德来．浙江民俗大观［M］．当代中国出版社，1998.

任振泰主编；杭州市地方志编纂委员会编．杭州市志（共12卷）［Z］．中华书局，1995—2001.

杭州市旅游事业管理局. 杭州市志·旅游篇（送审稿）[Z]. 1994.

李建国主编；杭州市电影发行放映公司，杭州市电影志编纂委员会编. 杭州市电影志 [Z]. 杭州出版社，1997.

胡效琦主编；杭州市戏曲志编辑室编. 杭州市戏曲志 [Z]. 浙江文艺出版社，1991.

施奠东主编；杭州市园林文物管理局编. 西湖志 [Z]. 上海古籍出版社，1995.

萧巨生主编；杭州市民政局编. 杭州市民政志 [Z]. 余杭华兴印刷厂，1993.

金裕松主编；杭州市教育委员会编. 杭州教育志（1028—1949）[Z]. 浙江教育出版社，1994.

杭州市市政设施管理处市政志编纂办公室. 杭州市市政志 [Z]. 浙江省邮电印刷厂，1994.

杭州市交通志编审委员会. 杭州市交通志 [Z]. 中华书局，2003.

许烈弟主编；浙江省电信公司杭州市分公司，浙江省电信公司杭州市分公司档案馆编. 杭州市电信志 [Z]. 人民邮电出版社，2002.

程长松主编；杭州丝绸控股（集团）公司编. 杭州丝绸志 [Z]. 浙江科学技术出版社，1999.

杭州物价志编纂委员会. 杭州物价志 [Z]. 物价出版社，2002.

潘尚总主编；杭州市邮政局史志编辑委员会编. 杭州市邮政志 [Z]. 人民邮电出版社，1996.

孙景森. 杭州统计志（1908—1994）[Z]. 杭州市统计局，1995.

杭州市城乡建设志编纂委员会. 杭州市城乡建设志 [Z]. 中华书局，2002.

三、著作类

邵雍. 中国近代妓女史 [M]. 上海人民出版社，2005.

周峰. 民国时期杭州（修订版）[M]. 浙江人民出版社，1997.

金普森，陈剩勇主编；金普森著. 浙江通史（第11卷）：民国卷（上）[M]. 浙江人民出版社，2005.

金普森，陈剩勇主编；袁成毅著. 浙江通史（第12卷）：民国卷（下）[M]. 浙江人民出版社，2005.

金普森主编；叶建华等著.浙江通史（第8—10卷）：清代卷［M］.浙江人民出版社，2006.

赵福莲.1929年的西湖博览会［M］.杭州出版社，2000.

仲向平.杭州老房子［M］.中国美术学院出版社，2003.

冷晓.杭州佛教史［M］.百通（香港）出版社，1993.

仲富兰.图说中国百年社会生活变迁（1840—1949）［M］.学林出版社，2001.

薛君度、刘志琴.近代中国社会生活与观念变迁［M］.中国社会科学出版社，2001.

刘志琴.近代中国社会文化变迁录（1—3卷）［M］.浙江人民出版社，1998.

何一民.近代中国城市发展与社会变迁（1840—1949）［M］.科学出版社，2004.

孙燕京.晚清社会风尚研究［M］.中国人民大学出版社，2002.

赵英兰.民国生活掠影［M］.沈阳出版社，2001.

李杭育.老杭州：湖山人间［M］.江苏美术出版社，2000.

陈洁行.钱塘旧梦［M］.上海文化出版社，2003.

吕春生.杭州老字号［M］.杭州出版社，1998.

朱新予.浙江丝绸史［M］.浙江人民出版社，1985.

程长松.杭州丝绸史话［M］.杭州出版社，2002.

钟毓龙.说杭州［M］.浙江人民出版社，1983.

阮毅成.三句不离本杭［M］.杭州出版社，2001.

褚树青.近代西方人眼中的杭州［M］.杭州出版社，2004.

徐清祥.杭州往事谈［M］.清华出版社，1993.

郁达夫.郁达夫说杭州［M］.四川文艺出版社，2001.

吴战垒.忆江南 名人笔下的老杭州［M］.北京出版社，2000.

何王芳.民国杭州社会生活［M］.杭州出版社，2011.

何善蒙.民国杭州民间信仰［M］.杭州出版社，2012.

杨玄博.民国杭州与新式交通［M］.杭州出版社，2013.

傅才武.近代化进程中的汉口文化娱乐业（1861—1949）［M］.湖北教育出版社，2005.

楼嘉军.上海城市娱乐研究（1930—1939）［M］.上海：文汇出版社，2008.

## 四、论文类

赵可. 民国时期城市政府行为与杭州旅游城市特色的显现 [J]. 中共杭州市委党校学报，2004（2）.

汪利平. 杭州旅游业和城市空间变迁（1911—1927）[J]. 史林，2005（5）.

徐和雍. 民国时期的杭州 [J]. 杭州大学学报（哲学社会科学版），1990（4）.

陈自芳. 论近代杭州城市化的创新动力 [J]. 浙江社会科学，1999（6）.

林正秋，等. 历史形成的杭州特色及其对杭州跨世纪发展的影响 [J]. 杭州师范学院学报，1999（2）.

吴效马. 民国时期社会风俗现代转型的二重性特征 [J]. 教学与研究，2004（12）.

罗衍军. 民国时期的娼妓书写与治理——以杭州（1927—1937）为中心 [J]. 浙江社会科学，2008（5）.

陈永华. 清末以来杭州茶馆的发展及其特点分析 [J]. 农业考古，2004（2）.

倪群. 近代杭州茶馆 [J]. 农业考古，1999（2）.

陈蕴茜. 论清末民国旅游娱乐空间的变化——以公园为中心的考察 [J]. 史林，2004（5）.

沈弘. 论队克勋对于杭州地区民间宗教信仰的田野调查 [J]. 文化艺术研究 [J]. 2010（2）.

郑心雨. 民国二十二年前的杭州市 [J]. 浙江档案，1995（8）.

梁波. 市民社会团体在近代城市化过程中的作用探析 [J]. 黑龙江社会科学，2002（3）.

金普森，何扬鸣. 杭州拱宸桥日租界对杭州的影响 [J]. 杭州大学学报（哲学社会科学版），1992（1）.

魏嵩山. 杭州城市的兴起及其城区的发展 [J]. 历史地理，1981创刊号.

史群. 浙江民族资本主义近代工业的产生和发展——杭州、宁波、湖州、温州和绍兴五个城市的初步调查 [J]. 浙江学刊，1964（2）.

徐木兴. 从杭州地区看市场的近代嬗变 [J]. 贵州文史丛刊，2003（1）.

斯道卿. 辛亥革命杭州光复别记 [J]. 近代史资料，1956（1）.

杨子华，俞笑飞. 谈杭州的隔壁戏 [J]. 曲艺，1963（1）.

莫高. 西湖与戏曲 [J]. 西湖，1980（5）.

杨华生. 滑稽戏的发源地——杭州［J］. 西湖，1980（6）.

林莘莞. 杭剧今昔谈［J］. 东海，1956（3）.

**五、报刊类**

杭州民国日报，1927—1934 年

西湖博览会日刊，1929 年 6 月—1929 年 11 月

杭州国民新闻，1927 年 4 月—1935 年 10 月

浙江商报，1927—1937 年

申报，1912—1937 年

旅行杂志，1927—1937 年

越国春秋，1933—1934 年

（杭州）市政月刊，1927—1932 年

杭州市政季刊，1933—1937 年

浙江省建设月刊，1931—1937 年